ABRINDO A ARCA DA ALIANÇA: DO MITO À HISTÓRIA

FRANK JOSEPH e LAURA BEAUDOIN

ABRINDO A ARCA DA ALIANÇA: DO MITO À HISTÓRIA

O poder secreto dos povos antigos, a ligação dos Cavaleiros Templários e a busca do Santo Graal

Tradução
Mário Molina

Editora
Pensamento
SÃO PAULO

Título original: *Opening the Ark of the Covenant.*

Copyright © 2007 Frank Joseph e Laura Beaudoin.

Publicado originalmente em inglês por Career Press, 3 Tice Road, Franklin Lakes, NJ 07417, USA.

Todos os direitos reservados. Nenhuma parte deste livro pode ser reproduzida ou usada de qualquer forma ou por qualquer meio, eletrônico ou mecânico, inclusive fotocópias, gravações ou sistema de armazenamento em banco de dados, sem permissão por escrito, exceto nos casos de trechos curtos citados em resenhas críticas ou artigos de revistas.

A Editora Pensamento-Cultrix Ltda. não se responsabiliza por eventuais mudanças ocorridas nos endereços convencionais ou eletrônicos citados neste livro.

Dados Internacionais de Catalogação na Publicação (CIP)
(Câmara Brasileira do Livro, SP, Brasil)

Joseph, Frank
  Abrindo a Arca da Aliança: do mito à história : o poder secreto dos povos antigos, a ligação dos Cavaleiros Templários e a busca do Santo Graal / Frank Joseph e Laura Beaudoin ; tradução Mário Molina. — São Paulo: Pensamento, 2009.

  Título original: Opening the Ark of the Covenant.
  Bibliografia.
  ISBN 978-85-315-1620-7

  1. Arca da Aliança – Miscelânea 2. Graal – Miscelânea 3. Maçonaria – Miscelânea 4. Ordem do Cavaleiros dos Templários – Miscelânea 5. Templários – Miscelânea I. Beaudoin, Laura. II. Título.

09-12200   CDD-135.45

Índices para catálogo sistemático:
1. Arca da Aliança : Hermetismo   135.45

O primeiro número à esquerda indica a edição, ou reedição, desta obra. A primeira dezena à direita indica o ano em que esta edição, ou reedição, foi publicada.

Edição   Ano
1-2-3-4-5-6-7-8-9-10-11   10-11-12-13-14-15-16-17

Direitos de tradução para o Brasil
adquiridos com exclusividade pela
EDITORA PENSAMENTO-CULTRIX LTDA.
Rua Dr. Mário Vicente, 368 — 04270-000 — São Paulo, SP
Fone: 2066-9000 — Fax: 2066-9008
E-mail: pensamento@cultrix.com.br
http://www.pensamento-cultrix.com.br
que se reserva a propriedade literária desta tradução.

*Para o pai de Laura,
o Juiz Froing W. Beaudoin,
descendente direto do rei
que fundou os Cavaleiros Templários,
afetuosamente lembrado
pela nobreza de seu temperamento
e generosidade humana.*

SUMÁRIO

Introdução
O valioso paradoxo 9

Capítulo 1
O objeto mais precioso do mundo 13

Capítulo 2
A joia que concede todos os desejos 19

Capítulo 3
Atlântida, Umbigo do Mundo 39

Capítulo 4
A grande pirâmide: um lar egípcio para a pedra do poder 57

Capítulo 5
Por que a pirâmide foi construída? 65

Capítulo 6
O real poder da pirâmide 87

Capítulo 7
Qual é a idade da grande pirâmide? 95

Capítulo 8
O filho do Sol 99

Capítulo 9
O segredo roubado da pirâmide 119

Capítulo 10
    Cruzadas pela Arca e contra ela... 151

Capítulo 11
    A perfeição do paraíso 195

Capítulo 12
    Onde está a Arca da Aliança? 211

Capítulo 13
    A Arca está na América? 225

Capítulo 14
    A nova Jerusalém 233

Posfácio
    O verdadeiro significado da Arca 253

Uma cronologia da Arca da Aliança 261

Personagens 265

Glossário 269

Notas 273

Bibliografia 279

Introdução

O VALIOSO PARADOXO

Vocês terão a iluminação do mundo e as trevas desaparecerão.
— Thoth-Hermes em sua Tábua de Esmeralda[1]

– A Arca da Aliança é algo de que todo mundo já ouviu falar, mas ninguém tem certeza do que é. – A resposta banal que ela deu à minha pergunta foi uma decepção. Tive vontade de me levantar e sair na mesma hora, mas fiquei. Você sabe como é: ninguém quer parecer grosseiro diante de uma estrangeira amável, principalmente alguém que alega ter laços pessoais (ainda que incertos) com o Outro Lado.

– O que parece ainda mais notável – ela continuou –, porque todos são fascinados por ela.

Concordei obediente e procurei uma desculpa rápida, convincente, que, sem ofendê-la, me colocasse devidamente a caminho. Quando me levantei para partir, ela fez uma última tentativa de me segurar.

– Ei! Afinal, por que está tão interessado na Arca?

– A paranormal é você – respondi num tom brincalhão, mas com um imprevisto toque de cinismo. – Quem tem todas as respostas é você. Diga-me você.

Minha resposta irreverente não a desconcertou, a julgar pela expressão aturdida que começou rapidamente a tomar conta de suas feições e pelo semicerrar de suas pálpebras, quando a consciência supostamente escapuliu de novo para aquele reino etéreo que ela acessava para o bem maior de toda a humanidade. Eu não poderia sair num momento tão pouco confortável, de modo que me detive, impaciente para ela acabar logo com aquilo, e eu poder ir embora sem me sentir um patife.

– Ah! – ela entoou, como quem ia revelar alguma coisa que eu iria saber, gostasse ou não. – Estou vendo. Você está procurando pela Arca há um bom tempo.

– Bem, sem dúvida ela estava certa a esse

respeito. Cinco anos parece de fato "um bom tempo" para investigar um único assunto. Ela poderia ter dito que eu teria outros 21 anos pela frente. Mas pensando bem, foi melhor não me dizer.

– Não! – Ela ergueu a voz e a testa se franziu, perturbada. – Você está procurando há muitas *existências*. – A sensação de que ela acabara de ler meus pensamentos produziu um efeito que galvanizou abruptamente minha atenção.

— Você a encontrou e a perdeu, a encontrou e a perdeu... exatamente como os outros. É por isso que continua procurando. Agora precisa tentar se lembrar de tudo que encontrou antes e juntar isso com o novo material que vai descobrir. Uma tremenda tarefa!

Havia uma engraçada sugestão de zombaria naquelas palavras ditas em voz baixa, vagarosa, como se estivessem se referindo a algo que ela descobrisse de repente e que eu já devia saber, mas não sabia.

– Que "outros"? – perguntei. – Que "tarefa"? – Mas ela me ignorou.

– Estou citando agora: "A sede da alma é onde o mundo interior e o mundo exterior se encontram. É onde você vai achar a Arca".

– Poderia ser um pouco mais específica? – Fui incapaz de resistir, mas sua concentração interior continuou intacta. Como se desafiasse meu pedido, ela respondeu, presumo que ainda "citando": – "É uma esfera inteligível cujo centro está em Toda Parte e a circunferência em Parte Alguma. Procure em Toda Parte. Não em Parte Alguma". – Pude ouvir as maiúsculas na pronúncia esmerada. – Em outras palavras – ela explicou cuidadosamente, como faria uma professora irritada com um aluno de raciocínio lento –, não perca seu tempo no lugar errado. Siga os miolinhos de pão para que um dia você possa cantar: "Oh, doce mistério da vida, finalmente o achei!"

O inesperado mergulho na velha canção de Victor Herbert me fez estremecer e atraiu os olhares alarmados dos outros, dos visitantes de "perfil paranormal" que estavam ao alcance das nossas vozes. Devolvi a eles um sorriso tímido, sugerindo que tudo estava sob controle, embora eu tivesse as minhas dúvidas.

– Oh, finalmente sei o sentido de tudo isso! Toda a ansiedade, empenho, espera, ansiedade, desejo ardente, as esperanças inúteis que...

Não completou a música. Parecia ter esquecido o resto da letra ou pelo menos eu esperava que sim. De qualquer forma, peguei a coisa... eu acho. Ela inclinou a cabeça sobre o peito amplo e pareceu cochilar por alguns momentos nessa posição antes de recuperar bruscamente a plena consciência.

– Pronto! Estou de novo no chamado "mundo real" – disse com voz branda e suspirou. – São vinte dólares, por favor. Tudo bem, é brincadeira!

De qualquer modo eu lhe dei uma nota de cinco dólares e agradeci pela sessão.

– Boa sorte – ela disse num tom sincero. – Me informe se a encontrar!

Ao contrário de qualquer falsa impressão que meu contato de 1985 possa deixar, este livro não é resultado de percepções paranormais. Nada foi "transmitido", pelo menos não de maneira consciente. Não voltei a recorrer a paranormais, e só menciono o encontro com a senhora que se descreveu como intuitiva porque ela levantou alguns pontos que ainda são dignos de consideração. Como ela disse, parece de fato "notável" que a Arca da Aliança possa ter um apelo popular tão duradouro, quando tão pouco se conhece a seu respeito. A reputação da profetisa como vidente realmente dotada tinha me levado a consultá-la sobre o assunto num momento em que o objeto sagrado parecia prestes a revelar seus segredos, embora fosse logo se embaçar atrás de seu véu de incerteza. Naquela altura, eu estava pronto a aceitar qualquer direção, não importava a fonte.

Embora ela não tenha me dado detalhes que valessem a pena verificar, não deixei de seguir os miolinhos de pão. Eles me levaram a muitos dos lugares descritos neste livro: Tenerife, Delos, Delfos, Ilios, Gizé, Cuzco, Teotihuacan, Nara e dezenas de outros; nomes de fato nada familiares espalhados pelo globo, mas todos de lugares conhecidos, num momento ou noutro, como "o Umbigo do Mundo". O termo despontou logo no início de minha pesquisa (leia-se "obsessão") sobre a civilização perdida da Atlântida, começando na primavera de 1980. Naquela época, poucos acreditavam que o lugar tivesse realmente existido e eu mesmo tinha minhas dúvidas. Nos anos que se seguiram, meus quatro livros sobre o tema foram publicados numa dúzia de edições estrangeiras, somando-se ao dilúvio de material lançado sobre a cidade submersa de Platão, desde que ele falou pela primeira vez da Atlântida 2.300 anos atrás. Esses numerosos volumes, CDs, revistas, conferências, produções de TV e filmes documentários refletem um interesse internacional sem precedentes sobre a Atlântida e a própria Arca.

Sem dúvida, de uma ponta à outra da história, o objeto da Terra que mais se apoderou da imaginação humana foi a Arca da Aliança. Tradicionalmente acredita-se que ela contenha o poder de Deus e que tenha sido construída de acordo com as especificações divinas que Moisés recebeu pessoalmente do Todo-Poderoso no alto do Monte Sinai. Todos – cristãos, judeus, muçulmanos e não crentes – imaginam a Arca como uma caixa dourada com dois anjos esculpidos na tampa, uma caixa que não pode ser tocada e só pode ser transportada com um par de varas compridas. Mas ninguém conhece sua específica função nem sabe por que ela foi considerada o bem mais valioso da antiga Israel e o que finalmente lhe aconteceu. Muitos estudiosos estão convencidos de que o artefato jamais existiu; no entanto, ele é mencionado na Bíblia com mais frequência que qualquer outro item. Surpreendentemente, tenho observado que a simples menção da Arca em minhas apresentações públicas prende mais a atenção das plateias que qualquer outro tema. Por que estariam as pessoas tão intensamente interessadas em algo que conhecem tão pouco? Ela tem o apelo universal de um poderoso arquétipo.

Em 1980, eu era tão ignorante a respeito desse fascinante item quanto qualquer outra pessoa. Tive de despender todo esse tempo, viajando pelo mundo e coletando pilhas de materiais de pesquisa, para conseguir penetrar em seus mistérios, identificar o propósito ao qual se destinava, suas verdadeiras origens... e possivelmente seu atual paradeiro. As pistas levando à Arca eram tão bizarras quanto o próprio objeto sagrado: um padre jesuíta, a Grande Pirâmide do Egito, um faraó deformado, o Canadá, um mergulhador japonês, uma árvore de mil anos de idade, um famoso explorador russo, um famoso pintor francês, um infame cardeal francês, índios americanos, sociedades secretas e um carpinteiro do Illinois. Incompatíveis em termos individuais, eles ainda assim compõem um vasto mosaico abarcando não apenas o mundo, mas toda a história do homem. A imagem que emerge de seu inter-relacionamento é ao mesmo tempo magnífica e horrível, repleta de transfiguração, heroísmo, gênio e beleza com o contraponto de fraude, terror, loucura e assassinato em massa. É um quadro imprevisto que não pintei. Só o encontrei após 26 anos de investigação contínua. Este livro é a síntese e o resultado dessa longa e desinteressada tarefa.

Fui ajudado em minha descoberta da história da Arca por uma pessoa sem a qual meu trabalho teria ficado dolorosamente incompleto. Se existe essa coisa de destino, seu aparecimento foi perfeitamente programado. Enquanto estávamos no meio de uma pesquisa sobre o homem que instituiu a ordem dos Cavaleiros Templários em Jerusalém, tanto Laura Beaudoin quanto eu ficamos sabendo que ela é sua descendente em primeiro grau. Descobrimos então que ela está diretamente relacionada a vários outros atores-chave no drama da Arca, de um personagem do Antigo Testamento à pessoa que pode ter sido a responsável pelo objeto sagrado no século XVII. Sem o menor interesse em genealogia e emocionalmente incapaz de se vangloriar da árvore familiar, ela deu uma contribuição decisiva para a compreensão das zonas mais sombrias da política medieval. Laura também possuía um documento precioso, uma história da família Beaudoin, publicada em caráter privado e preservada por sua mãe, Dolores. Graças a esse manuscrito único, pudemos encontrar um capítulo até agora desconhecido sobre a história perdida da Arca da Aliança. E esse, em essência, é o resultado de nossos esforços combinados: a primeira história desse artefato absolutamente enigmático.

CAPÍTULO 1

O OBJETO MAIS PRECIOSO DO MUNDO

E, no entanto, que mistérios! Os mais difíceis de serem esclarecidos, porque existe um hiato entre os homens desse tempo e nós, um fosso no qual uma forma de civilização desapareceu. O que era uma civilização se evaporou no pó de uma nuvem de traços.

— Louis Charpentier[1]

A grande cidade cintilava esbranquiçada no sol do deserto. Estruturas de estuque, limpas, mas pequenas e indistinguíveis umas das outras, se agrupavam ao acaso, fazendo lembrar rebanhos de ovelhas paradas em volta da base da montanha e começando a escalar suas encostas. Uma teia de ruas sem nome – antes vielas que ruas movimentadas – abria um caminho sinuoso para o centro urbano, como um labirinto cerimonial desafiando os peregrinos a penetrar em sua trilha ritual. Uma vez lá, multidões barulhentas de compradores desconfiados e animados vendedores se misturavam a uma corrente veloz de homens e mulheres tentando cumprir seus próprios compromissos pessoais, enquanto crianças distraídas brincavam pelo caminho.

Emergindo desse tumulto de assuntos cotidianos, uma estradinha bastante usada subia pelo lado da montanha, com a agitação dos barulhos da capital ficando cada vez mais abafada até os viajantes poderem ver lá embaixo os topos dos prédios gastos e, mais além, a vasta extensão dos limites metropolitanos, que se prolongavam para o distante horizonte arenoso. A jornada morro acima não era difícil, mesmo numa manhã de verão sem vento, e havia muitos viajantes, jovens e velhos, indo e vindo, todos serenos, seguindo a mesma trilha.

O progresso era, no entanto, lento, propositalmente lento, para comunicar um sentimento de santificada romaria à medida que o baixo e vigoroso murmúrio de muitas vozes ia ficando mais nítido. No topo havia uma praça pavimentada, muito espalhada em todas as direções e suficientemente vasta para acomodar multidões de visitantes do mundo inteiro. Era como se toda a crista da montanha tivesse sido cortada e o local onde ela ficava perfeitamente aplainado para dar espaço àquela imensa praça pública. Nela havia uma bacia de 30 toneladas, com quase 4 metros de altura e 6 metros de largura na borda. Estava fixada sobre representações em tamanho natural de uma dúzia de touros fundidos em bronze. A bacia em si era de bronze polido, quase brilhante demais para ser olhada diretamente com o sol de pleno meio-dia nela refletido. Um sacerdote no alto de uma plataforma vizinha tirava água da borda do gigantesco receptáculo com um balde, que passava a um auxiliar. O auxiliar derramava o balde em vários lavabos fixados sobre suportes de metal, cada qual com quatro rodas para ser empurrado. O imponente templo de pedra lustrosa no centro da vasta praça tinha 41 metros de comprimento, mais de 10 metros de largura e se apoiava numa plataforma própria, que elevava o conjunto da estrutura a 15 metros acima da praça.

Uma ampla escada de dez degraus levava ao seu vão de entrada, flanqueado de um lado e de outro por um par de colunas decoradas, cada qual com uma grossura de quase 2 metros e 8 metros de altura. Os capitéis no topo de cada coluna chegavam a 2,5 metros e eram decorados com motivos de lírios. Redes num padrão xadrez cobriam cada capitel, que tinha ainda uma grinalda de fileiras de 200 romãs em representação realista. Elas eram trançadas em sete séries em cada capitel e coroadas por desenhos de lírios. Ambas as colunas eram de metal, em nítido contraste com os pálidos blocos brancos de pedra diante das quais se encontravam. Erguiam-se de ambos os lados de portas gêmeas, de cedro, com 7 metros de altura e incrustadas com imagens de ouro de querubins. Através desses imponentes portais os visitantes eram introduzidos na pequena antessala do Templo, onde faziam uma pausa para que a visão se acostumasse.

Outro conjunto de portas, não menos imponente, se abria para o salão principal. Vigas expostas entrecruzavam o teto logo acima de cinco janelas quadradas em cada uma das paredes decoradas com motivos de lírios em dourado, que terminavam perto do piso de cedro com enormes imagens de querubins. As janelas altas deixavam setas de sol, claramente definidas pelas nuvens translúcidas de incenso que brotavam de um grande turíbulo, atravessar obliquamente o espaço sagrado. No centro do aposento havia uma mesa baixa exibindo 12 pãezinhos, enquanto 10 tripés com lampiões de azeite pendurados se estendiam ao redor do salão para as cerimônias do entardecer.

Na extremidade oposta, um último lance de degraus subia para outro par de portas com incrustações em ouro. Estas ficavam trancadas 364 dias por ano e eram perpetuamente guardadas por sentinelas armadas com ordens estritas de impedir a aproximação, sob ameaça de morte, de qualquer pessoa, salvo o sumo sacerdote. Após o pôr do sol de cada primeiro de outubro, o sumo sacerdote vestia um traje protetor, comprido até o chão, enquanto auxiliares agrilhoavam seu tornozelo direito com uma pesada algema. Eles a prendiam numa corrente com a qual poderiam recuperar o corpo na eventualidade de um acidente depois que o sacerdote pisasse além das portas que levavam à câmara proibida.

Era o santo dos santos, um cômodo escuro, sem janelas, em forma de cubo, com quase dez metros de altura, largo e comprido, com paredes forradas de lambris de madeira de oliveira incrustados com motivos florais em ouro. A única fonte de iluminação era a luz artificial do salão principal fluindo através dos portais anualmente abertos. Atrás deles, temendo pelo destino de seu sumo sacerdote, se agachavam os auxiliares. Entrando no santuário, o sacerdote se defrontava com um par colossal de esfinges aladas. Magistralmente esculpidas em madeira de oliveira e cravejadas de ouro, as asas estendidas roçavam nas paredes da câmara e atingiam uma altura de 5 metros.

Entre elas, sozinho no piso, havia um baú retangular de quase um metro e vinte de comprimento e um metro de altura e largura. A estrutura de madeira de acácia era inteiramente revestida de ouro trabalhado, incluindo duas varas de transporte que passavam por um par de anéis dos dois lados do recipiente. Um par de querubins idênticos, com as pontas das asas arqueadas quase se tocando, curvava-se sobre uma travessa rasa fixada no meio da tampa da arca, a tampa que ninguém jamais se atrevia a remover. Desse pequeno tabernáculo raramente visitado, não apenas o prédio do templo, mas todo o cume da montanha, extraíam sua incomparável sacralidade.

A fonte daquela penetrante força mística surgia de forma irregular, e além do controle humano, quando o recipiente de ouro começava de repente a emitir uma forte radiância e uma chama sobrenatural dançava sobre a tampa, entre a travessa rasa e as asas estendidas de um querubim que se ajoelhava. Dizia-se que nesses momentos a própria Divindade aparecia na forma de luz e, através de uma experiência espiritual sem paralelo, tornava sua vontade conhecida pelo sumo sacerdote. Ocasionalmente, o Senhor mostrava o descontentamento com a humanidade atingindo seu servo com um jato de energia vindo do recipiente brilhante. Então os assistentes, observando atrás das portas, no salão principal, teriam de puxar a corrente na qual o tornozelo do sumo sacerdote estava preso, tirando o corpo desacordado – às vezes sem vida – do recinto do santuário. Depois fechavam a ferrolho as grandes portas, mantendo o santo dos santos mais um ano trancado, em absoluta escuridão, até o novo sumo sacerdote entrar lá sozinho para ser inteirado da vontade de Deus. Como o mundo natural feito por ele, o Criador é ao mesmo tempo belo e terrível.

Assim um visitante do templo do rei Salomão poderia ter descrito a Arca da Aliança há aproximadamente 3.000 anos, um retrato baseado quase por inteiro no Antigo Testamento. Cerca de três séculos depois de ter sido instalado no topo do Monte Moriá, em Jerusalém, o objeto desapareceu, para jamais ser visto de novo.

Talvez.

Embora a maioria dos estudiosos modernos acredite que a Arca de fato existiu, eles não têm certeza de sua verdadeira identidade. Ficam confusos quando a Bíblia a descreve como mero recipiente onde foram depositados os Dez Mandamentos (também conhecidos como Decálogo), uma caracterização que não combina com sua reputação, descrita pela mesma fonte, como arma de destruição em massa e canal direto de comunicação com os céus. Essas funções diametralmente opostas são geralmente rejeitadas por investigadores convencionais como qualidades míticas que os escritores do Antigo Testamento sem dúvida alguma criavam em torno de elementos mundanos para que eles fossem recordados com uma auréola de misticismo potente, mesmo que ambivalente. Mas tal suposição é superficial porque presume, sem analisar com mais cuidado o assunto, que a Arca, reconhecidamente importante por sua preservação do Decálogo, era, afinal, apenas um recipiente decorativo.

Entretanto, uma rápida olhada por trás do véu da suposição revela algo extremamente mais significativo do que aquilo que anteriormente se havia imaginado. A percepção resultante é de fato espantosa, uma revelação multifacetada que lança uma luz nova e brilhante sobre nossas origens e nosso potencial. A descoberta, para pôr a coisa de forma direta, é a mais importante de sua espécie jamais realizada. A simples avaliação de suas consequências para o entendimento e o destino humanos já é capaz de alterar nossas vidas. Assim que a compreendamos, nunca mais seremos os mesmos, e mudaremos para melhor. Basta que comecemos a compreender esse objeto de suprema importância no mundo para nos sintonizarmos com suas energias eternas. Ele se apodera de nós e começamos a possuí-lo, tanto quanto somos possuídos por ele. Diz respeito a muitos credos, mas ninguém pode reivindicá-lo como seu único dono. É o poder espiritual básico da humanidade, mas inteiramente alheio a qualquer denominação, até mesmo não religioso. É extremamente antigo e ainda assim muito mais avançado que qualquer coisa que a tecnologia tenha produzido até agora – embora, como vamos ver, a ciência do século XXI tenha alcançado um grau de competência capaz de permitir sua reprodução. Ele é talvez a razão pela qual a "Perfeição do Paraíso", como um dia o chamaram, não foi esquecida. Ficou mais célebre como a Arca da Aliança, mas foi conhecido por muitos outros nomes, em diferentes terras, bem antes de ser passado para os hebreus e por séculos depois de eles o terem perdido. Se for usado da forma devida, ainda tem o poder de salvar nossa civilização da catástrofe, curar nossos corpos, expandir nossa consciência e transformar nossas almas. Se abusarmos dele, causará câncer, matança e nos enlouquecerá. Ele provocou todas essas coisas no passado e mantém intacta a capacidade de reproduzi-las.

A Arca não é apenas um recipiente. Nem é uma curiosidade bíblica cuja duvidosa existência não tenha grande importância. Ao contrário, seus poderes são tão vastos quanto sua história, que é tão antiga quanto a própria civilização. Consequentemente, compreender suas origens, sua passagem entre vários povos, sua verdadeira identidade e importância decisiva para a sociedade moderna é um desafio. A magnitude da informação relevante de que precisamos para avaliar sua significação crucial pode ser assustadora. Sua enorme escala de tempo, poderosa interação com culturas muito distintas e escala real de operação são difíceis de entender.

Para compreender um assunto tão vasto, apresentamos a história da Arca desde seus primórdios até o nosso tempo. Assim, *Abrindo a Arca da Aliança: do Mito à História* é a primeira e verdadeira história desse objeto, no curso da qual suas reais funções, valor inestimável e atual paradeiro se tornam acessíveis. O resultado é a apresentação de uma narrativa considerada complexa de um modo franco, visando uma compreensão clara. Usamos fatos para servir de suporte a temas recorrentes que explicam com maior nitidez o enigma, expõem seus movimentos secretos e nos permitem compreender a fascinação contínua que incontáveis gerações tiveram por ele.

Apesar do título do livro, o artefato descrito aqui só surgiu como "Arca da Aliança" quando Moisés desceu do Monte Sinai. Na realidade, ele existia muito tempo antes desse evento, sob diferentes nomes, em diferentes lugares. E após seu desaparecimento com a destruição do Templo de Salomão, a Arca continuou sendo mencionada por outras denominações, em novas terras. Consequentemente, nossa investigação segue suas origens antes do Oriente Médio e seu progresso em outras partes do mundo, às vezes muito distantes dos cenários bíblicos no tempo e na geografia. Através, no entanto, de todas as alterações de nome, lugar e propriedade, ela continua sendo o mesmo fenômeno poderoso. Os vários ambientes pelos quais viajou e as influências humanas que a transportaram através de todo o passado, tudo serviu para mostrar sua natureza interior e defini-la muito melhor do que qualquer descrição linear – como arca ou pedra de poder – jamais conseguiu.

No processo, muitas revelações maravilhosas – algumas aparentemente desconectadas, mas todas em última instância inter-relacionadas – vêm à luz. Somente algumas dizem respeito à redescoberta medieval do objeto sagrado, seu papel como parte da Grande Pirâmide e seu impacto sobre a cristandade. Ele afetou não apenas milhões de homens e mulheres comuns, mas também alguns dos mais destacados atores da história no palco mundial. Além de Moisés e do rei Salomão, poderíamos incluir entre as personalidades famosas que o cercam personagens tão diversos quanto Herodes, o Grande, o faraó Akhenaton, José de Arimateia, Jesus, São Bernardo, Nabucodonosor, o cardeal Richelieu, Jacques Cartier, Samuel de Champlain e Sieur de LaSalle. Supõe-se que tenha estado aos cuidados de lemurianos, atlantes, ilhéus das Canárias, antigos egípcios, israelitas, etíopes, cruzados, cavaleiros templários, cátaros, nazistas, japoneses, missionários jesuítas, monges ingleses e índios americanos.

Mas o objetivo fundamental de *Abrindo a Arca da Aliança: do Mito à História* é descobrir o segredo de seu poder, como revelado em sua história, e assim sugerir seu provável paradeiro. Pois a Arca de fato ainda existe e está muito mais próxima do que suspeitamos.

Capítulo 2

A JOIA QUE CONCEDE TODOS OS DESEJOS

Om mani padme hum. "Olhe! A joia está no lótus."
— Mantra principal do budismo tibetano

Situada como uma opala em forma de amêndoa num oceano azul-turquesa, a ilha de Yonaguni é a última numa cadeia de territórios isolados – conhecidos como Ryukyus – que se estendem a sudoeste do Japão, entrando pelo Mar da China Oriental, logo acima do Trópico de Câncer. Mas em 1986, a remota ilha de 10 quilômetros de comprimento com seus 2.000 residentes – em sua maior parte lavradores e pescadores – não era um lugar fácil para Kihachiro Aratake ganhar a vida. Como professor na escola de mergulho local, ele estava encontrando dificuldades para atrair alunos das distantes Tóquio ou Kyoto.

Uma tarde, no início da primavera, ele começou a cruzar as águas raramente visitadas ao largo da costa meridional de Yonaguni à procura de um novo local de mergulho. Ali, a uns constantes 100 metros de distância de uma área remota, selvagem, conhecida como Arakawa-bana, a claridade submarina era extraordinariamente boa; um lugar ideal para novos alunos ou turistas. Então, quando completava o mergulho, Aratake reparou numa sombra compacta, pouco além da periferia de sua visão de 30 metros. Com a curiosidade aguçada, mesmo com pouco ar nos tanques ele nadou em sua direção.

"Talvez seja um antigo navio naufragado", pensou esperançoso. "Que tremendo chamariz seria *isso*!"

Mas a maciça forma indistinta, toda negra, cada vez se parecia menos, à medida que ele se aproximava, com uma embarcação afundada. Ele teria de descer mais que o aconselhado pelas normas de segurança se quisesse alcançar o enorme volume. De 6 metros, mergulhou para 12, depois 18. "São duas atmosferas", disse para si mesmo (uma expressão usada para definir os níveis crescentes de pressão no fundo). Aos 23 metros, na sombra mais que na luz, o bloco maciço emergiu subitamente da obscuridade. Aratake parou no meio de uma braçada. Espreitando com perplexidade através da máscara parcialmente embaçada, ele de repente se viu flutuando perto de uma verdadeira edificação chapada no fundo do mar.

O Lugar das Ruínas

Em todos os seus anos como professor de mergulho, ele jamais vira nem ouvira falar de algo como aquilo. Lembrava uma imensa pirâmide com o topo achatado. Tinha degraus de pedra que só um titã conseguiria subir ao lado de uma escada menor e patamares amplos, semicirculares, encimados por duas torres altas. Parecia decorada com estranhas figuras lembrando uma enorme ampulheta, uma gigantesca cabeça humana esculpida e uma monstruosa tartaruga gravada em relevo – todas quase irreconhecíveis de tão corroídas por incalculáveis séculos de correntes velozes. Nas proximidades, um enorme pedregulho em forma de ovo fora instalado em seu próprio pedestal (uma plataforma baixa), similar a alguns megálitos da Europa da Idade da Pedra. Muros irregulares de pedras encaixadas limitavam uma espécie de trilha em anel que circundava a base da estrutura, passando por um arco colossal. Lembravam as fotos que Aratake tinha visto do pré-incaico "Portão para o Sol", em Tiahuanaco, do outro lado do Pacífico, no alto das montanhas dos Andes bolivianos.

Alguma coisa perto da extremidade norte da construção se mexeu, uma forma indefinível que primeiro o intrigou, depois o alarmou. A aparição, semelhante a uma nuvem, era um cardume inesperadamente grande de tubarões-martelo. Ele respirou fundo, mas foi o último ar que seu tanque tinha a oferecer. A mão direita tateou pelas suas costas, procurando ansiosamente a válvula do tanque de reserva. Ele a encontrou, puxou o cordão e, agradecidamente, encheu os pulmões de um fresco jorro de ar. Só dava, no entanto, para lhe permitir escapar e Aratake ascendeu devagar, observando a reunião das dezenas de matadores que, até aquele momento, não tinham reparado nele.

Irrompendo na superfície, nadou o mais rápido que se atreveu na direção da lancha de mergulho que o esperava, e sentiu-se aliviado quando por inteiro subiu a bordo. O piloto da lancha ajudou-o a desamarrar os tanques de ar vazios e a despir o traje molhado, gotejante.

– Viu alguma coisa interessante lá embaixo?

– Você não vai acreditar! – Aratake respondeu.

Acredite ou não, a descoberta de Aratake eletrizou o Japão e as notícias se espalharam pelo mundo. Yonaguni usufruiu de uma fama que jamais havia conhecido, quando os mergulhadores que Aratake um dia esperou atrair passaram a chegar em bando à obscura ilhota vindos de pontos tão distantes quanto a Europa e a América. Compartilhavam o assombro inicial da descoberta quando o próprio Aratake os escoltava em expedições guiadas para a estrutura submersa. A maioria dos observadores, tanto japoneses quanto estrangeiros, ficava impressionada pela aparência

Reconstituição do monumento submerso descoberto em 1986 pelo mergulhador Kihachiro Aratake, perto da ilha japonesa de Yonaguni.

evidentemente produzida pelo homem e certos de que aquilo tinha de ser um remanescente de alguma civilização antiga. Daí o novo nome para sua localização: Ponto Iseki ou "Lugar das Ruínas".

Muito menos certos de suas origens artificiais estavam os arqueólogos ligados à corrente dominante da ciência. Para eles a civilização começou há 55 séculos no Oriente Médio – não no oeste do Oceano Pacífico. A julgar pela profundidade em que o Ponto Iseki se encontra e considerando as elevações no nível do mar desde o término da última era glacial, as supostas ruínas estiveram pela última vez em terra seca por volta de 12.000 anos atrás, muito antes do surgimento das primeiras cidades-estados da Mesopotâmia (atual Iraque), uns 9.000 anos mais tarde[1]. Portanto, diziam eles, o que surgia debaixo d'água tinha de ser uma formação natural que, por mero acaso, se parecia com uma edificação cultural graças aos efeitos da erosão de correntes se movendo rapidamente no arenito no decorrer do tempo. Por mais convincente que tal conclusão pudesse soar emanando dos veneráveis salões da Academia, poucos dos céticos estudiosos se deram ao trabalho de realmente visitar Yonaguni antes de emitir um julgamento acerca do polêmico local.

Um cientista que, de fato, se preocupou em investigar pessoalmente foi um sismólogo da marinha, com reputação internacional. Ajudado por colegas instrutores e estudantes trabalhando como voluntários, o professor Masaaki Kimura empreendeu uma investigação completa do Ponto Iseki, usando tecnologia de última geração posta à sua disposição pela Universidade do Ryukyus, onde ele lecionava geologia. Começando a trabalhar no ano 2000, eles empregaram raios lasers de feixe estreito para tomar milhares de medidas extremamente precisas, tirar milhares de fotos aéreas e submarinas e coletar abundantes amostras de material. Também realizaram numerosas simulações em computador e operaram os mais avançados instrumentos de sonar disponíveis para objetivos não militares.

O dr. Kimura suplementou esses exames exaustivos consultando arqueólogos credenciados, outros geólogos e inclusive artesãos locais, especialmente os que faziam trabalhos de cantaria utilizando métodos tradicionais. Empreendera a investigação como um verdadeiro cientista, sem opiniões preconcebidas num ou noutro sentido, determinado a chegar a conclusões acerca da estrutura submersa com base exclusivamente na evidência física coletada. Após três anos de estudo intensivo, ele anunciou publicamente suas descobertas com relação ao conjunto subaquático ao largo da costa sul de Yonaguni: era indiscutivelmente feito pelo homem.

O dr. Masaaki Kimura (professor de geologia, Universidade de Ryukyus) descreve sua investigação da estrutura submarina de Yonaguni num encontro da Sociedade Petrográfica do Japão, em Fukuoka, em maio de 2000.

Embora o propósito original da estrutura arruinada não pudesse ser determinado com certeza, a clara evidência de marcas de ferramentas e mesmo de pictogramas gravados em seu exterior provavam que o enigma do Ponto Iseki tinha sido criado em terra firme ou deliberadamente modificado por mãos humanas a partir do que fora um dia, antes do fim da última era glacial, um afloramento natural de rocha localizado acima do nível do mar. Vindo de um investigador do gabarito profissional do dr. Kimura, tal afirmação transmitiu ondas de perplexidade de um extremo a outro da comunidade acadêmica do Japão. Mais tarde, ele pôde submeter suas descobertas ao exame de seus pares em Tóquio, onde os colegas subscreveram maciçamente a correção de sua pesquisa em Yonaguni.

O Povo de Mu

A descoberta submarina de Aratake não permaneceu isolada. Estruturas igualmente estupendas e enigmáticas estão espalhadas da Polinésia à Melanésia. A cidade micronésia de Nan Madol, construída com 280 milhões de toneladas de basalto imantado, as gigantescas fábricas de alimentos em Luzon, nas Filipinas, a barreira de coral de 109 toneladas de Tonga e a pirâmide de 81 metros de comprimento do Taiti são todas remanescentes de uma civilização desaparecida. Seus contornos físicos aparecem nesses e em inúmeros outros antigos feitos de engenharia, especialmente quando realçados por tradições nativas e contínuas descobertas arqueológicas. Apesar de frequentemente haver milhares de quilômetros separando os pontos onde se encontram essas maravilhas pré-históricas, elas compartilham inúmeras características reveladoras. Os povos nativos que residem em suas vizinhanças não as reclamam como suas; quase invariavelmente insistem em dizer que as estruturas foram construídas por "feiticeiros" ou semideuses de alguma raça forasteira, pré-ancestral, de um outrora esplêndido reino, algum tempo antes ou pouco depois dele desaparecer no fundo do mar.

Embora os arqueólogos da corrente dominante da ciência tenham aversão a mostrar muito interesse por tradições populares de qualquer espécie, a uniformidade fundamental desses relatos orais partilhados por ilhéus linguística e racialmente diferentes, isolados uns dos outros por vastas distâncias, enfatiza vigorosamente o caráter cultural anômalo das ruínas. Um motivo dominante que atravessa os relatos é um nome familiar a incontáveis gerações de povos nativos: Mu. Os chefes que construíram o gigantesco canal de Tonga e realizaram projetos de obras públicas são lembrados como os Mu'a, literalmente "homens de Mu". Os habitantes originais do Havaí eram os mus, que chegaram antes dos polinésios de uma grande ilha que sucumbiu a uma "onda guerreira". Segundo o *kumulipo*, a mais antiga e mais importante tradição oral do Havaí, o povo mu se originou de Helani, "a terra instável no profundo mar azul".

Os chimu – literalmente "povo de Mu" – foram civilizadores litorâneos do norte do Peru anteriores aos incas. Resistindo entre as ruínas de Chan-Chan, nos arredores da moderna cidade de Trujillo, existe um mural que descreve a terra natal perdida como uma cidade submersa, com peixes nadando sobre os cumes das pirâmides.

Bem além do oeste do Pacífico, na Ásia, do outro lado dos Himalaias, um estudioso tibetano do século XVIII, gSum-pam-Khanpo, descreveu a chegada de Biamspa, o primeiro rei do Tibete, a Yarling – então capital do país – vindo da "Terra de Mu". Biamspa pertencia a um povo pré-budista, os mus, que introduziram os princípios da religião boen, que ainda hoje está na base da espiritualidade tibetana. Uma versão da Ilha de Formosa do Grande Dilúvio, o *Tsuwo*, conta como muito tempo atrás o Oceano Pacífico tragou um magnífico reino. Sua sede de poder era um esplêndido palácio cercado por grandes muros de pedra vermelha. O reino desaparecido é lembrado como Mu-Da-Lu.

O reaparecimento desse nome, em tantas e tão diversas tradições populares, associado a uma civilização que submergiu muito tempo atrás no Oceano Pacífico, sustenta de forma convincente a crença do dr. Kimura de que "o Monumento Yonaguni pode ser considerado como prova indicativa da existência de Mu".[2] A mesma terra era conhecida em lugares tão afastados quanto a antiga Roma, onde seu destino era comemorado nos dias 9, 11 e 15 de cada mês de maio. Como cerimônia romana, a Lemúria aplacava as almas dos homens e mulheres que pereceram quando o distante reino foi destruído por uma catástrofe natural, que ocorreu durante os três dias de festival. Segundo a tradição, a cerimônia teria sido instituída por Rômulo, o mítico fundador de Roma, como expiação pelo assassinato de Remo, seu irmão gêmeo. Os celebrantes caminhavam descalços, como se algum desastre os estivesse impelindo a fugir de suas casas apenas com a roupa do corpo. No decorrer da cerimônia, passavam de um aposento a outro, atirando nove vezes punhados de feijões pretos como um gesto de renascimento: fantasmas eram simbolizados por feijões pretos, enquanto o número 9, correspondendo aos nove meses de gravidez, significava nascimento. Esse comportamento ritualístico se destinava a reverenciar e, portanto, exorcizar qualquer espírito infeliz que pudesse assombrar a residência de uma pessoa. Uma reconstituição bem realista do dilúvio ocorria no terceiro dia da Lemúria romana, quando os celebrantes atiravam no rio Tibre trinta imagens feitas de juncos, representando as vítimas humanas da enchente.

A palavra "Lemúria" ecoa desde a longínqua e antiga Roma até o outro lado do mundo, chegando aos índios chumashes do sul da Califórnia: a ilha de San Miguel, local de uma muralha megalítica que nada tinha de índia, era conhecida deles como Lemu. E nas Maldivas do Oceano Índico, o atol Laamu apresenta a maior *hawitta*, ou monte de pedras, das ilhas. Ela teria sido construída, na pré-história remota, por um povo estrangeiro, gente do mar, de cabelo ruivo. Em Tonga, Lihamui é o nome do mês de maio, exatamente quando era celebrada a Lemúria romana. Na mitologia transpacífica, Mu-ri-wai-hou é um reino submerso governado por Limu, o ubíquo deus polinésio e guardião dos mortos, de seu enorme palácio no fundo do mar.

A Lemúria, como provavelmente se apresentava há pelo menos 4.000 anos – uma série de ilhas e arquipélagos, na maior parte de relevo baixo, avançando em fileira pelo centro do Pacífico.

Ilha de Páscoa

A mais óbvia sobrevivente dessa civilização perdida é a ilha de Páscoa, separada da costa da América do Sul por 4.000 quilômetros de mar aberto. O pedaço habitado de terra mais próximo do "protetorado" chileno de 11 quilômetros de largura por 25 de comprimento é a ilha Pitcairn, 1.998 quilômetros a oeste, cenário do famoso romance *Mutiny on the Bounty*.* A ilha de Páscoa conheceu suas próprias tragédias – atos de genocídio na pré-história e no século XIX – embora seja mais famosa pelas estátuas austeras, colossais, e pela impenetrável linguagem escrita. Muito menos bem-conhecido é o relato nativo de como os primeiros homens encontraram o caminho desse pontinho minúsculo de terra firme no meio do mais vasto oceano do mundo.

"Havia um grande país", começa a tradição oral dos ilhéus, "uma terra de abundância, uma terra de templos." Com rica agricultura, o povo viajava para cada rincão de Hiva – reverenciada em numerosas tradições populares como o lar ancestral que foi arrasado por um terrível dilúvio – usando uma extensa rede de estradas, passando sob portões de pedra rumo a cidades com amplas praças cerimoniais onde se erguiam construções ciclópicas, decoradas com muitas cores. A província-capital era Marae Renga, governada pelo rei Haumaka. Advertido por um sonho profético da destruição iminente de Hiva, ele ordenou a seis de seus marujos mais qualificados que encontrassem um lugar distante para servir de refúgio. Eles imediatamente se puseram ao mar a bordo do navio Oraorangaru, ou "Salvo-das-Grandes-Ondas", mas só depois de muitas semanas descobriram uma ilha – pequena demais para a reinstalação de toda a população de Hiva, mas suficientemente grande para acomodar os governantes com suas famílias e os súditos de Marae Renga.

Depois de preparar a ilha deserta para servir de local de povoamento, os exploradores retornaram ao chefe Haumaka, apresentaram seu relatório e foram nomeados pilotos da evacuação. O encarregado da operação foi Hotu Matua, o "Pai Fecundo", que embarcou com a família e 300 seguidores num par de "canoas de milha" com estoques de mantimentos, água e carga. Dois meses mais tarde, chegaram ao novo lar, onde descarregaram numerosas mudas de árvores, tubérculos e plantas, além de uma biblioteca com 67 tabuinhas forradas de cânhamo. Nelas tinham sido gravados, além de genealogias e histórias, textos religiosos, agrícolas, botânicos, médicos e astronômicos. O bem mais valioso, no entanto, era o Te-pito-te-Kura, o "Umbigo de Luz", uma pedra sagrada de Hiva. Tão reverenciado era esse objeto santo que Hotu Matua chamou a ilha de Te-pito-te-henua, o "Umbigo do Mundo".

Quanto a Marae Renga, o terrível deus dos terremotos subitamente lançou grandes extensões do território no mar. Uvoke "ergueu a terra com sua alavanca. As ondas se tornaram revoltas, o país ficou pequeno (...) as ondas quebravam, o vento soprava, chuva caía, trovão roncava, meteoritos caíam na ilha". Haumaka viveu para ver o cumprimento de seu sonho profético: "O rei viu que a terra havia submergido no mar. Quando o mar se ergueu, a terra afundou. Famílias morreram, homens morreram, assim como mulheres, crianças e velhos. A Terra foi afogada". Em Te-pito-te-henua, os seis descobridores originais que prepararam a ilha para povoamento imploraram que Hotu Matua lhes desse permissão de voltar para casa. Mas o pesaroso rei disse a eles: "O mar subiu e afogou todas as pessoas em Marae Renga".[3]

Durante as gerações seguintes, ele e seu povo tiveram êxito na pequena ilha. A arte rupestre floresceu em harmonia com a prosperidade agrícola, enquanto plataformas de pedra (*ahu*) sustentando estátuas colossais (*moai*) surgiram entre torres imponentes cercadas de muros maciços. Havia concursos públicos de declamação e festivais religiosos, mas a competição mais importante ocorria todo equinócio da pri-

---

* Filmado com o título "O Grande Motim". (N. do T.)

mavera, quando jovens atletas arriscavam suas vidas por um ovo. No primeiro dia da primavera, nadavam um quilômetro e meio por águas infestadas de tubarões até a ilhazinha costeira de Mutu Nui (conhecida hoje como Motunui), onde os alcatrazes faziam seus ninhos entre rochas pontiagudas. O primeiro participante que retornasse com um ovo inteiro dessas aves era venerado como o homem do ano e lhe seria conferido um *status* sagrado. Seu triunfo significava o resgate do "Umbigo de Luz" em forma de ovo, um suvenir sagrado da velha Hiva, referência ao estranho artefato de onde se acreditava emanar o poder da criação. Dado seu nome sugestivo, Mutu Nui pretendia simbolizar a terra natal perdida, conhecida de vários ilhéus do Oceano Pacífico como Horaizan, Haiviki, Hiva e numerosas outras variações culturais em torno da memória de Mu.

O primeiro europeu moderno a avistar Te-pito-te-henua foi Jakob Rogeveen, que a descobriu em 1772 no domingo de Páscoa; daí seu nome moderno: Ilha de Páscoa. Ironicamente, os ovos remetiam ao significado central tanto do dia santo cristão quanto da competição ritual no Pacífico, visto que ambos eram celebrações de nascimento ou renascimento espiritual.

Quando estava prestes a morrer de idade avançada, Hotu Matua subiu a um vulcão na borda sudoeste da ilha de Páscoa. John Macmillan Brown, um estudioso de Oxford e professor fundador da Universidade de Canterbury, em Christchurch, na Nova Zelândia, descreveu o último dia do rei:

Voltando os olhos para oeste, pediu aos espíritos que pairavam em torno de seu antigo lar submerso que mandassem os galos cantar e, quando os galos cantaram, ele entregou sua alma. Nesta tradição, temos claramente expressa a consciência de que a oeste da ilha de Páscoa houve arquipélagos que afundaram e que tal submersão provocou a instalação de imigrantes em seu solo estéril depois de jornadas oceânicas.[4]

Essa e outras tradições orais descrevendo Hotu Matua – sua fuga da condenada Marae Renga e a destruição desta, por terremoto e enchente – não são diferentes de muitas narrativas polinésias sobre um reino poderoso que teria dominado o Pacífico muito tempo atrás, antes de sucumbir a um cataclismo de extraordinária violência. Mas a versão da ilha de Páscoa difere da maioria dos outros relatos basicamente pela adição de uma relíquia extremamente sagrada. O Umbigo de Luz era o mais valioso tesouro que Hotu Matua e seu povo possuíam. Mas era muito mais que uma lembrancinha sentimental da terra natal afundada. Eles reverenciavam o Te-pito-te-Kura como o próprio centro de poder de suas vidas e batizaram toda a ilha em homenagem a ele.

Por incrível que pareça, esse objeto antigamente tão importante ainda sobrevive, não cultuado e bastante ignorado, na costa norte da baía de La Perouse, entre uma camada de pedras e pavimentos soltos na esquina sudoeste da ala oeste de um ahu. De fato, a monumental plataforma tira seu nome do artefato. Com 75 centímetros de diâmetro, 45 centímetros de espessura e uma circunferência de 2,53 metros, o esferoide achatado nos polos, formado de rocha vulcânica densa e cristalina, é de cor cinza, com alguns tons se aproximando do preto. Nunca foi lapidado e transformado em gema, mas mostra sinais de ter sido habilmente moldado e repetidamente polido. Como essa pedra pouco atraente poderia ter conseguido ser, de forma contínua, o principal objeto de veneração durante o longo período da existência cultural de todo um povo não é absolutamente algo que sua aparência física um tanto ordinária deixe evidente. Seja como for, o local onde o cristalino Umbigo de Luz ficava era considerado o mais sagrado dos centros, o Umbigo do Mundo. O ponto onde aparecesse, em seu lar original na Hiva submersa ou mais tarde na ilha de Páscoa, era o lugar mais importante da Terra.

O Umbigo de Luz no Havaí

Sua única outra localização através de todo o Pacífico foi no Havaí, antigamente conhecido como Ka-houpo-o-Kane, literalmente, o "Umbigo de Luz". Kane (pronunciado "canei") era o deus da iluminação, assim como a personificação divinizada da saúde e da própria vida. Segundo a tradição indígena, outra divindade, a deusa Pele, chegou da província de Honua-mea, ou "Umbigo", no reino submerso de Kahiki, mais uma variante sobre o tema da terra natal perdida. Um canto nativo, "A Era da Reviravolta" ou Po-au-huliha, diz:

De Kahiki veio a mulher, Pele. Olhe! Uma erupção em Kahiki! Um faiscar de relâmpago, oh Pele! Jorra com força, oh Pele! O fósforo queima como o olho de Pele ou um clarão de meteoro no céu. Os céus estremeceram, a Terra estremeceu, inclusive os lugares sagrados. A Terra está dançando. Os céus estão se fechando. Nasce o ronco, o avanço e o recuar das ondas, o estrondo, o terremoto. O mar se enfurece, ergue-se sobre a praia, ergue-se para os locais habitados, ergue-se gradualmente sobre a terra.

Então vinha o Kai-a-ka-hina-li'i, a "Enchente que provocou a queda dos chefes". Eles fugiram...

...em bandos da ilha que desaparecia nos ombros de Moanaliha [o oceano]: encerrada está a linhagem do primeiro chefe do passado obscuro. Morta está a corrente que chega veloz do umbigo do mundo. Foi uma onda-guerreira. Muitos que vieram sumiram, perdidos na noite que passa. O oceano em torvelinho, inconstante, escalou as montanhas, sorveu e tragou vida enquanto subia cada vez mais sobre as casas dos habitantes. O mar que inchava, o mar que subia, o mar turbulento, ele nos rodeou. Oh, os vagalhões arrasadores em Kahiki! Findo está o mundo de Haiviki.[5]

Depois disso, o ocidente, onde Kahiki foi arrasada, ficou conhecido como He-ala-nui-o-ka-make, "a grande estrada da morte ou o moribundo". A própria terra natal submersa foi mais uma vez rebatizada como Kahiki-ho-nua-kele, "o divino torrão natal afundando no mar profundo e azul".

Ao escapar desse cataclismo de alcance mundial, Pele resgatou seu cristal sagrado, o Pohaku-o-Kane, ou "Pedra de Kane", assim chamada porque emitia uma fosforescência vinda do poder espiritual supremo, conhecido por toda a Polinésia como *mana*.

Desembarcando na ilha de Kauai, Pele escavou dois locais subterrâneos de culto, as entradas se assemelhando a bocas de rãs. Estes animais eram símbolos de renascimento e, portanto, representavam adequadamente o Pohaku-o-Kane erguido dentro das grutas marinhas de Waikanaloa e Waikapalae. Ambas ainda podem ser visitadas, embora o "Umbigo de Kane" tenha há muito tempo se transfigurado magicamente numa grande formação rochosa que se eleva sobre o terreno costeiro mais antigo. A lenda local repete uma antiga tradição que exorta os nativos a persistir na veneração do lugar, senão todo o Kauai seguirá Kahiki, de onde surgiu o Pohaku-o-Kane, para o fundo do oceano.

Antes da conversão dos ilhéus ao cristianismo, cada lar havaiano exibia um simulacro, ou modelo, do Umbigo de Kane como altar familiar, assim como os católicos colocam crucifixos em suas casas. O objeto cônico ou às vezes em forma de ovo podia ter de 30 centímetros a 2 metros e meio de altura e era o foco doméstico da vida espiritual. Durante as cerimônias, a pedra era ungida com água em comemoração da grande enchente da qual viera, sendo depois coberta com um pedaço de cânhamo para simbolizar sua chegada a salvo e a continuação do culto no Havaí.

Depois de erguer o Pohaku-o-Kane original, Pele rebatizou toda a ilha em homenagem a seu local de nascimento, Ka-Piko-o-ka-Honua: o "Umbigo do Mundo". Fora lá que ela havia aprendido os segredos do mana de Ha-Mu-ka, passados para os ilhéus anteriores aos polinésios, os mus de cabelo louro.

Em geral as semelhanças entre as versões da ilha de Páscoa e havaianas são notáveis, sugerindo que ambos os locais foram beneficiários de uma experiência compartilhada, isto é, a chegada de algum objeto extraordinariamente sagrado reverenciado como repositório do mais potente mana. O paralelismo, porém, não é de todo excepcional.

Americanos Nativos Relembram o Dilúvio

Os índios pimas do Arizona, o tão peculiar "povo do rio", costumam contar que seus antepassados vieram de uma ilha "no centro do mundo", antes que ela submergisse sob as ondas. Liderando os relativamente poucos sobreviventes estava o heroico ancestral da tribo, um poderoso curandeiro. Os pimas mais velhos ainda lembram como "o Doutor Sul levava cristais mágicos na mão esquerda", enquanto os guiava para as áreas onde tradicionalmente tinham vivido entre o Gilla e Salt Rivers.[6]

Os vizinhos índios mojave falam do sagrado Monte Avikome, no Oceano Pacífico. Logo abaixo de seu cume, ficava a Casa Negra (em outras palavras, o santo dos santos), com quatro portas se abrindo para os pontos cardeais, definindo sua localização no meio do mundo. Dentro da Casa Negra havia um objeto misterioso, o Hawlopo, concedido ao mojave ancestral como uma poderosa dádiva de Deus e em homenagem ao qual a ilha inteira fora batizada (assim como a ilha de Páscoa ficou conhecida como Umbigo do Mundo em homenagem à sua pedra sagrada, o Umbigo de Luz). Mas mesmo o Hawlopo não pôde evitar que fossem engolfados por um terrível dilúvio. Quando as águas avançaram, as pessoas subiram para o topo do Monte Avikome, onde o Hawlopo "tornou-se um pico de rocha no meio da torrente".[7] Lá, ele ainda se projeta sobre a superfície do mar como uma lápide, marcando a localização exata do torrão natal perdido. Os índios yuma conhecem uma montanha semelhante, chamada Aviqame, da qual seus antepassados escaparam em todas as direções para repovoar o mundo.

Ao sul do Rio Grande, no México Central, os toltecas cultuavam um poderoso semideus, Tezcatlipoca, também conhecido como Hurakan (de onde deriva nossa palavra "furacão"*), porque ele chegou à costa oeste do México durante um cataclismo global. Identificado como Ocelotonatiuh, ou "Sol Jaguar", ele destruiu o primeiro dos quatro mundos, ou eras, da humanidade,

---

* Vindo do espanhol *huracán*. (N. do T.)

que existiram antes do período atual. Tezcatlipoca significa "Espelho Enfumaçado", em homenagem a seu cristal mágico, que supostamente refletia o passado, presente e futuro.

É digno de nota que um mito similar fosse repetido a mil e quinhentos quilômetros de lá, no Peru, com a história de Pachacutec, lendário fundador do império inca. Ele também recebeu seu nome em homenagem a seu bem mais precioso, o "Transformador do Mundo", um cristal que fazia prognósticos e que revelou o destino de sua linhagem imperial. O objeto sagrado era uma relíquia de família transmitida de geração a geração desde Kon-Tiki-Viracocha, ou "Espuma do Mar", o portador da cultura de cabelo ruivo, saído de uma terrível enchente e que apareceu no Lago Titicaca, onde estabeleceu a civilização andina. O cristal Transformador do Mundo de Pachacutec se perdeu quando os incas foram vencidos por Francisco Pizarro e seus conquistadores espanhóis, mas sua existência anterior é sugerida por uma dupla remanescente de condores esculpidos em cristal – emblemas da realeza inca – ainda exibidos no Museu Arqueológico de Lima.

O Cercado de Ouro

Perto do Lago Titicaca, onde se dizia que Kon-Tiki-Viracocha havia chegado com seu Transformador do Mundo após o Grande Dilúvio, estende-se um dos mais importantes sítios arqueológicos da América do Sul: Tiahuanaco. Tiahuanaco é um centro cerimonial pré-incaico com praças espaçosas, escadas amplas, portões monumentais e estatuária imponente. Essas figuras, que superam a escala humana, celebram a raça de gigantes que construíram Tiahuanaco "numa única noite após a Enchente", conforme uma tradição oral nativa da Bolívia, registrada pelo cronista espanhol do século XVI Pedro de Cieza de Leon.[8] Os gigantes eram chefiados, segundo o informaram, por Ayar Cachi, que desembarcou na costa peruana depois que sua terra natal, Pacaritambo (descrita como uma huagaiusa, ou "cidade sagrada"), foi engolfada pelo mar. Entre as primeiras tarefas que Ayar Cachi ordenou que fossem cumpridas estava a construção de um memorial, conhecido como Pacarina, ou "Colina da Aparição", ao seu "Lugar de Origem". Depois disso, ele se transferiu para uma caverna numa montanha batizada de Huanacauri, em homenagem a seu nome de família, ou "Arco-Íris", símbolo do Dilúvio, a causa de sua vinda. No cume da montanha, ergueu uma *huaca,* ou estrutura sagrada.

"Depois de construir esse oráculo monumental, base de toda a história inca que se seguiu", escreve o arqueólogo Henry Brundage, "Ayar Cachi foi transformado numa pedra rude, talvez o objeto individual mais sagrado do ritual inca."[9] Era a Paypicala – "Pedra no Meio", "Umbigo", "Transformador do Mundo" ou "Centro" – nome original da Isola del Sol, a "ilha do Sol", no Lago Titicaca. A Paypicala era venerada num templo decorado, que caiu em ruínas séculos antes de ser mostrado a Cieza de Leon. "Quando se perguntava aos índios do distrito quem tinha feito o antigo monumento", ele escreveu, "eles respondiam que tinha sido feito por outros povos, barbados e brancos como nós, que chegaram àquela região e lá se estabeleceram muitos séculos antes do reino dos incas."[10] A certa altura, o líder dos índios locais "penetrou na maior das duas ilhas do Lago Titicaca [a menor é a Isola del Luna, a "Ilha da Lua", onde era cultuada uma deusa lunar secundária] e lá encontrou uma raça de brancos barbados, com quem lutou até exterminar todos eles".[11]

Há cerca de 3.000 anos, o Lago Titicaca começou a secar ou algum evento sísmico fez as costas do Titicaca recuarem mais subitamente para a distância atual de 20 quilômetros de Tiahuanaco. Num caso ou noutro, a Paypicala foi removida de novo, desta vez para Cuzco, literalmente o "Umbigo do Mundo", e instalada no centro do desenho de uma Cruz Maltesa que marcava a convergência dos quatro pontos cardeais. A cruz estava guardada no mais "Sagrado Lugar" dos incas, o Huacapata, cercado por uma estrutura maior, a Coricancha, ou "O Cercado de Ouro", também conhecido como Inticancha, "O Cercado do Sol". Sozinha dentro do Huacapata, uma sacerdotisa entrava num profundo estado de transe, deixando a consciência vibrar com a energia emitida pela "pedra do poder", incorporando assim os deuses para o conselho oracular. Antes de assumir seu papel como Sarpay, profetisa da Paypicala, ela fora selecionada por seus destacados dotes paranormais dentre as participantes da Accla Cuna, "Mãezinhas", um culto esotérico composto exclusivamente pelas mulheres mais belas, virtuosas e inteligentes do império inca.

O antigo "Umbigo do Mundo" dos incas, em Cuzco, Peru, não é diferente da pedra "sarcófago", na Câmara do Rei da Grande Pirâmide do Egito.

Uma catedral católica sobreposta a uma parede remanescente da Coricancha, o "Cercado de Ouro", onde estava localizado o "Umbigo do Mundo" dos incas.

A Terra da Perfeição

Do outro lado do Pacífico, o *punamu*, literalmente a "pedra de Mu" ou "pedra verde", era altamente apreciada pelos maoris da Nova Zelândia, por estar associada ao mar que arrasou sua terra natal ancestral. Uma ligeira variante, *pounamu*, era outra "pedra verde" miticamente associada ao grupo waitahanui, formado de membros da mais antiga tribo conhecida da Nova Zelândia. Eles ganharam fama como marinheiros notáveis – navegaram pelo mundo em embarcações oceânicas a vela e ergueram colossais estruturas de pedra por toda a ilha. Também conhecido como waitaha ou urukehu, o "povo do oeste" era formado por gente ruiva de pele clara e olhos castanhos, que teria vindo de um esplêndido reino destruído por uma catástrofe natural. Embora os waitahanuis tenham há muito tempo dominado toda a Nova Zelândia, só 140 descendentes mestiços ainda estavam vivos em 1988.

Na vizinha Austrália, o povo aborígene ainda fala da "Terra do Mistério" ou "Terra da Perfeição", uma enorme cidade cercada por quatro muros, cujas faces externas eram inteiramente revestidas de quartzo branco. Supunha-se que a Terra do Mistério fosse montanhosa, vulcânica, com plantas num crescimento luxuriante, entre as quais se erguiam imponentes construções com cúpulas e agulhas. A entrada para a brilhante metrópole era flanqueada por um par de cristais em forma de cone, com 60 metros de altura e 180 metros de diâmetro na base. Em cada um se enroscava a colossal representação de uma grande serpente. Um dia, no entanto, uma grande tempestade "ergueu a água do oceano com tremenda força e a fez atravessar a muralha da Terra da Perfeição".[12] Esta tradição é ainda mais notável por estar relacionada a um povo que não conhecia a escrita e que só teria se familiarizado com cidades ou arquitetura após os contatos com europeus modernos no século XVIII.

Na China, diz-se no *Chou-li*, um antigo livro de ritos, que Mu Kung governou o mundo no início da época de um reino antediluviano do outro lado do mar e bem para o oriente. Chien-Mu era o nome de seu palácio dourado, que ficava ao pé do Lago de Pedras Preciosas, onde a Terra e o céu se encontravam no *axis mundi*. Mais tarde, esse ponto médio terrestre deslocou-se para oeste, quando o lago transbordou e afogou seu reino, de onde ele transportou as joias para as montanhas Kunlun, na China. A transferência de Mu Kung foi reconhecida inclusive no Japão, onde o mais antigo nome conhecido da China era Chugoku, o "Umbigo do Mundo".

Na mitologia japonesa, o rei-dragão Sagara morava no fundo do mar, entre as ruínas fantasmagóricas de um antigo reino, de onde tirou uma pérola enorme, translúcida, com o poder de provocar enchentes como aquelas que tinham, há muito tempo, destruído o reino submerso. Era a Chintamani, a "Joia que Concede Todos os Desejos". Mais tarde, relatos de uma versão muito mais antiga nos contam como um abade do nordeste da Índia, que se autodenominava "Promessa de Buda", saiu em busca da Chintamani "para o bem de todos os seres conscientes". Ele equipou uma expedição de navegação que, após muitos meses, levou-o ao ponto médio do oceano. Ali o abade usou seus poderes paranormais para convocar o rei-dragão do fundo do mar e amarrá-lo com um feitiço poderoso. "Pelo poder do meu próprio nome, juro que vou soltá-lo", ele prometeu, "mas só depois de você me dar a Chintamani."[13] Incapaz de escapar, Sagara removeu a Joia que Concede Todos os Desejos da testa e estava prestes a entregá-la quando o sacerdote estendeu a mão para agarrar a pérola, inadvertidamente quebrando o encanto. Assim liberto, o dragão imediatamente recolocou a Chintamani na testa e afundou a embarcação com todos a bordo, exceto o abade. Ele foi finalmente lançado na praia no litoral leste de Honsu, a partir de onde introduziu o budismo no Japão. Sagara já tinha retornado há muito tempo às ruínas submarinas com sua preciosa pedra ainda no lugar.

༄

Elementos-chave deste mito japonês são encontrados em narrativas similares frequentemente separadas por muitos milhares de quilômetros e em culturas completamente desconhecidas umas das outras. A Chintamani originou-se num antigo reino, que depois mergulhou no meio do oceano. Sagara usa essa Joia que Concede Todos os Desejos no centro da testa, o que corresponde aos conceitos budistas do chakra da testa ou da sexta roda de energia psíquica associada à percepção espiritual no Terceiro Olho. De uma ponta à outra da Ásia, os dragões sempre foram símbolos da energia da Terra, uma significação reveladora que se torna mais nítida quando se faz o cristal remontar a outras partes do mundo.

༄

Outro mito pré-budista no qual a história de Sagara estava baseada relatava que sua pérola afinal chegou ao Japão:

conhecida como Kaname-ishi, tem um facsímile ainda venerado em Kashima-Jingu, talvez o mais antigo santuário do país, logo nas proximidades de Tóquio, na costa de Honsu, onde se diz que o deus Kashima Daimyojin teria desembarcado com a "Pedra-Chave" (também mencionada como "Pedra do Umbigo" ou "Pedra do Centro") depois que uma grande enchente fez sua terra natal submergir. Kashima Daimyojin é retratado na xilogravura de uma tabuinha cavalgando o lombo de um bagre de tamanho além do normal e comprimindo a Kaname-ishi contra a cabeça do peixe, enquanto ao seu redor há uma cidade sendo tomada pelas chamas. Embora esta ilustração aparentemente rememorasse um desastre natural de meados do século XIX que devastou Tóquio (então conhecida como Edo), tinha realmente a intenção de comparar o terrível terremoto de 1855 com a antiga destruição de um reino do Oceano Pacífico de onde se originou a Pedra-Chave. Ela foi pressionada contra a testa do gigantesco bagre na fracassada tentativa feita por Kashima Daimyojin, como descrita na gravura em madeira, de impedir o monstro de se mover.

A Kaname-ishi, ou "Pedra do Centro", em Nara, Japão.

No antigo mito japonês, terremotos e enchentes eram causados por um dragão que residia no fundo do oceano. Versões mais tardias primeiro fundiram e depois substituíram o dragão por um bagre. Na verdade, representações tradicionais das ilhas japonesas costumam retratá-las cercadas por um dragão, que era frequentemente identificado em textos complementares como bagre (*namazu*). Dizia-se que a Kaname-ishi tem o poder de evitar terremotos, embora a réplica exibida hoje não passe de uma pedra redonda, com uns 60 centímetros de diâmetro e um buraco de 15 centímetros no centro. Mesmo assim, a importância que sua localização teve um dia fica evidente no antigo *status* de Kashima como o "Centro do Nippon [Japão]".

Essa reputação foi mais tarde transferida para a mais antiga cidade do Japão, quando a Pedra-Chave original e um espelho de bronze lhe foram enviados do santuário de Kashima-Jingu. As relíquias passaram a ser cultuadas em Nara, outrora capital do Japão, no monastério Todaiji, onde um visitante do final do século XIX, o antiquário britânico J. S. Blackett, observou que havia uma representação da cosmogonia pré-budista. No Daibutsu-den do monastério ou sacrário da Sala do Grande Buda, mostraram a ele um ovo num ninho que flutuava numa cuba de água do mar. "Na época do Caos", explicaram, "o mundo inteiro foi encerrado neste ovo, que flutuava sobre a superfície das águas."[14] Segundo o abade, o ovo era um símbolo da Kaname-ishi e de suas origens, como está retratado atrás do espelho, onde há uma ilustração em água-forte do Monte Meru, uma montanha sagrada no centro do mundo, onde a religião nasceu, ela própria simbolizando o Centro Sagrado encontrado na prática da meditação perfeita. A água-forte mostrava o Monte Meru como uma ilha no meio do oceano. Flutuando perto dele, havia o pequeno vulto de um homem num bote. O abade disse a Blackett que aquela figura representava o *numen*, ou espírito do Monte Meru, e era conhecida como o "Pescador da Luz". A cena fora gravada num espelho – o símbolo universal da verdade – para afirmar sua veracidade.

⁂

O enciclopedista britânico J. C. Cooper refere-se ao Monte Meru como "o eixo do mundo", também conhecido na Índia como Devaparvata, a "Montanha dos Deuses". Entre eles estava Agni, a divindade do fogo, cujo título é Nabhir Agnih prthivyah, "Umbigo do Mundo".

⁂

O ovo Kaname-ishi, a terra natal de Kashima Daimyojin no Pacífico arrasada por terremoto e enchente, o Monte Meru, seu Pescador da Luz e a antiga identificação de Kashima como o Centro do Nippon são nítidos reflexos japoneses do Te-pito-te-henua da ilha de Páscoa, do Te-pito-te-Kura, da caça ao ovo de Mutu Nui e da destruição pela água de Marae Renga. Essas semelhanças, que poderiam ser consideradas espantosas, resultaram de uma experiência comum de japoneses e ilhéus de Páscoa, isto é, a chegada de sobreviventes trazendo uma "pedra do poder" de sua civilização depois dela ter sido destruída por uma catástrofe natural. Tantas correspondências irrefutáveis reduzem ao ridículo a possibilidade de coincidências culturais.

O Tesouro do Mundo

Embora o objeto sagrado fosse conhecido no Japão como Pedra-Chave ou Chintamani, o segundo nome é na realidade uma expressão sânscrita para "pedra mágica de outro mundo" e reaparece nas tradições orais da Índia, China, Mianmar e Tibete. Foi aqui que uma das mais destacadas personalidades do século XX entrou na busca do lendário cristal. Quando em 1923 partiu para encontrá-lo, Nikolay Konstantinovich Roerich, de 49 anos, já era conhecido pelo mundo afora como o Leonardo Da Vinci russo, embora fosse de origens escandinavas (seu pai mudou-se com uma noiva russa da Letônia para São Petersburgo, onde Nikolay nasceu em 1874). As raízes da família podiam ser encontradas na Suécia viking e um ancestral do século XIII fora um dia líder dos Cavaleiros Templários.

Em 1913, quando prestava ajuda na construção do primeiro templo budista da Rússia, em São Petersburgo, ele conquistou a simpatia especial de Agvan Dordgiev, o lama que supervisionava o projeto. Dordgiev comentou que o artista russo, além de uma elevada compreensão do núcleo esotérico no interior de todas as religiões, transmitia aquele tipo de santidade calma geralmente só encontrada entre os ascetas mais rigorosos. Por isso lhe confiou um fragmento de conhecimento oculto nunca antes revelado a qualquer outro europeu: o paradeiro secreto da pedra Chintamani, vista pela última vez no final do século XVIII por Abdul al-Hazred, um estudioso árabe. Em seu manuscrito, o *Kitab al-Azif*, al-Hazred descreve a Chintamani como "uma chave para todos os futuros e o destino de todos, capaz de proporcionar orientação interior telepática e produzir uma transformação da consciência dos que estiverem em contato com ela".[15]

Com a humanidade à beira de sua Primeira Guerra Mundial, o tempo havia chegado e Roerich era o homem destinado a tirar o fabuloso cristal do esconderijo, colocando os poderes que se supunha que a pedra possuía à disposição de uma humanidade entregue à autodestruição. O lama, contudo, não tinha nem mesmo certeza se ela de fato existia e explicou que o objeto podia ter sido apenas uma metáfora budista para a perfeição espiritual. E também não estava certo de sua localização exata. Mas se a Chintamani era de fato real, o momento para aplicá-la não poderia ser mais adequado. Disse que ela estava "na Torre do Rei, no centro de Shambhala", um reino presumivelmente inacessível no alto das montanhas do Himalaia.[16] O nome em sânscrito, "Lugar de Tranquilidade", descreve a dedicação de seus habitantes ao Kalachakra, o mais elevado e mais esotérico ramo do misticismo tibetano.

Acreditava-se que ninguém desde Abdul al-Hazred, há mais de cem anos, tinha visitado Shambhala, que a maioria dos estudiosos considerava ser inteiramente mítica. Um contemporâneo de Roerich, o cientista polonês Ferdinand Ossendowski, passou anos entre os Himalaias durante uma infrutífera busca pelo esquivo Lugar de Tranquilidade. Embora jamais tenha encontrado a Chintamani, ouviu, do início ao fim de suas prolongadas viagens entre xerpas* e xamãs nativos, muitos se referirem a ela como o "Trapezoedro Brilhante", uma figura sólida constituída inteiramente de trapézios ou planos com quatro lados, sem que haja dois paralelos – em outras palavras, uma formação cristalina.

∽∾

No livro *Beasts, Men and Gods* [Bichos, Homens e Deuses], de 1922, Ossendowski descreve um encontro com Chultun Beyli, o príncipe tibetano que afirmava ter um dia conhecido o "Trapezoedro Brilhante", que lhe permitiu ter um vislumbre simultâneo do passado e do futuro. O príncipe então falou de uma profecia conhecida por outros iniciados há incontáveis gerações: "O materialismo devastará a Terra, batalhas terríveis tragarão as nações do mundo e, no clímax da carnificina, em 2029, o povo de Agharta sairá de seu mundo caverna".[17] Assim como Shambhala, Agharta era um reino quase mítico, que mal se acreditava realmente existir, visto antes como uma metáfora para o mundo subterrâneo dos mortos. Como tal, seu aparecimento na antiga profecia repetida pelo príncipe Beyli é uma alegoria para um retorno da sabedoria antiga. Ironicamente, a mais famosa profecia do calendário maia também prevê o fim do "Quinto Sol", nossa era presente, com o início de uma sublevação global. Conhecida como Quatro Ollin, literalmente, uma "Rebelião da Terra", também está programada para ocorrer no início do século XXI; mais precisamente, no solstício do inverno de 2012.

∽∾

Em 1923, Nikolay Roerich finalmente partiu para Shambhala e seu Trapezoedro Brilhante. Sua busca fora postergada por 10 anos devido à guerra e à sua consequência revolucionária, que se supunha que a Chintamani teria evitado. Durante os seis anos seguintes, ele liderou seus seguidores por 25.000 quilômetros do Deserto de Góbi, passando pelo Tibete e Xinjiang, atravessando 35 dos passos mais altos do mundo na cadeia de montanhas Altai. Assediado a cada volta por obstáculos naturais, fustigado por tribos hostis, com os carregadores sucumbindo a avalanches e nevascas, a expedição teria sido uma provação física para qualquer homem mais jovem que seus

---

* Membro de um povo tibetano que vive nas encostas meridionais do Himalaia. (N. do T.)

49 anos. A empreitada foi levada a cabo numa época em que radar de localização no solo, helicópteros medevac, cordas mylar e jaquetas kevlar – para não falar de rádios portáteis – eram desconhecidos. Pior ainda, Roerich não tinha ideia do lugar para onde estava indo, quanto tempo levaria sua busca ou sequer se o local e o objeto de sua missão eram reais. Em toda parada onde o extravagante russo indagava sobre Shambhala e a pedra Chintamani, informavam-no que nenhuma das duas existia ou que não poderiam ser encontradas, muito menos por um estrangeiro pagão como ele. Às vezes recebia algumas indicações, mas estas eram invariavelmente falsas, destinadas a desorientá-lo.

No início de 1928, um cansado Nikolay Roerich, já ultrapassando a metade da faixa dos cinquenta, ouviu uma tradicional história tibetana que ao mesmo tempo o iluminou e deprimiu. Falava de um homem que, após atravessar muitas montanhas, encontrou repouso e abrigo na caverna de um eremita idoso. "Onde está indo por entre esses desertos de neve?", o eremita perguntou a seu hóspede. "Quero encontrar Shambhala", respondeu o homem mais novo. "Ah, bem, então você pode parar por aqui", disse o eremita. "O reino de Shambhala está dentro do seu coração."[18]

Com isso, Roerich percebeu de imediato que as histórias utópicas descrevendo o Lugar de Tranquilidade referiam-se apenas à perfeição interior alcançada através da meditação constante e da prática do Kalachakra. Mas em vez de dar vazão a sentimentos de frustração e desapontamento, ele expressou sua sincera gratidão às muitas pessoas nativas que o haviam auxiliado, mesmo àquelas que o tinham estorvado, porque todas haviam ajudado a despertar a natureza mais elevada que existia dentro dele próprio. Ouvindo por acaso suas palavras, um monge comum lhe disse que agora ele era digno de ir para Shambhala e lhe deu indicações precisas!

Quando algumas semanas mais tarde Roerich chegou à lamaseria de Trasilumpo, ficou surpreso ao ver uma estrutura alta exatamente em seu centro. Seria aquilo a "Torre do Rei" de Shambhala? Sua pergunta foi respondida quando o abade, que conhecia tudo acerca de Roerich, presenteou-o com a maior naturalidade com a Chintamani, como se estivesse esperando há muito tempo pela oportunidade. Repetindo uma versão do antigo relato chinês, o abade declarou que Mu Kung trouxera consigo o cristal sagrado muito tempo atrás, quando fugiu para o Tibete depois de seu palácio dourado na ilha de Chien-Mu ser coberto pelo Mar Oriental. Depois disso o objeto foi quebrado: um pedaço foi mandado do Tibete para Jerusalém, onde o rei Salomão fez com ele um anel. Séculos mais tarde, Maomé recebeu três outros fragmentos, que colocou na Caaba, o santuário mais sagrado do Islã, em Meca – tanto Jerusalém quanto Meca foram conhecidas durante séculos como o Centro do Mundo.

∞

Finalmente capaz de examinar pessoalmente o Trapezoedro Brilhante, Roerich conjeturou que ele fosse uma espécie de moldavita, o mineral magnético que se dizia ser um acelerador espiritual. O nome provém do vale do rio Moldau, na Morávia (hoje na República Tcheca), onde a gema é mais comumente encontrada. O conteúdo de ferro provoca sua coloração verde-musgo, que faz lembrar o punamu, a pedra verde da Nova Zelândia citada mais acima. Composto principalmente de dióxido de silício, é de fato uma espécie de cristal com uma classificação de cinco para seis na escala MOH de 10 (escala de dureza de pedras preciosas e semipreciosas de Friedrich Mohs), o que o torna relativamente fácil de cortar e moldar. Tradicionalmente, a moldavita está associada a uma elevada energia vibratória e costuma ser encarada como poderosa "abridora de chakra", particularmente do quarto chakra ou chakra do coração, cuja qualidade principal é a compaixão.

⁕

"*Lapis Exilis*, assim se chama a pedra", disse o abade, "que é mencionada pelos antigos mestres-cantores. Podemos ver que ocidente e oriente estão trabalhando juntos em muitos princípios."[19] Curiosamente, Lapis Exilis, a "Pedra do Exílio", é como Wolfram von Eschenbach, escritor alemão do século XIII, descreveu o Santo Graal em seu épico medieval *Parsival*. Na verdade, Roerich reparou que o exterior da Chintamani fora gravado com uma inscrição tênue, em sânscrito, que dizia: "Trago o cálice. Dentro dele trago um tesouro". De fato, a pedra era conhecida como "Tesouro do Mundo", versão mongol do Umbigo do Mundo.[20]

O abade continuou a explicar que ela estava carregada de correntes de uma força psíquica amoral conhecidas como *shugs*, que podiam ser usadas para objetivos bons ou maus, dependendo das intenções da pessoa que tivesse entrado em contato estreito com elas. Foi por isso que esse Trapezoedro Brilhante ficara escondido por tanto tempo. Só devia ser confiado a uma pessoa altruísta, provida de compaixão, decidida a estabelecer a harmonia no mundo durante uma época de crise global. Em mãos erradas, a Chintamani se tornaria a arma suprema, com consequências catastróficas para toda a humanidade.

– Procure saber como usá-la – o abade advertiu Roerich – e como não usá-la. Vocês do ocidente sabem alguma coisa sobre a Grande Pedra na qual os poderes mágicos [shugs] estão concentrados?

Para Roerich, ela se parecia com "uma pilha elétrica, e pode devolver, de um modo ou de outro, a energia estocada em seu interior. Por exemplo, ela aumentará a vitalidade espiritual de qualquer um que a toque, incutindo-lhe conhecimento ou aguçando aptidões psíquicas".[21] A gema oblonga com 12,5 centímetros de comprimento lhe fora apresentada sobre uma almofada e protegida por um véu que ele foi instruído a só remover sob circunstâncias imperiosas. Sua esposa, Helena Ivanova, escreveu que o Trapezoedro Brilhante possuía uma radiância sombria, "como um coração escuro". Tanto ela quanto o marido observaram que era formado "de uma só peça", embora parecesse ter sido um pouco esculpido ou modificado, e não mostrava sinais de ter sido fragmentado de alguma maneira, contradizendo narrativas sobre partes tiradas de um original maior para serem distribuídas entre Salomão, Maomé e outros personagens históricos ilustres.[22]

Com a Chintamani finalmente em seu poder, Roerich voltou para o ocidente, onde se pôs imediatamente a trabalhar. Teve um papel importante na transformação da Liga das Nações. Ela fora constituída em 1919 como um clube de vencedores pós-Primeira Guerra Mundial organizado para preservar o *status quo* imperialista de seus membros e conservar a Alemanha em eterna servidão, enquanto as colônias asiáticas, africanas, do Pacífico, da Índia, do Caribe e da América Central eram repartidas entre os Aliados. Por insistência dele, sua sede foi transferida da parcial Paris para a não beligerante Genebra, onde quem manteve a neutralidade no tempo de guerra e antigos inimigos não seriam mais excluídos. A motivação principal da Liga passou de vingança e exploração institucionalizadas contra um adversário vencido para a cooperação internacional e "a autodeterminação dos povos".[23] Seu objetivo mais elevado foi mencionado como uma aliança entre a humanidade e os líderes mundiais. Um passo concreto para esse acordo, o Pacto Roerich da Paz obrigava os governos que estivessem em guerra a respeitar museus, catedrais, universidades, bibliotecas e outros pontos de interesse cultural, assim como acontecia com os hospitais, sendo assinado pelo presidente Franklin D. Roosevelt em 1935. Exatamente dez anos mais tarde, o Pacto foi incluído na carta constituinte das Nações Unidas.

Mas nem a influência de um Da Vinci russo nem de uma velha pedra do Tibete pôde melhorar a animosidade entre os governos. O congresso dos Estados Unidos declarou inconstitucional a participação americana na Liga, enquanto a Grã-Bretanha se recusou a comprometer seu império e a França tornou a se armar contra a Alemanha. Mussolini, condenado por ter invadido a Etiópia, retirou a Itália da Liga, que Hitler detestava e que o Japão ignorou em sua conquista da China. A União Soviética, por causa do regime comunista, fora excluída inteiramente. Roerich foi forçado a admitir que os esforços que fizera em nome da harmonia internacional haviam fracassado.

Quando a civilização se fendeu numa parte Aliada em luta com a parte do Eixo, a profecia do príncipe Chultun Beyli de uma destruição mútua esteve a ponto de se cumprir. Roerich tinha inicialmente resolvido encontrar o Trapezoedro Brilhante pouco antes da Primeira Guerra Mundial. Agora, às vésperas de outra conflagração global, ele o fez retornar à lamaseria Trasilumpo. Em gratidão por sua nobre, mesmo que infrutífera, tentativa, o abade lhe deu outra Chintamani, confirmando a conclusão anterior de Roerich de que existiam várias daquelas pedras, não apenas fragmentos que tivessem resultado da quebra de um único objeto original.

Com a morte de Roerich apenas dois anos após a conclusão da guerra que ele tivera esperanças de evitar, sua Chintamani pessoal foi doada ao Museu de Moscou. Lá os visitantes ainda podem admirar esse cristal de quartzo excepcionalmente límpido, diferente do trapezoedro moldavita com inscrições que lhe custara seis anos e 25.000 quilômetros para encontrar. Enquanto isso, o décimo terceiro Dalai Lama decretava que nenhuma dessas pedras deveria ter novamente permissão para deixar o Tibete, onde foram mais uma vez escondidas em locais distintos e secretos para ficarem protegidas, embora uma tenha conseguido escapar para o Museu de História Natural, em Manhattan.

A Terra Natal da Pedra

A notável solidez da evidência em torno das pedras no estilo da Chintamani que se estende do Tibete à Bolívia, da Nova Zelândia ao sudoeste da América, situa suas origens numa grande civilização que dominava a área do Pacífico antes de ser arrasada por uma catástrofe natural num passado remoto. Enquanto suas ruínas físicas ainda estão sendo descobertas nas águas costeiras do Japão e Formosa, uma cronologia desse evento destrutivo está simultaneamente começando a emergir. Segundo a visão oceanográfica sobre a elevação do nível do mar, as ruínas no Ponto Iseki, em Yonaguni, estiveram em terra firme há cerca de 12.000 anos. Nessa época, um dilúvio causado por degelo glacial inundou-as durante o aquecimento global que elevou drasticamente os níveis do mar e encerrou a última idade do gelo de nosso planeta.

Embora os estudiosos ligados à corrente dominante da ciência se recusem a considerar qualquer possibilidade de uma antiga civilização humana fora dos estreitos limites do Oriente Médio no início do quarto milênio a.C., eles são confrontados por uma abundância cada vez maior de fontes físicas e orais que atestam o contrário. Essas provas descrevem a civilização perdida como uma terra natal, Mu ou Lemúria; menos que um verdadeiro continente, parece que um povo e cultura se espalhavam pela área central do Pacífico, por numerosas ilhas ou arquipélagos, alguns dos quais foram submergidos pelos níveis crescentes do mar ou completamente varridos de todos os traços de habitação humana por tsunamis monstruosas, similares àquela que matou quase um terço de um milhão de pessoas de uma ponta à outra do Oceano Índico em dezembro de 2004. Outras ilhas sobreviveram; seus elevados picos ainda se mantêm acima do nível do mar, como as ilhas da Polinésia e da Micronésia.

Em algum ponto de seu desenvolvimento cultural, os lemurianos lapidavam gemas especiais, na maioria das vezes cristais ou minerais cristalinos. Eram peças básicas de uma disciplina espiritual que muito mais tarde se combinou com as visões e práticas religiosas de outros povos influenciados por sobreviventes do Dilúvio. É em grande parte através dos relatos de inundação dessas raças pioneiras que o caráter e destino das pedras são descritos. Sagas nativas apresentam os objetos como mais do que símbolos: são componentes ativos, funcionando num culto de desenvolvimento dos poderes psíquicos que dá destaque ao renascimento espiritual, como enfatizado na concentração das narrativas nos berços de origem. Essas tradições duradouras deixam claro que certos cristais interagem com a mente humana para engendrar estados alterados de consciência, despertando aptidões psíquicas inatas, mas sem dúvida adormecidas, para capacidades paranormais extraordinárias.

No começo, as pedras sagradas ficavam no centro de seus torrões natais: Marae Renga da ilha de Páscoa, o Muri-wai-hou e o Honua-mea havaianos, o Monte Avikome dos índios mojave, o Pacaritambo dos incas, a "Terra da Perfeição" dos aborígenes australianos, o reino submerso do rei-dragão do Japão, o Chien-Mu da China e assim por diante – tudo arrasado por uma grande enchente. A terra natal perdida é invariavelmente lembrada como um lugar de alta sabedoria, onde feiticeiros, magos, *kahunas* ou sacerdotes tinham a capacidade de lidar com forças espirituais numa escala jamais superada em nosso mundo pós-Dilúvio. Esses poderes surgiam quando os adeptos entravam em contato com uma pedra importante, mais frequentemente um cristal ou pedra preciosa, geralmente verde. Personificando o culto de regeneração que ela também simbolizava, a pedra sagrada estava associada ao ovo cósmico de eterno renascimento e, às vezes, assumia seus atributos físicos – como na corrida anual das costas da ilha de Páscoa para Mutu Nui, este simulacro costeiro da terra natal perdida, para recuperar o primeiro ovo, o ovo da primavera; como o Pohaku-o-Kane do Havaí; os cinco ovos do Monte Condorcoto dos Andes; a Chintamani ovoide do Tibete e assim por diante. Frequentemente ela é descrita como luminosa e irradiando força: o Umbigo de Luz da ilha de Páscoa e o Umbigo de Kane havaiano, os espelhos cintilantes de Tezcatlipoca no México, o Pachacutec do Peru, o Daibutsu-den do Japão com seu Pescador de Luz, o Trapezoedro Brilhante tibetano e assim por diante. O radiante *ônfalos*, ou

A terra natal lemuriana arrasada por uma Grande Enchente é o que retrata este mural do centro cerimonial sagrado da Tailândia, o Wat Phra Keo, em Bangcoc.

"pedra do umbigo", estava rodeado por um cercado de ouro, como a Coricancha de Cuzco ou o palácio dourado de Mu Kung. Às vezes a pedra está associada a convulsão geológica: a destruição sísmica de Marae Renga, de onde o Te-pito-te-Kura foi transportado para a ilha de Páscoa, o Transformador do Mundo dos incas ou a Pedra do Umbigo japonesa usada por Kashima Daimyojin para suprimir o bagre causador de terremotos.

A universalidade, para nada dizer da uniformidade dessas tradições, só pode ser explicada pela existência de certos objetos de culto que, muito tempo atrás, deixaram impressões indeléveis em diferentes culturas que entraram em contato com missionários do Umbigo-do-Mundo ou sobreviventes da catástrofe lemuriana. Nenhuma outra coisa pode explicar satisfatoriamente a repetição da mesma história fundamental, com tantos detalhes compartilhados por numerosos povos frequentemente separados ou isolados por séculos, ou mesmo milênios, e muitos milhares de quilômetros, ultrapassando em muito as extremidades opostas do amplo Pacífico – dos civilizados incas aos maoris primitivos da Nova Zelândia, dos nativos tribais do Arizona aos lamas tibetanos. Tomadas em conjunto, essas tradições formam um retrato da terra natal perdida e de suas pedras sagradas, um retrato suportado por impressionante evidência arqueológica.

Reconstituição de tabuinhas da civilização da Lemúria, no Pacífico, exibidas no Museu Mu, prefeitura de Kagoshima, Japão.

Os cristais de poder dos índios pimas e incas desapareceram com a chegada dos modernos europeus às Américas. Mas a Kaname-ishi do Japão tem seus santuários em Kashima-Jingu e no monastério Todaiji, de Nara; o Umbigo de Luz da ilha de Páscoa ainda faz parte de sua plataforma cerimonial; e supostas variantes da Chintamani estão entre as peças de pelo menos dois museus públicos, nos Estados Unidos e na Rússia. A tradição tibetana declara que outros exemplares foram para Meca e, séculos antes, Jerusalém. Muito mais cedo, porém, supõe-se que outra pedra sagrada tenha viajado metade do caminho ao redor da Terra para a sucessora da Lemúria como o novo Umbigo do Mundo.

CAPÍTULO 3

ATLÂNTIDA, UMBIGO DO MUNDO

A história é estranha, mas Sólon, o mais sábio dos sete homens sábios, certa vez garantiu que era verdade.

— Platão, *Timaeus*

A pedra Chintamani que Nikolay Roerich trouxe de sua busca de cinco anos por Shambhala era, como ele ficou sabendo, uma das várias gemas místicas transportadas de seu local de origem para o mundo exterior. Um evento cataclísmico não diferente, mas muito mais potente que a tsunami indonésia de 2004 ou o furacão Katrina no ano seguinte, arrasou um torrão natal no Pacífico, espalhando seus sobreviventes com seus Trapezoedros Brilhantes por toda parte. Entre os distantes locais de refúgio que eles encontraram estava a Atlântida, segundo a curadora do Museu Roerich da Cidade de Nova York, Josephine Saint-Hilair, uma estudiosa de antigas crônicas asiáticas. Segundo sua pesquisa, um "cristal poderoso" foi apresentado por refugiados lemurianos no palácio de Tazlavoo, antigo imperador atlante, de quem nada mais se sabe. Algo, além disso, no entanto, pode ser dito de seu império, graças a uma das mentes de maior influência de todos os tempos, que nos deixou uma descrição rica e verossímil da Atlântida antes de também ela sucumbir ao temperamento violento de nosso planeta: Platão.

Enquanto formulava aqueles princípios que se tornariam a base do pensamento ocidental, Platão compunha uma estranha narrativa de esplendor cultural, ambição imperial e guerra internacional levadas a seu clímax nas ondas de uma catástrofe pós-lemuriana. O relato não era uma digressão atípica em sua obra filosófica; antes se destinava a sustentá-la com uma alegoria histórica, isto é, os estágios de decadência e autodestruição que mesmo as sociedades mais poderosas sofrem quando seus cidadãos se desgarram dos princípios originalmente virtuosos que as criaram e sustentaram sua existência. Platão não tinha inexplicavelmente trocado a coroa de filósofo por um boné de historiador, mas pretendeu dramatizar sua ética por meio de uma comparação irrefutável tirada do passado remoto. A Atlântida não era sua utopia ideal, como insistem os céticos, mas exatamente o oposto – o exemplo de um reino outrora saudável que se saiu muito mal. Desse modo ele tentou demonstrar o ciclo de nascimento, crescimento, maturidade, declínio e morte inerente a todo povo e mostrar como seus pares atenienses poderiam romper com esse padrão limitado.

Um predecessor de Platão, Heródoto, declarou que a Atlântida ficava próxima das encostas meridionais do Monte Atlas, do qual a cidade derivava seu nome: "Filha de Atlas", localizada "além das Colunas de Héracles".[1] Esta era a definição que dava o mundo clássico ao estreito de Gibraltar, separando o Mar Mediterrâneo ocidental do Oceano Atlântico, ele próprio batizado em homenagem à Atlântida.

Escrevendo em meados do século IV a.C., Platão não forneceu sua localização específica. Mas o controle direto que ele declarou que os atlantes exerciam sobre a Espanha e a Líbia exigia que estivessem relativamente próximos da Península Ibérica e do norte da África. Essa conclusão é reforçada no *Kritias*,[2] onde o cataclismo atlante é citado como "a fonte do lodo impenetrável que impede a livre passagem dos que tentam navegar pelo estreito em direção ao mar aberto". Uma sequela geológica suficientemente grande para fechar o Mediterrâneo ocidental não poderia ter ocorrido excessivamente "além das Colunas de Héracles". Levantamentos atuais do leito oceânico do Atlântico oriental empreendidos por cientistas do Scripps Oceanographic de La Jolla, Califórnia, de fato localizaram pelo menos uma dúzia de montanhas submersas, anteriormente terras secas, cada uma das quais podendo ser o Monte Atlas original, num raio de 400 quilômetros a oeste de Gibraltar.

Segundo o *Timaeus*,[3] a ilha era "maior do que a Líbia e a Ásia combinadas", levando alguns leitores modernos a concluir que a Atlântida era um imenso continente. Após mais de cinquenta anos de perfis do fundo do mar, contudo, os oceanógrafos não encontraram traço de qualquer "continente perdido" no fundo do Oceano Atlântico, cujo leito, inclusive, é fraco demais para ter algum dia suportado uma massa de terra tão extensa. Além disso, um evento geológico potente o bastante para fazer afundar um continente inteiro "num dia e numa noite", como Platão descreveu, teria destruído todo o planeta. Por outro lado, temos *de fato* conhecimento de ilhas – algumas de tamanho considerável – que mergulharam no mar, às vezes durante as terríveis convulsões que ocorrem por períodos de tempo muito breves, como a erupção do Krakatoa, no final do século XIX, na Indonésia, ou do Surtsey, no Atlântico, numa data tão recente quanto 1963.

Chegando mais ao ponto, a Líbia e a Ásia que Platão conhecia não eram os mesmos territórios com que o mundo moderno está familiarizado. Em sua época, 2.400 anos atrás, a Líbia era uma faixa estreita de terra mediterrânea ao longo da costa do norte da África, estendendo-se do Egito no leste à divisa da Numídia com a Mauritânia (a fronteira Argélia-Marrocos) no oeste. Na época clássica, a Ásia não compreendia a China e o Japão, mas indicava apenas a costa oeste da Ásia Menor, na Turquia de hoje. Combinadas, essas áreas não constituem um continente, mas em termos muito gerais definem uma ilha de bom tamanho, talvez tão grande quanto Tenerife, a maior das ilhas Canárias, ao largo da costa atlântica do norte da África. Platão, de fato, descreve a Atlântida como um *nesos*, palavra grega para "ilha", distinguindo-a de qualquer coisa continental. No *Timaeus*,[4] ele declara que os reis atlantes "governavam toda a ilha, como também muitas outras ilhas e partes do continente" do outro lado do oceano: América?

Sua história sucinta da Atlântida era, na realidade, uma versão grega de documentos egípcios preservados em Saís, uma cidade do Delta do Nilo, antiga até mesmo para os padrões egípcios. Os documentos sagrados foram lidos para Sólon, o famoso legislador, que estava visitando Saís enquanto as reformas sociais e o código de leis que ele introduzira em sua terra natal ainda estavam sendo calorosamente debatidos por seus pares atenienses. Psonchis, o sumo sacerdote, traduziu o texto gravado em hieróglifos numa coluna do Templo de Neith. Esse edifício sagrado parecia um lugar adequado para preservar o relato, pois Neith era uma antiga deusa dinástica que havia provocado a Grande Enchente.

Voltando a Atenas, Sólon organizou todos os detalhes da narrativa num poema épico, *Atlantikos*, substituindo palavras e valores numéricos egípcios por equivalentes gregos. O "Etelenty" descrito por Psonchis se transformou em "Atlântida" e as *arouras* egípcias foram convertidas nos *stadia** gregos, mas Sólon foi o mais fiel possível ao texto original. Infelizmente, ele se viu impossibilitado de completar o projeto devido aos problemas políticos que surgiram antes de sua morte em 560 a.C. O manuscrito inacabado foi legado a Platão, que o adaptou para um par de diálogos: o *Timaeus*, composto em torno de 365 a.C., e o *Kritias*, cerca de dez anos mais tarde.

A Atlântida de Platão

Montanhas excepcionalmente altas e belas, ele escreveu, cercavam a ilha de Atlântida, que era densamente arborizada e povoada com muitas espécies de animais, incluindo elefantes.

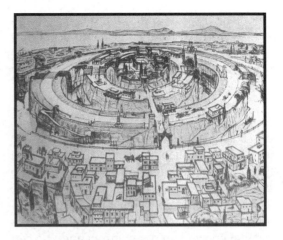

Uma reconstituição artística da Atlântida baseada estritamente na descrição feita por Platão da cidade imperial. De Unser Ahnen und die Atlanten *[Nossos Ancestrais e os Atlantes], de Albert Herrmann, 1934.*

A menção desta criatura foi usada durante muito tempo pelos céticos para rebater a *Kritias*. Salientavam eles que a existência de elefantes numa ilha do Atlântico era impossível. Mas em 1967, pescadores de mariscos começaram a extrair enormes quantidades de ossos de paquiderme do fundo do oceano, em mais de 40 pontos diferentes ao longo da cadeia Açores-Gibraltar, entre 320 e 480 quilômetros da costa portuguesa. Hoje a evidência oceanográfica indica que a crista, agora sob as águas, foi antigamente uma ponte de terra pela qual os elefantes migraram do norte da África para o Atlântico próximo. Platão, é claro, nada sabia da cadeia Açores-Gibraltar e só podia ter escrito sobre tais animais na Atlântida se baseando

---

* Plural de *stadium*, antiga medida de comprimento equivalente a 220 metros. (N. do T.)

numa fonte original – um dos mais fortes argumentos contra seu relato acabou se tornando uma de suas provas mais persuasivas.

◈

Durante sucessivas gerações, a cidade se tornou uma metrópole que superava em esplendor qualquer coisa comparável no mundo antigo. Era também diferente de centros cerimoniais ou urbanos de qualquer outro lugar da Terra, antes ou depois de sua época. Um deus observando do céu esta "Filha de Atlas" a teria visto estendida abaixo de si como um imenso alvo formado de círculos concêntricos. Eram anéis alternados de terra e água, ilhas artificiais formadas pelos fossos que as cercavam e conectadas por inúmeras pontes de 150 metros de largura, que levavam da ilha central, menor, a três portos continuamente repletos de embarcações de guerra, navios de carga, barcos mercantes, navios de passageiros e todo tipo de embarcações menores, vindas de três continentes. Um

Um vaso grego do século IV retrata a Filha de Atlas entre Posêidon, deus do mar criador da Atlântida, e Hermes, patrono divino do culto esotérico do Umbigo do Mundo.

canal de 100 metros de largura, 30 de profundidade e quase 10 quilômetros de comprimento unia o anel de terra mais externo à costa, "tornando-o assim acessível como um porto a quem viesse do mar". Sua entrada era, como coloca Platão, "grande o bastante para permitir a passagem dos maiores navios".[5]

O grande canal e seus portos eram protegidos por um muro monumental fronteiro ao mar, a pouco menos de 10 quilômetros do anel de terra mais externo, que ele cercava inteiramente. De ambos os lados de sua base havia um denso aglomerado de aldeias contíguas com pequenas casas e lojas, formando áreas públicas onde um comércio barulhento se desenvolvia dia e noite. Para dissipar qualquer impressão de uniformidade monótona, todos os prédios eram feitos com o tipo de material de construção mais abundante em qualquer ilha vulcânica, isto é, calcário vermelho, pedra-pomes branca e lava preta, que os residentes combinavam e recombinavam em padrões imaginativos. A muralha defensiva em si era intercalada com formidáveis torres de vigia e portões continuamente guarnecidos por contingentes rotativos de sentinelas armadas.

Visitantes autorizados a entrar teriam de atravessar uma ponte decorada de ambos os lados com estátuas colossais, transpondo um fosso de 555 metros para o primeiro anel de terra. Este também era protegido por um muro de pedra alto, provido de grandes placas de bronze polido. O anel de terra que o muro guardava estava aberto ao público em geral, que era convidado a passear entre seus numerosos jardins, contemplar com avidez as mansões opulentas dos muito ricos, fazer oferendas nos numerosos templos, assistir a certames poéticos e musicais, aplaudir competições atléticas nos ginásios e, coisa mais popular e mais cerimoniosamente vibrante, torcer por cavalos e cavaleiros na pista de turfe mais comprida do mundo, que avançava ao redor de todo o anel de terra.

O acesso ao fosso seguinte era restrito. Ele cercava a mais interna das ilhas em forma de anel, que ficava atrás de sua própria e alta muralha. A muralha brilhava com lâminas de uma liga metálica polida a que Platão se referia como "estanho", por não ter conhecimento de um metal comparável. A área estava inteiramente reservada às forças armadas, com quartéis-generais para os comandantes da marinha e do exército, além de casernas, campos de treinamento e praças de armas para guardas de elite. O muro que cercava a ilha central cintilava com oricalco, um cobre excepcionalmente puro que contribuía bastante para a riqueza dos atlantes e sobre o qual eles impunham um cioso monopólio. Na "acrópole", como Platão se referia a ela, de mais de dois quilômetros de largura, se destacava a residência real com jardins (inclusive vinhas e água corrente quente e fria), além de alojamentos para a guarda imperial.

Nas proximidades se erguia o magnífico Templo de Posêidon, a estrutura mais importante de toda a Atlântida, com quase 100 metros de largura, 230 metros de comprimento e 30 metros de altura, o exterior prateado contrastando com as estátuas douradas dos deuses que olhavam para baixo do frontão. No interior, havia uma estátua colossal do deus marinho segurando o emblemático tridente. Estava numa carruagem decorada com motivos oceânicos e puxada por seis cavalos alados, personificando ondas. Atingindo 25 metros de altura, a cabeça barbada da estátua roçava no teto de marfim do templo, "realçado com ouro, prata e oricalco". Durante o dia, filtrava-se através de sua galeria uma luz suave, criando um ambiente de presença divina na já imponente atmosfera cheia da fumaça de incenso, fazendo as paredes, colunas e pisos cobertos de oricalco irradiarem um clarão sobrenatural. Cercando a base da figura divina, havia uma centena de nereidas – representações de jovens cavalgando golfinhos –, enquanto ao longo das paredes viam-se estátuas dos dez primeiros reis atlantes com suas rainhas. "Havia também um altar de um tamanho e acabamento", Platão escreve, "à altura do prédio."

Apesar da extrema grandiosidade do templo, seu poder espiritual era ofuscado por um santuário muito menor e mais humilde – embora também fosse dedicado a Posêidon –, localizado no centro exato da acrópole e, portanto, o ponto focal de toda a civilização. Era uma colina baixa onde se acreditava que o poderoso deus marinho tivesse aparecido a uma mulher mortal, Kleito, que lhe deu cinco pares de gêmeos, iniciando assim a família real da ilha. Platão sem dúvida considera a mãe digna de menção, embora nada mais escrevesse sobre Leukippe, a "Égua Branca". Não obstante, ela figura com destaque em muitos Umbigos do Mundo pós-atlantes.

A Árvore da Vida

A mitologia não platônica acrescenta que um antigo carvalho, uma forma que o próprio Atlas assumia, crescia no meio do seu jardim, onde suas maçãs de vida eterna eram guardadas por um dragão-serpente, Ladon, enroscado ao redor da galharia, e pelas sete filhas de Atlas com Hesperis, as hespérides. A líder era Héspera, cuja "chama perpétua", segundo as enciclopedistas Martha Ann e Dorothy Myers Imel, "encerra a centricidade do universo".[6] Esta "centricidade" era reafirmada pela árvore sagrada que ela ajudava a guardar com suas irmãs, elas próprias personificações míticas dos sete chakras ou "rodas" de energia que conectam as naturezas física e psicológica da existência humana individual na ioga kundalini. Termo sânscrito para "poder da serpente", o kundalini é compreendido na metafísica indiana como uma força interna enroscada na base da espinha dorsal humana. Como essa energia é feita para subir através de cada um dos principais chakras, ela acaba alcançando a coroa da cabeça, onde é conseguida uma elevação da consciência, a regeneração é ativada, a espiritualidade renasce e o potencial paranormal inato é realizado.

A Árvore Ceibra, venerada pelos antigos maias como Árvore da Vida e associada por eles à Grande Enchente.

O conceito é mais facilmente identificado no ocidente pelo caduceu, uma vara entrelaçada com serpentes que sobem para um disco solar alado (em outras palavras, para a iluminação), internacionalmente conhecido como uma insígnia médica e símbolo da árvore no jardim das hespérides. O tronco é a coluna vertebral humana, a verdadeira "Árvore da Vida", as "maçãs douradas" são o "fruto" da iluminação espiritual e Ladon a "energia da serpente" do kundalini associada aos sete chakras principais. Suas materializações nas Hespérides, Filhas de Atlas (e portanto "atlantes"),

demonstra a origem atlante desse conceito profundamente antigo. Em *De immenso et innumerabili*,[7] Giordano Bruno, que alguns consideram o pai da moderna ciência, equiparava o caduceu aos raios da vida e iluminação penetrando eternamente no útero da Mãe Terra. Sua compreensão do caduceu é uma definição sucinta da espiritualidade atlante. O caduceu era o emblema do Umbigo do Mundo, seu símbolo de cura e regeneração. Ainda em uso hoje, tem resistido à passagem dos milênios como um símbolo geral da própria civilização. Ainda que os incontáveis milhões de pessoas familiarizadas com ele nem suspeitem de suas antigas origens e significação, o caduceu é a Árvore da Vida personificada, o símbolo da esotérica religião atlante.

Roger Cook, um autor perito na interpretação de arquétipos, sublinha que:

> *A imagem da Árvore Cósmica ou Árvore da Vida pertence a um conjunto coerente de mitos, ritos, imagens e símbolos que, juntos, constituem o que o historiador da religião, Mircea Eliade, chamou de "Simbolismo do Centro"... Na linguagem simbólica da religião mítica, ela é frequentemente mencionada como "Umbigo do Mundo", "Ovo Divino", "Semente Oculta" ou "Raiz das Raízes", sendo também imaginada como um eixo vertical, o "eixo cósmico" ou "Eixo do Mundo".*[8]

A Árvore da Vida não era apenas um símbolo da própria Atlântida e de sua posição geopolítica como Umbigo do Mundo, mas sintetizava o culto esotérico que levava seu nome. Esse *axis mundi* físico e metafísico é deixado claro na *Kritias*, de Platão, que nos fala de oferendas de uma ponta a outra do império convergindo para o santuário centralmente localizado onde uma mulher mortal, Kleito, tem relações com Posêidon para gerar cinco pares de

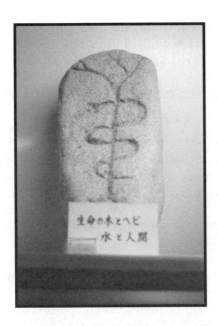

Representação da "energia da serpente" (em outras palavras, consciência intensificada) ascendendo pela Árvore da Vida, símbolo da coluna vertebral humana e síntese do culto esotérico do Umbigo do Mundo. Pedra em exibição no Museu Mu, prefeitura de Kagoshima, Japão.

gêmeos imperiais. O solo consagrado era rodeado por um cercado dourado que impedia a entrada, exceto uma vez por ano, quando um alto sacerdote era introduzido no santo dos santos. Embora Platão não mencione qualquer pedra de culto, sua descrição do recinto sagrado de Kleito claramente o define como um Umbigo do Mundo.

Homero foi mais específico. Na *Odisseia*,[9] ele descreve uma feiticeira vivendo na caverna de uma ilha do Distante Oeste (o Oceano Atlântico), onde tinha o poder de conceder vida eterna a seres humanos mortais. Seu nome, Calipso, derivava de *kalybe*, palavra grega para caverna. Como filha de Atlas, ela era uma atlante, identidade sustentada por sua ilha, Ogygia, de Ogyges, um herói do dilúvio no mito grego. Ao que parece, sua ilha e a Atlântida eram uma coisa só. Ogyges, de fato, foi considerado o fundador dos Mistérios Eleusinos, uma versão grega da espiritualidade do Umbigo do Mundo que ele levou para o Peloponeso após o Dilúvio. A relação com os atlantes é sublinhada pela referência de Homero a Ogygia como *umbiculus maris* ou *omphalos thallasses*, o "Umbigo do Mar".

A localização oceânica de Ogygia é reafirmada pela designação de seus correspondentes gregos do Atlântico Norte, como Kronios Pontus, o "Mar de Cronos", igualmente conhecido dos romanos como Chronis Maris. Cronos era o rei dos titãs, que governou o mundo antes da ascensão dos deuses olímpicos. Advertido de que um de seus doze filhos causaria a sua ruína, ele devorou os doze. Então sua esposa, Idaea, embrulhou uma pedra oblonga em tiras de roupas e deu-a de presente ao marido, na esperança de que ele a confundisse com o filho bebê, Zeus. A fraude foi bem-sucedida e Cronos, num sentido bastante literal, engoliu a artimanha. Zeus se transformou num belo jovem, sempre ocultando a verdadeira identidade, e foi finalmente escolhido como copeiro do pai, que tudo ignorava. Desempenhando esse cargo, o rapaz conseguiu fazer Cronos tomar um vomitório que o fez expelir primeiro a pedra de Idaea, seguida do resto de sua prole canibalizada, que guerreou então contra os titãs, derrubando-os para estabelecer a Nova Ordem Olímpica. O próprio Zeus instalou a pedra vomitada, ônfalos, no centro do mundo, onde ela passou a servir como o primeiro dos oráculos.

A história alegórica que Homero nos conta sobre Cronos é uma versão mítica das origens do Umbigo do Mundo na Atlântida, quando ela, na época do aprisionamento de Cronos em Ogygia, era uma ilha montanhosa do Oceano Atlântico. A "caverna dourada" onde Cronos experimenta estados alterados de consciência faz lembrar o recinto murado e dourado de Kleito no centro da Atlântida; a *Coricancha* dos incas; o "Cercado Dourado" em seu próprio Umbigo do Mundo em Cuzco; o muro dourado chinês de Mu Kung rodeando seu Lago de Pedras Preciosas e assim por diante.

Após as Hespérides, Atlas gerou outra série de sete filhas, as Hyades.

As Hyades correspondem aos sete maiores centros de energia duplicados por suas irmãs, as Hespérides. Pytho é o psicoespiritual "poder da serpente", a serpente enroscada na base da espinha humana no chakra da raiz; Tyche, ou "boa sorte", exemplifica o princípio do prazer do chakra do sacro; Plexaris, ou o "plexus solar" do chakra do umbigo, significa autodomínio; Coronis é o chakra do coração, da compaixão; Endora é sinônimo de autoexpressão no chakra da garganta; Pasitheo é a "claridade" da visão interior do Terceiro Olho localizada no chakra da testa, e Ambrosia é a experiência "divina" ou "imortal" de um despertado chakra da coroa.

Na correspondência das Hyades com os chakras principais, elas personificam o culto do Umbigo do Mundo, com sua ênfase em estados alterados de consciência, e contêm o nome pelo qual ele era conhecido (através do pai delas, Atlas, e da identidade atlante): Hyde. Assim, o rastro do nome pode ser seguido numa progressão quase em linha reta do reino mítico da perdida Atlântida até as vizinhas ilhas Canárias e atravessando o Mediterrâneo para a Ásia Menor e a Índia. Seu reaparecimento no centro espiritual de culturas sem qualquer relação com a lenda grega sugere a migração de praticantes do culto entre os sobreviventes que fugiam para leste da destruição da Atlântida.

Descendentes da Atlântida nas Ilhas Canárias

O primeiro passo do mito tradicional para a realidade arqueológica teve lugar nas ilhas Canárias, a 90 quilômetros da costa marroquina no norte da África. Em meados do século XV, exploradores portugueses descobriram as ilhas, então habitadas por um povo nativo, os guanches (uma contração de guanchinerfe, ou "Filho de Tenerife", a maior das ilhas). Altos, de cabelos louros e olhos claros, os guanches eram um povo branco que alguns investigadores modernos acreditam ter sido formado pelos últimos representantes do homem de Cro-Magnon: seus restos humanos, bem preservados no Museu das Múmias de Tenerife, na cidade-capital de Las Palmas, mostram numerosas espinhas curvas, deformações ósseas, irregularidades cranianas e muitas variedades de doenças transmissíveis por herança.

Os guanches construíram pirâmides de pedra, muralhas maciças e imponentes colunas com um calcário vermelho nativo, de origem vulcânica, pedra-pomes branca e pedra de lava preta, as mesmas cores que Platão mencionou na decoração da capital oceânica. Localizado na ilha canária de Las Palmas, o exemplo mais bem preservado da arquitetura sagrada guanche é idêntico, em seu traçado concêntrico, à descrição de Platão no *Kritias*. Não pode haver dúvida de que as ruínas de Las Palmas e a primeira cidade do Império Atlântico foram concebidas com o mesmo estilo arquitetônico – a monumental construção guanche é prova tangível de que um modo atlante realmente existiu, e na área exata do oceano onde Platão disse que estava. Segundo Henry Myhill, em seu estudo da arqueologia das ilhas Canárias, "todos os achados arquitetônicos feitos em anos recentes nas Canárias tendem a provar que essas ilhas eram os postos avançados de uma cultura mais antiga, mais elevada, ainda que provinciana e de caráter bárbaro. Grandes povoamentos com características de cidades foram descobertos e túmulos de padrão imponente, além de inscrições, continuam sendo achados".[10]

A principal divindade dos guanches era Atlas, conhecido deles como Ater, tipicamente representado em gravuras na rocha como um homem de braços erguidos, como se estivesse sustentando o céu. Referindo-se a Ater/Atlas, os guanches contaram a seus descobridores portugueses, no início do século XV, que as ilhas Canárias eram antigamente parte de uma terra natal maior, que fora um dia tragada pelo mar num cataclismo a que seus antepassados sobreviveram subindo para o topo do Monte Teide, o grande vulcão de Tenerife. O relato nativo dessa catástrofe concluía: "O poderoso Pai da Pátria morreu e deixou os nativos órfãos". A mesma tradição oral fora ouvida uns 1.300 anos antes pelo geógrafo romano Marcellus, que citou em seu *Tois Aethiopikes*:

> *Os habitantes da ilha atlântica de Posêidon preservam uma tradição, que lhes foi transmitida pelos ancestrais, da existência de uma ilha atlântica de tamanho imenso, com não menos de mil estádios [cerca de 185 quilômetros], que tinha realmente existido naqueles mares e que, durante um longo período de tempo, governou todas as ilhas do Oceano Atlântico.*

Um naturalista romano de meados do século I, Plínio, o Velho, apoiou Marcellus, escrevendo que os guanches eram de fato os descendentes diretos de sobreviventes do desastre que afundou Atlântida. Proclus, um filósofo grego neoplatônico, relatou que eles ainda contavam a história da Atlântida em sua época, cerca de 410 d.C.

As ilhas Canárias receberam seu nome, provavelmente em meados do século I a.C., de visitantes romanos que observaram o culto dos cachorros (*canarii*) que os habitantes faziam em associação com a mumificação e mantendo laços rituais com o Vale do Nilo, onde um Anúbis com cabeça de cachorro era um deus mortuário. Estas e outras características culturais compartilhadas com a civilização faraônica tinham sido independentemente herdadas, por ilhéus das Canárias e egípcios, da "pátria" perdida que enviou seus sobreviventes da enchente para ambas as culturas.

Segundo os guanches, seus ancestrais atlantes buscaram refúgio no alto do Monte Teide – de 3.717 metros, a montanha mais alta da Europa. Acreditava-se que sua abrasadora boca se abria para o reino subterrâneo da morte presidido por Echeyde, "Eu, Heyde", ou mais comumente Heyde. A semelhança filológica e mítica com o Hades grego troca sinais com o Monte Teide de Tenerife (uma corruptela espanhola do guanche Heyde), afirmando as origens nas Hyades atlantes e sugerindo fortemente a disseminação do culto do Umbigo do Mundo pelas ilhas Canárias.

Essa suposição é atestada pelas práticas religiosas guanches, como documentadas por observadores espanhóis do início do século XVI.[11] Relataram eles que um alto sacerdote guanche, o fayracan, era o único que tinha permissão de cuidar da Fayra, "uma pedra redonda num local de culto", conhecida como Zonfa ou "umbigo". Esses termos de novo demonstram paralelismos linguísticos que ultrapassam em muito as ilhas Canárias: *veiha* é o gótico para "sacerdote", enquanto Zonfa é o "cinturão" usado pelos antigos gregos para simbolizar o recinto sagrado em Delfos, onde o ônfalos, ou "pedra do umbigo", era venerado. Se, como parece provável, Fayra significa realmente "fogo", ela poderia estar indicando o mesmo tipo de energia radiante que emanaria da Chintamani e de outras pedras sagradas. Elas e os que estavam ao seu serviço eram invariavelmente associados à cura, assim como o fayracan guanche era um médico, além de cumprir seus deveres como sumo sacerdote nas encostas sagradas do Monte Heide.

O Umbigo do Mundo na Grécia

Caverna sagrada do Monte Ida, a Idaeon Antron, Umbigo do Mundo de Creta, lugar de nascimento de Zeus, rei dos deuses olímpicos.

O tema das Hyades irrompe no mundo mediterrâneo com Idomeneus, filho de Deucalião, um herói da enchente na mitologia grega. Deucalião escapou do Grande Dilúvio, que dera fim a uma antiga era, e fugiu para leste do Mediterrâneo, onde se tornou o primeiro rei minoico, juntamente com seu filho Idomeneus. A chegada pós-desastre desses dois sobreviventes do Dilúvio a Creta significa a introdução dos praticantes do culto do Umbigo do Mundo no Egeu, em seguida à catástrofe atlante. Eles se instalaram no Monte Ida, a 2.453 metros de altura, numa grande caverna consagrada a Zeus. Foi ali que o rei do cordão umbilical dos deuses – vínculo com os imortais do Olimpo que ele havia herdado – foi cultuado e venerado como uma pedra do umbigo sagrada. Hoje, após incalculáveis milênios, a Idaeon Antron ou caverna do Monte Ida ainda pode ser visitada pelos turistas em Creta.

As ruínas de Ilios, a capital de Troia. Destroços da fortificação externa com a base de uma torre de vigia, uma das muitas que cercavam as defesas da cidade.

Outro Monte Ida, agora a montanha sagrada de Troia, com 1.640 metros de altitude, se estende através do Mar Egeu, na Ásia Menor ocidental. A nordeste de sua base, a esplêndida e condenada Ilios, a capital troiana, venerava o Umbigo do Mundo sob a forma do Palladium, uma estátua da jovem Pallas que fora acidentalmente morta por sua parceira de jogos, Atena. Com remorsos, a deusa mandara forjar o monumento, que apresentava a jovem Pallas usando o *aegis*, um emblema protetor, em volta dos ombros, e o mandara erguer no alto do Monte Olimpo, num lugar particularmente honroso.

Mas ele não ficou lá por muito tempo. Em sua busca apaixonada por Atena, Hefaístos, o deformado tecnólogo dos deuses, esbarrou acidentalmente no Palladium, profanando-o. Desgostosa, Atena atirou o monumento do céu para a Terra, onde ele foi apanhado por Electra. Esta, por sua vez, deu a estátua para o filho Dardanus, um presente de despedida quando ele partiu para atravessar o Mediterrâneo ao encontro de Troia, dando seu nome ao Dardanelos, o estreito que une o mundo egeu ao Mar de Mármara. Essa viagem inaugural significou a chegada à Ásia Menor dos que cultuavam o Umbigo do Mundo vindos da terra natal atlante, como personificada por Electra, outra filha de Atlas de um conjunto adicional de sete irmãs, as Plêiades, e consequentemente uma "atlante". Mencionada como "a plêiade perdida", ela simbolizava a cidade submersa. A relação é reforçada pela própria Pallas, cujo avô era Posêidon, o divino progenitor dos reis atlantes.

O Palladium era, de fato, uma pedra sagrada venerada no Templo de Apolo, bem no centro de Ilios. Com a destruição da cidade, ela foi levada por Eneias, quando este conduziu sobreviventes do holocausto troiano para a Itália. Lá, a pedra foi finalmente instalada como Umbilicus Urbis Romae, o "Umbigo de Roma", no Fórum, num santuário próprio atrás do Templo de Saturno (o Cronos romano). Originalmente construído para guardar o tesouro da cidade, o santuário armazenou 13 toneladas de ouro, 114 toneladas de prata e 30 milhões de moedas de *sestércios*, de prata, durante o governo de Júlio César, logo no início do Império. Em séculos mais tardios, quando o imperialismo que César colocou em movimento se expandiu para abarcar todo o mundo conhecido, o tesouro foi várias vezes multiplicado. Hoje, oito colunas de granito são tudo o que resta da imensa e elegante estrutura.

Após a passagem de milênios, as palavras "Umbilicus Urbis Romae" são ainda legíveis nas ruínas do Umbigo do Mundo da antiga Roma.

Local do "Umbigo de Roma", ao lado do Templo de Saturno.

A inauguração do Fórum em 497 a.C. teve lugar sobre as ruínas de um sítio pré-histórico dedicado a Satres, versão etrusca de Cronos, de quem os romanos obviamente derivaram seu Saturno. Segundo o relato que Platão faz da Atlântida, os atlantes ocuparam a Etrúria do oeste da Itália, uma afirmação reforçada pelos próprios etruscos, que acreditavam que Atlas foi cultuado na península italiana antes de todos os outros deuses. O nome "Itália" de fato deriva de "Atlas", o rei que também emprestou seu nome à Atlântida.

Perto do Tempio di Saturno na Itália, encontra-se um prédio que abrigou a Umbilicus Urbis Romae, uma estrutura circular de sólida alvenaria de tijolos, com pouco mais de quatro metros de diâmetro. As ruínas atuais datam de cerca de 200 d.C., quando o imperador Lucius Septimius Severus reconstruiu parte do antigo santuário, construído quatro séculos antes, para dar lugar a um arco, no qual foram usados fragmentos do monumento mais antigo. A estrutura de 200 a.C. fora ela própria construída no topo de uma edificação muito mais antiga, o Umbigo do Mundo etrusco, como confirmado por seu nome latino original, Umbilicus Mundus. A tradição sustenta que Rômulo, quando fundou a cidade, mandou abrir uma cova circular no Fórum, onde todos os cidadãos tiveram de atirar um punhado da terra dos seus vários locais de origem, juntamente com as primeiras frutas do ano, como oferendas de sacrifício. A cova foi cheia e depois tampada com uma pedra sagrada. Na aquarela meticulosamente detalhada que Constant Moyaux pintou em 1865 retratando o santuário, a pedra é mostrada como cônica. O Umbilicus Urbis Romae era a parte externa do Mundus, uma câmara subterrânea onde o ônfalos era mantido. Só o alto sacerdote tinha permissão de entrar naquele santo dos santos três vezes por ano, no equinócio da primavera e nos solstícios do verão e do inverno.

O Fórum Romano como ele se apresentava no século II d.C. O prédio retangular com colunas no centro era o Templo de Saturno, lugar onde estava o "Umbigo de Roma". Modelo em exibição em Eur, Itália.

Entre a riqueza dos artefatos da Idade do Bronze que escavou na colina turca em Hissarlik, Heinrich Schliemann, o famoso descobridor de Troia, desenterrou uma figura feminina de terracota ilustrada com um "altar de fogo" dedicado ao Monte Ida.[12] A historiadora Zelia Nuttall do início do século XX observou: "É significativo que a imagem troiana exiba um triângulo cercado por sete discos contendo a suástica – 'o fogo sagrado' ".[13] O triângulo representava o Monte Ida, onde os que praticavam o culto do Umbigo do Mundo ativavam os principais chakras, ou centros de energia humana, como indicado pelos sete discos decorados com suásticas.

> Talvez o mais velho ícone da humanidade, a cruz gamada orientada para a esquerda, simbolizasse Prometeu e o movimento de sua tocha. Irmão de Atlas, Prometeu deu de presente o fogo (em outras palavras, a tecnologia) à humanidade. Do início ao fim do mundo antigo, a suástica esteve associada à luz e/ou fogo celeste e esteve também associada a Apolo, o deus sol. Seu reverso, a sauvástica, era o emblema das divindades lunares Artêmis e Diana e da deusa da lua da Creta minoica*.

A Pedra Sagrada na Índia

O "altar de fogo" troiano de Schliemann lembra a Fayra das ilhas Canárias, a Chintamani tibetana e outras "pedras de fogo" do Pacífico ao Atlântico e ao Mediterrâneo. Aponta ainda para outra Ida, esta na Índia. Ali, um celebrante acendendo o jatavedas Agni, ou "chama sagrada" de seu altar de fogo, declara no *Rig Veda*: "Nós Te colocamos, Oh, Jatavedas, no lugar de Ida, no *nabha* (umbigo) do altar, para realizar oferendas".[14] Na mitologia hindu, Ida era a "filha montanha" de Manu, o "herói da enchente" na tradição do vale do Indo. Sua identificável característica atlante confirma que o tema da Montanha Ida da Atlântida se prolongou até o subcontinente indiano. No *Matsyu Purana* (que está entre os textos mais antigos da literatura indiana), Manu é advertido da catástrofe próxima pelo deus Vishnu disfarçado de peixe: "A Terra há de se tornar como cinzas; o éter, também, há de ser queimado de calor".[15] A Índia é extraordinariamente rica em tradições acerca da Grande Enchente.

Uma versão peculiarmente atlante é narrada no mais famoso épico indiano dentro de seu gênero, o *Mahabharata*. Segundo a *Enciclopédia Britânica*, ele se baseia em acontecimentos reais que tiveram lugar do século XV ao século XI a.C., o mesmo parâmetro de tempo que abarca o apogeu e a queda da Atlântida. A partir do Drona Parva – seção XI do *Mahabharata* – é narrada a destruição do reino oceânico de Tripura. Tripura é descrito como um reino rico e poderoso, cuja costa leste se voltava para a costa da África. O *Mahabharata* chama-o de "a Cidade Tríplice", em homenagem ao tridente que Shiva, o criador da ilha, dera a seus habitantes para servir de emblema nacional. A cidade em si foi planejada por Maya, "de grande inteligência". Ele construiu três ilhas artificiais cercadas por fossos circulares, moldando cada ilha numa escala maciça, grandiosa, e "com a forma de uma roda" (*chakrastham*, sânscrito para "circular"). "E elas consistiam de casas, mansões, muralhas imponentes e pórticos. E embora repletas de palácios senhoriais próximos uns dos outros, as ruas eram largas e espaçosas. E eram adornadas com diversas praças e portões."[16]

A cronologia da Idade do Bronze em Tripura, a localização no vizinho Oceano Atlântico, o padrão circular, o luxo e o tridente, como o de Poseidon, só poderiam descrever a Atlântida de Platão. Para confirmá-lo, o *Mahabharata* acrescenta que essa "cidade fonte" era também conhecida

---

* Referente ao período cretense que se estende do terceiro milênio a.C. a cerca de 1580 a.C. (N. do T.)

como Hiranyapura, uma referência a seus residentes, que "moravam no ventre do oceano", num lugar também conhecido como Umbigo do Mundo. O título pode realmente ser uma das poucas palavras atlantes sobreviventes, como sugere seu aparecimento em lados opostos do globo. Um mayanista de fins do século XIX, Augustus Le Plongeon, sublinha que "o nome Hiranyapura significa, em maya, 'arrastada para o meio do vaso de água' ".[17]

As tradições indianas de enchente são frequentemente centradas numa pedra sagrada. O Shiva hindu tinha uma joia fixada na testa – a Urna, uma gema associada à sua imortalidade. Ela lhe permitia acessar a insuspeitada sabedoria que morava dentro dele próprio, o chakra da testa ou o famoso Terceiro Olho possuído por deuses e homens. A imagem de Shiva, que se situa entre as mais antigas divindades indianas, aparece num selo cilíndrico da cidade de Harappa, no vale do Indo, datando de aproximadamente 2600 a.C., o que a torna contemporânea do altar Umbigo do Mundo do tipo troiano. O mito de Shiva está repleto de temas atlantes. Colorido de cinza, ele foi imaginado como uma montanha vulcânica perigosa que provocou a Grande Enchente ao agitar violentamente o oceano com uma serpente monstruosa. Ele costuma ser retratado, na arte dos templos, carregando um tridente, o verdadeiro cetro de Posêidon.

O *Atharva Veda*[18] hindu diz: "O tempo, como um corcel brilhante com sete raios, cheio de fecundidade, leva todas as coisas para a frente. O tempo, como um carro de sete chakras, de sete umbigos, segue em frente". O *Atharva Veda* prossegue descrevendo um conceito central na ioga kundalini, o *nadi*, uma corrente dupla de nervos se enroscando em volta da coluna vertebral humana – a verdadeira Árvore da Vida –, através de seus respectivos canais: Pingala à direita e Ida à esquerda. O primeiro é energia masculina: aquisição, materialização e consciência; o segundo, energia feminina: nutrição, instinto e a mente subconsciente. Mencionada como Chandra Nadi por sua associação com a lua esbranquiçada ou as energias femininas lunares, Ida é encarada pelos iogues como "a grande alimentadora do mundo". O objetivo deles é assim harmonizar Pingala com Ida para que as duas se encontrem no *Brahma Garanthi*, onde o equilíbrio de suas energias contrárias assegura iluminação ao Umbigo do Mundo. Aqui está o conceito atlante do centro sagrado, também preservado na mitologia grega como a serpente se enroscando na Árvore da Vida; em outras palavras, a energia espiritual feita para subir pelas vértebras humanas.

Uma sequência encadeada de nome e função segue o culto esotérico do Umbigo do Mundo da Atlântida para as ilhas Canárias, o Egeu, a Ásia Menor e o subcontinente indiano. É visível na Idaea e Hyades atlantes, no Monte Heyde de Tenerife, no Hades grego, no Monte Ida de Creta, no próprio Monte Ida de Troia e na Ida "filha montanha" da Índia. Cada um desses picos está associado a uma pedra sagrada – substituto lítico de Idaea para o Zeus criança, com sua pedra do umbigo venerada no Idaeon Antron cretense, na Fayra guanche, no Palladium troiano e na Urna de Shiva. Estes, por sua vez, foram levados de um santuário montanhoso para outro nas ondas de imigração de uma Grande Enchente, envolvendo a destruição da Atlântida – a "pátria" afogada dos guanches, a chegada de Deucalião a Creta após o dilúvio ogygeano, a ida de Dardanus para a Ásia Menor em seguida à perda de sua mãe atlante e a sobrevivência de Manu do cataclismo na Índia. A coesão desses temas inter-relacionados viajando de oeste para leste entre culturas aparentemente diversas, desconectadas, e povos separados por distâncias formidáveis depõe de forma convincente a favor de missionários atlantes do Umbigo do Mundo estabelecendo centros de culto em diferentes pontos ao redor de meio mundo.

Mas eles também viajaram na direção oposta.

O Umbigo do Mundo no Sudeste da América do Norte e na América Central

Povos tribais do sudeste da América do Norte preservaram uma memória tribal de suas origens ancestrais numa grande ilha do Oceano Atlântico. Depois que ela foi arrasada por um terrível dilúvio, os sobreviventes navegaram pelo Mar do Sol Nascente, chegando às costas de uma nova terra. Entre as poucas posses que conseguiram salvar havia uma "pedra de poder", que eles cultuaram no que é agora o estado da Virgínia. O objeto foi o centro de um ritual homenageando os heróis-da-enchente que o tinham trazido e levado para o cume do Monte Olaimy, um dos picos mais altos dos Apalaches. Ali, seis pássaros engaiolados eram libertados ao meio-dia em ponto no dia de um festival comemorativo. Depois que eles voavam, mel era derramado numa caixa de pedra e peregrinos entravam no pequeno templo, situado numa grande gruta na encosta da montanha, para se banharem numa fonte sagrada. Os pássaros libertados equivalem àqueles soltos por Deucalião, que escapou do Grande Dilúvio no mito grego, soltou seis pássaros e seguiu a direção de seu voo para um porto seguro. Cumprido isso, seu primeiro ato foi um sacrifício de mel para os deuses pela sua salvação. Segundo o antiquário britânico W. S. Blackett, no centro do santuário do Monte Olaimy, na Virgínia, havia um altar em forma de cubo sobre o qual se encontrava "um único cristal de 20 ou 25 centímetros quadrados".[19]

Alguma coisa da antiga reverência pelos cristais no que é agora a Virgínia e a Luisiana pode ter subsistido numa venerável lenda cherokee, como registrado por Phyllis Galde, editor da revista *Fate*:

O chefe da tribo mineral, o Cristal de Quartzo, era claro, como a própria luz da Criação. O Quartzo pôs os braços em volta do seu irmão, Tabaco, e disse: "Eu serei o mineral sagrado. Vou curar a mente. Ajudarei os seres humanos a verem a origem da doença. Ajudarei a trazer sabedoria e clareza nos sonhos. E vou registrar a história espiritual deles, incluindo nosso encontro de hoje, para que no futuro, se me olharem atentamente, os humanos possam ver sua origem e o caminho da harmonia".[20]

No Vale do México, o tema do cristal da América pré-colombiana estava particularmente relacionado com a Serpente Emplumada, o louro "Homem da Aquática [submersa] Aztlan". De seu título, Aztecatl, os astecas derivaram o próprio nome. Sua variante mais conhecida, Quetzalcoatl, foi frequentemente retratada na arte dos templos usando o Ehecailacacozcatl em volta do pescoço. Era a "Joia do Vento", estilizada como casca de búzio, cortada para revelar seu interior em espiral, uma metáfora para o poder. Foi instalada em seu santuário bem no centro de Tenochtitlan, a capital asteca, local da atual Cidade do México. Ele era venerado como o Senhor do Ano, o Xiuhteuctli, uma divindade do fogo, deus de todas as energias primais, que originalmente habitava uma torre circular de pedra, cercada pelo mar. Mostrando sua identificação com Atlas, ele podia se transformar num quarteto de "atlantes" sustentando o céu, o que está sugerido no desenho transversal que adorna o braseiro de carvão que ele usava. "Esta manifestação suprema do umbigo da Terra", como Henry Brundage, uma autoridade nos astecas, o denominou, foi adicionalmente retratada na escultura sagrada como um homem velho, com uma barriga caída e um braseiro de carvão na cabeça.[21] Foi no templo Xiuhteuctli da Serpente Emplumada que sua Joia do Vento foi preservada, e serviu como elemento básico do próprio Umbigo do Mundo da América Central. De forma apropriada, Xiuhteuctli era uma pirâmide vermelha, branca e preta de degraus circulares, cada um menor que o outro. Erguia-se em cinco níveis no centro exato de Tenochtitlan, a capital asteca. O próprio nome "México" deriva de *Metztli*, literalmente o "Umbigo da Lua".[22] O mesmo arranjo tricolor e número sagrado (cinco) que, segundo Platão, caracterizavam a construção atlante, se apresentavam nesse templo de importância fundamental dedicado ao herói centro-americano da enchente, vindo de Aztlan. A comparação entre Xiuhteuctli e a Atlântida dificilmente poderia ser mais clara.

Quando a Atlântida Caiu?

"Esta manifestação suprema do umbigo da Terra", Xiuhteuctli, o Senhor do Ano Asteca, possuía a "Joia do Vento".

Platão foi muito mais ambíguo com relação a uma cronologia para esse primeiro Umbigo do Mundo do que na descrição detalhada de sua aparência física. Ambos os diálogos afirmam que o Império Atlante estava em marcha nove milênios antes de Sólon ser informado sobre ele em meados do século VI a.C., no templo da deusa Neith, no Egito. A data de Platão favorece uma contradição interna entre uma civilização nitidamente da Idade do Bronze (atribuída pelo *Kritias* à Atlântida) e o final da Idade da Pedra, quando supostamente teria florescido. A Idade do Bronze europeia começou mais ou menos na virada do quarto milênio a.C., mas só atingiu seu apogeu aproximadamente em 1500 ou 1200 a.C., quando cidadelas semelhantes àquela apresentada no relato de Platão estavam sendo construídas em lugares como a Grécia homérica e Troia. O tipo de cidade imperial que ele descreveu, para nada dizer de Atenas ou do Egito dinástico, não existia durante o Paleolítico Superior.

Como Desmond Lee sublinha no apêndice à sua tradução dos Diálogos:

Os gregos não tinham uma boa noção do tempo. É a isso que o sacerdote egípcio no Timaeus (...) se refere quando diz: "Vocês, gregos, são todos crianças"; a tradição grega e a memória grega são, ele explica, relativamente curtas. E embora os gregos, filósofos ou não, estivessem interessados nas origens, eles parecem ter curiosamente falhado em sua apreensão da dimensão do tempo...

Contudo, 11.600 anos atrás foi mais ou menos a época em que a predecessora da Atlântida no Pacífico estava sendo engolida por um aumento catastrófico dos níveis do mar, desovado por um período de derretimento do gelo que empurraria suas ruínas, semelhantes àquelas que estão perto das ilhas japonesas e de Formosa, para as suas posições atuais no leito do oceano. Foi justo nesse momento que sobreviventes lemurianos do culto do Umbigo do Mundo podem ter transmitido seus princípios sagrados e sua pedra de poder ao imperador atlante, como determinado na pesquisa de Josephine Saint-Hilaire. Se tomarmos a data de Platão de 9.550 a.C. em sentido literal, ela parece marcar o início da civilização atlante, como sugerido em seus Diálogos, que mostram Posêidon transformando a originalmente primitiva sociedade da ilha (pois ainda não havia navios ou navegação naqueles tempos[23]) numa cultura importante. Outros estudiosos da Atlântida, como o pesquisador Kenneth Caroli, da Flórida, há muito tempo se perguntam se a chegada do deus marinho não significava a vinda de um povo estrangeiro, mais avançado, que começou a construir a Atlântida que Platão descreveu. Os gregos, que para começar não ficavam perturbados com cronologias indefinidas, simplesmente jamais se preocuparam em datar a Atlântida de suas origens lemurianas, no décimo milênio a.C., à sua evolução como uma civilização da Idade do Bronze, uns 8.000 anos mais tarde.

A Atlântida, como a Lemúria antes dela e o Egito depois, floresceu não durante séculos, mas por milênios, tempo suficiente para sua história ter sido pontuada por várias catástrofes naturais. Como o sacerdote do templo do Nilo disse a Sólon:

Têm acontecido e acontecerão muitas calamidades diferentes para destruir a humanidade, as maiores através do fogo e da água, as menores por inumeráveis outros meios. Sua própria história de como Faetonte, filho do Sol, tomou as rédeas da carruagem do pai, mas foi incapaz de guiá-la pelo rumo certo e acabou queimando a superfície da Terra, sendo ele próprio destruído por um raio, é uma variação mítica da verdade de que há, com longos intervalos, uma variação no curso dos corpos celestes e uma consequente e generalizada destruição pelo fogo das coisas da Terra.[24]

Foi, afinal, o término violento da última idade do gelo que obrigou os sobreviventes lemurianos a procurar um refúgio distante numa ilha do Atlântico, onde entraram em miscigenação com a população nativa para produzir a civilização híbrida da Atlântida. A partir de suas origens paleolíticas, ela foi se transformando, durante os vários milhares de anos que se seguiram, na síntese ideal de um império da Idade do Bronze que enfrentou um evento terminal em 1198 a.C. Esta data coincide tanto com o tipo de cultura que Platão descreveu em detalhes tão ricos quanto com uma catástrofe global que os geólogos sabem que ocorreu 3.200 anos atrás.

Durante décadas, os cientistas não souberam explicar o que pode ter causado uma devastação tão generalizada. Mas durante a última década do século XX, quando começaram a juntar diferentes peças do quebra-cabeças geológico, uma visão coerente sobre a destruição violenta da Idade do Bronze gradualmente emergiu. W. Bruce Masse citou "um impacto terrestre localmente catastrófico por volta do ano 1000 a.C.", que ocorreu nas terras áridas do norte de Montana.[25] A oeste de Broken Bow, no Nebraska, se encontra uma cratera de impacto de 1.600 metros de diâmetro criada aproximadamente 3.000 anos atrás por um meteoro que explodiu com a força equivalente a uma bomba nuclear de 120 megatons. Quedas de meteoros e asteroides no Oceano Atlântico provocaram uma vasta inundação costeira no sudeste dos Estados Unidos, como é indicado por uma comprida série de crateras de impacto, ou baías, na Carolina do Sul. Núcleos de gelo perfurados em Camp Century, um laboratório geológico a céu aberto na Groenlândia, revelam que uma catástrofe global atirou vários milhares de quilômetros cúbicos de cinzas na atmosfera por volta de 1170 a.C.

Em 1997, os geólogos suecos Lars Franzen e Thomas B. Larsson sentiram-se compelidos pelas evidências a "propor que a atividade cósmica pode oferecer uma explicação para as mudanças observadas. Sugerimos mesmo que asteroides ou cometas relativamente grandes (por volta de meio quilômetro de diâmetro) atingiram algum ponto do leste do Atlântico".[26] Eles sustentaram que "corpos extraterrestres relativamente grandes atingiram algum ponto no leste do Atlântico Norte, provavelmente ao largo da costa atlântica do norte da África ou do sul da Europa, por volta de 1000 a 950 a.C., afetando principalmente as partes mediterrâneas da África e Europa, mas tendo também um efeito global".[27] A destruição da Atlântida foi parte dessa conflagração mundial que incinerou a maioria dos outros centros, da dinastia Shang na China até o Oriente Médio e a Europa da Idade do Bronze. O ponto do leste do Atlântico Norte que Larsson e Franzen identificaram como local de impacto de vários meteoros coincide com a localização da ilha de Platão. Embora afirme que ela acabou sucumbindo à violência sísmica, Platão conjeturou, em seu relato inacabado, sobre uma causa extraterrestre, ao mencionar "uma variação no curso dos corpos celestes e a consequente e generalizada destruição pelo fogo das coisas na Terra".[28]

A catástrofe global que consumiu milhões de vidas humanas deixou em seu rastro uma era sombria, que se estendeu sobre as ruínas da civilização pelos cinco séculos seguintes. O antigo esplendor do mundo pré-clássico se dissolveu na obscuridade da lenda por outros 3.000 anos, até que os arqueólogos modernos começaram a escavar suas ruínas. Hattusas, a capital hitita na Ásia Menor, Ilios em Troia, as cidades minoicas de Creta e a dinastia Shang na China foram, durante muito tempo, até o início de suas escavações no final do século XIX, rejeitadas como inteiramente míticas. A Atlântida também foi vítima do mesmo cataclismo planetário que extinguiu a grandeza *delas*. Os sacerdotes que havia entre seus sobreviventes fugiram para o oeste, para a América, e para o leste, para a Europa e mais além, deixando sua assinatura-Ida das ilhas Canárias à Índia. Entre seus bens mais valiosos estavam pedras especiais que eles acreditavam poder de alguma forma induzir uma experiência transformadora singularmente potente. Essas pedras, onde quer que fossem instaladas e cultuadas, tornavam-se pontos focais em volta dos quais girava o culto do Umbigo do Mundo.

O mais influente e duradouro desses centros espirituais foi estabelecido no Egito. A mitologia grega explica que o país tirou sua denominação de Aegyptus, neto de Posêidon, o mesmo deus marinho que gerou a casa real da Atlântida. O filho de Aegyptus, que levou a religião esotérica para o Delta do Nilo, foi Idmon, cujo nome pertence à linhagem dos descendentes "Idas" que vai da Atlântida à Índia e, assim como Idomeneus em Creta, seu pai era um sobrevivente da Grande Enchente. E o templo onde Idmon venerava sua "Pedra do Destino" atlante continua sendo a maior construção da Terra.

A GRANDE PIRÂMIDE: UM LAR EGÍPCIO PARA A PEDRA DO PODER

Quem quer que conheça o segredo da Pirâmide tem de conhecer os segredos da Terra.

— Hermes Trismegistus

Os desastres globais que destruíram as terras natais da Pedra do Destino, primeiro no Pacífico e depois no Atlântico, de modo algum significaram sua extinção ou perda. Pelo contrário, esses eventos catastróficos desencadearam profundo impacto sobre o mundo exterior durante os milênios que se seguiram e até os dias de hoje. A história é tão longa, complexa e enredada pelos caprichos do destino e da interação humana quanto a história da própria civilização. A narrativa faz mais sentido, contudo, quanto mais claramente compreendemos o cenário verdadeiramente estupendo preparado para a Pedra de Fogo no Egito.

A tecnologia do cristal, que evoluíra à Lemúria da Atlântida, já tinha alcançado altos níveis de desenvolvimento aplicado antes da catástrofe natural ainda conhecida ao redor do mundo como a Grande Enchente. Esse cataclismo global pode ter sido suficientemente poderoso para derrubar a civilização primitiva, mas não extinguiu inteiramente a sabedoria acumulada de eras anteriores. O longo uso de pedras do poder para interagir com insumos humanos e geológicos em vez de chegar ao fim se expandiu, graças ao desastre, para muito além de suas origens oceânicas, como é relatado nas persistentes tradições folclóricas de numerosos povos através de nosso planeta.

A Pedra do Poder no Egito

Quando os habitantes do antigo Egito falavam de suas origens, mencionavam um "Monte Primal" rodeado por um vasto oceano que ficava no distante oeste. Fora lá, diziam eles, durante o Tep Zepi ou "Tempo Primeiro", que a humanidade primitiva e as divindades tinham vivido juntas e em paz, criando uma espécie de paraíso na Terra. Mas através de gerações, a maioria dos homens foi ficando arrogante, imaginando seus mentores divinos como não melhores que eles próprios e começando a disputar riquezas e poder. Descontentes, os deuses selecionaram alguns mortais virtuosos e partiram com eles para longe da ilha, que afundou sob as ondas com sua população ingrata. Penetrando no Grande Verde, ou Mar Mediterrâneo, a elite de sobreviventes chegou ao Delta do Nilo, onde começou uma vida nova.

Em sua companhia ia Taut, o patrono da sabedoria. Conhecido mais tarde pelos gregos como Hermes Trismegistus, ele levava as Tábuas de Esmeralda que continham todo o alto conhecimento do antigo Tep Zepi. Com elas instruiu os moradores do Vale do Nilo nas artes da escrita, irrigação, matemática, misticismo, medicina e construção em grande escala. Como testemunho da cooperação entre a mão de obra egípcia nativa e o gênio dos sobreviventes da enchente, eles ergueram juntos um monumento estilizado do Monte Primal, que ainda se conserva no Platô de Gizé: a Grande Pirâmide.

A Grande Pirâmide pelos Números

Atingindo originalmente uma altura de 146,5 metros, a Grande Pirâmide foi a construção mais alta do mundo até o prédio Flatiron de Nova York ser concluído há pouco mais de cem anos. Com perímetro de 921,4 metros, ocupa 5,3 hectares, espaço equivalente a sete quadras do centro da cidade de Nova York. Trinta Empire State Buildings poderiam ser construídos com as pedras usadas na Grande Pirâmide. Ela contém alvenaria suficiente para fazer não um, mas dois muros, cada um com 91 centímetros de altura e 30 de largura, atravessando os Estados Unidos do Oceano Pacífico ao Oceano Atlântico. Suas pedras, cortadas em fatias de 30 centímetros dispostas ponta com ponta e combinadas com as de suas duas companheiras, poderiam construir um muro se estendendo por dois terços da distância ao redor da Terra no Equador. A pirâmide tem mais pedras que todas as catedrais, igrejas e capelas da Inglaterra juntas. E esses são apenas alguns dos desconcertantes destaques da maior construção do mundo. Flinders Petrie, renomado egiptólogo britânico de inícios do século XX, escreveu que a pirâmide mostrava "as marcas de ferramentas que só agora reinventamos".[1] Por volta do final do século passado, um pesquisador da pirâmide, William Fix, concluiu que "hoje não existe tecnologia nem para construir a pirâmide nem para restaurá-la conforme suas especificações originais", conclusão apoiada pela maioria dos investigadores.[2]

A Grande Pirâmide surge atrás de sua companheira no Platô de Gizé, a Pirâmide de Quéfren.

A Pirâmide está apoiada numa plataforma de pedra cuja variação de nível não é maior que 21 milímetros (0,8 polegadas) numa distância de 231 metros (758 pés) de um dos lados, a despeito de milhares de anos de atividade sísmica. Suas pedras de revestimento foram ajustadas com precisão de 0,64 milímetro, enquanto as aberturas da argamassa têm em média cinco milímetros. A Pirâmide contém quase 2,5 milhões de blocos, em geral de calcário, cada um cortado e ajustado com ¼ de milímetro de tolerância: a mesma precisão usada pelos ourives modernos. Petrie descobriu que a chamada Passagem em Descida, que começa na face norte da Pirâmide para penetrar no sólido leito de rocha, mantém-se a um quarto de polegada da perfeição no correr de todos os seus 106 metros de comprimento. Com polimento que lhe proporcionava um alto grau de brilho, os 32 hectares de pedras de revestimento que originalmente a cobriam transformavam a Grande Pirâmide no único objeto terrestre feito pelo homem visível do espaço – quando a luz é refletida de um lado voltado para o sol (um equívoco popular sustenta que a Grande Muralha da China pode ser vista da órbita terrestre, mas apenas sua sombra é às vezes visível).

As pedras da Grande Pirâmide pesam de duas a mais de 70 toneladas – uma locomotiva média pesa 68 toneladas. São todas ajustadas com um nível de tolerância de ¼ de milímetro, uma precisão que os pedreiros modernos não conseguem obter mesmo quando trabalham com tijolos, que colocam no lugar em média com 2,5 milímetros entre os encaixes. É quase desnecessário dizer que um bloco de 70 toneladas não pode ser encaixado no lugar. Além disso, esses blocos mais pesados não eram sequer usados para criar os patamares inferiores da base, mas içados 30 metros ou mais pela face em aclive da estrutura – um pesadelo na engenharia moderna.

O calcário usado para construir a Grande Pirâmide estava disponível localmente, mas as milhares de toneladas de granito que entraram em sua construção foram trazidas para o Platô de Gizé de pedreiras a 800 quilômetros de distância – aproximadamente a distância de Chicago, Illinois, a Mênfis, no Tennessee. Só o trabalho humano exigido para transportar em barcaças uma tonelagem tal vultosa por vastas e difíceis extensões do Nilo, com suas fortes correntes e curvas pronunciadas, parece tremendamente desafiador, mesmo pelos padrões de transporte de hoje. Levantar com cuidado e depositar pedras de 70 toneladas no que tinham de ser enormes barcaças, depois içá-las de novo para a costa – sempre sem quebrar ou lascar um único bloco – exige uma tecnologia mecânica que, pelo menos sob certos aspectos, ultrapassa a que temos.

Uma certa avaliação do alcance da Grande Pirâmide é proporcionada pelas figuras humanas paradas em seus patamares mais baixos.

A Grande Pirâmide Mede a Terra

Os teóricos têm liberdade de imaginar um certo número de argumentos para explicar o método de construção, objetivo ou idade da Grande Pirâmide. Mas sob sua sombra, todas as tentativas convencionais de interpretação se dissipam. Quando confrontadas com a enormidade de suas dimensões e a perfeição evidente de sua execução, as considerações individuais definham rapidamente na mente assombrada do observador. Uma conclusão, no entanto, sobrevive a esses confrontos e sugere seu verdadeiro caráter: a Grande Pirâmide foi projetada como uma estrutura geodésica – em outras palavras, suas dimensões interiores e exteriores medem a própria Terra.

A geodésia é a medida precisa da Terra para determinar a posição exata de locais específicos em sua superfície.

A miríade de correspondências entre a Pirâmide e nosso planeta não são resultado de mera especulação, teorização ou coincidência. A Grande Pirâmide estava originalmente posicionada o mais perto possível do centro absoluto da massa de terra do mundo. Isso significa que ela se situa num ponto único, onde as linhas de latitude e longitude passam sobre uma parte maior da superfície da Terra do que em qualquer outro lugar. A localização e a própria forma sintetizam sua identidade como símbolo geodésico. Como Alexander Braghine explicou:

O topo da pirâmide está situado a 290 58' 51.22" de latitude norte. À primeira vista esta circunstância não parece significativa. No momento, contudo, em que nos lembramos que a posição aparente da Estrela Polar é invariavelmente 1'8.78", devido ao fenômeno da refração atmosférica, vemos o que estava na mente do construtor. Se acrescentarmos o valor da refração, isto é, 1'8.78" a 290 58' 51.22", obtemos exatamente 300 e percebemos que o misterioso construtor da pirâmide, guiando-se pela Estrela Polar (ou por um ponto correspondente na constelação do Dragão), queria centrar a pirâmide sobre o Paralelo 13. Este Paralelo é notável pelo fato de que separa um máximo da terra de nosso planeta do máximo das superfícies oceânicas. Evidentemente, o construtor queria registrar de forma permanente a distribuição dos continentes e oceanos daquele tempo e podemos ver que esta distribuição permaneceu quase a mesma até a nossa época.[3]

O físico Michael Csuzdi apoiou a exposição de Braghine: "Os seis continentes da Terra formam nitidamente uma pirâmide pentagonal. A África está no vértice; linhas puxadas de seu centro para os centros dos outros continentes são uniformemente espaçada de 72 graus. Os outros cinco centros estão quase num plano comum para formar a linha base da pirâmide". No século II a.C., muito antes das interpretações extramortuárias da Grande Pirâmide serem levadas em conta, o geógrafo e historiador grego Agatharchides de Cnidus concluiu que ela "incorporava frações de graus geográficos".[4] Em outras palavras, a configuração mesma da Grande Pirâmide é um microcosmo refletindo a própria Terra.

Incorporado às dimensões da pirâmide existe um trio de medidas-chave que calcula o tamanho e forma de nosso planeta com extraordinária precisão. Elas correspondem às três mais importantes medidas planetárias definindo a circunferência, o raio polar e a protuberância equatorial.

Delas podem ser deduzidos com precisão o achatamento nos polos e a irregularidade do equador, nenhum dos quais redescobertos antes do século XVIII. O perímetro da Grande Pirâmide, estabelecido por seus "bocais" (buracos rasos, quadrados, cuja finalidade original é desconhecida), é igual a meio minuto de longitude equatorial, ou 1/43.200 da circunferência da Terra. Sua altura original total era igual a 1/43.200 do raio polar. Seu perímetro original era exatamente igual a meio minuto de latitude no Equador, o que significa que o comprimento da base representava a distância coberta em meio segundo pela rotação da Terra.

Se o perímetro da Grande Pirâmide fosse reduzido a polegadas, seria expresso como 36.524,2; esta grandeza é exatamente igual a 100 vezes o número de dias num ano – o número de dias num século. A base da Grande Pirâmide tem 500 cúbitos ou 750 pés egípcios. Este número corresponde precisamente à distância que nosso planeta viaja num período de meio segundo no Equador, porque a circunferência da Terra é de 86.400 cúbitos, assim como o dia de 24 horas é composto de 86.400 segundos. Até o advento dos levantamentos feitos do espaço por satélites, coisa que só começou em meados dos anos de 1970, a antiga medida arquitetônica da estrutura de nosso planeta não tinha paralelo.

Até mesmo o peso da Grande Pirâmide incorpora um conhecimento profundo da Terra. Seus seis milhões de toneladas são iguais a um quintilhionésimo do peso de nosso planeta. Se o volume da pirâmide, de 2.491.000 metros cúbicos, for multiplicado pela densidade média de sua pedra, o resultado, expresso em antigas unidades egípcias de medidas (conhecidas como cotovelos), será de 552, que é a densidade da Terra em sua relação com a água. Talvez o mais incrível de tudo, a multiplicação da altura original da Grande Pirâmide por mil milhões produz cerca de 150 milhões de quilômetros – a distância média de nosso planeta ao Sol, algo só redescoberto no século XIX.

O físico americano Joseph Farrell observou que:

A densidade média da Terra é aproximadamente 5,7 vezes a da água a 68 graus Fahrenheit numa pressão barométrica de 30 libras por polegada. Na Câmara do Rei, todos os patamares de pedra contêm 23 ou mais pedras, exceto o quinto patamar, que só contém sete. Assim, codificada no quinto patamar da Câmara do Rei, está a densidade média da Terra.[5]

Além disso, o interior da Grande Pirâmide mantém uma temperatura constante de 20 graus centígrados – a temperatura média de nosso planeta. Farrell continua mostrando que a altura original da pirâmide de 5.449 polegadas é igual à altura média da Terra existente no planeta acima do nível do mar.

Cada uma das quatro faces da Grande Pirâmide, com suas quase imperceptíveis endentações, representa um quarto da curva do hemisfério norte, um quadrante esférico perfeito de 90 graus. David Davidson, engenheiro de estruturas de Leeds, no Yorkshire, provou que ligeiras endentações em cada um dos quatro lados da Pirâmide calculavam o ano solar (o tempo exato entre os equinócios), o ano anomalístico (o tempo que a Terra precisa para voltar ao ponto mais próximo do Sol, o periélio) e o ano sideral (o tempo que uma determinada estrela leva para reaparecer no mesmo ponto do céu).[6]

Cada lado da base da Grande Pirâmide mede 9.131,416 polegadas, grandeza correspondente ao número de dias contidos em 25 anos. Isso reserva 365,25664 dias a cada ano sideral, exatamente uma diferença de 30 segundos do ano sideral determinado pelos astrônomos do século XX. Além disso, essa mesma medida é praticamente igual a 0,0021 (1/480) de um grau equatorial. Braghine comenta:

> *Nesta taxa, o comprimento total da linha do equador chegaria a 40.070,31365 quilômetros, quantidade que é apenas 2,4 quilômetros maior que a medida adotada pela ciência moderna. Se dividirmos o comprimento do equador como dado pela pirâmide por pi, obteremos o diâmetro de nosso planeta de 12.754,70 quilômetros, cifra que é apenas 800 metros mais longa que o cálculo feito pelo astrônomo moderno Sir James Jeans [240].*

Mas cada um de seus quatro lados na base tem também 500 cúbitos reais, o que, traduzido em milhas náuticas, resulta no número 24.883,2, a medida exata do meridiano da Terra. A precisão é tão grande que foi apenas marginalmente ultrapassada em décimos de um grau pelo levantamento por satélite que os americanos fizeram do planeta no final do século XX. Usando o mesmo conjunto de cálculos, o matemático Alan Mitchell da Universidade de Dublin provou que a base, os lados e a base da "cumeeira" da Grande Pirâmide correspondem aos raios equatoriais, médios e polares da Terra.[7]

As dimensões da Grande Pirâmide usadas aqui foram obtidas durante os anos de 1950 por Livio Stecchini, um professor Ph.D. de Harvard e estudioso de antigos pesos e medidas e da história da cartografia na antiguidade. Depois de completar o exame mais preciso jamais empreendido do monumento, ele determinou que seu perímetro original de 921.453 metros é precisamente meio minuto de latitude no Equador ou 1/43.200 da circunferência da Terra. Esta fração é reveladora porque, quando multiplicada por 147,14 metros – a altura original da Grande Pirâmide a partir da base –, o resultado é igual à distância do centro da Terra ao Polo Norte. O cálculo da Grande Pirâmide desse Raio Polar só erra por meros 120 metros. Mas mesmo esse aparente erro, ainda que pequeno e irrelevante, parece ter resultado de uma decomposição deliberada feita pelos construtores da pirâmide, pois 120 metros equivalem ao mesmo número de pés quantos são os dias num ano solar: 365. Expresso em polegadas, o perímetro da Grande Pirâmide se situa a 1 ou 2 polegadas de 36.524,2: 100 vezes o número de dias num ano ou o número de dias em cem anos.

Já em 1805, o matemático francês P. F. J. Gosselin deduziu que a pirâmide representava a circunferência da Terra, uma conclusão reexaminada e subsequentemente validada pelo geógrafo americano A.E. Berriman, quase 150 anos mais tarde. De fato, uma unidade padrão do antigo sistema de medidas egípcio, o *remen*, usada por toda a estrutura, é precisamente 0,0000001 (um décimo de milionésimo) do raio polar médio da Terra. A Grande Pirâmide incorpora a geometria de nosso planeta mais precisamente, segundo Berriman, "que qualquer coisa que o homem jamais tenha sido capaz de conceber".[8]

Sabemos que as coordenadas geodésicas incorporadas na Grande Pirâmide não são uma coincidência, pois há provas de que essas medidas foram determinadas em outra parte – e mais cedo – no Egito: o Sun-t, ou "Permitindo a Entrada", era um observatório solar que os gregos conheciam como Syene, em frente à Ilha Elefantine (a maior rocha formada pelo Rio Nilo, perto da primeira catarata). Estava localizado próximo do Trópico de Câncer e era o único lugar do Egito de onde se poderia fazer uma observação precisa para determinar a circunferência da Terra no solstício do verão. Desse modo as observações obtidas no observatório Sun-t podem ter contribuído para a armazenagem dos dados terrestres incorporados no complexo do Platô de Gizé.

Esta ilustração de um texto científico do século XVII mostra que seu autor compreendia a identidade geodésica da Pirâmide como centro da Terra e da harmonia cósmica (isto é, espiritual). De Mundus Subterraneus *(1665), de Athanasius Kircher.*

Um Mapa do Mundo com 6.000 Anos

Nem esse observatório nem a Grande Pirâmide, porém, fornecem a única evidência sobre o conhecimento da Terra que tinha o homem antigo. O professor americano Charles Hapgood (Berkeley, Califórnia) mostrou que alguém mapeou o mundo, inclusive as costas da Antártica, cerca de 1.000 anos antes do geralmente aceito início da primeira dinastia egípcia, por volta de 3100 a.C. O dr. Hapgood publicou suas incríveis descobertas na década de 1960 e até hoje elas não foram contestadas, apesar da pouca disposição acadêmica para reconhecê-las. Seus anos de pesquisa foram baseados no mapa do século XVI de um almirante turco: Piri Reis. Hapgood demonstrou que esse mapa era, na realidade, um aglomerado de mapas muito mais antigos sobrepostos uns aos outros e que suas fontes remontavam à Grande Biblioteca de Alexandria do século I e até a muito antes. A magistral investigação do mapa de Piri Reis revelou que seus criadores estavam familiarizados tanto com o Atlântico Norte quanto com o Atlântico Sul há 6.000 anos ou mais – literalmente, milênios antes de qualquer um dos oceanos ser oficialmente explorado durante o Renascimento europeu.

Hapgood concluiu que os antigos egípcios não empregavam nosso sistema de latitude e longitude, mas uma forma de triangulação esférica que ele não conseguiu entender. A solução veio finalmente de uma fonte inesperada. Fazendo uma investigação da magnetosfera de nosso planeta, os astrônomos russos Nikolai Feodorovitch, Vyacheslav Moroz e Valery Morkov documentaram linhas magnéticas rodeando a Terra, transformando-a num dodecaedro (figura de 12 lados) sobreposto a um icosaedro (figura de 20 lados). Esse arranjo expõe um gráfico hipotético de triângulos numa série que, quando sobreposta a uma representação do globo, casa perfeitamente com o sistema de mensuração geográfica usado pelos criadores do mapa de Piri Reis. A conclusão derivada dessa descoberta é ainda mais espantosa que o conhecimento do mundo que ela comprova: incrivelmente, um cartógrafo do quinto milênio a.C. compreendia a configuração da magnetosfera da Terra (desconhecida de nossa civilização até a década de 1970) e a usava para construir um sistema de mensuração geográfica. Equipados com esse conhecimento, os marinheiros poderiam navegar pelos mares do mundo inteiro – o que parece que fizeram.

Hapgood também revelou que vários dos principais cartógrafos da Europa possuíam informações confidenciais sobre a geografia do mundo vindas de fontes anteriores às explorações contemporâneas de

Colombo e Magalhães. Entre os mais célebres desses cartógrafos da Renascença estava Flemish Gerardus Kremer, mais lembrado hoje como Mercator. Ele inventou a técnica de usar linhas curvas nos mapas para designar linhas de graus longitudinais idênticas, uma inovação ainda hoje em uso e empregada no mundo inteiro como "projeção de Mercator". Esta projeção é feita a partir do centro absoluto da Terra com um cilindro hipotético envolvendo-a e se fechando no Equador, permitindo assim que os meridianos sejam igualmente distribuídos em linhas paralelas de latitude e longitude. Curiosamente, Mercator anunciou sua descoberta após voltar do Egito em 1563, quando levou a cabo uma prolongada investigação da Grande Pirâmide. Descrito como "incansável na busca do saber de muito tempo atrás", ele parece ter conseguido penetrar nos segredos geodésicos da construção.[9]

Em 1646, John Greaves, matemático e astrônomo de Oxford, publicou a *Pyramidagraphica*, onde concluiu que a Grande Pirâmide incorporava as dimensões do nosso planeta e estabelecia tábuas de medidas das quais todos os sistemas geométricos ocidentais em última análise derivavam. Seu colega mais famoso, Sir Isaac Newton, usou as cifras da *Pyramidagraphica* no seu ensaio "Uma Dissertação sobre o Cúbito Sagrado". Estudiosos como Mercator, Greaves e Newton, que comprovaram as propriedades geodésicas do monumento de Gizé, são ridicularizados como "piramidiotas" pelos cientistas da atual corrente dominante da ciência, incluindo o subsecretário de estado para o Platô de Gizé e diretor do Supremo Conselho Egípcio de Antiguidades, dr. Zahi Hawass. Contudo, esses investigadores independentes concluíram que a matemática avançada responsável pela construção da pirâmide tinha de ter vindo de fora do Vale do Nilo.

Os antigos gregos, como Hesíodo no século VIII a.C., relataram uma época profundamente pré-histórica em que uma *oicumene*, ou civilização mundial, criou uma era de ouro para a humanidade primitiva. Do outro lado do mundo, os maias quiché de Yucatán registraram que "as primeiras raças de homens eram capazes de todo o conhecimento. Pesquisaram os quatro cantos do horizonte, os quatro pontos do firmamento e a superfície redonda da Terra".[10]

Só recentemente foi redescoberto que as propriedades geodésicas da Grande Pirâmide eram conhecidas dos gregos clássicos, que nos deram a palavra que ainda usamos para identificar a estrutura: *pirâmide*. Seu significado, no entanto, é bem diferente da antiga palavra egípcia para a mesma estrutura: *mr*. Esta se refere a uma unidade de medida que, em vista das propriedades geodésicas da Grande Pirâmide, parece apropriada. Um dos nomes que os egípcios davam a seu país era To-mera, ou "Terra da Pirâmide", e a moderna palavra árabe para Egito, al Misri, parece ser derivada de *To-mera*. Em egípcio copta, sobrevivência parcial da língua egípcia, considerada morta, *piramit* também sugere as propriedades "métricas" da Grande Pirâmide: a palavra significa "a décima medida em números". Assim também a unidade padrão da antiga medida egípcia, o *remen*, usado por toda a estrutura, é precisamente 0,0000001 (um décimo de milionésimo) do raio polar médio da Terra.

Mas a palavra grega é mais misteriosa. Significa "fogo por dentro". Por que, se eles sabiam que ela incorpora as dimensões da Terra, teriam os antigos gregos escolhido essa palavra para descrever a maior construção de pedra jamais realizada? Será que o nome que usaram para ela sugere de alguma maneira o verdadeiro significado da Grande Pirâmide?

CAPÍTULO 5

POR QUE A PIRÂMIDE FOI CONSTRUÍDA?

Leva de volta contigo o aviso de que, quando os homens abandonam seu Criador e encaram seus semelhantes com ódio, como aconteceu com os príncipes da Atlântida, em cuja época esta Pirâmide foi construída, eles são destruídos pelo peso de sua própria iniquidade, assim como o povo da Atlântida foi destruído.

— Voz desencarnada supostamente ouvida no interior da Câmara do Rei da Grande Pirâmide pelo escritor britânico dr. Paul Brunton em 1935.

A Grande Pirâmide tem duas propriedades inegáveis: a incorporação de informações geodésicas e a grandiosidade de sua realização material. Elas compreendem a única evidência rigorosa que temos sobre a estrutura, mas a partir delas podemos determinar *por que* foi construída. As pessoas responsáveis por sua criação obviamente conheciam de alguma forma as dimensões de nosso planeta e conseguiam alcançar níveis de domínio da matemática e arquitetura iguais – e sob certos aspectos superiores – aos da tecnologia moderna. Indo mais diretamente ao ponto, a realização delas estava muito além de qualquer outra coisa erigida pelos antigos egípcios, pois nenhuma outra estrutura no Vale do Nilo permite qualquer comparação com a Grande Pirâmide (com exceção de sua vizinha ligeiramente menor, a pirâmide de Quéfren). Trata-se, estranhamente, do monumento mais *não* egípcio da Terra, porque não foi absolutamente decorado com a profusão habitual de hieróglifos que adornavam todos os outros prédios públicos, excetuando as pirâmides que lhe são vizinhas, nos tempos faraônicos: todas as esplêndidas estruturas erguidas por Ramsés II, construídas muitos séculos após a Era da Pirâmide, estão cobertas de hieróglifos.

A maioria das tradições que sobrevivem sobre a Grande Pirâmide foi transmitida por estudiosos islâmicos. Eles preservaram um pouco da filosofia, tecnologia e história da civilização clássica e mesmo pré-clássica, enquanto a Idade das Trevas amortalhava por 500 anos a Europa. Por volta de 870 d.C., o historiador árabe Abou Balkh retomava uma tradição de que "homens sábios, antes da Enchente, prevendo um iminente julgamento dos céus que destruiria cada coisa viva, construíram pirâmides de pedra sobre um platô no Egito, para haver algum refúgio contra a calamidade".[1] No início do século X, Masoudi foi o autor histórico de *Campos de Minas de Ouro e Gemas*, onde escreveu:

> *Surid, um dos reis do Egito antes da Enchente, construiu duas grandes pirâmides. A razão para a construção das pirâmides foi que o rei, que viveu 300 anos antes da Enchente, certa vez sonhou que a Terra estava sem rumo, as estrelas caíam do céu e se chocavam, fazendo um grande barulho, e toda a humanidade, aterrorizada, buscava refúgio.*[2]

Do século VII ao XIV, outros escritores árabes repetiram essa história com pouca variação: a Pirâmide fora construída ante a ocorrência periódica de um dilúvio mundial provocado por algum impacto celeste contra a Terra.

Precedendo os árabes, sobreviveu pelo menos uma fonte romana para dar sustentação a seus relatos. É o fragmento de uma história de Marcellinus Ammianus, que escreveu em 390 d.C.: "Inscrições que os antigos afirmam que estavam nas paredes de certas galerias subterrâneas das pirâmides tinham a intenção de impedir que a sabedoria antiga se perdesse na Enchente". Outro historiador da era romana, Flávio Josefo, registrou a mesma tradição.[3]

Os estudiosos islâmicos parecem universalmente de acordo em afirmar que o arquiteto da Grande Pirâmide foi Taut, o deus da ciência e da escrita hieroglífica. Na mitologia egípcia, dizia-se que, antes de sua chegada ao Vale do Nilo, ele havia sobrevivido a um dilúvio catastrófico que destruíra sua ilha natal no distante oeste. Fontes muito mais antigas, como Sanchunaithon, um estudioso fenício do século VI a.C., mencionaram inscrições do templo apontando Taut como o primeiro rei e arquiteto do Egito. Essas tradições parecem confirmadas pelas próprias cerimônias "egípcias" que precediam a construção de uma pirâmide: segundo Kevin Jackson e Jonathan Stamp, na investigação que fizeram em 2003 para a British Broadcasting Corporation, quando inaugurava sua construção o rei era ajudado por "um sacerdote personificando Thot.[*]" Juntos, eles "demarcariam os alicerces dos quatro muros externos".[4]

Se considerarmos os vários relatos de um arquiteto, anterior à enchente, construir a Pirâmide como preparação para um cataclismo natural esperado, então o propósito da estrutura tem de estar diretamente relacionado a esse evento. Tanto os árabes quanto Marcellinus declararam que a Grande Pirâmide estava destinada a preservar o conhecimento de uma grande civilização para futuras gerações e alguns investigadores modernos concordam com essa teoria da cápsula do tempo. Mas devemos realmente acreditar que uma construção tão incrível foi feita apenas para transmitir à posteridade informações geodésicas?

A resposta é certamente não, nem que seja apenas porque uma estrutura com um volume interno de 2.500.000 metros cúbicos constitui um depósito monstruosamente exagerado. Um monumento menor, com todas as proporções reduzidas, até mesmo com um décimo do tamanho, teria servido exatamente da mesma maneira. Simplesmente não havia *necessidade* de criar uma estrutura tão estupendamente grande, e de um custo tão incrivelmente elevado, para um propósito tão relativamente pequeno. Em suma, tudo que sabemos sobre a construção demonstra que teorias convencionais, e inclusive a maioria das *não* convencionais, formuladas para explicá-la não conseguem justificar nem as suas dimensões nem as medidas geodésicas. De seu próprio tama-

---

[*] Variação de Thaut. (N. do T.)

nho e precisão podemos logicamente deduzir que a construção da Pirâmide foi considerada o mais vital empreendimento de cada membro da sociedade que a produziu. Nenhuma outra coisa teria conquistado a cooperação de certamente toda a força de trabalho nacional concentrada num único projeto. Nenhum observatório, cápsula do tempo, tumba ou templo poderia merecer um esforço tão generalizado da nação. A Grande Pirâmide foi outra coisa; algo muito mais indispensável.

Contrariando o dogma acadêmico, a Grande Pirâmide não era uma tumba. Sua entrada minúscula e corredores exíguos teriam tornado impossível a passagem de um sarcófago faraônico e do cortejo funerário que o acompanhasse.

A Misteriosa Luz da Grande Pirâmide

Uma pista pode ser encontrada bem no vértice da própria pirâmide. Lá, desde os tempos antigos aos dias de hoje, um fenômeno que ocorre com irregularidade tem sido visto por algumas afortunadas testemunhas oculares e documentado por observadores treinados. Os visitantes do Platô de Gizé veem, às vezes, o topo da Grande Pirâmide iluminado por uma névoa, nuvem, cerração ou halo azulado, de brilho variável.

Independentemente do que possamos pensar de Aleister Crowley, o notório cabalista passou de fato uma noite, em 1903, dentro da chamada Câmara do Rei da pirâmide. Ele ficou surpreso ao ver que todo o compartimento estava banhado por uma luminosidade azul, cuja fonte não pôde determinar. Crowley relatou que conseguiu ler com aquela luz, embora ela fosse bem fraca.[5]

A luz azul da Grande Pirâmide continua a ser observada por visitantes modernos, que geralmente duvidam do testemunho de seus próprios sentidos. Uma das melhores e mais recentes visões da luz da pirâmide foi experimentada por um turista americano, Robert Houseman, que visitava o Egito em 1994. Ele estava hospedado na Mona House, perto da Grande Pirâmide e num nível ligeiramente mais baixo que ela. Na noite anterior à data de sua partida...

Todos haviam ido para a cama, mas eu tinha de dar uma última olhada na pirâmide que se elevava sobre o hotel. Por volta da meia-noite, saí para ver mais uma vez a incrível estrutura. Havia algum tipo de névoa ou cerração ao redor da pirâmide. Eu mal conseguia distinguir a estrutura triangular. Vi, então, uma luminosidade azulada começando a se formar em toda a sua volta. E enquanto eu contemplava aquilo com curiosidade, sem saber de onde vinha a luz, ela foi ficando mais brilhante. Fiquei um pouco confuso quando vi a luz azul formar uma esfera ao redor do topo da pirâmide. Permaneci ali por pelo menos vinte minutos, vendo a luz se tornar mais brilhante e mais distinta. Lembro de ter me perguntado se estava tendo alucinações ou vendo realmente a aura da pirâmide.[6]

Outro visitante americano, William Groff, ficou igualmente atônito ao testemunhar uma luz azul iluminando o topo da Grande Pirâmide. Sendo um físico proeminente, conseguiu levar colegas cientistas do Institut Egyptien à estrutura. Apesar, no entanto, de uma investigação exaustiva de suas passagens internas, eles foram incapazes de encontrar uma causa para o fenômeno.[7]

O principal egiptólogo do Museu Britânico na virada do século XX, Sir E. A. Wallis Budge, cujas traduções de importantes materiais de fonte dinástica são ainda consideradas definitivas, descobriu o que acreditou ser a mais antiga alusão escrita à Grande Pirâmide. Encontrou dificuldades em interpretar com precisão o termo, já arcaico na época final do Velho Reino, por volta de 2155 a.C., porque ele ocorre apenas uma vez no *Livro dos Mortos* egípcio. Ainda assim Budge concluiu que *khahut* deve ter significado "o aspecto luminoso da pirâmide" ou "luz da pirâmide", uma referência evidente ao duradouro fenômeno testemunhado por Houseman, Groff e outros, mas conhecido desde o início da história egípcia.[8]

Embora os antigos relatos do evento estivessem cheios de um temor supersticioso, hoje os investigadores acreditam que a luz azul da pirâmide é gerada pela pressão se formando dentro da terra diretamente sob a estrutura. Parece ser a mesma ocorrência conhecida como "luzes de terremoto" – geralmente nuvens num tom azul-escuro que às vezes aparecem pouco antes de uma atividade sísmica. Basicamente, quando as forças que produzem um tremor comprimem minérios subterrâneos, são geradas correntes elétricas para decompor moléculas de água subterrâneas, liberando assim íons carregados de oxigênio e hidrogênio no ar. O processo separa quimicamente elétrons de suas trajetórias ao redor dos núcleos atômicos, transmutando a energia deles em luz. As moléculas de água afetadas são assim condensadas em névoas ou nuvens estaticamente carregadas, que parecem brilhantes ou incandescentes. Quando um terremoto em desenvolvimento exerce pressão sobre o granito e/ou outra rocha cristalina na crosta do planeta, uma carga visual é emitida. Essas luzes de terremoto foram fotografadas pela primeira vez em 1966, imediatamente antes de um terremoto que atingiu a cidade japonesa de Matsushiro, quando o horizonte se inflamou com um clarão azulado, sinistro.

A "aura azul" que costuma ser avistada no Pinnacles National Monument, no sul da Califórnia, é gerada por energias sísmicas interagindo com a matriz de cristal e granito da formação natural.

O mesmo fenômeno ocorre nos Alpes e nas montanhas dos Andes, de onde se origina o termo "Clarão dos Andes". É uma descarga brilhante de energia elétrica na atmosfera, às vezes com centenas de milhas de comprimento, gerada por atividade sísmica. O evento também ocorre nos Estados Unidos, especialmente no Pinnacles National Monument, nas Montanhas da Costa da Califórnia, ao sul de Hollister. Aqui a luz azul costuma se manifestar com maior frequência ao longo de uma crista de formações rochosas com quase cinco quilômetros de comprimento e oitocentos metros de altura, que lembram torres pontudas ou pirâmides cônicas. Em 1973, David Kurbin, um historiador britânico, fotografou uma volumosa, mas amorfa massa de luz pairando diretamente sobre o monumento antes de girar sobre si mesma e desaparecer em pleno ar. O Pinnacles National Monument situa-se em sua própria Falha de Pinnacles, um ramal, intimamente interligado, da famosa Falha de Santo André, que de fato deu origem às estruturas vulcânicas um milhão de anos atrás.

A Grande Pirâmide também está localizada dentro de uma zona sismicamente ativa, por isso a luz azul que às vezes se vê brilhar em seu vértice resulta das mesmas energias responsáveis pelas luzes de terremoto e pelo Clarão dos Andes. Mr. Houseman observou a luz da pirâmide (o antigo *khahut*) em 22 de setembro de 1994, alguns meses após um terremoto de 6.2 na escala Richter ter sacudido o Egito, danificando antigas e maciças estruturas em Kom Ombro, mas deixando a Grande Pirâmide incólume. Foram relatados tremores de uma ponta à outra do Egito por cerca de meio ano após o abalo maior, por isso a visão de setembro parece ter sido o efeito piezelétrico da atividade sísmica em processo.

❦

Piezeletricidade é a conversão de energia mecânica em energia elétrica quando é aplicada pressão a minerais cristalinos. O termo deriva do grego *piezein*, "apertar" ou "pressionar", e se refere a uma carga elétrica resultante de certos cristais quando eles são sujeitos a pressão física. Para produzir este efeito, os cristais têm de ser eletricamente neutros, com estrias simétricas separando cargas negativas de cargas positivas. Esta neutralidade elétrica é energizada quando sua simetria se deforma sob pressão aplicada, gerando voltagem. Assim, nem todos os cristais apresentam propriedades piezelétricas. Das 32 classificações de cristal, 20 são condutivas, embora de capacidade extremamente variada. Ainda que não exatamente raros, cristais de maior ou menor perfeição simétrica – em particular do tipo rutílio, contendo ferro para intensificar a condutividade – são menos comuns e se destacam por sua excepcional limpidez, resultado de estriamentos pelo menos em parte uniformemente lineares: meia tonelada de pressão exercida sobre um cristal de 1,016 centímetros pode produzir 25.000 volts. Em 1981, o dr. Brian Brady executou no Departamento de Minas dos Estados Unidos, em Denver, Colorado, uma experiência controlada de laboratório que provou as propriedades elétricas do mineral. Ao submeter uma laje a pressões extraordinariamente altas, o espécime de granito emitiu uma descarga elétrica acompanhada de um conjunto de faíscas que foi fotografado e medido.[9]

❦

O fenômeno não é apenas luminoso, mas uma energia real, como Sir William Siemens demonstrou em 14 de abril de 1859. Siemens, cujas realizações pioneiras em engenharia elétrica lhe renderam um título de cavaleiro britânico e um vitral comemorativo na Abadia de Westminster, foi um dos grandes gênios inventivos da era moderna. Numa visita ao Egito, escalou com guias locais e um grupo de amigos, também engenheiros elétricos, o topo da

Grande Pirâmide, já então uma plataforma quase toda plana de 2,8 metros quadrados. Após atingir o cume, Siemens fez um brinde à subida, tomando um gole de uma garrafa de vinho. Ao fazê-lo, experimentou uma leve carga elétrica. Curioso e desejoso de ver o efeito se repetir, enrolou um jornal úmido na garrafa, que tinha uma tira de metal em volta do gargalo. Ao segurá-la sobre a cabeça, a garrafa logo se tornou tão carregada de eletricidade estática que centelhas azuis começaram a ser disparadas por ambas as pontas. Um guia nativo, que ficara apavorado achando que Siemens e seus colegas eram feiticeiros, agarrou um dos cientistas e ameaçou atirá-lo da pirâmide. Siemens, então, estendeu a garrafa cintilante na direção do atônito guia árabe, que perdeu subitamente o equilíbrio e foi deixado inconsciente pelo choque elétrico que pulou da garrafa para o seu nariz.

Construindo uma Carga

Com a experiência de Siemens em mente, vamos examinar o interior da Grande Pirâmide, pondo de lado todas as teorias anteriores que pretenderam explicá-la. Ao contrário do que se poderia esperar de um "Lugar de Iniciação", como a estrutura é às vezes chamada, os detalhes internos da Pirâmide não são sinuosos nem complexos. A grande maioria de seus blocos de revestimento é de calcário formado de carbonato de cálcio; eles se combinam para criar um perfeito isolador. No próprio centro da base da Pirâmide existe um buraco de 2,8 metros quadrados aberto no leito de rocha e colocado diretamente sob o vértice – a mesma relação entre "terra" (negativo) e o ponto de descarga (positivo) de uma bateria.

Esse vértice, como mencionamos, é hoje uma plataforma plana de 2,8 metros quadrados. Os arqueólogos acreditam que fosse originalmente coberta por um *piramidion* ou cumeeira em forma de pirâmide, presumivelmente removido pelos árabes no século XIII. Mas tal cumeeira teria pesado mais de 1.000 toneladas – um peso tão grande que deformaria toda a porção superior da Pirâmide. Segundo a tradição islâmica, o vértice não apresentava uma cumeeira, mas uma câmara folheada a ouro. Símbolos hieroglíficos da Pirâmide, tão remotos quanto os que foram encontrados nas mastabas (tumbas de telhado plano do final do quarto milênio a.C.) do Velho Reino, geralmente representam o vértice com um pigmento amarelo, significando ouro. O metal precioso é bem conhecido por sua alta condutividade e papel essencial na indústria eletrônica, especialmente no revestimento de conectores elétricos.

A Câmara do Rei

Recuando para o interior da estrutura, voltamos nossa atenção para a chamada Câmara do Rei. É apenas um nome simbólico, porque nenhum resto humano, muito menos os pertencentes a qualquer rei, foi jamais encontrado no compartimento. A câmara é excepcional, no sentido de ser feita inteiramente de granito, ao contrário da montanha de blocos de calcário que a ocultam. E embora esteja profundamente enterrada nas entranhas da Pirâmide, a câmara tem um telhado – embora ele não possa ser visto, certamente foi instalado por propósitos outros que protegê-la da chuva! A Câmara do Rei tem 5 metros de largura, quase 6 de altura e mais de 10 metros de comprimento. Seu mistério se aprofunda com essas dimensões, porque elas expressam perfeitamente a razão de dois triângulos pitagóricos, como se o aposento estivesse definindo a gigantesca estrutura que o cerca. A câmara é absolutamente vazia, salvo por uma sólida bacia de granito (mencionada por guias turísticos como "sarcófago") que foi instalada antes do nível da Pirâmide onde ela se encontra ser concluído: é grande demais para ter sido transportada pelo estreito corredor que leva à Câmara do Rei.

As seções acima dela estão divididas em cinco câmaras adicionais separadas por alguns metros de espaço vazio com camadas alternadas de nove e oito vigas de granito. Seu "telhado" de duas águas está fixado com uma precisão de joalheiro, um feito que parece ainda mais assombroso quando sabemos que os blocos de revestimento nesse elaborado arranjo interno pesam 70 toneladas cada um. Combinados, eles aplicam 3.010 toneladas de pressão sobre a pequena Câmara do Rei. Além disso, o granito egípcio frequentemente inclui mais de 55% de quartzo de silício, sendo, portanto, um material soberbo para finalidades elétricas. Contendo mica e feldspato condutores além de dióxido de silício, o granito gera um campo piezelétrico quando submetido a pressão intensa. A tonelagem de microscópicos cristais de quartzo forrando essa câmara alcança as centenas.

Quanta voltagem poderiam gerar as 3.010 toneladas de pressão na Câmara do Rei? Segundo Devereux, de 10.000 a 100.000 volts por metro quadrado.[10] De fato, a Câmara do Rei é um campo altamente carregado, no qual as camadas alternadas de lajes de granito e espaços vazios são nada menos que um capacitor, um dispositivo usado para estocar uma carga elétrica. Além disso, a piezeletricidade é similar à carga criada pelas pressões subterrâneas que levam a um terremoto. As luzes de terremoto e o Clarão dos Andes anteriormente descritos se assemelham de perto à descarga do quartzo pressurizado, mesmo em termos da luminescência azulada que acompanha ambos. Essas névoas ou nuvens azuis-celestes que aparecem de repente como formações de pressão são agregados de moléculas íons altamente carregadas.

A Câmara da Rainha e a Grande Galeria

Embora a Câmara do Rei se localize perto do centro da Grande Pirâmide, está na realidade descentralizada. Mas abaixo dela, numa linha direta entre o vértice e o quadrado igualmente grande escavado no alicerce rochoso, encontra-se a menor Câmara da Rainha. Contrastando com o piso irregular, não trabalhado do aposento, o teto foi construído com lajes de calcário gigantescas, precisamente talhadas, instaladas num ângulo de 30 graus e 26 minutos de inclinação, criando outro telhado de duas águas idêntico ao da Câmara do Rei, mesmo em termos de graus e minutos. A Câmara da Rainha é quase quadrada: sua parede norte-sul tem 5 metros e 23 centímetros de comprimento, com uma parede leste-oeste de 5 metros e meio. Dentro dessa parede estava embutida uma cavidade com 5 metros de altura e 1 metro e 4 centímetros de profundidade. Se esse nicho originalmente guardasse um recipiente de líquido quase na proporção da cavidade, o conjunto da Câmara da Rainha teria sido semelhante à garrafa de vinho modificada com que William Siemens fez sua experiência no topo da pirâmide – em outras palavras, teria sido uma espécie de garrafa de Leyden ou condensador de eletricidade estática.

Também sugerindo um arranjo proposital, os corredores internos da Grande Pirâmide não serpenteiam por um labirinto ritual, mas viajam diretamente para seus quatro compartimentos. Lembram antes corredores de serviço, pelos quais os criados podiam atingir cada câmara no menor tempo possível. Os quatro poços de ventilação saindo das bases das Câmaras do Rei e da Rainha nitidamente dirigem as ondas longitudinais ou "transversas" geradas por um transdutor piezelétrico. E essa é a verdadeira identidade da Grande Pirâmide: ela é um gerador de alta voltagem, um dispositivo projetado e construído para converter energias físicas em outras energias. É também um transdutor para a conversão de energia mecânica em energia elétrica e vice-versa.

~~~

Um transdutor é a aplicação da piezeletricidade, assim como a agulha fonográfica de cerâmica que tornou possível as gravações de longa duração. Os primeiros receptores de rádio (aparelhos com detectores de cristal), controles remotos de televisão, algumas das atuais impressoras a jato de tinta de alta resolução, bem como a maioria dos modernos scanners médicos de ultrassom são transdutores piezelétricos. Do mesmo modo, quando o botão de um acendedor elétrico de cigarros ou de um acendedor portátil usado para acender fogões é apertado, isto faz um martelo de molas atingir um minúsculo cristal que, em consequência, gera voltagem suficiente para pôr em ignição o butano estocado.

~~~

A identidade de transdutor da Grande Pirâmide volta a ser de novo sugerida pela chamada Grande Galeria, o maior recinto interno da construção. Com 38 metros de comprimento e 8 de altura, é um corredor ascendente de configuração semelhante a um paralelogramo, elevando-se num ângulo de 45 graus a partir da extremidade do corredor horizontal da Câmara da Rainha e conectado com uma antessala menor, adjacente à Câmara do Rei. Hoje, os turistas sobem pela Grande Galeria para a Câmara do Rei, mas a escada de madeira que eles usam é uma adição moderna. Anteriormente, a Grande Galeria não proporcionava acesso entre as Câmaras e desafiou a capacidade dos estudiosos ligados à corrente principal da ciência para explicar adequadamente esse persistente enigma

até Christopher Dunn observá-lo com diferentes olhos. Afinal, a Grande Pirâmide não fora construída por egiptólogos, mas por engenheiros civis como ele próprio. Dunn identificou instantaneamente a Grande Galeria como uma "área de ressonância", usada para refletir o som e direcioná-lo para a Câmara do Rei com seu capacitor de cristal.

A "Galeria" dentro da Grande Pirâmide.

Os 27 pares de ranhuras (que têm confundido os pensadores convencionais) nas rampas laterais da Galeria continham uma armação de madeira (eficiente para responder à vibração) que sustentava fileiras de ressonadores de Heimholtz – esferas de tamanhos variados usadas para determinar a frequência ressonante específica de cada par. Seu objetivo era intensificar a energia vibracional da Câmara da Rainha, amplificando-a na Câmara do Rei, convertendo e concentrando as vibrações em som transportado pelo ar. Isso explicaria a notável acústica encontrada na Grande Galeria e na Câmara do Rei.

Para a série de diferentes esferas ressonantes de Heimholtz funcionarem como deviam, elas teriam requerido separações muradas progressivamente menores, impedindo assim que uma frequência se misturasse com outra ou nela se dissipasse, e eliminando a distorção de ressonância individualmente gerada. Como se pretendessem acomodar perfeitamente um tal arranjo, as paredes da Grande Galeria de fato avançam para o interior, do chão ao teto, em sete divisões curtas, distintas. As vibrações ampliadas que ali se acumulam teriam criado demasiada oscilação para ser contida por uma cavidade tão confinada: para impedir que ela seja rompida, suas 36 pedras do teto são, de fato, independentes e móveis, o que permite que oscilem em harmonia vibratória, evitando qualquer dano estrutural. Como explica o escritor Edward Malkowsky: "Como resultado, é atingida a maximização da ressonância e todo o complexo de granito se torna uma vibrante massa de energia".[11]

Embora as paredes da Grande Galeria, que parecem inexplicavelmente deformadas, e as pedras independentes do teto sejam traços identificáveis da "área de ressonância" de Dunn, pelo menos um de seus ressonadores de Heimholtz já era conhecido desde 1872.[12] Nesse ano, uma bola de granito foi descoberta na Câmara da Rainha, para onde pode ter rolado, através do corredor horizontal, desde a base da Grande Galeria. Figurando entre os pouquíssimos artefatos até hoje recuperados do interior da Grande Pirâmide, a esfera sem adornos pesa 538 gramas. Nada desse tipo foi jamais encontrado em qualquer outro contexto do antigo Egito e, sem dúvida, esse objeto singular apareceu na mesma estrutura que fez uso dos ressonadores de Heimholtz.

Tipicamente, os transdutores são em forma de cone ou piramidais, de modo a impelir a energia irradiada do centro (a Câmara do Rei) para e através de uma área que se estreita, menor que a do próprio centro, aumentando assim sua intensidade quando a energia é impelida para cima. Segundo o físico Joseph Farrell, de Illinois:

O professor Nelson [dr. Charles Nelson, Departamento de Física, Concordia College, Maryland] sugere que, se a caixa na Câmara do Rei estivesse cheia de uma solução aquosa de natrão ($N_A HCO_3$, $N_A Cl$ e $N_{A2}SO_4$), a própria água salgada atuaria como um eficiente condutor de eletricidade para a indução piezelétrica das paredes de acabamento metálico fosco da Câmara do Rei. Isto, afirma o professor Nelson, tornaria desnecessário forrar a caixa com metal – o sal é um eficiente condutor de eletricidade. De fato, depósitos de sal têm sido encontrados por todas as partes internas da Grande Pirâmide. O professor Nelson corretamente salienta que tal processo produziria naturalmente gás cloro venenoso, que de alguma forma teria sido emitido da Câmara.[13]

Parece que, além das ondas transversas de direção nitidamente latitudinal das descargas piezelétricas, os chamados poços de ar deixavam simultaneamente escapar gases venenosos de cloro resultantes da solução condutiva da caixa.

Um Condutor de Cristal

Embora uma solução de natrão tivesse dado resultados, um grande cristal teria sido mais eficiente – estável e capaz de simultaneamente coletar e gerar maior descarga estática. A pedra em si teria de ser suficientemente grande, aproximadamente com 90 centímetros de comprimento por 60 de espessura, para acomodar as energias maciças concentradas nela; coisa inteiramente possível, porque os cristais podem chegar a 6 metros ou mais e um espécime exibido no Museu de História Natural de Chicago tem cerca de um metro e meio de comprimento e seu peso não fica muito longe de 500 quilos. Os cristais são componentes importantes de numerosos instrumentos eletrônicos porque amplificam, repercutem, refinam e dirigem a energia elétrica. Assim, o cristal da Grande Pirâmide teria sido de excepcional limpidez, expressão visível de sua refinada simetria e, portanto, alta condutividade. Não foi simplesmente despejado na caixa de granito; primeiro foi colocado dentro de um recipiente metálico que realçou a função do cristal como um capacitor.

Isso não é uma suposição sem fundamento. O renomado mitólogo francês René Guenon menciona uma narrativa árabe que descrevia uma Pedra do Destino mantida em sua própria câmara dentro da Grande Pirâmide. Na verdade, sua seção transversal tem exatamente o perfil de um transdutor padrão, incluindo o cristal piezelétrico. Que a própria configuração da monumental estrutura era predeterminada em conformidade com a Pedra do Destino que ela ocultava é sugerido pela terminação dos cristais de quartzo naturais, que com extrema frequência têm uma inclinação de 510 graus e 51 minutos, o mesmo ângulo da Grande Pirâmide.[14]

O cone exponencial de nosso transdutor moderno também está presente na Grande Pirâmide, em cuja própria base, literalmente talhada no alicerce de rocha, há uma "terra" que corresponde em área ao piramidion de ouro 146 metros diretamente acima. Precisamente entre um e outro está localizado o condensador (Câmara da Rainha), que de seu telhado inclinado lançava a carga elétrica estocada para o capacitor descentralizado (Câmara do Rei). Lá a energia era acelerada e saltava para o cristal no vértice, cercado em sua câmara de ouro altamente condutor. De lá a energia era concentrada e dirigida para fora com uma possante descarga de faíscas na atmosfera.

Os 6 milhões de toneladas de blocos de calcário formado por carbonato de cálcio existentes ao redor agiam como a isolação necessária para conter acúmulos de energia tão perigosamente altos. A corrente concentrada teria fluído do piramidion numa coluna vertical de luz para o céu, assim como as pressões sísmicas precedendo um terremoto formam-se sob uma montanha cônica. A mais notável exibição desse tipo foi testemunhada por centenas de observadores em 1878, quando o Monte Logelbach, na Alsácia, disparou de seu pico uma coluna vertical, radiante, semelhante a um gigantesco holofote, em direção aos céus.

๛

Mas qual era a fonte de energia deste colossal gerador? Para ter a resposta, devemos retornar à nossa descrição anterior da posição única da Grande Pirâmide no centro geográfico da massa de terra do mundo e dos fundamentos geodésicos incorporados em sua arquitetura. Como vimos, a Pirâmide encarna matematicamente a própria Terra que representa, um fato sublinhado por sua localização no ponto médio da Terra. Como escreve Dunn: "Incorporando as mesmas medidas básicas que eram encontradas no planeta, a eficiência da pirâmide foi intensificada e ela pôde constituir, de fato, um todo harmônico do planeta".[15] Novas descobertas feitas dentro da Grande Pirâmide parecem confirmar sua identificação como um monumental dispositivo eletrônico. Em 1995, e de novo em 2002, uma investigação robótica dos chamados poços de ventilação na Câmara da Rainha descobriu duas "portas", cada uma com "maçanetas" de metal. Dunn contou à revista *Atlantis Rising* que "as supostas maçanetas são na realidade eletrodos de um circuito, ou circuitos, que seriam fechados se um fluido eletricamente condutor fizesse os poços atingirem o nível necessário".[16]

Utilizando o Poder da Terra

Entre todas as suas outras realizações, os construtores antigos criaram a estrutura mais à prova de terremotos da história. Após desconhecidos milênios de distúrbios sísmicos, às vezes de vulto, no Platô de Gizé, a Grande Pirâmide continua a se manter intacta. Alguns blocos se deslocaram de suas posições originais e outros mostram fendas e rachaduras por causas outras que as sísmicas, mas nenhum se quebrou ou caiu. Como salientam os autores de *Earth Facts*, Scarlett Hall e Cally O'Hara, edificações em forma de pirâmide são construídas para suportar as tensões de tremores de terra e pode haver muito boas razões para esse *design* resistente a terremoto.[17] A energia eletromecânica produzida por um terremoto mesmo moderado é prodigiosa. Convulsões sísmicas são apenas concentrações esporádicas de intensidade geológica, mas a Terra está continuamente em atividade com variados campos de energia que são apenas parcialmente compreendidos pelos geofísicos. Mesmo a facilmente demonstrável magnetosfera desafia universalmente explicações aceitáveis para suas origens e meios de operação. As forças telúricas incessantemente em ação dentro de nosso planeta estão continuamente gerando níveis de energia que escapam da superfície e a Grande Pirâmide está estrategicamente colocada no único ponto sobre a face do globo onde se pode tirar o máximo proveito dessas forças telúricas.

Como transdutor piezelétrico, sua função era transformar energia geológica em energia elétrica. A estrutura inteira tinha de trabalhar *com* as forças sísmicas, não contra elas. Se as próprias energias que ela pretendia utilizar pudessem danificá-la ou destruí-la, a Grande Pirâmide não teria conseguido cumprir o objetivo para o qual fora construída. Com exceção do templo de Ártemis, em Éfeso, e da estátua de Zeus, em Olímpia (ambos destruídos pelo fogo), os terremotos deitaram abaixo as outras Sete Maravilhas do Mundo, com exceção apenas da Grande Pirâmide. Ela tem resistido com êxito à violência geológica de que pretendia tirar partido, porque é, se não à prova de terremotos, pelo menos resistente a eles.

Por exemplo: uma endentação quase imperceptível em cada uma das quatro faces amortece oscilações estruturais que, de outra forma, poderiam espatifá-las. Só esse traço sutil já basta para praticamente provar que os projetistas tiveram em mente os terremotos quando conceberam a Grande Pirâmide. As lajes do teto de sua Grande Galeria estão articuladas de maneira diferente, distribuindo assim uniformemente a tonelagem ao longo de toda a sua extensão, ao passo que as paredes da Câmara do Rei estão apenas frouxamente ligadas ao espaço interior ao seu redor. Esses traços se acomodam, ao invés de resistirem, ao movimento brusco associado à atividade sísmica. Quando os construtores árabes das mesquitas do Cairo despojaram a Grande Pirâmide do revestimento de calcário, eles revelaram suas fileiras alternadas de blocos maiores e menores, uma configuração que abranda o acúmulo exponencial de efeitos vibratórios capazes de despedaçar uma estrutura. O investigador britânico Ralph Ellis determinou que a distribuição das fileiras de pedras na Grande Pirâmide era idêntica ao tipo de bandas que os engenheiros automotivos descobriram para projetar pneus de borracha, evitando assim alta ressonância quando o carro está em movimento.[18]

Tomados em conjunto, esses traços internos demonstram que foram deliberadamente incorporados à Grande Pirâmide como salvaguardas sísmicas para capacitá-la a sobreviver tomando parte nos terremotos, movendo-se com eles, em vez de resistir de maneira rígida e ser rompida. Mas por que os antigos habitantes do Delta do Nilo iam querer construir um transdutor tão monumental? Para fornecer energia elétrica a uma civilização que acreditamos preceder em 5.000 anos ou mais a era eletrônica? Certamente precisaria haver algo mais imperioso que um gerador de voltagem, por maior que fosse sua utilidade social, para mobilizar os melhores esforços de toda uma cultura.

O Verdadeiro Objetivo da Pirâmide

Comentadores árabes da Grande Pirâmide repetem uma tradição de (pelo menos) séculos acerca de um rei que ficou sabendo de uma catástrofe natural iminente, uma terrível inundação, provocada pela queda de algum objeto celeste. Ele determinou então que construíssem a Pirâmide para servir de "refúgio" ao desastre que se avizinhava. "Refúgio", é claro, geralmente sugere um abrigo. Mas a Grande Pirâmide não é oca. Suas passagens e câmaras estreitas talvez não pudessem acomodar mais que umas 200 pessoas de uma só vez, e mesmo assim de forma muito pouco confortável. Mas encontrar "refúgio" também implica agir para escapar da dificuldade. Se aceitarmos essa interpretação da palavra, a Pirâmide começa a assumir seu significado decisivo, extremamente prático – e mesmo urgente. Seu papel decisivo começa a se revelar num átomo eletricamente carregado conhecido como íon.

Um vínculo íon-pirâmide foi demonstrado pela primeira vez em julho de 1969 pelo dr. Luis Walter Alvarez, ganhador do prêmio Nobel e professor de física no Lawrence Radiation Laboratory, em Berkeley, Califórnia, que ajudou a desenvolver a bomba atômica. Ele concebeu e depois encabeçou um projeto de um milhão de dólares envolvendo cientistas de destaque da Comissão de Energia Atômica dos Estados Unidos e a Smithsonian Institution para descobrir câmaras secretas que se suspeitava existir no interior da pirâmide de Quéfren, quase uma duplicata da Grande Pirâmide. O dr. Alvarez montou dentro da estrutura da Quéfren "um instrumento para medir raios cósmicos" – uma câmara de centelha computadorizada, suficientemente sensível para registrar as flutuações de neutrinos quando eles passassem através da pirâmide.[19] Esses neutrinos, que penetram praticamente toda matéria, perdem um pouco de sua energia quando se infiltram numa massa proporcional à sua densidade. Supõe-se que os raios se introduzam na alvenaria sólida em linhas retas, mas que se movam com maior intensidade ao encontrar uma cavidade. Computadores e gravadores monitoraram a câmara de centelha durante sua operação.

Os resultados, segundo o dr. Amr Goneid, diretor de computação da Universidade Ein Shams do Cairo, eram "cientificamente impossíveis". O equipamento foi checado, rechecado e checado de novo. A instrumentação estava em perfeita ordem operacional, mas mostrava que os raios cósmicos que entravam na pirâmide se curvavam em ângulos extremamente erráticos, sem qualquer padrão constante, exibindo um deslocamento absolutamente atípico, semelhante a balas ricocheteando na pedra – como Goneid observou, "uma impossibilidade". Exasperado, ele concluiu: "Ou a geometria da pirâmide está toda errada ou existe um mistério que está além do que podemos explicar".[20] Até agora, a pirâmide de Quéfren é o único objeto feito pelo homem que se sabe ser capaz de afetar a trajetória dos neutrinos.

Embora não tenha produzido os resultados pretendidos, o experimento com a câmara de centelha pelo menos mostrou que alguma energia incrivelmente forte estava circulando pela pirâmide de Quéfren. Os raios cósmicos afetados por essa força inesperada e desconhecida indicavam que somente uma conexão energética com a própria ionosfera seria potente o bastante para afetar tão vigorosamente os raios cósmicos. O experimento também sugere que a Grande Pirâmide não estava sozinha em sua função de transdutor tectônico, mas compartilhava essa função com a estrutura que lhe fazia companhia. De fato, como já foi salientado, Masoudi, o estudioso islâmico do século X, afirmava que pelo menos as duas maiores pirâmides de Gizé foram construídas em conjunto pelo mesmo rei.

Um pouco menos de cem pirâmides, de Gizé no norte até a fronteira da Núbia no sul, se encontram de ambos os lados do Rio Nilo e nenhum sepultamento especial foi jamais descoberto em qualquer uma delas. Além disso, a maioria das pirâmides apresenta, no essencial, variações da mesma configuração interna encontrada na Grande Pirâmide. Talvez todas sejam transdutores tectônicos deliberadamente colocados ao longo do sismicamente ativo Vale do Nilo para tornar menos agressivos os terremotos potencialmente destrutivos que ameaçavam a nova civilização que estava sendo construída no antigo Egito faraônico.

A região nordeste da África parece hoje geologicamente inerte, mas tem uma longa história de convulsões violentas. Em 8 de agosto de 1303, tremores excepcionalmente poderosos destruíram a maior parte do famoso Farol Pharos, depois dele ter permanecido no porto de Alexandria durante os 16 séculos anteriores. Um dos principais peritos nessa estrutura, Larry Brian Radka, cita *Les Seismes a Alexandrie et la Destruction du Phare* [*Os Abalos Sísmicos em Alexandria e a Destruição do Farol*]: "As paredes da Grande Mesquita de Alexandria e uma grande parte do Farol de Alexandria afundaram" durante um prolongado terremoto 42 anos atrás.[21] Terremotos anteriores em 1258, 1211, 1202, 1196, 1191, 1186 e 365 deixaram cicatrizes duradouras em estratos geológicos de uma ponta à outra do Delta do Nilo. Em 28 de dezembro de 955, um "enxame" ou série de catastróficos tremores secundários levaram meia hora percorrendo o Egito e a Síria, segundo Masoudi, o historiador árabe contemporâneo.

Uma Antiga Fonte de Energia

Os antigos geotransdutores de Gizé também podiam ter ajudado a minimizar a atividade dos terremotos no sismicamente instável Vale do Nilo liberando energia sísmica transformada em eletricidade. Como um exemplo em pequena escala, muitos relógios de pulso modernos e pequenos relógios de viajantes apresentam um diapasão de quartzo embutido que produz uma série regularmente fixada de pulsos elétricos para contar com precisão horas, minutos e segundos. Esses componentes de quartzo, como acontece com todos os cristais piezelétricos, têm sua frequência natural própria e precisamente definida determinada pela forma e tamanho. Eles oscilam com um ritmo específico, estabilizando assim a frequência de uma voltagem periódica aplicada ao cristal. De maneira similar, um quartzo piezelétrico suficientemente grande, configurado de forma apropriada e simétrica, instalado no transdutor de Gizé teria tido um efeito de melhoria na energia sísmica, amortecendo-a para a frequência mais baixa e estabilizante do cristal. As luzes azuladas de terremoto e o Clarão dos Andes que reaparecem na Grande Pirâmide servem a propósitos similares. Alguns geólogos acreditam que essas descargas, além de advertirem sobre tremores iminentes, talvez tendam a dissipá-los, pelo menos até certo ponto. Na verdade, representações antigas das pirâmides, como a arte das mastabas nos templos, cerca de 2800 a.C. em Tebas, às vezes representam o vértice não em ouro, mas com pigmento azul, indicando que a corona eletrostática do piramidion era conhecida dos antigos.

Os céticos podem discordar, alegando que a piezeletricidade era desconhecida até 1880. Antes de sua descoberta pelos irmãos franceses Pierre e Jacques Curie, o fenômeno teria sido supostamente ignorado por todas as culturas pré-industriais. Alguns americanos nativos, porém, compreendiam e aplicavam seu princípio há um sem-número de anos. Os xamãs dos uncompahgre utes são treinados por seus mentores mais velhos para procurar e coletar apenas cristais com capacidades piezelétricas nas montanhas de Utah e do Colorado central. Os espécimes são então reunidos em chocalhos cerimoniais feitos de pele de búfalo translúcida e reverenciados como os mais sagrados objetos desses homens santos. Durante rituais no período da noite que têm como objetivo convocar os espíritos dos mortos, os chocalhos sacudidos resplandecem com brilhantes clarões de luz quando os cristais, cuidadosamente selecionados, colidem uns com os outros, criando tensão de impacto e pressão mecânica suficientes para gerar uma luminescência artificial. Se um povo pré-letrado e tribal como os uncompahgre utes foi capaz de aplicar pelo menos uma noção básica de piezeletricidade durante os últimos milhares de anos, então os antigos egípcios, construindo a alta cultura da civilização do Nilo, certamente teriam sido capazes de levar o mesmo fenômeno muito além de um chocalho feito de couro cru.

Os utes contam sobre um espírito de urso que, muito tempo atrás, ameaçava destruir a humanidade. O extermínio foi evitado por um herói ancestral, Sunuwavi, quando ele encontrou a chama mágica do animal e "apagou-a com água".[22] Uma versão anterior do mesmo mito fez Sunuwavi provocar uma grande enchente que mergulhou o *qumu*, o "feitiço do fogo" do espírito do urso, fonte de seu poder espiritual, no fundo do mar. Os elementos lemurianos dessa versão ficam evidentes com a introdução de um dilúvio e o nome do qumu do espírito do urso, seu feitiço do fogo, já que o fogo está associado em numerosas culturas pelo mundo afora com poder espiritual. Além disso, o motivo do Umbigo do Mundo vem à tona no modo um tanto singular como os utes criam magníficas lâminas de cristal de quartzo usadas apenas em cerimônias sagradas para cortar o cordão umbilical das crianças. O cordão é guardado numa jarra especial pelo resto da vida da pessoa, sendo depois enterrado com ela como parte de seu funeral – exatamente a mesma prática era levada a cabo do outro lado do mundo, em Te-Pito-te-Henua, o Umbigo do Mundo da ilha de Páscoa.

As analogias com os americanos nativos não estão muito distantes do enigma semelhante da Grande Pirâmide do Egito e demonstram, enraizado no passado remoto, um mesmo tipo de apreço pela tecnologia dos cristais. Farrell escreve:

> *Alinhamentos celestes, solares, lunares, terrestres, reproduzidos com precisão repetidas vezes. E não tocamos senão numa parte muito pequena de um vasto inventário. Aspectos da construção estranha, quando não francamente extraordinária. Razões precisas dos gradientes termais e de massa da Terra, a unidade astronômica, a precessão dos equinócios, a altura média da terra sobre o nível do mar. E tudo isto para enterrar um faraó? Certamente não, diz Christopher Dunn. Ela não era uma tumba. Era uma máquina.*[23]

Era uma máquina muito especial, cuja réplica até agora não foi construída, apesar de todas as realizações tecnológicas de que o homem moderno tanto se gaba. Todas as evidências sugerem que a Grande Pirâmide foi concebida, projetada e construída como um geotransdutor incrivelmente poderoso para a transformação de energias telúricas em energias elétricas. Era basicamente um dispositivo capaz de espalhar as pressões sísmicas para minimizar o potencial destrutivo dos terremotos.

Incrivelmente, os mesmos componentes elétricos utilizados na Grande Pirâmide foram descobertos independentemente por Nikola Tesla, um sérvio humilde que migrou para os Estados Unidos com quatro centavos no bolso em 1884. Sete anos mais tarde, ele inventou a bobina de Tesla, ainda usada em aparelhos de televisão e inúmeros outros instrumentos eletrônicos. Farrell foi o primeiro a levantar uma comparação com a Grande Pirâmide, que é "uma bobina elétrica segmentada – exatamente de acordo com os princípios descobertos por Tesla – não apenas em distintas 'espiras' nas fileiras de pedra, mas cada uma destas 'espiras' está por sua vez segmentada num número específico de pedras. A própria forma piramidal proporciona a geometria característica e as propriedades de uma bobina de Tesla".[24] A semelhança fundamental desse dispositivo elétrico básico com a estrutura de Gizé ajuda a confirmar sua antiga função como geotransdutor.

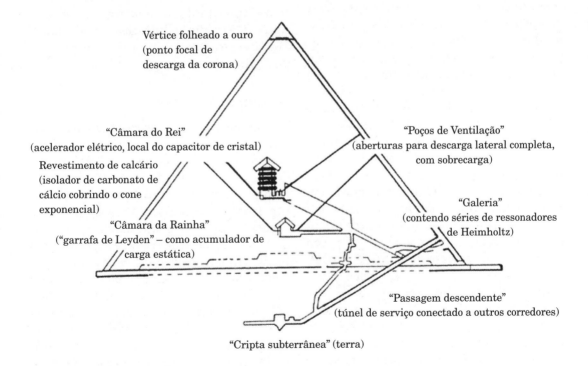

Um corte transversal da Grande Pirâmide identificando suas partes internas como componentes de um dispositivo elétrico em estado sólido – um geotransdutor.

O Poder da Pedra do Destino

O componente mais vital desse dispositivo alimentado com energia da Terra era uma Pedra do Destino; segundo os relatos árabes do século XIII, tratava-se de um cristal excepcionalmente grande, claro, que ampliava e concentrava as energias telúricas canalizadas através da imensa estrutura e identificava a Grande Pirâmide como o Umbigo do Mundo por excelência. A orientação geodésica, simbolismo cultural e inclusão de uma pedra sagrada definem claramente o local inteiro como um *axis mundi*, na mesma linha de centros de ônfalos fundamentalmente similares, embora muito menos colossais. Era parte de uma rede que se estende ao redor do globo, do Oceano Pacífico ao Atlântico e através do Mar Mediterrâneo até a Ásia Menor e a Índia.

Na versão judaica, a Pedra do Destino teria sido uma grande safira que Adão recebeu de Deus. Após a expulsão de Adão do Jardim do Éden, a pedra passou ao patriarca em homenagem a quem o Livro de Enoque recebeu seu título. Escrito por compiladores hassídicos do século II a.C. ao século I d.C., o livro teve trechos substanciais divulgados em 1947, com a descoberta dos manuscritos do Mar Morto. Eles retratavam Enoque como bisavô de Noé, a quem ele confiou a Pedra do Destino antes do Dilúvio. O internacionalmente aclamado pesquisador britânico Andrew Collins menciona diferentes fontes judaicas que "falam de uma espécie de pedra sagrada sendo colocada em câmaras ocultas sob as pirâmides de Gizé". Enoque era identificado com o construtor das pirâmides, Taut, que "depositou uma 'pedra oriental branca de pórfiro'" no interior da Grande Pirâmide, que Enoque apropriadamente descreve como uma "casa se destacando em esplendor, magnificência e tamanho", construída de cristais e rodeada por "línguas de fogo". Lá a "pedra oriental branca de pórfiro" era conhecida como a "coisa selada".[25]

A Pedra do Destino não era realmente uma safira; sua caracterização como tal foi uma metáfora poética para o inestimável valor do objeto. Do mesmo modo, as Tábuas de Esmeralda de Taut não eram realmente feitas dessa gema; o que se pretendeu através do mito foi acentuar a sabedoria particularmente valiosa e as propriedades piezelétricas que elas continham. Mais importante ainda, tanto a tradição árabe quanto o Livro de Enoque afirmam a proveniência atlante da Pedra do Destino, com suas origens antediluvianas e sua sobrevivência da Grande Enchente. A capacidade de alterar sutilmente um cristal natural para propósitos eletrônicos, se não o próprio cristal, sobreviveu com refugiados do cataclismo atlante procurando refúgio no Delta do Nilo. A chegada pré-histórica deles e o objeto especial que transportavam não é uma fantasia moderna, mas uma autêntica tradição dinástica, enraizada no Ben-Ben, o supremo item sagrado do antigo Egito.

A Mansão da Fênix

Embora às vezes descrito como cônico, o Ben-Ben em si era suavemente, embora irregularmente, achatado nos polos e arredondado. Seja como for, nem "cônico" nem "grosso modo em forma de ovo" descrevem um meteorito, como muitos egiptólogos especulam que ele pode ter sido. Na verdade, a identificação do cristal é sugerida pela palavra hebraica *ben-adamah*, que significa aquilo que é "talhado ou extraído da Terra" – não algo caído do céu. O Ben-Ben não era apenas a peça mais sagrada da civilização do Nilo, mas também a mais antiga, anterior inclusive à Grande Pirâmide. Antes desse imenso projeto de construção ser concluído, a pedra descansava no alto de uma coluna, no centro exato de um templo próprio em Heliópolis, a "Cidade do Sol", sede principal do culto solar, localizada oito quilômetros a leste do Nilo, ao norte do vértice do Delta. Segundo o renomado autor de *The Orion Mystery*, Robert Bauval, "a pedra do Ben-Ben foi considerada uma relíquia de imenso valor pelos construtores da pirâmide, tão valiosa que estava colocada no santo dos santos de Heliópolis, no ponto focal da 'Mansão da Fênix'".[26]

O Ben-Ben foi erguido no ponto médio de um pátio quadrado, cercado por todos os lados de construções contíguas com numerosas colunas. Daí o nome egípcio original da cidade: A-wen, ou "Lugar dos Pilares". Ocupada desde tempos pré-dinásticos, ela pode ter sido a primeira capital do Egito ou pelo menos seu primeiro centro cerimonial, onde, milênios mais tarde, Pitágoras, Platão e muitos estudiosos atenienses iriam se beneficiar de sua antiga sabedoria. Mas no século I a.C., o grande geógrafo grego Strabo encontrou as ruas desertas e a cidade quase inabitada, salvo por alguns sacerdotes que serviam de vigias. Depois da queda da civilização clássica, o local foi conhecido como "Poço do Sol", ou 'Ayn S'ams para os árabes, que o usaram como pedreira para a construção do Cairo medieval. Hoje, praticamente nada resta da um dia esplêndida Cidade do Sol.

Diz-se que o Ben-Ben veio das Águas Celestiais – criado por Atum, a principal divindade da Cidade do Sol – que cercavam o Monte Primal. Depois que a pedra sagrada foi removida para a Grande Pirâmide, recentemente concluída, outros pilares isolados foram erguidos em imitação do original. Eles se tornaram obeliscos, colunas comemorativas coroadas por um topo piramidal conhecido como *benbenet*, uma palavra que evocava o modelo original no Lugar dos Pilares.

"Ben-Ben" derivava de "Bennu", a fênix egípcia que surgia das próprias cinzas e tipificava a alma de Rá, o deus sol. Seu nome está relacionado ao verbo *weben*, significando "surgir com brilho" ou "resplandecer" como fogo, e seu título, "Ela Que Nasce por Si Mesma", indica uma função mais essencial que a dos próprios deuses. O *Livro dos Mortos* egípcio, uma coletânea de preces mortuárias, exclama: "Sou o pássaro Bennu, o Coração-Alma de Rá, o Guia dos Deuses para o Tuat [o Mundo Subterrâneo]". Tanto o pássaro em si quanto seu ovo eram sinônimos do Ben-Ben. O Bennu se criou da Árvore da Vida, quando ela pegou fogo no recinto central de Rá, no Monte Primal.

Essa versão heliopolitana do mito parece descrever o renascimento do culto secreto da Árvore da Vida após a destruição da Atlântida. Na verdade, o Bennu também era conhecido como "Alma de Atum" ou Alma do Oceano Atlântico. O quadrado cercando o pilar central do Ben-Ben em A-wen definia sua posição de Umbigo do Mundo no ponto médio das quatro direções cardeais, formadas pelas paredes do templo.

Dizia-se que o Bennu havia perecido num incêndio do qual saía renascido a cada 12.594 anos. Kenneth Caroli, da Flórida, um estudioso da Atlântida, declarou que a morte e o renascimento recorrentes da fênix representavam "o meio ciclo precessional ou Grande Estação de Verão e Inverno, simbolicamente associados a conflagrações e enchentes mundiais. Cada Grande Estação tinha seis meses precessionais". Curiosamente, aquela grandeza em anos corresponde também a um ciclo climático global, só reconhecido pelos modernos geofísicos no final do século XX: ela demarca o início e o encerramento das eras glaciais. Os estudiosos se dividem sobre o que as provocam: atividade das manchas solares, perturbações na rotação relativa de nosso planeta em seu ângulo com relação ao sol ou mesmo bombardeamento meteórico, dirigido contra a Terra, de um cometa em passagem regular. Mas eles concordam que as eras glaciais começam e terminam em violência transformadora, durante a qual a face do mundo é reconfigurada e espécies inteiras desaparecem. Como comenta o sacerdote egípcio na história da Atlântida de Platão:

> *Tem havido e haverá muitas calamidades diferentes para destruir a humanidade, as maiores delas pelo fogo e água (...) Ocorre, a longos intervalos, uma variação no curso dos corpos celestes e uma consequente destruição generalizada pelo fogo das coisas na Terra.*[27]

Se o ciclo de 12.594 anos do Bennu não foi coincidência, ele comprova uma ciência incrivelmente avançada em ação no Egito desde os tempos do Velho Reino, se não antes, um legado trazido por Taut do Monte Primal da Atlântida. Numa variação do mito, o Bennu morre, mas seu ovo, o Ben-Ben, sobrevive às chamas para chocar um novo pássaro de fogo. Um mosaico do século V a.C., de Antioquia, agora no Louvre, mostra a fênix empoleirada no alto de uma ilha montanhosa cercada por 48 bodes selvagens repartidos por 24 lótus. A significação da imagem é evidente: o cabrito montês, símbolo da vitalidade perpétua, e as flores de lótus, como personificação do renascimento, representando aqui as horas do dia – o tempo girando ao redor do centro imóvel da eternidade, que encontramos no culto secreto do Umbigo do Mundo, um culto de regeneração nascido no Monte Atlas.

Na realidade, "Ben-Ben" se derivou da palavra raiz *ben*, a "sementeira do útero". O primeiro tradutor dos Textos da Pirâmide, Kurt Sethe, referiu-se ao Ben-Ben como "um ônfalos". O egiptólogo Rundle Clark concluiu que o Bennu e o Ben-Ben "estão associados".[28] Seu colega britânico, Philip Gardiner, observa que o Bennu "representava a 'alma', a 'centelha divina' ou 'força vital' que residiria em todo homem e mulher, dentro do centro do crânio; daí a colocação do Ben-Ben no topo da coluna, obelisco ou pirâmide, que representavam a espinha e o corpo humano".[29]

A arte do templo egípcio (Mênfis) representa a fênix erguendo-se de sua Pedra Ben-Ben.

A característica-fênix do pássaro Bennu converte seu ovo Ben-Ben numa pedra de fogo, não diferente da Fayra guanche, da Chintamani tibetana ou de qualquer um dos outros ônfalos radiantes encontrados ao redor do globo onde quer que o culto secreto do Umbigo do Mundo tivesse seu quartel-general. De fato, a Inscrição 1080 dos Textos do Sarcófago relata que o Ben-Ben tinha "um fogo ao seu redor".[30] Encontrava-se cercado pelos lados de sua caixa de ouro, dentro do "sarcófago" de granito da Câmara do Rei, para completar a função da Grande Pirâmide como um geotransdutor. As energias radiantes que esse grande cristal emitia eram os "fogos" que abrandavam de imediato a violência sísmica. Só assim compreendidos os títulos egípcios *khut* e *ikhet* para o primeiro dos monumentos do Platô de Gizé fazem sentido: eles significam, respectivamente, "Luz" e "Gloriosa Luz" ou "Iluminada". Como Farrell acertadamente conclui: "A 'pedra do destino' safira é um dos mais importantes componentes do hoje desaparecido interior da Grande (Pirâmide)".[31]

Os Textos da Pirâmide são as mais antigas inscrições religiosas conhecidas do antigo Egito, remontando à quinta e sexta dinastias do Velho Reino, cerca de 2350 a.C., e encontrados principalmente em pirâmides. Embora não sejam tão antigos, os Textos do Sarcófago, escritos do final do Velho Reino ao Reino Médio em sarcófagos, tratam igualmente de encantações místicas, refletindo às vezes uma crença na reencarnação, como o "encantamento para não morrer uma segunda morte".

O Profeta Adormecido

Incrivelmente, as conclusões desses estudiosos, alcançadas depois de anos de uma pesquisa frequentemente muito trabalhosa, foram antecipadas pelo maior intuitivo do século XX. Lembrado como "o Profeta Adormecido", Edgar Cayce foi um homem sem educação formal, nascido em 1877, no Kentucky, que mais tarde se estabeleceu em Virginia Beach, Virgínia. Lá ele devotou sua vida a fornecer informações médicas, surpreendentemente eficientes, obtidas num estado de sonolência. Às vezes, durante essas "leituras da vida", ele mencionaria acontecimentos do passado remoto, dos quais nada sabia quando acordado. Algumas de suas afirmações inconscientes foram mais tarde confirmadas por provas físicas; de fato isso aconteceu tantas vezes que ele passou a ser popularmente encarado como o paranormal mais digno de crédito de seu tempo, uma reputação reforçada desde sua morte, em 1945, por inúmeras descobertas científicas que tendiam a confirmar suas declarações.

Durante um de seus estados de transe, Cayce caracterizou a Grande Pirâmide como *"a construção da Terra"* [grifos do autor] que "conservava o registro da Terra"

Edgar Cayce, o "Profeta Adormecido", que inadvertidamente visualizou uma ligação atlante para a Grande Pirâmide do Egito através de sua "Pedra de Fogo".

– descrição singularmente apropriada, considerando os atributos geodésicos da estrutura e seu evidente objetivo básico de servir como um transdutor tectônico.[32] Cayce costumava se referir à Grande Pirâmide como "a Casa da Iniciação", onde neófitos de um culto secreto experimentavam uma profunda atividade religiosa que elevava sua consciência espiritual e os habilitava em termos paranormais.

Dando eco à descrição de Cayce estão as crenças religiosas dos índios snohomishes, que há séculos têm reverenciado a luz azul que se irradia do topo do Monte Shasta, na Califórnia, como um portão aberto para o Outro Mundo, através do qual os espíritos podem ir e vir. Toda a cadeia de montanhas Cascade, da qual Shasta faz parte, é geologicamente instável.

ೞ

Durante suas horas despertas, Edgar Cayce nada sabia desses detalhes esotéricos. Em estados alterados de consciência, no entanto, descrevia a Grande Pirâmide como um esforço cooperativo entre habitantes nativos do Vale do Nilo (que entraram com a maior parte do trabalho físico) e os recém-chegados da Atlântida, os planejadores e diretores que foram seus mestres. Ele também falava da Tuaoi, uma Pedra de Fogo, caracterizada como "o terrível, poderoso cristal".[33] Estava localizada numa estrutura elevada bem no ponto médio da Atlântida, "centrada no meio da 'estação de força' ou 'casa de força', como seria denominada no presente".[34] Fornecia um fluxo ilimitado de energia que permitiu que os atlantes alcançassem, e inclusive ultrapassassem níveis tecnológicos só atingidos em tempos modernos. Disse que "ela estava colocada como um cristal (...) com facetas talhadas de tal maneira que o lajedo em cima da mesma contribuía para a centralização do poder ou força que se concentrava entre a ponta do cilindro e o lajedo em si".[35]

A descrição feita por Cayce da Pedra do Fogo coincide com a existência do elemento cristal na "Grande Pirâmide como Grande Transdutor", o capacitor que transformava energia mecânica em energia elétrica. Ele de fato declarou que "as facetas das pedras, cristalizadas pelo calor vindo do interior dos elementos da própria Terra (...) contribuem para as conexões com as influências internas da Terra".[36] Essas energias-terra drenadas pela Tuaoi produzem ao mesmo tempo poder para o desenvolvimento cultural e espiritual:

Acontecia sob a forma de uma figura de seis lados, em que a luz surgia como meio de comunicação entre a infinidade e o finito, ou o meio através do qual ocorriam as comunicações com as forças do exterior (...) No começo, era a fonte pela qual ocorria o contato espiritual e mental.[37]

Segundo Cayce, a Tuaoi esteve no centro de uma amarga controvérsia que grassou entre os Seguidores de Belial, uma espécie de culto satânico, e os Filhos da Lei do Único, outro culto, este monoteísta. No decorrer de uma amarga luta religiosa, os Seguidores de Belial assumiram o controle da Pedra de Fogo e, através de incompetência ou abuso, fizeram com que ela funcionasse mal. Em vez de liberados e aplicados para finalidades progressistas e de iluminação, os poderes da Terra foram voltados para si mesmos, resultando em catastrófica sismicidade. No meio das evacuações em massa que se seguiram, os que manejavam a Tuaoi a removeram da "casa de força" e a transportaram para o Egito, onde se reinstalaram a maioria dos atlantes que tinham sido desalojados.

A versão que Cayce dá a esses eventos explica por que os atlantes tecnologicamente avançados de fins do quarto milênio a.C. tinham degenerado num típico povo da Idade do Bronze quando combateram os gregos e os egípcios com armas convencionais 18 séculos mais tarde. Os atlantes sofreram uma drenagem cerebral por volta de 3100 a.C., quando a maior parte da elite científica fugiu, levando seu cristal de poder e a tecnologia que o acompanhava para novas terras. Os que ficaram para trás e sobreviveram tiveram de reconstruir a sociedade atlante de suas ruínas, e sem a tecnologia secreta levada embora por uma classe fechada de técnicos – iniciados do culto secreto do Umbigo do Mundo. Outros procuraram refúgio nas ilhas britânicas e além delas, no continente, onde sua compreensão da faculdade do cristal para extrair energias-terra se manifestou nas pedras megalíticas verticais da Europa Ocidental.

Mas no Egito, para proteger sua nova sociedade do mesmo tipo de devastação natural que havia destruído a terra natal oceânica, eles recriaram a perdida "estação de força" no Platô de Gizé. Lá, ela operou com êxito durante dezoito séculos, permitindo, ao abrandar os efeitos piores da violência sísmica, o florescimento de uma civilização dinástica no Vale do Nilo, rico em termos agrícolas, mas geologicamente instável.

A Grande Pirâmide como Transdutor Telúrico. Desenho original em bico de pena de Kenneth Caroli, usado com permissão.

Cayce afirmou que o nome "Tuaoi" era uma palavra atlante e, de fato, ela encontra paralelos linguísticos nos idiomas dos povos que preservaram narrativas da enchente de tipo atlante. Por exemplo, a palavra maia *tuuk* significa "flamejante", assim como Tuaoi significava "Pedra de Fogo". Cayce disse que "os registros [descrevendo a Tuaoi] foram transportados para o que é hoje Yucatán, na América, onde estas pedras [sobre as quais eles conhecem tão pouco] estão agora".[38] Os próprios maias alegavam descender do Halach, terra dos "Senhores" de Tutulxiu, um esplêndido reino de elevada sabedoria que afundou no Atlântico. Do outro lado desse oceano, os sumérios contaram em sua mais antiga obra literária, *O Épico de Gilgamesh*, a história de um sobrevivente da inundação, Utnapishtim, que possuía "a Pedra que Queima". Ela também foi mencionada como "Pedra do Fogo", precisamente o mesmo termo usado por Cayce. Em suas *Les Vrayes Chroniques*, ou "Crônicas Verdadeiras", um cronista flamengo de meados do século XIV, Jean Le Bel, reuniu mitos da Bretanha, onde o *Tua* era, literalmente, o "Filho da Pedra Gigante (ou 'Grande')"; tratava-se do filho de Belisama, deusa céltica do fogo sagrado, do fogo solar.[39]

Mais notável que tudo, o Corão sagrado do Islã descreve o Vale do Nilo como "o vale santo de Tuwa". Palavra não árabe, Tuwa é o termo egípcio para "pilar" ou estrutura monumental, algo próximo de "montanha" (*tjua*). Segundo o escritor Ralph Ellis, seu plural é *tjui*, significando "duas montanhas no nascer e no pôr do sol", um termo descritivo, ele conclui, para as pirâmides de Quéops e Quéfren, no Platô de Gizé.[40] Parece que a Grande Pirâmide em si era conhecida como a "torre" (tuwa) montanhosa, em homenagem à preciosa pedra que ela encerrava, a Tuaoi.

Povos extremamente distintos, separados por vastas distâncias e muitos séculos, ainda assim compartilhavam narrativas comuns de uma inundação de alcance mundial associada a uma pedra de fogo, descrita, apesar das línguas serem completamente diferentes, por palavras da mesma raiz: Tuuk, Napa-Tu, Tua, Tuwa, Tjua e assim por diante – variantes culturais e linguísticas do atlante Tuaoi. O nome é um dos vários temas recorrentes que tecem o drama mundial da Pedra do Destino, como na narrativa árabe de Surid (pronuncia-se "xurid"), o rei pré-enchente que, advertido do cataclismo que se avizinhava, mandou que a Grande Pirâmide fosse construída como um "refúgio". Shu era a contrapartida egípcia de Atlas, divindade que empresta seu nome à Atlântida, também retratado como um homem que sustenta a esfera dos céus no centro do mundo. Era também conhecido como "Zelador dos Pilares do Céu" e retratado, na arte dos templos, cercado pelas quatro colunas celestes.

Os "pilares" de Shu podem ser associados às Colunas de Hércules que, segundo Platão, separavam a Europa continental da Atlântida. Talvez o nome Surid seja uma variante do egípcio Shu, o mais atlante de todos os deuses egípcios. Ou talvez ele tenha sido o próprio Shu, com o nome ligeiramente alterado pela tradição arábica. A história dele e outras histórias do dilúvio associadas à Grande Pirâmide trazem, sem a menor dúvida, mais que uma semelhança ligeira com o desastre da Atlântida, incluindo o "fogo do céu" ou "planeta" que elas contam que o precipitou – o mesmo impacto celeste que o peso de nossa evidência definiu como o mecanismo responsável pela destruição final. Nos Textos do Sarcófago, Atum, o deus primitivo que provocou a Grande Enchente, declara: "Primeiro Shu emergiu de mim".

Contemporâneos do Egito dinástico, os sumérios da Mesopotâmia...

...reverenciavam a sagrada pedra "Shu", geradora do fogo e da vida criada pelo calor, designada como a pedra preciosa, a pedra forte, a pedra serpente, a pedra montanha. A montanha grávida da pedra Shu era para os acadianos [os primeiros escritores em língua semítica] o ponto central da Terra. O povo que o Rig Veda diz ter sido o primeiro a descobrir o fogo com a ajuda do Matarishoan, o "cachimbo de fogo", e a tê-lo trazido para o homem, também o teria depositado no umbigo do mundo, como a sagrada pedra Shu.[41]

Matarishoan foi o Prometeu sumério, que presenteou a humanidade com o fogo. Em suma, o ônfalos sumério tem todas as principais características da pedra atlante do Umbigo do Mundo. Richard Hewitt, um estudioso americano do American Peabody Museum na entrada do século XX, chegou a ponto de argumentar que os sumérios derivavam inclusive o nome deles de Shu: "Estes Shus eram os povos sumerianos que negociavam no Delta do Eufrates e na Índia Ocidental, e cuja descendência chegou aos egípcios". Os sumérios ou Shus indicariam então "o Povo de Shu ou Atlas"; em outras palavras, "atlantes".[42]

O nome também avançou pelo globo até a Ásia, chegando à antiga China, onde a cosmogonia mais antiga ensinava que Sumeru era a montanha cósmica de uma ilha em algum mar distante no centro do mundo, uma ilha habitada por quatro reis. Este quarteto real situa os sumerus chineses no centro do mundo. O capítulo 2 descreveu o ônfalos do Japão no monastério Todai-ji, de Nara, e no Daibutsu-den ou sacrário do Salão do Grande Buda. Reforçando a identidade do Umbigo do Mundo da cidade sagrada, Nara também apresenta uma fonte de três peças representando o Monte Sumeru.

Evidentemente, estamos lidando com a tradição universal de pedras preciosas que criavam centros sagrados onde quer que fossem instaladas. Mas que qualidade especial possuíam elas que lhes dava uma influência tão singular?

CAPÍTULO 6

O REAL PODER DA PIRÂMIDE

A iniciação egípcia é caracterizada como uma série de transformações psíquicas – um processo de metamorfose – que desperta poderes espirituais latentes que já residem dentro do indivíduo.
— Rosemary Clark, *The Sacred Tradition in Ancient Egypt*

A maioria dos arqueólogos modernos se recusa sequer a considerar a possibilidade de que os seres humanos do mundo antigo fossem possuidores de uma tecnologia científica comparável ou mais avançada que a nossa. Sua recusa é compreensível. Admitir uma coisa dessas subverteria as visões aceitas do passado remoto da humanidade, paradigmas trabalhosamente articulados com cuidadosa erudição ao longo de várias gerações. Mas a Grande Pirâmide continua sendo o elemento singular mais persuasivo de prova material de tal supercivilização. Teremos de negar a evidência física ou de rever radicalmente nossas perspectivas históricas para nos ajustarmos a ela.

Luzes da Terra e Megálitos

Surpreendentemente, dispositivos análogos a um transdutor pré-histórico, como a Grande Pirâmide, são numerosos e ainda existem. Espalhados pela Grã-Bretanha há centenas de círculos de pedra e pedras em pé chamadas *menires*, dólmens que foram erguidos de 6.000 a cerca de 3.200 anos atrás. Estes, evidentemente, são os megálitos de tempos neolíticos, como Stonehenge. As mais antigas tradições folclóricas conhecidas, ao se referir aos sítios megalíticos, retratam-nos como locais de poder místico e "luzes feéricas". O mesmo fenômeno fantasmagórico é conhecido como *das blaue Licht* na Alemanha, onde é ainda testemunhado e reportado em Externsteine, um famoso sítio neolítico perto da cidade de Horn, em Lippe. A tradição escandinava se refere ao fenômeno como *haug-eldir* ou "chama tremulante", às vezes vista dançando sobre estruturas megalíticas.

Investigando esses relatos em 1982, o geólogo Paul McCartney descobriu que praticamente cada círculo de pedra e menir britânico estava localizado dentro de uma zona de falha sísmica ou posicionado sobre um trecho de concentração mineral; em outras palavras, havia a compressão intensa de vários minerais, especialmente granito ígneo, numa área concentrada, para gerar altos níveis de magnetismo. Quando seu mapa de todos os megálitos conhecidos foi sobreposto a um gráfico da concentração mineral e das zonas sísmicas do país, ele descobriu que as áreas feitas pelo homem e as regiões geológicas se sobrepunham quase exatamente.

A restauração de Carnac, como ele se mostrava há 5.000 anos, feita pelo Field Museum de História Natural de Chicago.

As conclusões de McCartney foram confirmadas em outro grande complexo megalítico do outro lado do Canal da Mancha, ao longo da costa sul da Bretanha, junto ao Golfo de Morbihan. Carnac ou Karnag é o mais extenso arranjo pré-histórico de pedras na vertical da Europa Ocidental. Compreende mais de 3.000 pedras cortadas de rocha local. Embora os parâmetros de tempo da formação sejam de difícil apreensão porque pouco material datável foi encontrado debaixo dela, os arqueólogos julgam poder datar a fase principal de atividade do sítio em torno de 3300 a.C., cerca de dois séculos antes do nascimento da civilização egípcia. Relatos de testemunhas oculares de luzes estranhas em Carnac remontam a épocas imemoriais e são ainda feitos por habitantes locais e pelo turista eventual. Seguindo no rastro dessas visões, geólogos da Universidade de Lyon descobriram que as compridas fileiras de pedras de granito ou outras pedras metamórficas, com veios de cristal, pareciam ter sido deliberadamente fixadas entre linhas de falha outrora poderosas. Como os construtores dos megálitos em Carnac poderiam ter suspeitado da presença, muito menos determinado a distribuição subterrânea exata dessas áreas sísmicas com precisão suficiente para inserir as pedras entre as falhas, é coisa que desconcerta os cientistas. Contudo, a mesma relação entre construção monumental e forças geofísicas reaparece no Platô de Gizé.

Os corredores retos, nada complexos e sem decoração da Grande Pirâmide não a definem como um templo de qualquer espécie. Seguramente, estruturas com uma fração de seu tamanho, como os megálitos britânicos, poderiam servir com a mesma facilidade a funções místicas. Como observa Paul Devereux, o perito britânico em mistérios megalíticos, "a localização conhecida de certos tipos de sítios megalíticos da Europa Norte-Ocidental em áreas geológicas apropriadas à ocorrência de luzes terrestres é muito possivelmente um resultado do uso deste método ambiental de provocar efeitos de alteração mental".[1]

Devereux sabia do que estava falando. Um colega da Bretanha, Kenneth Shaw, demonstrou que o quartzo tem de fato uma interface com a consciência humana. Durante o verão de 1980, ele participou de uma experiência controlada que exigia que colocasse as palmas de suas mãos a 15 centímetros de um cristal conectado a um medidor de ressonância molecular. O medidor estava projetado para detectar mudanças no modo como as moléculas se ligam nos minerais. Leituras digitais não indicaram mudança. Mas quando Shaw foi instruído a visualizar a energia de cura fluindo de suas mãos para o cristal, o medidor registrou uma poderosa reação. Assim que ele suspendeu a visualização, as leituras imediatamente retrocederam ao normal. A experiência foi repetida muitas vezes, sempre com o mesmo resultado.[2]

ೇ∽

Estruturas megalíticas da Grã-Bretanha podem ter sido precursoras da Grande Pirâmide ou, mais tarde, de versões menos colossais dela. Será que os britânicos neolíticos e os antigos egípcios foram ambos beneficiários de uma tecnologia avançada trazida por alguma cultura X (quem mais a não ser os atlantes?). Seja como for, as pedras na vertical da Inglaterra são idênticas às suas correspondentes egípcias porque foram deliberadamente posicionadas sobre pontos concentrados de energia geológica, que elas continuam a tornar manifesta com demonstrações similares de luzes da Terra e com os estados alterados de consciência a isso relacionados.

Luzes da Terra

A relação que McCartney descobriu entre os megálitos britânicos é complementada pelo antigo mito germânico. Erda, a primitiva mãe-terra, ocasionalmente se manifestava numa gruta no cume de uma montanha. Suas aparições eram invariavelmente acompanhadas por uma feérica luz azul que se derramava sobre a vizinhança e geralmente precedia algum tipo de desastre, assim como luzes de terremoto advertem para uma convulsão geológica iminente. Erda foi trazida à vida de forma extremamente dramática por Richard Wagner em *Das Rheingold*, quando surge, iluminada de azul-celeste, numa gruta num topo de montanha defronte ao Valhala, a nova morada dos deuses. Ela retorna em *Siegfried* (Ato III, Cena 1), a terceira das óperas do *Anel*, de novo na gruta de uma montanha que cintila com uma luz azulada. Em ambos os casos, as aparições de Erda entram em momentos de elevada tensão, pouco antes de alguma catástrofe acontecer.

Os mitos que descrevem uma mística radiância azul também parecem ter surgido de verdadeiros estados alterados de consciência experimentados por xamãs. Na maioria das vezes, eles eram homens que caíam em transe profundo para atingir o êxtase espiritual. Segundo Norman Bancroft Hunt, em seu abrangente *Shamanism in North America*, "na crença esquimó e das Aleutas, o azul é visto como representando uma força vital que existe além dos constrangimentos do corpo físico e frequentemente se diz que o olhar penetrante dos xamãs, que permite que eles vejam além do imediato e do óbvio, é acompanhado por uma intensa aura de luz azul".[3]

ೇ∽

A montanha mais meridional da China, Wu T'ai Shan, um vulcão adormecido, abriga um templo de 500 anos construído especificamente para a observação da luz azul que, vez por outra, ilumina o cume. Conhecido até mesmo na Malásia como *bilek hantu* ou "morada do espírito", o templo era encarado como um local sagrado, onde os indivíduos iam em busca de desenvolvimento metafísico.

ೇ∽

Só perdendo em importância para a caaba, o Islã tinha um santuário sobre a tumba do profeta de Alá, Maomé. Por quase dez séculos após sua morte, em 632, muçulmanos numa *hajj* ou santa peregrinação a Meca, na Arábia Saudita, passavam pela pequena estrutura, ricamente adornada com pedras preciosas e semipreciosas, incluindo os cristais mais finos. Viam às vezes o santuário envolvido por uma luz azul, que encaravam como um halo santo. Diz-se que qualquer um que caminhasse dentro do santuário, quando ele estivesse assim iluminado, seria mil vezes abençoado. Ludovico di Varthema, o primeiro não muçulmano a fazer incógnito uma *hajj* para Meca em 1510, testemunhou a luz azul do santuário e descreveu-a em suas memórias. Um terremoto no século seguinte causou grandes danos ao santuário e, embora ele tenha sido reconstruído, a luz azul nunca mais foi vista.

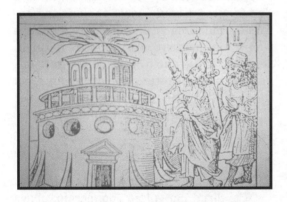

Um santuário sobre a tumba de Maomé emite uma mística luz azul neste desenho a nanquim de Ludovico di Varthema, que testemunhou o fenômeno em 1510.

Como no caso da pirâmide do Egito, dos megálitos da Grã-Bretanha, do *bilek hantu* da China e da tumba original de Maomé, a luz azul ocorre em estruturas situadas em zonas de agitação sísmica.

Efeitos sobre a Consciência Humana

Embora a operação fundamental da Grande Pirâmide esteja voltada para a transformação de energias geofísicas em energias elétricas com o objetivo de proteger a civilização de desastres naturais, um subproduto dessa transformação de energia (quer ela ocorra em locais naturais ou feitos pelo homem) é seu profundo efeito sobre o comportamento humano. Tais energias geram campos eletromagnéticos que podem afetar vigorosamente o circuito bioelétrico do cérebro, induzindo estados alterados de consciência. Essa interface eletromagnética com a mente humana pode também explicar a associação da luz azul com as induções tipo transe e a descrição de Edgar Cayce da Grande Pirâmide como a "Casa de Iniciação" para pessoas que procuram capacitação espiritual. Literalmente traduzida, a palavra egípcia para "pirâmide", *mr*, é "o Lugar de Ascensão", uma expressão literal com evidentes implicações esotéricas, sugerindo os atributos espirituais levantados por Cayce.

De forma apropriada, a luz azul espiritualmente evocativa desses inúmeros locais sagrados presumivelmente corresponde a um nível na aura humana conhecido por sua elevada espiritualidade. Supõe-se que o azul na aura humana denote os atributos inspiradores, devotos, religiosos e artísticos de um indivíduo. A cor também pertence às glândulas pituitária e pineal do cérebro, em geral identificadas com a sede da alma, das aptidões paranormais e de nosso relacionamento pessoal com a natureza. Se assim for, o interior da Grande Pirâmide poderia ter sido usado como centro de uma potente energia geoelétrica que tivesse algum efeito direto sobre a correspondente energia bioelétrica do cérebro para produzir estados alterados de consciência.

Conexões com a Ioga

A preservação como escola secreta do conhecimento esotérico da Pirâmide parece ter se estendido além da Grécia – o que não é uma possibilidade particularmente surpreendente, porque tais informações frequentemente se difundem para influenciar variados sistemas de crença espiritual, separados uns dos outros por grandes distâncias. No sistema de chakras da ioga kundalini, a terceira "roda" ou nível da espinha que corresponde ao umbigo é conhecida como *manipura*. É o chakra de controle, a sede de nossa força de vontade e nos impele a dominar o ambiente. O chakra do umbigo é representado pela letra grega *Delta*, no centro da qual está o símbolo do fogo.

Cercando o triângulo-umbigo do kundalini há dez pétalas de lótus num tom de roxo enfumaçado. Presume-se que se assemelhem a nuvens de tempestade riscadas por relâmpagos, uma manifestação elétrica que corresponde ao fenômeno de luz da pirâmide. Curiosamente, uma pessoa assumindo a famosa posição de lótus para a meditação se ajusta à configuração de uma pirâmide, porquanto a espinha é o eixo pelo qual sobe, a partir da base, o "poder serpente" da transformação espiritual. Sobe através dos sete chakras principais, em direção à iluminação no vértice ou coroa da cabeça. A energia telúrica da Terra é caracterizada de forma semelhante por muitas culturas como dragão ou serpente. Um exemplo pré-grego é o sânscrito *nwyvre*, significando "ondulante energia-serpente da Terra". Ela se ergue do "solo" subterrâneo da Grande Pirâmide através de seu transdutor interno para escapar no vórtice como descarga coronal. Isso ocorre, como vimos, numa luminosidade mística; assim também cada um dos chakras inferiores segue o seu curso acumulando energia no *sahasrara*, que resplandece com uma luz esplêndida saída do alto da cabeça quando "o êxtase" é atingido. Similar ao piramidion dourado, esse chakra da coroa também é retratado como dourado na arte dos templos. Essas imagens reproduzem exatamente, portanto, a Grande Pirâmide como uma forma de canalizar poder telúrico.

Com a ioga kundalini, os atributos mundanos e espirituais da Pirâmide se fundem, sugerindo que as energias-terra fluindo para cima através da estrutura são as mesmas forças que geram o desenvolvimento e a iluminação espirituais do homem. Nesse caso então, a Grande Pirâmide de fato serve a funções duais como geotransdutor e centro sagrado. O poder captado de nosso planeta era algo não apenas voltado para dispersar e abrandar pressões tectônicas, mas era usado também, talvez como benéfico efeito colateral, de um modo espiritual que estamos apenas redescobrindo. Por exemplo, compreende-se agora que o granito em grande volume produz níveis relativamente altos de radiação que alteram a consciência humana, induzindo sonolência e experiências psicoespirituais, como uma sensação de viajar pelo tempo e a projeção astral. A Câmara do Rei, na Grande Pirâmide, emite níveis de radiação 36% mais elevados que o ambiente ao redor. De forma reveladora, a palavra egípcia para granito, material do qual a Câmara é construída, é "pedra do espírito".

A Ciência dos Cristais de Poder

Um tanto melhor compreendidos que coisas como projeção astral são os efeitos negativos que os íons exercem sobre a mente. Já em 1934, C. P. Yaglou, na Harvard School of Public Health, publicou uma série de ensaios demonstrando seus efeitos fisiológicos sobre a consciência humana. Ao cabo de cinquenta anos de pesquisa, os médicos patologistas americanos L.W. Buckalew e A. Rizzuto afirmaram: "Continua de fato havendo a possibilidade de uma resposta fisiológica, psicológica ou de desempenho a concentrações mais altas de íons negativos".[4] Conclusões mais definitivas foram alcançadas logo um ano mais tarde, em 1985, quando o endocrinologista britânico L. H. Hawkins concluiu que "a evidência de que íons têm efeitos biológicos é esmagadora", depois que seus estudos confirmaram um significativo efeito benéfico de íons negativos. Hawkins foi apoiado por K. T. Fornof e G. O. Gilbert da Inglaterra, que relataram que os níveis de íons negativos dentro de casa aumentam a aptidão para formar conceitos e a capacidade de atenção, coincidindo com uma redução do estresse. A estabilidade do sistema nervoso autônomo era também melhorada.[5]

Esses estudos por sua vez levaram os pesquisadores médicos israelenses A. P. Kreuger e F. G. Sulman a descobrir a serotonina como o mecanismo interativo entre íons negativos e sistemas biológicos. A serotonina é um poderoso hormônio neural que produz efeitos neurovasculares, endócrinos e metabólicos por todo o corpo, desempenhando um papel vital nos padrões de humor e sono. Observação experimental revelou níveis mais baixos de serotonina no sistema respiratório de animais de laboratório sujeitos a uma concentração de íons negativos. Hawkins confirmou mais tarde a descoberta deles. A serotonina é também responsável por enxaquecas, que podem ser curadas por um aumento de íons negativos. A redução dos níveis de serotonina com íons negativos é usada no tratamento da depressão clínica, assim como das enxaquecas.

Segundo a Electrostatic Solutions, um centro de consultoria sobre eletricidade estática *online* baseado na Grã-Bretanha, "o consenso da literatura examinada é que os níveis e o equilíbrio da concentração de íons no ar ambiental podem afetar uma ampla série de organismos biológicos, incluindo seres humanos".[6] Temos uma camada de alto conteúdo de íons embutida em nossos ossos, formando as paredes das cavidades ou o profundo complexo da cavidade esfenoide-etmoide, que fica muito

Um colar etrusco do século VIII a.C. Seu límpido cristal de quartzo destinava-se a repousar sobre o esterno, onde ampliava o campo bioelétrico de quem o usava, que era ainda mais amplificado pelas contas de ouro, boas condutoras. O mesmo princípio era aplicado no vértice folheado a ouro da Grande Pirâmide e no cristal confinado. Museu Arqueológico Etrusco, Tarquínia, Itália.

próximo do cérebro. Ele reage a altas doses de íons negativos conectando-se com o lobo temporal, que também é sensível a influências eletromagnéticas. Também conhecido como hipocampo, suas funções incluem o sonho e a memória, a percepção consciente e subconsciente. Consequentemente, uma pessoa passando algum tempo na Câmara do Rei, principalmente quando a Câmara estivesse devidamente "carregada" de um fluxo de íons negativos gerado por ação tectônica, poderia ser submetida a fenômenos alteradores da mente que se assemelhariam à poderosa experiência espiritual.

A cavidade de íon da Câmara é um ressonador eletrodinâmico de frequência extrabaixa que se centra diretamente na chamada frequência alfa do cérebro. Quando estamos passivamente alertas, acordados mas propensos ao sono e inteiramente relaxados, diz-se que estamos num estado alfa. Pesquisadores médicos agora compreendem que o cérebro gera um campo elétrico próprio, relacionado com o campo magnético da Terra. De fato, o pesquisador Francis Ivanhoe demonstrou que o corno Amon do cérebro na realidade "lê" a energia do campo flutuante da magnetosfera da Terra. Como o hipocampo é estimulado por descargas negativas de íons, a frequência alfa do cérebro se intensifica para gerar sensações de euforia física, enquanto a mente pode experimentar alterações de tempo-espaço, aparições ou outros fenômenos psicoespirituais.[7]

Christopher Dusch, um engenheiro de materiais do Wisconsin, descobriu que "quando é atingida uma situação de meditação, as ondas do cérebro humano ressoam a 7.8 Hz, a mesma frequência da ionosfera eletromagnética da Terra".[8] Isto, claro, é a mesma frequência em que a Grande Pirâmide ressoa. A relação entre essa estrutura primordial do mundo, a Terra sobre a qual ela se apoia e a mente humana que a concebeu parece clara.

Esses efeitos sobre a consciência humana foram subprodutos da finalidade original da Grande Pirâmide de servir como transdutor geológico – talvez só tenham sido descobertos depois de o colossal dispositivo ter entrado em operação. Foi observado que o tremendo fluxo de íons negativos que ele descarregava para aliviar a pressão tectônica alterava percepções mentais. Como um propósito religioso secundário para as intenções inicialmente mundanas de seus construtores, a Pirâmide também pôde ser usada como um lugar de transformação espiritual. Se a Grande Pirâmide foi usada como um espaço de iniciação, isso provavelmente aconteceu como uma imprevista função colateral ou subproduto da missão originalmente prática para a qual fora construída.

Uma interpretação da Pirâmide baseada unicamente na evidência física de sua existência, sem forçar essa evidência a se ajustar a teorias preconcebidas, identifica a colossal estrutura como um aparelho, um instrumento criado para responder a alguma grande necessidade proporcional à sua gigantesca construção. Características externas e internas do projeto, dos materiais e arranjos combinam, muito mais precisamente que qualquer outro propósito mais tarde admitido para a estrutura, com sua identificação como transdutor tectônico. Os construtores da pirâmide notaram o efeito de suas propriedades elétricas sobre o comportamento humano e permitiram que determinados iniciados experimentassem suas energias internas para o avanço espiritual. Com esse reconhecimento, o colossal instrumento elétrico se tornou adicionalmente um templo para a transformação da consciência humana e para a iluminação espiritual.

CAPÍTULO 7

QUAL É A IDADE DA GRANDE PIRÂMIDE?

[A Grande Pirâmide] representa o próprio planeta Terra em harmonia com seu ambiente cósmico.

— Peter Lemesurier

Temos de concluir pela evidência da escala sem precedentes, da perfeição e dos avançados dispositivos da Grande Pirâmide que, em algum momento de um passado profundamente remoto, uma supercivilização conhecia todo o planeta e possuía uma tecnologia movida pelas energias da Terra, diferente e, sob certos aspectos, superior a qualquer coisa realizada desde então. E se a Pirâmide é tudo que resta dessa tecnologia desaparecida, então não podemos fazer ideia de que outros feitos culturais – talvez até maiores – seus criadores podem ter realizado. Devido aos desenvolvimentos de longo termo na ciência que tiveram de preceder a construção da Grande Pirâmide, a sociedade que a produziu já devia ser bem antiga. Nesse caso, as origens da humanidade civilizada recuam muito mais para a pré-história do que até agora nos atrevíamos a imaginar.

Nem tumba para um rei obscuro nem cápsula do tempo de tamanho desnecessariamente avantajado: a Grande Pirâmide é o mais antigo aparelho do mundo – e está entre os mais avançados, construído para ser um "refúgio" contra uma iminente calamidade mundial. O primeiro desses cataclismos globais impeliu refugiados da Atlântida a se reinstalarem no Delta do Nilo, onde eles erigiram seu monumental geotransdutor como medida de prevenção contra qualquer repetição da catástrofe natural que devastara sua civilização por volta de 3100 a.C.

Muitos estudiosos vêm tentando datar a construção da Grande Pirâmide por meio de seu alinhamento estelar, mas os argumentos são extremamente especulativos e, em última análise, inconvincentes, porque diferentes orientações astronômicas podem ser levadas a se ajustar praticamente a qualquer estrutura, dependendo do ponto de observação. Evidências rigorosas mais dignas de crédito, no entanto, estreitam as escalas de data. Por exemplo, durante o outono de 1990, algo que nitidamente confirmava que todas as três pirâmides de Gizé vinham do início dos tempos dinásticos ou que tinham origens pré-dinásticas foi encontrado no deserto, a oeste do Nilo e ao norte de Tebas. A descoberta foi um grande vaso, perfeitamente preservado, da última fase da cultura gerzeana, datado de fins do quarto milênio a.C.

> Destacando-se por sua habilidosa execução, a cerâmica gerzeana mostra cenas estilizadas, mas claramente reconhecíveis, da vida daquela época nas margens do Nilo. Pintadas com vigorosos traços pretos sobre brilhantes superfícies alaranjadas, suas representações típicas são as palmeiras e os animais ao longo das margens, juntamente com balsas ou barcos cheios de remos flutuando pelo rio.

O espécime em questão, atualmente em exibição no Museu de Luxor, não é diferente das dezenas de exemplos semelhantes, salvo por retratar três figuras em forma de triângulo (duas lado a lado, de tamanho relativamente igual, a outra muito menor) erguendo-se sobre o Nilo. Se não são as pirâmides do Platô de Gizé, é difícil imaginar o que mais se pretendia que significassem. O pote gerzeano onde estavam representadas foi datado de 3200 a 3000 a.C., um período de transição conhecido como Naqada III-c, quando o Egito estava passando de sociedade pastoril a cultura avançada. Se de fato o desenho na cerâmica descreve as pirâmides de Gizé, então elas devem ter sido observadas por um artista gerzeano bem no alvorecer da civilização egípcia, pelo menos uns 500 anos antes do que opinam os livros didáticos acerca de sua construção.

As mais recentes datações do radiocarbono para a Grande Pirâmide foram obtidas pelo dr. Mark Lehner de dezembro de 1995 a março de 1996: "É uma suposição segura", disse ele, "que o material [coletado do exterior coberto por pedras decorativas de revestimento até sua remoção no século XIII] é da construção original". O cálculo que a equipe do dr. Lehner obteve foi 1.244 anos mais antigo que a cronologia oficialmente aceita do rei Quéops, situando a construção da Grande Pirâmide por volta de 3109 a.C. Esta data cientificamente verificada não apenas situa as origens da Pirâmide fora da quarta dinastia, mas inteiramente fora da civilização dinástica. Isso, no entanto, combina com a ilustração gerzeana, mencionada mais atrás, originária da mesma época.

O dr. Lehner acabou se distanciando de quaisquer declarações que pudessem despertar a ira de colegas ligados à corrente principal da ciência, pois eles insistiam enfaticamente que qualquer datação da Grande Pirâmide anterior ao terceiro milênio a.C. seria inadmissível. "A despeito das alegações de que estas datas eram incorretas", assinala Caroli, "a argamassa da Grande Pirâmide, uma vez aferida, apontou para uma média em torno de 2988 a.C., mas o barco data de 3400 a.C.!"

O "barco" que Caroli menciona é um dos cinco enterrados em câmaras próprias cortadas na rocha ao redor da base da Grande Pirâmide. O mais bem preservado foi encontrado completo, mas todo desmontado, em 1954. Hoje, plenamente restaurada, a embarcação de 30 metros de comprimento se encontra num museu especial. Seria ele, juntamente com as embarcações que o acompanham, o navio em que os construtores da pirâmide chegaram ao Delta do Nilo, vindos de além-mar, 5.400 anos atrás? Caroli continua:

Um estudo subsequente da década de 1990 apresentou uma média mais baixa para a Grande Pirâmide, mas não baixou a datação do barco. Embora as datas com o C-14 possam ser distorcidas por uma razão ou por outra, elas indicam que o barco é notavelmente mais velho que a pirâmide ou pelo menos é seu contemporâneo. Muito curiosamente, um alinhamento celeste para a passagem descendente, que foi escavada no próprio Platô de Gizé, foi datado pelo carbono em cerca de 3440 a 3330 a.C.¹

Mas mesmo a baixa estimativa do carbono-14 acrescentava quase 300 anos à data convencional, levando a construção para perto do começo dos tempos faraônicos. Esses resultados de teste sugerem que a Pirâmide foi construída em algum momento dentro dos extremos de seus parâmetros de data; em outras palavras, de meados ao final do quarto milênio a.C. "Sob um ângulo conservador, a data estimada da Grande Pirâmide fica entre 2850 e 3050 a.C.", conforme Caroli, "e assim é 300 a 500 anos mais antiga que a data definida por cronologias padrão. O ano de 2950 a.C. pode ser encarado como a média absoluta das estimativas". Essas datas mais antigas para a construção são importantes para compreendermos as origens da pirâmide, pois indicam que o primeiro prédio do mundo antigo foi completado bem no início da história dinástica do Egito. Consequentemente, a identidade faraônica de seus construtores se torna ainda mais incerta e devemos procurar em outros lugares os principais construtores responsáveis. Como Alexander Braghine concluiu em 1940, "na solução do problema da origem dos construtores da pirâmide também está escondida a solução da origem da cultura egípcia e dos próprios egípcios".

Evidência interna também sugere que a data se situa em cerca de 3000 a.C. Caroli sublinha:

Há indicações de que dados envolvendo ciclos de tempo foram também incluídos na Grande Pirâmide. Seus quatro lados podem se relacionar com o ciclo sótico, aquele calendário estelar pelo qual os egípcios calculavam o tempo. Em polegadas, as medidas básicas da estrutura se equiparam a um século. Suas figuras fundamentais [altura, apotegma e circunferência] correspondem a um ciclo sótico que se sabe ter sido empregado pelos egípcios ao narrar seu passado "mítico". Esse ciclo particular vai de aproximadamente 45.000 a 5.000 anos atrás. Embora uma data base de 45.000 anos atrás para o monumento esteja certamente fora de cogitação, sua construção mais ou menos na virada do quarto milênio coincide com o início da primeira dinastia, o início mesmo da civilização faraônica. Se isso for verdade, seria óbvio então que a Grande Pirâmide foi projetada por forasteiros portadores da cultura de uma sociedade altamente avançada que chegaram ao Delta do Nilo para construir a estrutura.²

Sua própria posição também sugere que a Grande Pirâmide foi construída antes da data de 2500 a.C. encontrada em textos padrão sobre o assunto. Embora orientada para os pontos cardeais (milhares de anos antes da invenção conhecida da bússola), sua base se desvia da linha norte-sul, ainda que por apenas 1/12 de um grau. Esse erro de cálculo nitidamente insignificante cometido por seus construtores na realidade faz supor um período de tempo: dado o movimento incremental de nosso planeta sobre seu eixo no decorrer dos milênios, o erro de 1/12 de grau da Grande Pirâmide não teria sido um erro antes de 3000 a.C. E se o arquiteto sabia de fato como orientar sua obra-prima para o Verdadeiro Norte, ele a deve ter construído na arrancada ou antes do início da civilização egípcia – não seiscentos anos mais tarde.

Estudiosos convencionais têm há muito ensinado que Quéops construiu a Grande Pirâmide. Seu projeto teria sido copiado pelo filho, Quéfren, na segunda estrutura em tamanho. Por deferência ao pai, ele teria se recusado a fazê-la da mesma altura. Supôs-se que a terceira e menor das pirâmides tenha sido construída muitos anos mais tarde por Miquerinos, quase como uma reflexão tardia. Esse cenário oficial para o Platô de Gizé não tem absolutamente qualquer fundamento; é uma completa ficção que, mesmo assim, se transformou num dos dogmas seguidos pelos egiptólogos da corrente principal da ciência. Sua cronologia capenga e história obsoleta são contrariadas pelos testes correntes, pela informação equivocadamente negligenciada e pelos fatos geodésicos incorporados à própria Grande Pirâmide. Essa evidência contrária indica que há um número desconhecido de séculos, ou mesmo de milênios, antes que a primeira dinastia egípcia surgisse por volta de 3100 a.C., a Atlântida já havia atingido níveis incomparáveis de grandeza civilizada.

CAPÍTULO 8

FILHO DO SOL

Quem haverá de chamar seu sonho de ilusório
Quem sondou ou procurou
Todo o inexplorado e vasto
Universo do pensamento?

— Henry Wadsworth Longfellow,
Hermes Trismegistus

Os acontecimentos que culminaram na desativação da Grande Pirâmide, com o roubo de sua Pedra do Destino, foram postos em movimento 273 anos antes pelo estrondo mais alto que a história registrou.

Em Thera, hoje conhecida como Santorini, uma pequena ilha no Mar Egeu 100 quilômetros ao norte de Creta, uma erupção vulcânica muitas vezes mais poderosa que qualquer detonação nuclear feita pelo homem ocorreu em algum momento do outono de 1628 a.C. Vibrações correram pela atmosfera da Terra desde o epicentro em Thera, circundando todo o globo. Gente de Portugal ao Afeganistão, da Noruega ao Zaire ouviu o estrondo e milhões de pessoas dentro desse raio contemplaram a nuvem, com 100.000 quilômetros de cinzas, se elevar 37 quilômetros no céu. Era o resultado de 47 quilômetros cúbicos de magma riodacita ejetados de um buraco de 200 quilômetros cúbicos, uma cratera com quase 130 quilômetros quadrados de área. Pedregulhos de muitas toneladas foram lançados para a estratosfera e alguns foram encontrados tão longe quanto o Mar Negro, quase a 1.130 quilômetros do centro do estrondo em Santorini. A mais de 100 quilômetros para o leste, uma camada de 30 centímetros de cinzas caiu sobre as ilhas de Cós, Rodes e Chipre. Faístos, a segunda cidade da Creta minoica, foi instantaneamente carbonizada.

O manto de poeira e gás que envolveu o planeta foi tão vasto que um escriba chinês relatou durante o reino, então existente, do imperador Qin:

No vigésimo nono ano do rei Chieh [o último governante da Hsia, a mais antiga dinastia chinesa registrada], o Sol foi escurecido. O Sol estava aflito. Durante os últimos anos de Chieh, o gelo foi se formando nas manhãs [de verão] e endureceu no sexto mês [o julho chinês]. Fortes aguaceiros derrubaram templos e prédios. O Sol e a Lua ficaram fora de controle. Tempo quente e frio chegavam em desordem. As cinco safras de cereal secaram e morreram.[1]

Thera havia levantado muitos megatons de poeira ultrafina, que chegaram a 80 quilômetros na estratosfera, onde obscureceram a radiação solar, absorvendo seu calor antes que ele alcançasse o solo.

A explosão de Santorini foi ainda lembrada com horror, mil anos mais tarde, pelo grande dramaturgo ateniense Eurípedes, em *O Hipólito*:

Estranho medo caiu sobre nós. De onde vinha a voz? Olhamos para a costa batida pelo mar e vimos uma onda monstruosa que se elevava para o céu, tão imponente que deixou meus olhos extasiados com seus medonhos penhascos. Ela ocultava o istmo e a rocha de Asclépio. Então, fervendo e borbulhando por toda parte com um dilúvio espumante e fôlego do alto-mar, na direção da costa ela veio.[2]

Eurípedes estava se referindo à horripilante muralha de água que a erupção de Thera pôs em movimento. Correndo pelo Mar Egeu a quase 500 quilômetros por hora, elevou-se a 250 metros no momento de colidir com o oeste da Ásia Menor. Depois de avançar 50 quilômetros pelo interior da Turquia, a tsunâmi recuou, removendo pedras do tamanho de casas e fazendo-as ricochetear em alta velocidade sobre o solo, como seixos de 250.000 toneladas, destruindo tudo em sua trilha errática.

No Baixo Egito, um possante terremoto fez o Vale do Nilo "borbulhar" de uma ponta à outra com pequenas ondulações, derrubando tanto estruturas monumentais quanto residências particulares. O assalto veio tanto de baixo quanto de cima, quando uma saraivada de pedras vulcânicas jorrou como uma barragem celeste. Mais de meio centímetro de cinzas da nuvem de poeira de Thera, rica em enxofre, caiu como chuva ácida. Tão densa era essa nuvem que, no momento em que ela atingiu o Delta, a luz do sol ficou bloqueada pela maior parte de uma semana.

O que mais tarde se transformou na terra de Israel não escapou ilesa dessa erupção. Os arqueólogos encontraram lá uma camada de cinza identificada com as convulsões geológicas de 1628 a.C. e acreditam que a atividade sísmica, juntamente com queda de pedra vulcânica, devastou toda a região. O autor do Salmo 46,1-8 do Antigo Testamento pareceu descrever a erupção de Thera quando contou como Jeová protegeu seu Povo Eleito: "Nada temamos embora a Terra ceda e as montanhas caiam no fundo do mar, embora suas águas espumem e ronquem, e as montanhas tremam quando as ondas se erguem. Nações estão em tumulto, reinos caem. O Deus de Jacó levanta sua voz, a Terra se derrete. Ide ver as obras do Senhor, as devastações que ele trouxe para a Terra".

Imigração Indesejável

Afugentados de suas casas por essas condições adversas, refugiados semitas cruzaram em massa a fronteira egípcia no leste do Delta. Os autointitulados soberanos da décima quarta dinastia não puderam contê-los. A entrada caótica dos recém-chegados ainda por cima se combinou com a arraigada fraqueza de Sobekhotep IV e a simultânea devastação de seu reino pelo cataclismo de Thera. Ele e seus concidadãos se referiam a essas indesejáveis levas de recém-chegados como os heka khasewet ou "chefes de terras estrangeiras", um heterogêneo conglomerado de diferentes tribos expulsas de seus lares no Mediterrâneo Oriental pela força de eventos naturais. Agrupados sem grande coesão, os "hicsos", segundo a versão grega de seu nome, mais conhecida que a denominação egípcia, incluíam cananeus, fenícios, hebreus e outros povos semitas, hoje perdidos para a história. Ainda assim, o historiador judeu Flávio Josefo pôde escrever, 1.500 anos mais tarde, que os hicsos foram "nossos ancestrais".[3]

O ímpeto de sua chegada levou-os além dos pântanos do Delta Ocidental para assaltar Mênfis e mesmo a capital em Itjtawy, e depois a maior parte do Baixo Egito. Era, no entanto, menos uma invasão militar que uma conquista pela imigração – ao contrário dos egípcios, eles possuíam o arco composto, elmos de metal e armadura com cota de malha, embora essas armas fossem excedentes de guerra dos hititas e mitanis da Ásia Menor e do norte da Síria. Os historiadores acreditaram durante muito tempo que carruagens puxadas a cavalo encabeçaram com êxito a incursão, porque os egípcios supostamente ignorariam a existência de tais veículos militares. Mas, quando os arqueólogos completaram a escavação de todos os sítios hicsos no leste do Delta do Nilo, não apareceu nenhuma carruagem e ninguém encontrou qualquer referência escrita ou visual a seus supostamente característicos carros de combate. Parece, aliás, que a carruagem foi uma inovação inteiramente egípcia, projetada especificamente para os reis tebanos cruzarem as planícies ásperas e planas do Delta do Nilo fugindo de forças de ocupação vindas do leste. Já as adagas, espadas e escudos hicsos são nitidamente indoeuropeus.

Apesar da presença de tal equipamento, há pouca evidência real de batalhas, muito menos de uma guerra, durante o Segundo Período Intermediário do Egito. Na realidade, quando migraram através da parte norte do Egito, os forasteiros encontraram apenas um punhado de reis fracos, hostis, cujas exigências de tributos e obediência foram ignoradas impunemente. Não tendo, porém, uma concepção própria de Estado, os imigrantes montaram uma cópia grosseira do modelo egípcio.

Quando instalaram seu líder tribal, Salitis, como "faraó", criou-se uma nação dividida ao meio entre o baixo e o alto Vale do Nilo. Os "chefes de terras estrangeiras", no entanto, tinham se tornado os chefes dominantes do Egito. Não tendo gente suficiente para se apoderar de todo o país, contentaram-se com sua ocupação setentrional, fazendo imposições comerciais que lhes favoreciam à remanescente monarquia nativa estabelecida em Tebas, que haviam cercado graças a uma aliança militar com a Núbia. Puseram assim em xeque qualquer possível oposição nativa com base numa intervenção potencial do sul. Cercados por inimigos de ambos os lados, os egípcios passaram a viver sob a constante ameaça de uma guerra em duas frentes, guerra que teriam a qualquer custo de vencer.

Quando solidificaram seu poder, os hicsos estabeleceram a sede de governo em Mênfis, ficando Avaris como residência de verão. Eles adotaram os ornamentos exteriores da cultura egípcia e tomaram Seth, o deus com cabeça de asno, como divindade tribal. Tendo sido anteriormente uma divindade mortuária benéfica, Seth passou então, graças à sua adoção pelo inimigo, a ser para sempre encarado pelos egípcios como deus do mal. Refletindo a percepção que tinham dos heka khasewet e do desastre geológico que trouxera os odiados estrangeiros, "Seth foi abominado pelo povo por seu estilo áspero, sanguinário", segundo o egiptólogo Anthony Mercatante, "e encarado como a personificação da seca, escuridão e perversidade, oponente natural de tudo que era bom e doador de vida no universo. Set [Seth] era o arqui-inimigo do Sol", representando "a oposição cósmica da escuridão e da luz".[4]

֍

Durante os cem anos em que se viram encurralados entre poderes hostis no norte e no sul, a maioria dos egípcios jamais perdeu o sentimento de identidade nacional e acabou substituindo as mediocridades reais responsáveis pela ruína de seu país por líderes dinâmicos concentrados em libertá-lo. Graças à vitória deles não apenas outra dinastia, mas todo um Novo Reino surgiu para introduzir uma era dourada de civilização faraônica.

⁕

Os povos semitas que originalmente acompanharam a "invasão" dos hicsos tinham pelo menos adquirido uma fachada egípcia, adotando a língua e a cultura de seus anfitriões. Conseguiram, assim, viver sem ser molestados, ainda que fossem geralmente desprezados no leste do Delta, onde acabaram formando comunidades próprias e segregadas. Os egípcios conheciam-nos como shahus ou habirus, segundo a primeira referência escrita aos hebreus, embora heka khasewet ainda fosse se manter durante séculos como um epíteto antijudeu. A palavra *hebreu*, derivando-se de *habiru* ou "estrangeiro do deserto", significa "alguém do outro lado do rio", uma referência aos residentes semitas da margem oriental do Nilo. Quando a palavra "hebreu" aparece na Bíblia, é com extrema frequência usada por um gentio para descrever os israelitas, como no Primeiro Livro de Samuel: "Então disse o príncipe dos filisteus: O que estes hebreus estão fazendo aqui?" Uma associação popular dos hebreus com os hicsos não foi inteiramente sem fundamento, pois seu terceiro chefe chamava-se Ya-qob-her, uma variação de Ya'iqob ou Jacob.

A animosidade generalizada contra o povo de Jacó gradualmente se dissipou no brilho do renascimento econômico e do simultâneo esplendor cultural, quando muitos heka khasewet enriqueceram como mercadores, especuladores de grãos, negociantes de joias, proprietários de terras e importadores de artigos de luxo. No momento em que Amenhotep III ascendeu ao trono, em 1417 a.C., muitos shahus ou habirus já estavam ocupando posições de destaque no governo civil. Conhecido ainda durante o tempo de vida como Amenhotep, o Grande, graças a fabulosos programas de obras, seu regime foi caracterizado por prosperidade geral e paz internacional. Ele ergueu um imenso templo mortuário no oeste de Tebas, defronte aos famosos Colossos de Memnon. Do outro lado do Nilo, foi responsável pelas principais seções do complexo do templo em Luxor e ergueu um pórtico monumental no templo de Carnac.

Ao se aproximar do final de um ilustre reinado de 38 anos, Amenhotep III não pôde mais, devido à saúde debilitada, suportar sozinho o fardo do governo e começou a compartilhar a regência com a esposa, Tiye. A confiança que demonstrou foi ainda mais notável, pois Tiye era plebeia e só meio egípcia. Embora a mãe dela, a nobre Tjuyu, fosse descendente de Ahmose, que libertou o país da ocupação dos hicsos, o pai era um estrangeiro asiático. Cinco anos após sua coroação, Amenhotep comandou pessoalmente uma expedição militar contra insurgentes na Núbia, onde ergueu um templo, comemorando sua rápida vitória, na cidade de Soleb. Tiye acompanhou o marido na campanha e fez construir seu próprio templo núbio ao lado do dele. Consciente das raízes asiáticas, ela mandou que fosse gravado o nome do deus israelita, "Jeová da terra dos shahus", numa das colunas. A palavra shahu, porém, não era hebraica, mas derivada de *s'sw*, o egípcio para "perambular", sugerindo que os judeus eram um povo sem raízes, não uma nação estabelecida. A semi-hebreia Tiye, então, ascende até se tornar rainha e seu filho se torna o faraó Amenhotep IV, em 1349 a.C., quando tinha trinta anos de idade.

A ascensão de Amenhotep IV enfrentara uma vigorosa oposição da nobreza, do clero de Amon e dos conselheiros reais, que já viam motivos para suspeitar da obsessão do jovem com o disco do Sol. Foram, porém, neutralizados por um insistente Amenhotep III, embriagado de amor por Tiye, o verdadeiro poder por trás do trono depois que ele ficou demasiado doente para governar, salvo nominalmente. "A linhagem de Abraão, Jacó e José tinha se casado com a descendência faraônica", segundo o pesquisador Ralph Ellis.[5]

A Ascensão de Aton

Quase imediatamente após assumir a coroa, o novo rei mudou seu nome para Akhenaton, o "Potente Espírito de Aton", passando a ostentar em pessoa sua heresia religiosa. Tudo tinha muito pouco de inovação, pois Aton era conhecido como uma primitiva divindade solar de Heliópolis desde os primeiros tempos dinásticos. Mas Akhenaton retirou-o da obscuridade como primeira e única imagem de seu credo universalista – o primeiro monoteísmo do mundo. Seu dogma central estava baseado no culto de um só criador e uma só vontade divina personificados no Sol. Todas as outras crenças religiosas eram errôneas e, portanto, mereciam ser abolidas. Além disso, Aton não era uma ideia exclusivamente egípcia, mas, como o disco brilhante que reluz sobre cada coisa viva, o ser supremo de toda a humanidade. Uma estela com inscrições na futura capital de Akhenaton anunciava confiante: "Logo todas as nações do mundo virão aqui para trazer a Aton, doador da vida, o tributo que lhe devem".

Com as modernas traduções de seus hinos, Akhenaton ganhou nova fama como poeta humanitário, o primeiro reformador religioso do mundo, pregando como um precursor do cristianismo, cuja compaixão por toda a humanidade estaria à frente de seu tempo, sendo, portanto, odiado por seus contemporâneos menos iluminados. Mas à medida que vieram à luz novas informações sobre o "atonismo", a reputação antigamente tão exaltada do faraó começou a azedar.

Ficou-se sabendo, por exemplo, que Akhenaton afirmava que só ele poderia receber a atenção do deus-sol. Nenhum dos que cultuassem o disco solar poderiam alimentar qualquer esperança de ter suas preces ouvidas, salvo através do intermediário faraônico. "Só ele tinha o poder de interpretar a vontade divina", segundo Ahmed Osman, autor de *Moses and Akhenaton*.[6] Uma das colossais estelas marcando as fronteiras da cidade do rei proclamava que "Aton não revelaria seus planos a ninguém, exceto a ele (...) O rei não escutaria ninguém, nem mesmo a rainha, se tentassem persuadi-lo a construir Akhetaton em outro lugar".[7]

O suposto reformador transformou sua fé intolerante no maior fenômeno de poder jamais concebido, o cego fanatismo religioso produzindo a dinâmica que lhe permitiu centralizar toda a autoridade nele próprio. O egiptólogo canadense Donald B. Redford, professor de literatura clássica e de estudos da antiguidade no Mediterrâneo da Pennsylvania State University, e diretor do Akhenaton Temple Project, ficou desconcertado com o...

...rígido, coercitivo, pouco convincente monoteísmo do faraó. O Akhenaton histórico é nitidamente diferente da figura que os vulgarizadores criaram para nós. Humanista ele não era e certamente também não um romântico humanitário. Transformá-lo numa figura trágica "tipo-Cristo" é uma completa falsidade. Além do rei e seu círculo me inspirarem um certo desprezo, fico apreensivo quando reflito sobre a "religião" dele.[8]

Depois que Akhenaton anunciou publicamente a formação de sua religião, os súditos ficaram atônitos de uma ponta à outra do Vale do Nilo. Na época, o faraó, quem quer que ele fosse, era deus e sua palavra era lei. Akhenaton, no entanto, estava dizendo que tudo que eles e seus ancestrais cultuavam desde o estabelecimento de sua civilização estava errado e merecia ser substituído por uma única figura solar, que poucos inclusive reconheciam. Confiante na superioridade de seu credo, Akhenaton estava certo de que amplas massas iriam adotá-lo como libertação metafísica de séculos de opressiva manipulação clerical. Quando eles, no entanto, revelaram pouco entusiasmo por aquele culto inédito, Akhenaton reagiu com raiva.

Daí para a frente, Aton não foi apenas o deus supremo, mas o único deus. Todos os templos, salvo os dele – que eram poucos – foram fechados, seus servidores postos nas ruas, estátuas monumentais derrubadas, obras de arte despedaçadas e inscrições hieroglíficas apagadas. O culto, tanto público quanto privado, ficou restrito ao disco solar; todos os outros foram postos fora da lei. Mesmo a tradicional reverência pela posição extremamente sagrada do faraó não seria suficiente, achava Akhenaton, para garantir a profundidade da reforma que ele estava determinado a realizar. "Cada vez que uma brigada de trabalhadores entrasse num templo ou tumba para destruir o nome de Amon", escreve Osman, "deveria ser apoiada por um batalhão de soldados capazes de garantir que o decreto real fosse cumprido sem oposição."[9]

A Cidade do Sol

Não se poderia, é claro, esperar que essas medidas conquistassem convertidos entre seus já amargurados concidadãos, que recuavam ante a heresia que ele persistia em lhes impingir. Depois de apenas três anos enfrentando uma rejeição mal-humorada e cada vez mais profunda, Akhenaton, desgostoso, virou-lhes as costas, trocando a capital tebana pelo deserto, jurando nunca mais voltar. Lá, a 400 quilômetros de distância, perto da margem direita do Nilo e em solo virgem, construiu uma nova cidade que seria seu verdadeiro mundo, onde poderia desempenhar o papel de autonomeado messias para uma audiência cativa de talvez uns 50.000 admiradores. Eram, em sua maior parte, gente do leste do Delta. Embora já integrados e até mesmo ricos, com influência no governo, continuavam sendo uma minoria sob suspeita, pois seu papel durante a "invasão" dos hicsos ainda não fora esquecido nem perdoado de todo; também despertavam desconfiança pelo evidente e indevido prestígio. Os habirus, no entanto, haviam dado apoio entusiástico a Amenhotep, que abraçara o patriarca deles, o José bíblico, como "Excepcional Amigo" e os deixara florescer em seu reino próspero. A devoção deles pelo filho parecia ainda mais justificada, graças ao parentesco que Akhenaton, através da mãe, tinha com eles. Convergiram, então, em grande quantidade, para Akhetaton, "o Horizonte do Aton".

A metrópole religiosa fora declarada nova capital vinte e quatro meses antes de ser completada – após cinco anos de trabalho apressado e ininterrupto. Estelas definiam suas fronteiras nos quatro pontos cardeais. Com uns treze quilômetros de extensão entre uma e outra, as extremidades norte e sul estavam balizadas por onze estelas esculpidas nos rochedos de calcário, incluindo as que foram talhadas, em forma de planta da cidade, nas duas margens do rio, coisa que não é encontrada em nenhuma outra parte do Vale do Nilo. A chamada Estela U, que fica sobre um penhasco, perto da entrada do afluente real, tem sete metros de altura. Originalmente havia estátuas da família real em sua base, mas delas só sobreviveram croquis indicativos e fragmentos justapostos, remanescentes do frenesi de destruição que amaldiçoou Akhetaton após sua queda. Mesmo assim, as estelas monumentais são praticamente a única evidência física relativamente intacta de que no passado tal centro urbano existiu. Uma "Avenida Real" de 36 metros de largura correndo para o sul a partir do palácio era o eixo central ao redor do qual ele fora planejado. De ambos os lados deste caminho monumental havia prédios da administração, um segundo palácio, mais templos e santuários ao onipresente Aton. Mais adiante se espalhavam lojas, mercados, seções residenciais e áreas de grandes propriedades.

Akhenaton exaltava a nova capital do deus-sol como "a sede da Causa Primeira, que fizera para si próprio de modo a poder nela descansar".[10] Sua cenografia cerimonial era tão fisicamente diferente do cenário de qualquer outra cidade quanto o era em termos heréticos – colunatas monumentais, estatuária, obeliscos, arte dos templos e todos os demais traços arquitetônicos pelos quais a construção egípcia é famosa estavam ausentes em Akhetaton, construída de tijolos de barro e paredes revestidas de gesso. Seus prédios em geral sem ornamentos, retangulares, eram uniformemente puristas, sugerindo antes esterilidade que despojamento, proporcionando a toda cidade uma aparência surpreendentemente moderna. Essa disparidade de estilo era uma expressão material de diferenças teológicas fundamentais. Embora as formas egípcias tradicionais tivessem rivalizado para comunicar um sentimento de verdade e justiça eternas no princípio perene do *ma'at* ou "correção", "equilíbrio" (em outras palavras, harmonia cósmica, ordem), o pronunciamento alternativo de Akhenaton enfatizava o mundano e efêmero em suas construções despojadas, de menor escala, e nos retratos despretensiosos de coisas do dia a dia.

O também indefinido panorama da cidade era ocasionalmente abrandado pelas residências espaçosas dos muito ricos, com grandes jardins, e pela própria "Janela das Aparições" do rei, espécie de sacada onde ele frequentemente se postava sorrindo com sua magnífica esposa e filhas pequenas para saudar multidões barulhentas de simpatizantes entusiásticos ou bajuladores reunidos na rua. Durante essas exibições reais, costumava atirar joias de ouro, como colares ou braceletes, para a turba cheia de avidez, como quem atira restos de carne para uma matilha de cães.

A Pedra de Fogo de Akhenaton

Se a arte é um reflexo do espírito que a gera, então o aspecto mais monumental do Horizonte do Aton era o ego de Akhenaton. Seus muitos templos, todos dedicados ao deus único, eram efetivamente idênticos, com pátios abertos cercando estátuas colossais do rei e da rainha. Diferente de todo o resto, porém, era o Hwt-bnbn, ou "Mansão do Ben-Ben", o santuário mais importante. Instalada na parte leste deste que era o maior templo dedicado ao disco do sol (a Grande Morada do Aton), bem no ponto médio da mansão, havia "uma estela de quartzito com o topo redondo, fixada sobre uma plataforma de pedra".[11] Era nada menos que o mesmíssimo cristal Ben-Ben colocado na Grande Pirâmide há pelo menos dezoito séculos antes.

Como parte da ascensão de cada novo faraó, exigia-se que o monarca selecionado entrasse na Câmara do Rei, onde se supunha que seria impregnado de uma divindade especial, capaz de transfigurá-lo de príncipe real em deus vivo. Quando se postou diante do Ben-Ben, Akhenaton pode ter cantado hinos ou entoado preces repletas de fórmulas decoradas como parte de sua educação preparatória. Essas vocalizações tinham a intenção de estabelecer uma ressonância solidária com o cristal, ativando suas frequências harmônicas. O Ben-Ben era ainda sensível às constantes flutuações da corrente telúrica, mesmo quando não percebidas, e estava, portanto, suficientemente energizado, quase a qualquer momento, para uma iniciação. Tocado pela radiação de íons negativos concentrados emitidos pela Pedra de Fogo em sua caixa de granito, o novo rei passou por um estado alterado de consciência que resultou em catarse – uma transformação psicológica. A euforia espiritual que experimentou foi mais que uma epifania; foi uma teofania, o reconhecimento e a sensação de sua própria divindade, que o habilitava ao governo absoluto.

Na total escuridão da Câmara do Rei, cada novo faraó era submetido a uma catarse espiritual que o transformava de príncipe mortal num deus vivo.

Enquanto ainda era Amenhotep IV, ele teve de passar, antes da coroação, pelo mesmo processo que os outros faraós, mas o impacto que isso teve sobre ele foi mais profundo que aquele enfrentado por qualquer um de seus predecessores; talvez fisica ou emocionalmente estivesse menos preparado que os outros para os rigores de um encontro tão crítico. Uma pesquisa empreendida em 1988 pelos patologistas britânicos K. T. Fornof e G. O. Gilbert confirmou que "pessoas com diferentes reatividades do sistema nervoso simpático respondem diferentemente aos níveis de íon no ar".[12] Talvez a interação do ritual de Akhenaton com o Ben-Ben tenha ocorrido durante um surto de instabilidade geológica, gerando um grau anormal de energia ampliada que o afetou, de modo prejudicial, em termos de mente e corpo. Seja como for, os historiadores também sentem dificuldade para explicar por que apenas esse homem, dentre as muitas dezenas de faraós antes e depois, optou por substituir abruptamente as fundações espirituais da civilização egípcia, enraizadas no quarto milênio a.C., por um monoteísmo que lhe era diametralmente oposto. Ele deve ter passado por alguma experiência radical. Tudo acerca da natureza apaixonada, inspirada, intolerante de seu esforço sugere uma súbita conversão ocasionada por algum tipo de experiência que alterou sua alma.

⁂

Os investigadores Andrew Collins e Chris Ogilvie-Herald escrevem sobre a "singular fascinação de Akhenaton com a pedra Ben-Ben", uma fascinação que se transformou numa obsessão que o deixou completamente louco e que pode inclusive tê-lo matado ao minar sua saúde física.[13] Mas a euforia que gerou nele tornou-se um vício sem o qual não podia viver, especialmente se estivesse abandonando o mundo exterior para residir para sempre na cidade dos seus sonhos.

⁂

Em 1355 a.C., durante o sexto ano de seu reinado, o inovador faraó estabeleceu outro precedente traumático ao mandar remover a Pedra de Fogo da Grande Pirâmide, onde fora mantida dentro da caixa de granito da Câmara do Rei por quase 1.800 anos. Do Platô de Gizé, o objeto sagrado foi transferido sob escolta militar para a nova capital e instalado no alto de uma pilastra na Mansão do Ben-Ben, na "Grande Morada do Aton".

Embora vista por praticamente todos os egípcios como algo extremamente blasfemo, a transferência do cristal sagrado para o Horizonte do Aton não deixava de estar de acordo com a instalação de outras pedras como a dele em locais mencionados como Umbigos do Mundo. Assim, também a cidade de Akhetaton fora deliberadamente construída no "umbigo" geodésico do Egito, exatamente a meio caminho entre a costa mais setentrional do Delta do Nilo no Mar Mediterrâneo e a primeira catarata no sul. A Pedra de Fogo em si foi instalada num pilar no meio do santuário Hwt-bnbn, construído bem no centro da cidade. Sem nenhuma dúvida o rei, apesar de toda a sua obsessão herética, estava plenamente ciente do procedimento esotérico que era preciso seguir para o cristal funcionar de acordo com seu traçado e objetivo.

Sozinho no isolamento do santuário, Akhenaton passava a maior parte do tempo em hipnótica contemplação do cristal radiante. Ele o inspirou a escrever uma poesia rebuscada, como seu famoso "Hino ao Aton". Contudo, a exposição excessiva à potente aura de íons negativos provocou uma forma de dependência que o desligou da realidade, o que se refletiu não apenas no comportamento cada vez mais heterodoxo, mas em sua própria degeneração física, como demonstrado em sua renovação das artes gráficas. O rei se permitiu ser representado abraçando membros da família ou cultuando o sol em cerimônias domésticas – um quadro que seus admiradores, então e agora, julgam fascinante. Mas ao se esforçar para captar a realidade de sua vida diária, essas cenas fornecem uma imagem perturbadora de um faraó pouco elegante. Ele foi mostrado com uma face anormalmente comprida, queixo saliente, lábios inchados, pescoço esquelético, braços longos e muito magros, barrigão, quadris muito largos e coxas gordas – fisicamente o oposto de todos os outros faraós, antes e após sua época. Alguns pesquisadores acreditam que uma representação tão bizarra foi resultado de um novo estilo artístico e não era um verdadeiro retrato. Mas o busto realista, contemporâneo, da esposa Nefertiti [Ela Que Vem Cheia de Beleza] desafia essa teoria. Claro, ela era às vezes representada com os mesmos traços deformados, assim como as filhas, mas esses retratos estilísticos podiam resultar de uma simples emulação com a figura do rei, assim como o castelhano espanhol surgiu da moda de imitar a língua presa de um monarca.

Alguns patologistas especulam que Akhenaton sofria da Síndrome de Marfan, assim como Abraão Lincoln, a julgar pela semelhança física dos dois. Batizada com base em Antoine Marfan, o pediatra francês que primeiro a descreveu em 1896, a Síndrome de Marfan é uma desordem genética dos tecidos conjuntivos exemplificada por características como dedos, braços e pernas alongados – similares aos descritos na arte mural da décima oitava dinastia e nas estátuas de Akhetaton. Pior que isso, ela deteriora o sistema cardiovascular e pode causar vazamento das válvulas mitrais que controlam o fluxo de sangue através do coração, resultando num aneurisma da aorta. Embora não se conheçam detalhes da morte do rei, os estudiosos acreditam que ele morreu de causas naturais no meio da faixa dos quarenta, em virtude talvez da Síndrome de Marfan. Numa estatueta do Louvre, em que ele e Nefertiti estão de mãos dadas como jovens adolescentes, Akhenaton não exibe nenhum dos traços físicos extremos encontrados em representações mais tardias, o que sugere que o estado de saúde do rei foi progressivamente se deteriorando. É também possível que sua já enfraquecida constituição fosse fatalmente comprometida por uma influenza epidêmica que se sabe ter varrido o amontoado de localidades nas vizinhanças de Akhetaton, quando ele e seu corregente Semenkhare desapareceram, no mesmo momento, da história. Ou talvez a devoção fanática à radiante Pedra Ben-Ben tenha provocado sua deterioração final.

O eminente egiptólogo escocês Cyril Aldred parece que está certo quando declara que Akhenaton "queria se ver representado com todas as deformidades que distinguiam sua aparência do resto da humanidade".[14] Essa aparência era um sinal de Aton de que seu homônimo real fora divinamente escolhido para servir como único intermediário do disco do Sol. Como só havia um Deus no céu, ele só precisava de um alto sacerdote na Terra.

Sua cidade é hoje conhecida como el Amarna, em homenagem ao beni amarna, um povo tribal nômade que abandonou o deserto do leste há trezentos anos para se fixar nas margens do Nilo, sobre as ruínas, sepultadas na areia, de Akhetaton. As ruínas foram acidentalmente descobertas em 1887 por uma mulher local catando *sebakh*, tijolo de barro apodrecido frequentemente manufaturado durante os tempos dinásticos e usado desde então como fertilizante agrícola ou combustível para fogueiras. O sebakh cobria um depósito com mais de 300 tabuinhas cuneiformes registrando comunicações oficiais entre Akhenaton e aliados do Egito. Escritas em sua maioria em acadiano, a língua franca da correspondência diplomática no Oriente Médio, as Cartas de Amarna, como passaram a ser conhecidas, revelaram um caótico estado de coisas. Estavam repletas de apelos cada vez mais estridentes de governantes subordinados por ajuda imediata contra as incursões de beduínos. Sem a intervenção militar do faraó, as tribos do deserto foram encorajadas a ameaçar seriamente a existência das propriedades egípcias na Síria, que seus predecessores haviam jurado proteger.

Akhenaton respondeu a poucos desses apelos desesperados, escrevendo concisamente que não podia oferecer qualquer ajuda, e instando-os a rezar para obter uma orientação de Aton. Teria sido uma simples questão de ordenar que o exército egípcio marchasse contra as tribos do deserto, recuperando assim a confiança dos súditos sem comprometer o atonismo. Mas na época ele estava tão perdido em seus devaneios metafísicos que o mundo externo parecia insignificante.

Contrastando com o aparente pacifismo, o número de tropas em Akhetaton teria sido suficiente para sufocar qualquer sublevação na Síria. "A cidade era praticamente um acampamento armado", segundo o egiptólogo americano Alan Schulman. "Por toda parte encontramos marchas e cortejos de soldados, de infantaria e de carruagens com sua multidão de estandartes. Há soldados em armas montando guarda na frente dos palácios, dos templos e nas torres de vigia nos limites da cidade, além de cenas de tropas, desarmadas ou equipadas com bastões, realizando exercícios de combate na presença do rei."[15] Essas forças não podiam ser desviadas para proteger as propriedades egípcias na Síria, já que eram necessárias para cumprir a reforma religiosa de Akhenaton e defender a nova capital contra possíveis ataques de seus próprios súditos não convertidos.

⁂

Em todos os esforços de Akhenaton, ele foi apoiado por seu inestimável braço direito, sem o qual mesmo seu *status* divino acabaria por se mostrar insuficiente: Ay. No início, Ay se tornara um funcionário relativamente obscuro graças à irmã, esposa de Amenhotep III, a rainha Tiye. O pai dos dois, Yuya, o José bíblico, era estribeiro-mor, uma posição cobiçada que ele naturalmente transmitiu ao filho. Ay, afinal, não era apenas cunhado de Amenhotep III, mas tio materno do próprio Akhenaton. Mais importante ainda, foi o único servidor de alto escalão do governo tebano que se passou para o faraó iconoclasta, declarando abertamente suas simpatias pelo atonismo. Akhenaton imediatamente acolheu o homem mais velho como "Portador do Leque no Lado da Mão Direita do Rei", título de seu principal conselheiro e supremo comandante militar, o Supervisor de Todos os Cavalos do Rei. O súbito ganho de destaque de Ay foi também obra de sua esposa, Tey, que fora ama de leite de Nefertiti quando a querida rainha de Akhenaton era ainda um bebê. De suas boas relações Ay se gabou no texto de sua tumba: "Como favorito, estou na frente dos funcionários e dos camaradas do Rei, sendo o primeiro de todos os seus seguidores. Ele duplicou minhas recompensas em prata e ouro".[16]

Ay certamente fez jus ao amparo real. Suas tropas bem disciplinadas jamais se amotinaram, apesar do sentimento esmagadoramente politeísta das forças armadas. Sob seu comando de ferro, elas cumpriram sem discutir a reforma de Akhenaton, que jamais relutava ante a intervenção armada. Tesouros de templos foram confiscados, sacerdotes dos velhos deuses presos, dissidentes potenciais intimidados e pessoas espionadas em sua vida particular e punidas ao praticar os cultos proscritos. Ay teve razão ao se descrever como "eficiente para seu senhor".[17]

A erosão da influência estrangeira egípcia era sintomática da perturbação social e do declínio econômico do reino. Akhenaton havia decretado que só ele, como embaixador pessoal de Deus no mundo, poderia possuir legalmente ouro, símbolo terrestre do disco do Sol. Consequentemente, os tesouros dos deuses anatematizados foram retirados do interior de seus templos fechados e transportados, sob escolta, para Akhetaton. No âmbito doméstico, também sua família estava se desintegrando. Nefertiti o deixou, procurando refúgio no distante oásis de Karga, por razões que jamais ficaram claras, mas a crescente ideia fixa monoteísta do marido, a deterioração de sua condição física e uma suposta homossexualidade são os motivos com que se especula.

Seja como for, a devoção dos seus seguidores em Akhetaton parecia amplamente consolidada. Formados em grande medida por semitas integrados aos costumes egípcios, eles eram, num sentido muito real, seu povo eleito, que sendo objeto de desconfiança e frequentemente excluído no leste do Delta, encontrava aceitação e deixava de se sentir intruso no atonismo. Antecipando o judaísmo, "Akhenaton não permitia que fosse esculpida qualquer imagem do Aton. O verdadeiro Deus, dizia o rei, não tinha forma; e ele se manteve fiel a esta opinião durante toda a sua vida", segundo Arthur Weigall, um egiptólogo de começos do século XX.[18] Nesse meio tempo, o "Aton" do faraó se transformou em *Adon*, a palavra hebraica para "senhor".

A Heresia se Dissolve

Com a morte de Akhenaton em 1334 a.C., sua reforma monoteísta desabou inteiramente. Longos dezessete anos de silêncio imposto, juntamente com a indiscriminada profanação do país promoveram uma onda de irritação popular que varreu todos os vestígios da desprezada heresia. Akhetaton, a cidade ideal, foi abandonada e passaria a ser eternamente repudiada como solo maldito, com os habitantes indo sorrateiramente se esconder entre seus parentes no Delta Oriental. O nome e a memória de Akhenaton foram apagados da lista real dos reis, sua múmia feita em pedaços, assim como a de sua mãe (embora um pequeno fragmento do ataúde desta esteja em exibição no Museu do Cairo). Os arqueólogos também identificaram um punhado de pequenos pedaços da tampa do sarcófago do filho, mas todo sinal de sepultamento foi drasticamente expurgado das criptas que ele havia construído para seus nobres.

O próprio nome do filho de Akhenaton, Tutankhaton, foi mudado para Tutankhamon, "a Imagem Viva de Amon", em homenagem ao restaurado rei dos deuses. O menino de nove anos também se transformou num rei, mesmo que apenas nominalmente, pois como descendente mais imediato de Amenhotep, o Grande, apenas ele poderia ser escolhido para a coroa. Ay a cobiçava, mas sem quaisquer conexões familiares com a realeza, jamais poderia se tornar faraó. Mesmo seu comando do exército não bastou para colocá-lo no trono numa época em que cada manifestação da heresia Amarna estava sendo expurgada do Egito. Suas próprias palavras referentes a Akhenaton – "meu senhor instruiu-me para que eu pudesse praticar seus ensinamentos" – voltavam para persegui-lo, por isso ele começou a enfatizar um agora mais politicamente correto prenome, Kheperkheprure, "Eternas são as Manifestações de Rá", trocando de lealdades religiosas com o mesmo entusiasmo com que antes abraçara o atonismo, quando uma tal conversão parecera vantajosa.

Como gesto de restauração nacional, Ay fez com que a pedra roubada Ben-Ben retornasse à caixa de granito na Câmara do Rei da Grande Pirâmide. Sob seu comando, os soldados que haviam um dia implementado vigorosamente a reforma de Akhenaton agora perseguiam seus seguidores recentemente desempossados e Ay não perdia oportunidade para se distanciar do morto e desacreditado Akhenaton com declarações bombásticas de fidelidade à antiga devoção. Através de Tutankhamon, ele anunciou: "Encontrei os templos arruinados, com seus locais sagrados derrubados e os pátios tomados por ervas daninhas. Reconstruí os santuários, fiz novas dotações para os templos e presenteei-os com todas as coisas preciosas. Levantei estátuas dos deuses em ouro e electrum [uma liga de ouro e cobre], decoradas com lápis-lazúli e todas as pedras finas".[19] Embora o rei nominal fosse ainda uma criança, servia como obediente porta-voz.

Pouco depois de entrar na maioridade, Tutankhamon morreu num conveniente acidente que deixou sua viúva adolescente livre para se casar com Ay. Através do casamento com Ankhesenamon, membro da casa real, o aspirante à coroa de 70 anos de idade pôde se tornar faraó. Ele começou seu reinado com um ato intrigante. Em 1325 a.C., construiu de forma sub-reptícia

A estátua colossal de Tutankhamon, com quase oito metros de altura, no Instituto Oriental da Universidade de Chicago.

a maior e mais decorada tumba da área abandonada de Amarna, gravando em suas paredes a maior das duas versões sobreviventes do Hino ao Aton, de Akhenaton. Enquanto trabalhadores braçais e artesãos suavam na construção secreta, Ay levava abertamente à frente a reconstrução da sociedade politeísta. Para desviar as atenções, mandou dar início às obras de outro templo mortuário, ainda mais magnificente, no tradicional cemitério real do Vale dos Reis, em Tebas, perto de Medinet Habu. Parece que, como político ambicioso, pôs-se a serviço das paixões públicas, mas continuou sendo secretamente atonista.

O mesmo parece ter se aplicado a Nakhtmin, seu *iry'pat* ou "executivo" desde o dia em que ele se tornou rei. Nakhtmin, o mais próximo confidente e capanga de Ay, fora um general de alto escalão sob o falecido Tutankhamon, em cuja tumba havia colocado uma *ushabti* – estatueta funerária – com a curiosa inscrição: "O servo que faz viver o nome de seu senhor". Mas que nome: Tutankh*amon* ou Tutankh*aton*? Era a inscrição uma ameaça de ressurreição do monoteísmo? Seja como for, Ay claramente pretendia que Nakhtmin fosse seu sucessor e o via como o líder faraônico de uma renascença atonista após um prolongado período em que a coisa ficara em banho-maria. Os egípcios eram célebres por suas ocasionais explosões de xenofobia, inexoravelmente seguidas por épocas mais prolongadas de amnésia cultural, quando os párias de ontem se transformavam nas celebridades de hoje. O tempo do disco do Sol um dia ia voltar.

Após um reinado de apenas quatro anos e um mês, Ay faleceu quando estava em meados ou no final da faixa dos setenta. Embora estivesse preparando Nakhtmin para assumir seu lugar, os dois homens ignoraram ou subestimaram a tsunâmi de sentimento antiatonista que crescia no exército. A maioria dos militares gostara de ver a heresia se dissipar no arroubo de popularidade que desfrutaram os velhos deuses em seguida à queda de Akhenaton. Mas mesmo na morte, ele parecia exercer um efeito revigorante sobre alguns seguidores intransigentes, que obviamente planejavam pôr em prática uma reabilitação quando a oportunidade surgisse. Enquanto Ay viveu, seu pulso de ferro sobre as forças armadas não pôde ser quebrado. Mas seu falecimento proporcionou uma chance de expurgar os últimos atonistas e arruinar seus esquemas para um retorno aos dias de Amarna.

Um veterano do breve regime de Tutankhamon, Horemheb, e seus camaradas generais assumiram o controle do exército antes que o corpo de Ay esfriasse. O golpe aconteceu de forma tão brusca e profunda que Nakhtmin pôde se dar por feliz em conseguir escapar com a mulher e os filhos. Fugiram de Tebas, navegando para o norte através do Nilo, rumo ao Delta Oriental e Avaris. Lá, o casal desempossado pôde ficar anonimamente ao abrigo tanto de Horemheb quanto da história. Avaris era a mesma cidade que os hicsos tinham usado como capital, um lugar nomeado como Goshen no Antigo Testamento, onde os israelitas deviam ter se estabelecido. Segundo a Bíblia, eles foram empregados como escravos para construir Pi-Ramsés, antigamente conhecida como Avaris, o que os identificava com seguidores de Akhenaton.

❧

Os antigos aderentes da agora abandonada religião de Akhenaton não foram molestados, mas foram evitados tanto por terem sido o "Povo Eleito" do rei nada ortodoxo quanto por uma estranha enfermidade que levaram com eles ao sair de sua amaldiçoada cidade. A epidemia sem precedentes foi encarada como punição divina pela participação na odiosa heresia. Mesmo 1.000 anos mais tarde, Manetho, o cronista nativo de Ptolomeu I, o mais antigo governante grego do Egito, equivocadamente se referiu aos judeus como leprosos, porque, mesmo nos tempos clássicos, a influenza ainda era um mistério.

ع∾

De volta ao Alto Egito, Horemheb e seus compatriotas se engajaram na furiosa extirpação de tudo e todos manchados pela associação com o atonismo. Hoje só sobrevivem dois grandes fragmentos da um dia magnífica estátua retratando os pretensos sucessores de Ay. Eles incluem a cabeça, ombros e a parte superior do torso de Nakhtmin, assim como a cabeça de sua esposa – os olhos, o nariz e a boca tanto do homem quanto da mulher foram deliberadamente destruídos. Todos os monumentos que Ay mandara erguer foram mutilados, incluindo um par de colossais estátuas em quartzito de Tutankhamon. As tumbas de Ay perto de Medinet Habu e em Akhetaton foram profanadas, seu nome amputado de todas as pinturas e textos e o sarcófago estraçalhado. Em 1972, a tampa foi descoberta enterrada sob trinta e cinco séculos de escombros pelo dr. Otto J. Schaden. O egiptólogo americano só conseguiu reconhecê-la graças a um ornamento circular de folhas, relativamente intacto, com o nome do monarca, pois a gravura retratando Ay fora inteiramente destruída a picareta. Todas as ushabtis representando o faraó morto foram destruídas. Como Bob Brier escreve em *The Murder of Tutankhamun*, "na tumba de Ay, a destruição foi tão completa que nenhuma [imagem] dele foi jamais encontrada".[20]

Embora o expurgo radical de Horemheb se estendesse em todas as direções a partir de Tebas, abrangendo o país inteiro, a veneração pelo proscrito culto do disco do Sol, extirpado de qualquer outro canto do Egito, prolongou-se por todos os rincões esotéricos de Avaris, tremulando como uma chama fraca. Os habirus, no entanto, que há muito sofriam, conseguiram conservar a riqueza que tinham acumulado e, frequentemente, chegar a postos de alto nível no governo regional. Pela virada do século XIII a.C., um número ainda maior deles foi promovido a cargos de destaque na administração civil dos primeiros reis ramessidas. O mais poderoso e famoso governante dessa linhagem, Ramsés II, chegou a adotar um nome semita para uma de suas filhas favoritas, chamando-a de Bint Anath.

O Egito Invadido

A prosperidade que Ramsés II transmitiu a seu sucessor foi seriamente ameaçada no início da primavera de 1227 a.C., quando uma armada dos meshwesh ou "Povos do Mar" atingiu o Delta do Nilo. Pertencentes a uma confederação de vários reinos do Mediterrâneo Oriental deslocados pela Guerra de Troia, eles constituíram a mais séria tentativa de se apoderar do Egito em mais de 400 anos. Segundo os registros do templo, Merenptah ficou sabendo de sua chegada na noite anterior ao ataque. Aos 60 anos de idade, o novo faraó parecia estar numa condição física visivelmente desfavorável. Mas a divindade de onde tirara seu nome, o deus Ptah, apareceu-lhe num sonho profético, oferecendo uma espada e ordenando: "Defenda minha civilização!"

Ao contrário da incursão dos hicsos, que fora antes uma migração em massa, os Povos do Mar puseram em ação uma completa operação militar com o objetivo de esmagar qualquer resistência e dominar todo o Vale do Nilo num avanço relâmpago. Seus milhares de embarcações não apenas eram mais numerosas que as da marinha egípcia, mas superavam em tamanho seus maiores vasos de guerra. Pondo habilmente fora de ação essas defesas costeiras, dezenas de milhares dos fuzileiros meshwesh tomaram a costa de assalto com espadas de bronze, capacetes e armaduras com cota de malha, coisas superiores ao equipamento egípcio. Abrindo vigorosamente caminho através do Delta, tomaram as estratégicas cidades de Damietta, Busiris e Saís em rápida sucessão, enquanto o corpo principal de cruzadores lhes dava apoio seguindo o Nilo paralelamente ao avanço. O objetivo primeiro da marcha para o interior era o principal centro administrativo. Depois que ele fosse tomado, os egípcios iriam encontrar dificuldades para coordenar a resistência.

Articuladas com o assalto vindo do mar, forças líbias comandadas pelo rei Meryey avançaram do oeste para o Delta. Quando seus 30.000 soldados empurraram os efetivos de defesa para trás das fronteiras, o rei deslocou os membros de sua própria família real e mesmo artigos pessoais de luxo, certo de que logo estaria instalando o trono em Mênfis. Mas Merenptah era mais ágil do que sua idade avançada sugeria. Tomando a frente da situação como general enérgico e estrategista astuto, ordenou que seus soldados, em retirada ante o furioso ataque dos meshwesh a Prosópis, não entregassem a cidade portuária, mas lutassem até a morte, se preciso fosse, para manter o inimigo acuado enquanto os egípcios mobilizavam todas as suas forças. Inconscientes desse reforço das defesas da cidade, os fuzileiros dos Povos do Mar avançaram sobre Prosópis num ataque impetuoso, mas tiveram de enfrentar espessas torrentes de flechas. No meio da confusão, o corpo principal da infantaria egípcia caiu sobre eles vindo pela retaguarda.

Antes que o laço ao seu redor pudesse ficar apertado demais para permitir uma evasão, os invasores lançaram-se a uma fuga desesperada para o norte. Na *Odisseia*, o herói de Homero disse da Prosópis dessa época:

> *O lugar inteiro estava cheio de infantaria, de carruagens e do brilho das armas. Zeus, o Trovejante, levou um pânico abjeto para o meu grupo. Nenhum homem teve ânimo para resistir ao inimigo, pois estávamos ameaçados por todos os lados. Terminaram abatendo uma grande parte de minha força e levando os sobreviventes para trabalhar para eles como escravos.*[21]

Durante toda a retirada, eles foram fustigados pela retaguarda pelo exército do faraó, que os perseguiu até a desembocadura do Nilo.

Nesse meio tempo, Merenptah havia ordenado uma defesa resoluta de Perita, a última posição estratégica importante contra os invasores líbios. No início da manhã de 15 de abril, com o sol nascendo diante de seus olhos, os soldados da infantaria líbia foram massacrados por maciças saraivadas de flechas enquanto tentavam avançar sobre a fortaleza. Apesar das pesadas perdas, eram trazidos reforços para enfrentar a contínua fuzilaria, obrigando os egípcios, durante seis horas, a um combate corpo a corpo sob os muros de Perita. Correndo em sua ajuda veio um esquadrão de carros de guerra e uma brigada de lanceiros. Ao ver esses reforços, o ataque líbio vacilou e acabou desmoronando. Meryey juntou-se à debandada, deixando para trás 10.000 guerreiros caídos no campo de batalha, entre os quais seus seis filhos. De 9.111 prisioneiros de guerra, os homens do faraó deceparam as mãos de 2.362 oficiais e capturaram 120.000 peças de equipamento militar – números que refletiam o vasto alcance da invasão. Meryey retornou sozinho ao seu palácio, a família levada pelos egípcios.

Quem Roubou a Pedra da Pirâmide

Enquanto as forças de Merenptah se atracavam numa luta de vida ou morte com uma coalizão de inimigos estrangeiros, seu próprio chanceler, o homem mais poderoso do Egito depois dele próprio, organizava com seus seguidores uma sublevação no Delta do Nilo. Josefo relata que tentaram "promover uma rebelião e trazer inovações para o Egito".[22] Essas "inovações" incluíam um retorno forçado do atonismo liderado por "uma pessoa chamada Irsa", segundo uma história oficial da vigésima dinastia. O Papiro Harris documenta as ações de uma das figuras mais influentes nos assuntos do final da décima nona dinastia, um Grande Vizir de origem "síria" (em outras palavras, "estrangeira"), conhecido como Irsa, Irsu ou Iarsu (relacionados ao hebraico Ira) Beja, chamado às vezes de Beya, que mudou seu nome para Ramose Khamenteru quando começou a trabalhar como escriba na administração de Ramsés II.

Anteriormente, ele fora sacerdote em Heliópolis, a Cidade do Sol do Egito, onde o culto de Aton surgira dezoito séculos antes da restauração promovida por Akhenaton e o único lugar onde a heresia Amarna estava ainda sendo discutida. Tendo obtido permissão para usar as instalações de culto do templo, Ramose deve ter deixado uma importante impressão no clero de lá, pois uma pequena estátua dele – sua única representação conhecida – foi recuperada por arqueólogos das ruínas do templo no início do século XX. Descrito como um homem que vencera por esforço próprio, alguém que atingira o topo da burocracia do Egito apesar das raízes humildes, o apogeu de sua influência começou a se avizinhar depois que ele se tornou vizir e secretário do filho predileto de Merenptah, Baenre Merynetjeru. Para se ter uma ideia da importância que Ramose assumiu, ele estava entre os pouquíssimos plebeus, e era certamente o único não egípcio, a quem fora concedido o privilégio de construir sua própria tumba no Vale dos Reis, um santuário praticamente reservado a membros da família real. Seguindo uma ilimitada ambição, ele seduziu Meryamon Tausret, viúva de seu antigo soberano, Ramsés II, e ela lhe deu total controle sobre o tesouro nacional.

Mas Ramose só chegou realmente onde queria com a vinda dos Povos do Mar. A ocupação inicialmente bem-sucedida do Delta do Nilo depôs de uma hora para outra governos egípcios regionais, criando uma lacuna de autoridade que o homem que vencera por esforço próprio se apressou a preencher. Após garantir aos invasores não interferência e até mesmo apoio, instalou-se como principal regente no meio da onda de ódio popular que ajudou a instigar contra o faraó, de quem ainda era nominalmente chanceler. Para conquistar a aprovação das massas, criticou publicamente Merenptah, acusando-o de desconsiderar as petições dos nômades do Edom, camaradas semitas que imploravam em vão por água na "terra de Goshen" (a área ao redor de Avaris) durante o momento mais crítico de uma terrível fome que então devastava o Oriente Médio, como registrado no Papiro Anastasi.

Na verdade, o rei andara muito ocupado tentando repelir a conquista estrangeira de seu país e não pudera se preocupar naquele momento com petições de criadores de gado. Tendo inflamado a turba com indignação revolucionária, Ramose usou-a para implementar sua tirania de um homem só impondo uma taxação maciça sobre os residentes egípcios do Delta e "fazendo para eles a lei de que não deviam cultuar os deuses egípcios nem se abster de qualquer um daqueles animais sagrados que eles têm na mais alta estima, mas matar, aniquilar todos eles", segundo o historiador Manetho, do século III.[23]

Seu relato foi precedido pelo do autor do Papiro Harris, que escreveu que os neoatonitas "tratavam os deuses como meros mortais. Nenhuma oferenda era feita no interior dos templos".[24] O escriba da vigésima dinastia descreveu o papel anárquico de Ramose-Iarsu Beja no contexto da incursão dos Povos do Mar como...

...a usurpação sírio-palestina do Egito. A terra do Egito foi vencida pelos de fora e cada homem perdeu seus direitos. A terra do Egito estava nas mãos dos chefes e dos governadores das cidades. Cada um matava seu vizinho, grande e pequeno. Iarsu, um certo sírio, estava com eles como chefe. Colocou a terra inteira como sua tributária. Uniu seus camaradas e saqueou as posses do país.[25]

Como nos dias de Akhenaton, os templos foram pilhados, os sacerdotes agredidos e mesmo assassinados. Com frequência foram obrigados a abater e cozinhar os muitos animais de culto (incluindo touros, cachorros, gatos e falcões), bem tratados e venerados nos santuários, como alimento para os seguidores de Ramose.

Agora, com o controle completo do Platô de Gizé, escorraçavam-se os *rosthau* ou "sentinelas" – guardas encarregados de proteger os recintos das pirâmides – e saqueavam-se as tumbas locais da nobreza menor. Ramose participou da pilhagem, mas a sua ação era de um tipo mais ambicioso. Como sacerdote de alto escalão do clero heliopolitano, sabia tudo sobre o Ben-Ben reinstalado na Grande Pirâmide após a queda de Akhenaton, 128 anos atrás. Enquanto as multidões turbulentas se agitavam do lado de fora, ele conduziu seus servos por uma entrada secreta. David Hatcher Childress, presidente do World Explorers Club, escreve:

"Abrindo a porta principal pelo lado de dentro, Moisés [também conhecido como Ramose] e seus companheiros removeram o santo dos santos da Câmara do Rei da Pirâmide", tirando a caixa dourada contendo seu capacitor de cristal da arca de granito, *"e levaram-no com eles durante o Êxodo do Egito para a Terra Prometida (...) De fato é inteiramente possível que tenha sido por esta razão que o exército egípcio decidiu perseguir os israelitas em fuga, mesmo após lhes terem dado permissão para partir."*[26]

Afastando-se da Câmara do Rei com o tesouro nacional do Egito, Ramose sabia que tinha acabado de pôr as mãos em sua "Pedra do Destino".

Quem Era Moisés?

Nada nessa informação é novidade. Lembrado como "um homem de conhecimento enciclopédico", Gnaeus Pompeius Trogus foi um historiador romano que relatou no século I a.C. que Moisés "levou secretamente os objetos sagrados dos egípcios", que perseguiram o ladrão e seu bando até o deserto.[27] Nascido no oásis Siwa do Egito e contemporâneo de Gnaeus, o renomado gramático grego Apion, autor de "Ândrocles e o Leão", escreveu que Moisés era na realidade "um sacerdote renegado, asiático," de Heliópolis, que pregava o defunto culto do sol de Akhenaton aos judeus. Mas se Ramose/Moisés dependia de uma vitória duradoura dos invasores para garantir seu poder no Delta do Nilo, ele calculou mal. Revigorado com sua esmagadora vitória em Perita, o indomável faraó Merenptah dirigiu seu exército para o norte, lançando os Povos do Mar, como uma turba em tumulto, para as praias na foz do Nilo. Para não serem massacrados pelas flechas da multidão de arqueiros, eles recuaram para seus navios e escaparam pelo Mar Mediterrâneo. Chocados com essa inesperada reviravolta dos acontecimentos, Beya-Iarsu-Ramose e sua esposa, Meryamon Tausret, fugiram do Egito para salvar suas vidas, seguidos por praticamente toda a população não egípcia do Delta Ocidental. Avaris foi quase toda evacuada, seus residentes em pânico, certos de que um enraivecido Merenptah se vingaria neles das atrocidades que tinham ocorrido durante sua ausência.

Sem a menor dúvida, depois de verificar a profanação de templos e ver como os sacerdotes foram maltratados, ele não estaria inclinado à compaixão. Um pouco de sua ira sobrevive numa declaração que mandou copiar nas paredes de seu templo mortuário tebano e em Carnac. A estela de três metros de altura é a primeira referência conhecida a Israel, não como nação, mas como um povo entre seus vários inimigos, incluindo os líbios e os invasores meshwesh. A chamada Estela da Vitória de Merenptah declara concisamente: "Israel está devastada, sem nenhuma semente. Tudo que vagava sobre ela [uma referência evidente aos israelitas, frequentemente caracterizados como "andarilhos"] foi subjugado".[28] A isso se segue uma breve referência de como o faraó obrigou os judeus a fugirem para a Palestina, embora as poucas palavras adicionais sobre eles se destinassem antes a enfatizar sua supostamente inalterável influência no Levante, naquelas costas orientais do Egeu onde muito mais tarde surgiria Israel, do que a pôr em destaque uma real campanha militar. Tomada literalmente, a estela declara que Merenptah enfrentou e esmagou uma revolta. O que foi de fato o que aconteceu, como é confirmado pelo Papiro Harris, o Papiro Anastasi, Manetho e outros materiais de fontes egípcias.

Os acontecimentos históricos que eles documentam – migração em massa dos hebreus monoteístas do Egito, expulsos para o deserto por um faraó vingativo – são reminiscências inequívocas da história do Êxodo. De fato, como observa o professor Abraham Malamat, da Universidade Hebraica, "existem agora alguns estudiosos que corajosamente sustentam que Beya/Irsu é de fato o Moisés bíblico".[29] Entre eles está uma destacada autoridade no Antigo Testamento, Johannes C. De Moor, que conclui que o Êxodo teve lugar no final da décima nona dinastia, um período que coincide com a cronologia bíblica. Sua pesquisa demonstra que Beja e seus seguidores fugiram para uma área da Síria conhecida como Bashan, às margens do Rio Yarmuk, de onde se sabia que tinham se originado os protoisraelitas.[30]

Uma importante adição a esses paralelos entre o Êxodo do Antigo Testamento e as sublevações do final da décima nona dinastia é a estreita semelhança do nome egípcio de Beja, Ramose, com o Moisés bíblico. A amante egípcia de Ramose, que o acompanhou a Bashan, era Meryamon, palavra bem parecida com o nome da irmã de Moisés, Míriam. Tanto a egípcia Meryamon quanto a Míriam hebreia foram sacerdotisas. Como uma confirmação das comparações de De Moor, foram identificados testemunhos contemporâneos da passagem de Meryamon pela provável rota do Êxodo para o Yarmuk. Numa versão do Êxodo truncada pela passagem de dez séculos, Manetho relatou que um certo sacerdote egípcio de Heliópolis, chamado Osarseph, levou leprosos asiáticos do Egito para a Síria, onde eles se tornaram judeus. Enquanto "Osarseph" é uma confusão evidente com o patriarca hebreu José (o vizir egípcio Yuya), o retrato feito por Manetho dos migrantes como "leprosos" refere-se à epidemia de influenza que atingiu Akhetaton em seus últimos dias.

O Êxodo bíblico foi certamente um acontecimento real, igualmente documentado, embora não com tantos detalhes, por Tácito[31] e Justino.[32] Estas fontes romanas concordam fundamentalmente com o chamado Segundo Livro de Moisés, exceto ao acrescentar que o faraó egípcio, longe de se recusar a libertar os judeus, expulsou-os. O próprio *Êxodo*, nos capítulos VI e XII, respectivamente versículos 1 e 39, cita Jeová dizendo "com mão poderosa ele [o faraó] os deixará ir e por um braço poderoso os mandará embora de sua terra (...) Os egípcios os expulsaram".

Tácito e Justino relataram que o exército do faraó perseguiu os hebreus depois de eles já estarem um pouco distantes da fronteira oriental – não para trazê-los de volta, mas para recuperar inúmeros objetos de valor apropriados pelos Filhos de Israel. De novo o *Êxodo* faz Deus prometer a Seu Povo Eleito:[33] "E haverá de suceder que, quando fordes, não ireis de mãos vazias. Mas cada mulher tomará emprestado de seu vizinho e dos que se hospedam em sua casa joias de prata, joias de ouro e roupas. E as colocareis em vossos filhos e filhas e despojareis os egípcios".

Uma estela da Ilha Elefantine, atribuída a Stenakhte, da décima nona dinastia, registra de fato a expulsão dos "rebeldes asiáticos" e sua retirada precipitada do Delta do Nilo. Em sua ânsia de escapar da cólera do faraó, o povo de Avaris deixou para trás vastas quantidades do ouro, prata e cobre que tinham roubado dos egípcios e com os quais haviam planejado contratar reforços entre os outros estrangeiros na Síria.

O autor do Antigo Testamento caracteriza esses tesouros apropriados como tomados de "empréstimo" pelos israelitas, porque "viam boa vontade nos olhos dos egípcios". Mas a linguagem do *Êxodo* ("Despojareis os egípcios (...) E assim eles espoliaram os egípcios")[34] faz parecer duvidoso que os egípcios se desfizessem voluntariamente de suas riquezas por querer ajudar os anatematizados hebreus. Além disso, nos perguntamos que utilidade teriam as joias no deserto. Essas ninharias, no entanto, não foram o único nem o mais importante tesouro que os israelitas levaram ao não sair do Egito "de mãos vazias".

O SEGREDO ROUBADO DA PIRÂMIDE

Ai, até o segredo que havia na Pirâmide foi subtraído!
— *Papiro Ipuwer*, 1178 a.C.

Visitantes atentos da Câmara do Rei, na Grande Pirâmide, sempre comentaram sobre a aparência chamuscada das paredes, do teto e do próprio "sarcófago". Os guias convencionais afirmam que as marcas de queimado foram feitas pelas tochas nas mãos de arqueólogos do século XIX. Mas essa conjectura é inadequada para explicar a dimensão do chamuscado, que se estende por outras partes internas, incluindo os chamados poços de ventilação, pequenos demais para acomodar um homem com uma tocha acesa. Os traços generalizados de intensa queima só podem ter sido causados por surtos excepcionalmente potentes de sismicidade, que sobrecarregaram a capacidade da Grande Pirâmide como transdutor. Durante esses períodos de atividade insolitamente poderosa, suas cavidades internas foram atingidas por faíscas monstruosas de descarga elétrica, que queimaram as paredes e os tetos.

Os indícios físicos deixados por esses eventos são ainda visíveis no teto chamuscado da Câmara do Rei e nas fendas em suas traves de granito. Embora os egiptólogos ligados à corrente principal da ciência especulem que essas devem ter sido causadas por um terremoto, nenhum traço de dano sísmico aparece em qualquer uma das câmaras ou passagens mais baixas, que teriam sido mais diretamente afetadas por um incidente geológico tão poderoso. Além disso, há muito tempo visitantes comentam o peculiar abaulamento das paredes da Câmara e sua separação do piso, como se tivessem sido repentinamente empurradas para trás por alguma extraordinária força explosiva. Christopher Dunn assinala que o granito rosado do suposto sarcófago parece ter sido quimicamente alterado para uma atípica tonalidade marrom-chocolate após ser submetido a calor intenso.[1]

Efeitos explosivos de altas temperaturas só podem ter sido causados por uma sobrecarga excepcionalmente potente, ultrapassando até mesmo as capacidades da Grande Pirâmide como transdutor. Surtos de energia deram marcha à ré na Câmara do Rei; suas paredes, apesar da prodigiosa tonelagem, não puderam contê-los de forma adequada. Semelhante a um computador onde foi derramado um copo d'água, o mecanismo interno do instrumento inteiro entrou em curto e suas partes constituintes se derreteram ou se despedaçaram, convertendo a Grande Pirâmide numa ruína de sua grandeza original. Mas o que poderia ter causado uma destruição tão considerável?

Os transdutores podem se autodestruir se ficarem sujeitos a mais energia do que podem acomodar. Uma repentina erupção de energia elétrica pode empurrar componentes para além dos limites materiais e fritá-los (contra esta eventualidade, os computadores modernos são plugados a dispositivos que os protegem de sobrecargas). Mas um terremoto suficientemente forte para sobrecarregar dessa maneira a instrumentação interior da Grande Pirâmide teria arrasado todas as outras estruturas feitas pelo homem em toda a extensão do Vale do Nilo e deixado cicatrizes geológicas visíveis até os dias de hoje. Um impacto de meteoro nas proximidades, igualmente suficiente para pôr em curto-circuito a usina de energia de Gizé, também teria acabado com a civilização egípcia, com consequências ainda mais óbvias e duradouras para o ambiente natural.

Contudo, o desarranjo interno de um transdutor pode também ocorrer durante o transcurso de operações normais – quando sua parte mais essencial se perde. Remova o cristal piezelétrico e os outros componentes condutores do dispositivo ficarão sobrecarregados além da capacidade para a qual foram destinados, pressionando toda a configuração com níveis de temperatura além da tolerância do sistema. As únicas opções para aliviar uma quantidade tão excessiva de energia são derretimento e explosão. Com toda a probabilidade foi isso que aconteceu dentro da Grande Pirâmide. Se ela foi de fato projetada como um dispositivo capaz de converter o tremendo poder da Terra em energia elétrica difusa, então a remoção de seu componente cristal teria efetivamente sabotado o instrumento em estado sólido no caso de uma convulsão sísmica importante. Nenhum terremoto ocorreu desde o roubo do Ben-Ben, em meados do século XIV a.C. e pelos cem anos seguintes, mas em torno da virada do século XII a.C., irrompeu uma catástrofe natural com efeitos muito mais desastrosos que a erupção de Thera, que havia devastado, trezentos anos antes, o leste do Mediterrâneo.

Um Impacto Global

Embora pesquisadores suspeitassem de seu impacto desde pelo menos o final do século XIX, esse cataclismo verdadeiramente global só foi reconhecido de forma generalizada pelos estudiosos em 1997. Durante três dias, em meados de julho daquele ano, a Sociedade de Estudos Interdisciplinares do Fitzwilliam College, em Cambridge, na Inglaterra, sediou um simpósio de profissionais de renome mundial em dendrocronologia (datação pelos anéis das árvores), astrofísica, astronomia, arqueoastronomia, arqueologia, geologia, paleobotânica, climatologia e campos acadêmicos afins. Eles vieram de uma dúzia de países para discutir "Catástrofes Naturais durante as civilizações da Idade do Bronze, perspectivas arqueológicas, geológicas, astronômicas e culturais". O evento específico que estamos considerando teria sido responsável por uma idade das trevas de quinhentos anos separando a civilização pré-clássica da civilização clássica, de cerca de 1200 a.C. a 700 a.C. Essa ocorrência crucial foi sugerida pelos anéis de crescimento anual nas turfeiras e florestas de carvalho da Irlanda, pelas mudanças abruptas no nível dos lagos da Europa ocidental à América do Sul e pelas esférulas pequenas, vítreas, resultantes de colisões de cometas que sujeitaram as rochas a intenso calor.

Os delegados do simpósio ficaram particularmente alarmados com as amostras de núcleos de gelo tiradas da Groenlândia e da Antártica, que mostravam uma camada crescente de cinzas começando por volta do século XIII a.C. e atingindo o pico num período de quarenta anos, com a erupção do vulcão Hekla, da Islândia. Essas considerações e o respaldo de farta evidência ajudaram os cientistas a identificar um cometa, conhecido desde o final do século XVIII como Encke, em homenagem a seu descobridor suíço, Johann Franz Encke, como o culpado. Embora extremamente desgastado, depois dos milênios que passou orbitando ao redor do sol terem espalhado a maior parte de seu material, ele era uma aparição ainda muito densa há 3.200 anos, quando fez uma passagem bem rente à Terra. Quando isso aconteceu, o cometa Encke fez chover uma barragem de fragmentos meteóricos que se espalharam por uma área de devastação com 1.600 quilômetros de largura ao redor de todo o hemisfério norte. A dinastia Shang, da China, desmoronou sob tempestades de corrosivas quedas de cinzas, quando o nitrogênio e oxigênio da atmosfera se combinaram com o ácido nítrico liberado pelos impactos implacáveis de fragmentos celestes a milhares de quilômetros de distância. Na época, cronistas chineses apontaram como a causa "uma grande estrela cujas chamas devoraram o Sol".[2]

Do outro lado do mundo, o cometa Encke cuspiu um asteroide que se moveu para o Mar do Caribe a 100 vezes a velocidade de uma bala de 9 mm. Ele mergulhou no fundo do oceano com uma força explosiva igual a 1.000.000 de megatons de TNT, escavando uma cratera de 275 metros de profundidade no leito submarino. A resultante parede de água de 300 metros avançou terra a dentro, chegando até o Alabama e desencadeando erupções vulcânicas das Antilhas a El Salvador. No leste do Pacífico, entre as ilhas havaianas de Lanai, Maui, Molokai e Oahu, depósitos fragmentários de coral foram colocados sobre a costa, em montes de quase 300 metros, por uma muralha inconcebivelmente monstruosa de águas agitadas, muitas vezes maior que a tsunâmi que devastou a Indonésia em dezembro de 2004.

Cerca de treze séculos após o evento, o historiador grego Diodorus Siculus contou como as costas ao longo da Mauritânia (o moderno Marrocos) foram deformadas por uma série sem precedente de prolongados terremotos durante os anos que se seguiram à queda de Troia, por volta de 1230 a.C. Dois mil anos mais tarde, seu relato foi confirmado por geólogos, que descobriram que a orla da costa marroquina, conhecida como Depressão Draa, desabou abruptamente "como resultado de grandes movimentos de quebra" perto do final do século XIII a.C.[3]

Embora a mais de 2.370 metros sobre o nível do mar, as Turfeiras de Sphagam, no leste dos Alpes, foram inteiramente reduzidas a cinzas. A Floresta Negra da Baviera entrou em chamas, as Ilhas Britânicas ficaram praticamente despovoadas e a capital hitita da Ásia Menor, Hatusas, foi incinerada. Enquanto sua principal cidade queimava, os hititas estavam lutando pelo controle do norte do Iraque com o imperador da Assíria, Xalmaneser I, cuja descrição de um enorme cometa iluminando os céus ainda sobrevive numa bem preservada tabuinha de argila. O autor anônimo da inscrição *Ras Shamra*, de Ugarit, relatou que "a estrela Anat caiu dos céus. Matou as pessoas da terra síria e confundiu os dois crepúsculos e os lugares das constelações".[4] Logo depois, a própria Ugarit foi reduzida a cinzas. Na vizinha Babilônia, os escribas do palácio de Nabucodonosor I documentaram a terrível aparição de um perigoso cometa.

No sul do Levante*, a grande cidade de Lachish desmoronou em chamas, juntamente com toda a extensão de território conhecida, em tempos romanos mais tardios, como Via Maris, na Palestina, estendendo-se da Síria à fronteira do Egito. Das 320 cidades e vilas gregas de pé em 1200 a.C., talvez 40 ainda continuassem habitadas dez anos mais tarde. Não menos de 200 centros gregos de civilização foram subitamente evacuados quando o fabuloso Palácio de Nestor, em Pilos, foi consumido pelo fogo.

O antropólogo britânico Richard Desborough afirmou que essas mudanças dramáticas ocorridas no mundo civilizado estiveram...

...um tanto próximas do fantástico. Os artesãos e artistas parecem ter desaparecido quase sem deixar vestígio: há poucas novas construções de pedra de qualquer tipo, muito menos prédios imponentes; as técnicas dos trabalhos em metal tornam-se primitivas e a cerâmica, exceto nos primeiros estágios, perde seu propósito e inspiração; a arte de escrever é esquecida. Mas o traço que mais se destaca é que, no final do século XII a.C., a população parece ter diminuído para cerca de 1/10 do que fora pouco mais de um século atrás. Isto não é um declínio normal e as circunstâncias e acontecimentos obviamente tiveram um peso considerável sobre a natureza dos subsequentes Tempos de Treva e devem ser, pelo menos em parte, uma causa de sua existência.[5]

O renomado egiptólogo austríaco Franz Schachermeyer descreveu o encontro da Terra no final do século XIII a.C. com o cometa Encke como "uma das piores catástrofes na história do mundo".[6]

O Egito também não foi poupado. O contemporâneo Papiro Ipuwer relatava que "portões, colunas e muros são consumidos pelo fogo. O céu está em tumulto".[7] Os textos dos muros de Medinet Habu, um grande complexo de templos no oeste de Tebas, contaram como "a Casa dos Trinta [um enorme e luxuoso palácio para os principais nobres] está destruída. A Terra treme. Toda a água está imprestável". A inscrição do Medinet Habu continua: "O Nilo ficou ressecado e a terra caiu vítima da seca. O Egito ficou sem pastores".[8] Os textos descrevem condições ainda piores na Líbia, que até então era considerada um país próspero e relativamente fértil:

A Líbia se transformou num deserto. Uma terrível tocha lançou chamas do céu para destruir suas almas e devastar sua terra. Os ossos se incendeiam e torram dentro dos membros. A estrela cadente atingiu-os de forma terrível, uma tocha poderosa lançando chamas dos céus para perseguir suas almas, para arruinar suas raízes.[9]

Inscrições datando do reinado de Séti II – que está entre os últimos faraós da décima nona dinastia – descreveram Sekhmet como "uma estrela que se movia em círculos e espalhava seu fogo em chamas, labaredas em sua tempestade", vomitando um calor que "queimou as florestas e prados dos Nove Arcos [em outras palavras, o mundo inteiro]".[10] Um texto egípcio mais tardio reforçava a extensão da devastação afirmando que "o fogo foi até o fim do céu e até o fim da Terra".[11] Encontrado perto das ruínas de Medinet Habu, o Papiro Harris relatou circunstâncias incomuns durante a coroação de Ramsés III, em 1198

---

* Países do leste do Mediterrâneo. (N. do T.)

a.C.: "Os homens rodam de um lado para o outro como corvos, porque não há ninguém cujas roupas estejam brancas nos dias de hoje. Todos estão dominados pelo terror". O sol empalideceu, os céus perderam a luz e o ar ficou incomumente frio devido a "uma grande escuridão" que tomou conta do país inteiro.[12]

Embora Moisés (também conhecido como Ramose, Iarsu Beja ou Beya) tenha deixado o Delta do Nilo cerca de trinta anos antes desse evento, sua natureza global indicava que ele e seus seguidores foram também testemunhas oculares da catástrofe. No capítulo 9,23-25, o *Êxodo*, do Antigo Testamento, descreve uma barragem de meteoros caindo:

> *O Senhor enviou trovão e granizo e o relâmpago corria pelo espaço. E o Senhor fez chover granizo sobre a terra do Egito. Assim houve granizo e labaredas de fogo misturadas com o granizo, tudo muito doloroso, como nunca fora visto em toda a terra do Egito desde que ela se tornou uma nação. E o granizo atingiu de uma ponta à outra a terra do Egito e tudo que havia no campo, tanto homem quanto gado. E o granizo destruiu todas as ervas do campo e quebrou cada árvore.*

As condições descritas no *Êxodo* foram reforçadas por um texto sobrevivente no santuário El-Arish. Embora gravado durante os tempos ptolomaicos, cerca de mil anos mais tarde, é parte de uma história egípcia que se refere especificamente ao final da décima nona dinastia quando "a Terra estava em grande aflição. O mal caiu sobre esta Terra (...) Foi uma grande convulsão na residência (...) Ninguém deixou o palácio durante nove dias e, durante estes nove dias de convulsão, houve tamanha tempestade que nem os homens nem os deuses podiam ver as faces dos seus vizinhos".[13] A linguagem é similar à do *Êxodo*: "Houve uma densa escuridão de três dias em toda a terra do Egito. Eles não viam um ao outro".[14]

Estes materiais-fontes descrevem um "evento nuvem de poeira" causado por atividade vulcânica em larga escala ou colisões extraterrestres com a Terra. Como jamais existiram vulcões no Vale do Nilo, as nuvens de cinza se originaram de fontes externas, salvo as que podem ter vindo de fragmentos celestes caindo sobre o Egito. Também se sabe que pragas de animais estiveram entre as consequências ocasionais de grandes convulsões geológicas e, na China, um aparecimento súbito de milhares de cobras vem há muito sendo usado pelos sismólogos para prever a ocorrência iminente de um terremoto.

O relato contemporâneo do papiro egípcio Harris de que "toda a água está imprestável" ecoa no capítulo 7,20-21 do *Êxodo*: "Todas as águas que havia no rio se transformaram em sangue. E os peixes que havia no rio cheiraram mal e os egípcios não puderam beber a água do rio. E houve sangue em toda a terra do Egito", exatamente como uma maciça emissão de gases vulcânicos resulta em prodigiosas quantidades de cinzas que são frequentemente da cor do sangue, devido aos altos níveis de tufo calcário pulverizado e avermelhado. Volumes suficientes de cinza caindo em rios e lagos lhes dariam uma coloração avermelhada, não diferente da cor do sangue, e os tornariam impróprios para beber.

Foi essa catástrofe natural, caracterizada pelo destacado estudioso da civilização helênica, Myron Lesky, como "a mais terrível da história do mundo", que acabou causando a explosão interior da Grande Pirâmide.[15] A remoção de seu capacitor de cristal 157 anos antes fez com que a excessiva violência geológica de 1200 a.C. sobrecarregasse a configuração condutora da monumental estrutura e a superaquecesse até o derretimento.

⁂

O Ben-Ben fora tirado da sua caixa de granito na Câmara do Rei por Amenhotep IV, quando ele se tornou Akhenaton, durante a mudança de 1355 a.C. para Amarna, onde foi colocado em seu próprio templo para ser cultuado privadamente pelo imperador. Depois de um reinado de 17 anos, a heresia entrou em colapso e o cristal de poder foi devolvido pelo principal conselheiro de Akhenaton, Ay, ao seu lugar anterior na Câmara do Rei da Grande Pirâmide. Com a ocupação militar do Delta do Nilo pelos invasores Povos do Mar, por volta de 1230 a.C., o grande vizir do faraó Merenptah se aproveitou do caos resultante para se transformar na suprema autoridade regional. Mas quando as forças do rei voltaram, Ramose Iarsu Beja e seus seguidores fugiram pela fronteira síria para o deserto, levando com eles a Pedra do Destino.

⁂

Perdendo seu componente cristal vital, a Grande Pirâmide não poderia desempenhar as funções de geotransdutor para as quais fora construída e, uma vez sujeita a um extraordinário surto de energia que não podia mais dirigir, ficou sobrecarregada e passou por uma explosão interna.

As Dimensões da Arca

Na época em que o mecanismo transdutor da Grande Pirâmide foi fritado por uma catástrofe no final da Idade do Bronze, destruindo sua razão de ser, os israelitas já haviam partido do Egito há uns trinta anos. Três meses após sua partida, descrita em *Êxodo* 19,1, eles chegaram aos pés do Monte Sinai, onde Moisés (o antigo Ramose) recebeu os Dez Mandamentos gravados num par de tabuinhas de pedra. Jeová, então, lhe deu instruções detalhadas sobre a criação de um recipiente especial para sua guarda. Carpinteiros e ourives deviam começar a trabalhar nele de imediato. O *Êxodo* 25,10-22 começa:

E farão uma arca em madeira de acácia, com dois côvados e meio de comprimento, um côvado e meio de largura e um côvado e meio de altura [1,60 metro de comprimento, 95 centímetros de largura e 95 centímetros de altura]. E irás revesti-la de ouro puro, por dentro e por fora irás revesti-la, envolvendo-a numa moldura dourada. Forjarás quatro argolas de ouro e as fixarás nos quatro pés da arca: duas de um lado e duas de outro. Farás barras de madeira de acácia, revestindo-as de ouro. E colocarás as barras nas argolas dos lados da Arca, o que servirá para carregá-La. As barras permanecerão nas argolas, sem serem retiradas. E colocarás dentro da Arca o documento que te darei. E farás um propiciatório de ouro puro; dois côvados e meio será o comprimento e um côvado e meio a largura.

Esse "propiciatório" continua a intrigar os leitores após muitos séculos, mas parece ter sido uma tradução inglesa, um tanto precária, do original hebreu *kapporet*, ele próprio de possível derivação acadiana, significando "perdão". Nesse caso, a palavra *kapporet* é particularmente significativa, porque o "Dia do Perdão" judaico ou Yom Kippur era o único dia do ano em que a Arca podia ser visitada por um sumo sacerdote e só por ele. Literalmente, o *kapporet* era também uma tampa destacável ou com dobradiças que dava acesso ao interior da caixa. Quando encaixada, funcionava como uma espécie de plataforma ou altar sobre o qual Jeová se manifestava na forma de nuvem ou névoa luminosas; em outras palavras, de uma descarga elétrica formada entre os terminais positivo e negativo descritos no *Êxodo* como figuras de metal em pontos opostos:

> *E farás dois querubins de ouro. De ouro trabalhado tu os farás, nas duas pontas do propiciatório. Faze um querubim numa ponta e um querubim na outra ponta. Da mesma peça que o propiciatório farás os querubins nas duas pontas. E os querubins estenderão as asas para cima, cobrindo o propiciatório com as asas, e estarão face a face. Para o propiciatório as faces dos querubins estarão voltadas. E colocarás o propiciatório sobre a Arca. E na Arca colocarás o documento que te darei. E lá me encontrarei contigo e me comunicarei contigo do alto do propiciatório, do meio dos dois querubins que estão sobre a Arca...*

"Querubim" deriva-se de outra palavra acadiana, *kurubu*, uma espécie de intermediário divino entre homens e deuses, que define perfeitamente a função esotérica da Arca de conectar mortais com sua mais alta natureza espiritual.

O *Êxodo* descreve como a Arca da Aliança foi feita por artesãos judeus no deserto. "Isto parece improvável", acredita David Childress. "Sem dúvida é mais provável que o santo dos santos e a Arca fossem relíquias de um tempo anterior e tivessem sido tiradas do Egito pelos israelitas em fuga."[16] Na verdade, a inquestionável semelhança física da Arca de Jeová com os baús feitos na época no Vale do Nilo foi há muito reconhecida. Um exemplar famoso foi encontrado na tumba de Tutankhamon, mas outros espécimes muito semelhantes, de dinastias muito mais antigas, confirmam um tradicional estilo egípcio. Dois "querubins" idênticos, com asas estendidas sobre o topo da Arca, são indistinguíveis de Shai e Renenet, aspectos duplos da deusa Ísis (Eset), guardiães divinos de objetos sagrados.

Uma relação entre a Arca da Aliança bíblica e réplicas egípcias não se limita, porém, a correspondências externas. Como muitos investigadores têm observado, desde que a Grande Pirâmide foi registrada pela primeira vez após a queda da civilização clássica no século IX, as dimensões explícitas expostas para Moisés definem um recipiente que combina perfeitamente com o espaço interior do erroneamente chamado sarcófago na Câmara do Rei. Childress escreve: "Diz-se que a Arca foi um dia mantida na Câmara do Rei da Grande Pirâmide. O famoso ataúde 'sem tampa' de Quéops era, na realidade, um recipiente para a Arca da Aliança".[17] Segundo o *Êxodo*, a Arca da Aliança media 2,5 por 1,5 por 1,5 cúbitos sagrados, com uma capacidade cúbica de 71.282 polegadas cúbicas.[18] A medida de 71.290 polegadas cúbicas é também a capacidade cúbica do vaso de pedra comumente mencionado como "sarcófago do faraó Quéops", na Câmara do Rei da Grande Pirâmide. Childress continua explicando:

> *Durante o Êxodo, a Arca foi alojada no que a bíblia chama de Tabernáculo do Deserto (...) e o uso do tabernáculo parece ter sido assim: o visitante entrava no Pátio Externo através de uma abertura no lado direito de uma cerca. A abertura estava coberta por três cortinas que tinham significados simbólicos, embora as fontes não cheguem a um acordo sobre quais eram eles. Uma parte da Grande Pirâmide de Gizé tem também uma entrada conhecida como Triplo Véu.*[19]

Durante um experimento levado a cabo em 1955 pelo dr. Alfred Rutherford, do Instituto de Piramidologia em Illinois, uma réplica exata da Arca feita segundo a especificação dada no *Êxodo* (com exceção do revestimento de ouro e das tabuinhas de pedra) e, deslocada para o recipiente de granito, encaixou-se com precisão notavelmente meticulosa. Uma fenda de quase 13 milímetros, a grosso modo uniforme, cercava a reprodução instalada por todos os quatro lados. Esse ajuste inesperadamente próximo entre dois objetos (supostamente) radicalmente distintos produzidos por pessoas profundamente diferentes só pode significar que a Arca de Jeová estava antigamente dentro do recipiente de pedra da Grande Pirâmide. Como o sacrário supremo, seu interior era o local mais inacessível de todo o Egito, aberto exclusivamente aos altos sacerdotes e ao próprio faraó, por isso as dimensões sagradas não teriam sido conhecidas fora de um círculo muito pequeno de iniciados privilegiados e seria impossível que forasteiros, muito especialmente os odiados estrangeiros, conseguissem reproduzi-las. Não, a arca de acácia em poder de Moisés e seus pares israelitas fugindo para o deserto era o recipiente original do Ben-Ben, a Pedra do Destino da Grande Pirâmide.

A Arca era inteiramente dourada, menos por adorno que pelo fato do ouro ser um condutor primário em eletrônica. O objetivo do cristal da Câmara do Rei era agir como um capacitor para a descarga de energia. Childress acredita que o fato da identidade do cristal roubado da pirâmide se resumir a um tal dispositivo elétrico é deixado evidente pela própria Arca: "As três caixas eram um sanduíche de ouro (um metal condutor) e madeira de acácia (um não condutor). Havia riscos em manusear a Arca, o que era geralmente feito pelos levitas. Dizia-se que eles usavam o que poderia muito bem ser descrito como um traje protetor".[20] De fato, a Pedra do Destino egípcia foi bem literalmente erguida de seu "sarcófago" de granito na Câmara do Rei para se tornar a Arca da Aliança hebraica.

O Monte Sinai

Sua origem piramidal foi de novo confirmada por Ralph Ellis através de uma irrefutável conclusão paralela apresentada em seu livro de 2000, *Tempest and Exodus*. Nenhum outro investigador pesquisou mais exaustivamente o Monte Sinai, onde a Arca foi supostamente construída, nem devotou uma atenção tão profunda à sua verdadeira localização, que é "completamente desconhecida, quer dentro da Bíblia quer em tradições mais tardias".[21] Sem dúvida, nenhuma tentativa de determinar a verdadeira localização do Monte Sinai foi feita até mais de 1.500 anos depois de Moisés, quando Egeria, uma freira riquíssima que visitou a Arábia Saudita por volta de 330 d.C., declarou que Jebel Musa era o Monte Sinai, embora sua opção tenha sido apenas uma dentre uma dúzia ou mais de possibilidades sugeridas desde então.

Ellis começa examinando minuciosamente a palavra *Sinai* que, segundo o glossário da bíblia do rei James, originou-se do hebraico *cinay* para "agudo", "pontudo" ou "pontiagudo". Essa caracterização apareceu anteriormente nas obras de Flávio Josefo, o historiador judeu do século I, que escreveu que o Monte Sinai era "a mais alta de todas as montanhas que existem naquele país, difícil de escalar não só por conta da grande altitude, mas devido a seus abruptos precipícios".[22] O *Êxodo* também se refere ao Monte Sinai como Horeb ou "deserto"; as duas palavras combinadas significam um "pico do deserto". É a maior de três montanhas – Sinai-Horeb, Seir e Paran – e todas apresentam "cavernas" em reentrâncias profundas, a mais importante localizada no interior do Monte Sinai.

Jeová instigou Moisés a "vir até mim *dentro* do monte".[23] Ele "*penetrou* no monte".[24] "E Moisés estava *dentro* do monte..."[25] Ellis observa que *shini-t* é egípcio antigo para uma câmara de templo, "uma referência às câmaras dentro das pirâmides",[26] e traz inclusive uma semelhança fonética com Sinai. O Antigo Testamento retrata o Sinai como o mais alto cume do deserto – extremamente abrupto, apresentando uma caverna profunda, de encostas escarpadas e, portanto, nada fáceis de escalar, embora sua base fosse suficientemente pequena para ser protegida. Essa descrição não combina com nenhuma montanha do Oriente Médio, mas *combina*, sob todos os aspectos, com a "Montanha de Rá" do Egito. "A conclusão está se tornando inevitável", Ellis escreve. "O Monte Sinai é a Grande Pirâmide de Gizé."[27]

As descrições bíblicas do Monte Sinai não combinam com nenhum pico do Oriente Médio, mas correspondem, em cada detalhe, à Grande Pirâmide: os próprios egípcios referem-se a ela como a Montanha de Rá, a mesma Montanha de Deus citada no *Êxodo*.[28]

༺༻

Após a partida dos israelitas do Delta do Nilo, Jeová se manifestou "numa língua de fogo saída do meio de um arbusto".[29] *Notavelmente, mesmo este detalhe se relaciona com a Grande Pirâmide, onde o deus Anpu ou Ap-uat (melhor lembrado por seu nome grego, Anúbis) apareceu em sua própria árvore: O Livro dos Mortos egípcio fala de "Ap-uat, que sai da Árvore Asert". O nome literalmente se refere a um holocausto, de asher para "um fogo ou chama".*[30] *Tanto a "chama" bíblica quanto a egípcia, associadas a um arbusto ou árvore queimando, eram na realidade a energia radiante gerada pela Pedra de Fogo original na Câmara do Rei da Grande Pirâmide. A associação de Anpu com a Grande Pirâmide foi particularmente significativa, porque ele era o deus da transformação espiritual, transportando o ba, ou alma, da existência mundana para a abençoada vida após a morte, assim como a aura poderosamente ionizada do cristal Ben-Ben engendrava a catarse metafísica.*

A Pedra do Fogo se refletiu no "arbusto queimando", "ou sarça ardente", de Jeová e a Árvore Asert de Ap-uat é também a "Árvore da Vida", frequentemente conectada ao Umbigo do Mundo em tantas tradições de ônfalos ao redor do globo. Com sua posição no centro exato das massas de terra de nosso planeta, a Grande Pirâmide era o notável centro sagrado e Umbigo do Mundo. Portanto, sua Árvore Asert, o arbusto ardente bíblico, era a Árvore da Vida – em seu sentido esotérico, a coluna vertebral humana – com a energia serpentina do kundalini tornada poética como "fogo sagrado".

Além disso, no livro II de O Asno de Ouro, um volume da Era Romana, Anúbis/Apuat era retratado como o "mensageiro entre céu e inferno". E "mensageiros" era como os rosthaus ou "vigias" – guardiães do Platô de Gizé – foram descritos no Texto de Unas egípcio, que os exortava a se "manterem vigilantes, oh mensageiros de Qa".[31]

༺༻

Jeová ordenou que os israelitas "se guardem de subir à montanha e de pisar nos seus arredores. Quem encostar a mão na montanha será certamente morto! Não será tocado por mão alguma, mas será certamente apedrejado ou varado por flechas; seja animal ou homem, não sobreviverá".[32]

Como a mais sagrada estrutura do Egito, a Grande Pirâmide era perpetuamente guardada pelos bem armados rosthaus, que tinham ordens para matar qualquer pessoa não autorizada que violasse o perímetro cercando a base do monumento. Se eles não tivessem sido expulsos pelos invasores Povos do Mar, deixando o Platô de Gizé desprotegido, Ramose/Beja não teria conseguido acesso à Câmara do Rei e roubado seu cristal, sua pedra de poder.

Voltando-se para os rosthaus, "mensageiros de Qa", Ellis descobriu que a palavra *qa* era usada em várias combinações inter-relacionadas para definir a altitude do céu (*qa-pet*), um lugar alto onde se encontrava o deus da criação (*qa-qait*), uma colina alta (*qaa*), um ponto culminante (*qa-t*) e duas montanhas muito altas (*qa-qa*). Qa era hieroglificamente representado pelo perfil de uma íbis, o emblema de Taut*, o deus da sabedoria que teria construído a Grande Pirâmide. "Assim a conclusão óbvia é que o texto está falando sobre o Santuário de Thot", Ellis conclui, "a Grande Pirâmide".[33] Portanto, como mensageiros de Qa, os rosthaus eram seus comissários armados.

O antigo *Unas* egípcio fornece um material básico de apoio, escrevendo sobre o "Grande Terror [da Pirâmide], Sedjaa-ur, que sai de Hep".[34] Sedjaa-ur era, de forma bastante apropriada, o deus egípcio dos terremotos, o "Grande Terror", que sacudia Hep, a personificação mítica do Vale do Nilo, que a construção da Grande Pirâmide visou proteger da violência sísmica. O *Êxodo* 19,16-18 e 24,17 contou:

> Houve trovões e relâmpagos e uma pesada nuvem sobre o monte (...) e todas as pessoas que estavam no acampamento tremeram. E o Monte Sinai estava todo envolto em fumaça, pois o Senhor descera sobre ele em meio ao fogo. A fumaça subia, como a fumaça de uma fornalha, e toda a montanha estremecia violentamente (...) e a gloria de Jeová aparecia como um fogo devorador no alto do monte.

Embora pesquisadores tenham durante muito tempo procurado inutilmente um vulcão no Deserto do Sinai para combinar com essa descrição, ela lembra muito mais os efeitos produzidos pela Grande Pirâmide quando a pressão geológica era transformada em descarga elétrica, o que incluía os poços de ventilação liberando feixes de energia como fumaça visível.

A Abertura dos Mares

Agindo sob comando divino para "despojar os egípcios"[35], os israelitas conseguiram escapar das mãos do faraó graças a um acontecimento milagroso, quando Jeová "repeliu o mar por um forte vento leste que soprou a noite inteira, transformando o mar em terra seca quando as águas se fenderam. E os filhos de Israel entraram no meio do mar pisando em solo seco". Os israelitas escaparam para o outro lado do Mar Vermelho, violentamente perseguidos pelos soldados do rei egípcio. "Então as águas voltaram e cobriram os carros, os cavaleiros e em suma todo o exército do faraó que entrara atrás deles no mar; das tropas não sobrou ninguém."[36] Esta história parece similar a uma digressão do Antigo Testamento sobre o destino de Menenre II, no século XXII a.C.: faraó da sexta dinastia, no Velho Reino, dizia-se que tinha liderado uma expedição militar para a captura de escravos fugidos de Gizé, local do complexo da Grande Pirâmide. Comandados por um general do rei anterior, caído em desgraça, os escravos foram encurralados contra o Mar de Juncos, mas de alguma forma conseguiram escapar, enquanto Menenre II, seus cavaleiros e carros desapareceram misteriosamente. Verdadeiro ou não, o relato data de um período remoto da história egípcia, mil anos antes da abertura do Mar Vermelho bíblico, que ele faz lembrar. Sem dúvida a palavra do *Êxodo*, *yam suph*, habitualmente mal traduzida como "Mar Vermelho", é na realidade o Mar

---

* Ou Thot. (N. do T.)

de Juncos, uma região pantanosa que os egípcios da época conheciam como Pântano de Papiro, perto da cidade de Per-Ramsés, situada na mesma área do leste do Delta da qual os israelitas empreenderam sua partida do Egito.

"Sob condições incomumente tempestuosas, sabe-se que ventos fortes sopram as águas para trás e abrem uma passagem temporária", como afirma Marshall Cavendish em *Genesis and Exodus*, no final do século XX. "Na extremidade norte do Golfo de Suez, junto à costa do Mar Vermelho, vendavais do noroeste ocasionalmente ainda fazem as águas recuar até ser possível vadeá-las. E temporais repentinos podem inundar as passagens através dos pântanos ao norte de Suez."[37] Foi por aqui, baseados nessas condições naturais, que os israelitas provavelmente abandonaram o Egito, conclusão reforçada por um número crescente de cientistas, como por exemplo Mike Fillon. Em seu artigo de 1996 para *Popular Mechanics*, ele ressaltou que o *yam suph* original, como Mar de Juncos, "descreve de forma extremamente apropriada a região lacustre ao norte do Golfo de Suez, incluindo os Lagos Amargos e o Lago Timsah". Ele continua citando cálculos de computador publicados pelo *The Bulletin of the American Meteorological Society* indicando que um vento moderado, soprando constantemente durante cerca de 10 horas, pode ter feito o mar recuar mais de um quilômetro e meio, fazendo os níveis da água baixarem três metros, devido à geografia peculiar dos Lagos Amargos em sua extremidade norte, "deixando a terra seca por um certo período de tempo antes das águas voltarem ruidosamente quando os ventos cessaram".[38]

Contribuindo com o leque de possibilidades houve a aproximação simultânea do cometa Encke, o que parece indicado em *Êxodo* 14,24, quando Jeová "lançou o olhar sobre o acampamento dos egípcios através da coluna de fogo e nuvem, desencadeando o pânico no meio deles". A devastação trazida à Terra por esse fenômeno celeste, mais ou menos na virada do século XII a. C., já tinha entrado em sua fase preliminar, com consequências cataclísmicas que os israelitas usaram em seu proveito.

Mais Evidências

O líder dos israelitas tem sido identificado com o próprio Akhenaton por alguns estudiosos importantes, como Sigmund Freud e, mais recentemente, o historiador egípcio Ahmed Osman. Embora, como vimos, Moisés fosse provavelmente o vizir vira-casaca do rei Merenptah, Ramose Iarsu Beja, o grande doador da lei parece de fato ter compartilhado algo, de importância fundamental, com o faraó herético: os dois experimentaram, na presença do mesmo objeto sagrado, uma catarse que mudaria suas vidas. Fosse esse objeto conhecido como o Ben-Ben egípcio ou a Aron ha-Berit hebraica (literalmente, a Arca da Aliança), os dois homens se viram igualmente afetados por ele. Como Akhenaton, Moisés desfrutava de acesso exclusivo ao seu Deus, que lhe diz no *Êxodo* 25,22: "Lá

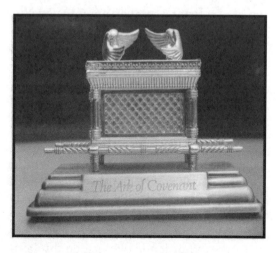

Recriação moderna da Aron ha-Berit.

te encontrarei e, do alto do propiciatório, entre os dois querubins que estão sobre a Arca do testemunho, comunicar-te-ei todas as coisas que te darei como ordens para os filhos de Israel".

Tanto Jeová quanto Aton eram as figuras únicas de monoteísmos similares. A advertência do primeiro, "não terás outros deuses além de mim",[39] não era menos aplicável no auge dos dias de Akhenaton. Assim como este não hesitou em convocar o exército egípcio para suprimir o culto tradicional, Moisés, ao enfrentar um retorno da devoção popular aos velhos deuses, ordenou a seus quadros levitas: "Ponha cada homem a espada à cinta, rode o acampamento de uma ponta à outra e de porta a porta, e mate cada homem seu irmão, seu amigo e seu vizinho (...) e naquele dia foram ceifados do povo cerca de 3.000 homens".[40]

O aparecimento de Jeová em "nuvens de fumaça e fogo" em cima da Arca era, na realidade, um campo de energia estabelecido entre os dois querubins idênticos ou imagens de Ísis (terminais elétricos), como claramente definido pela própria Bíblia. O *Baraita* ou "Livro do Tabernáculo" conta como os israelitas jogavam serpentes e escorpiões entre essa dupla de figuras angélicas, que cuspiam faíscas, matando as pestes – estranho comportamento para um ícone comum. O *Baraita* é uma antiga coleção de tradições orais, encarado como "tira-teima" básico pelos estudiosos talmúdicos em sua análise e interpretação da lei judaica. Em certo ponto ele declara que a Arca conseguia "queimar os espinhos e urtigas" do caminho que os israelitas seguiam através do deserto. Depois de escurecer, eles costumavam ver um estranho "fogo" ardendo dentro do tabernáculo, onde a Arca estava encerrada.

Uma autoridade em tecnologia eletrônica no mundo antigo, Larry Radka, acredita que a identidade elétrica da dupla de figuras aladas da Arca é autoevidente:

Evidência adicional para identificar os querubins como eletrodos de carbono é a revelação de que eles eram capazes de "estender as asas para cima" – sobre o propiciatório. A palavra hebraica para "estender" é derivada de paras, significando "dispersar", e "asa" é derivada de kanaph, significando "borda" ou "extremidade". Assim, as extremidades pontiagudas dos querubins ou bordas afiadas dos eletrodos de carbono dispersavam o arco elétrico sobre o propiciatório do Deus Luz Elétrica.[41]

Uma faísca ou "lâmpada de arco voltaico" muito brilhante e potente salta entre as pontas de dois "lápis" de carbono ou eletrodos eletricamente carregados e voltados diretamente um para o outro, assim como ocorria entre as figuras duplas, uma defronte à outra, sobre o propiciatório.

Normalmente toda a Arca estava envolvida por um véu de couros de texugo e um pano azul.[42] Uma única pessoa, o Cohen Gadol, alto-sacerdote levita, podia se apro-

Vista de cima a Arca da Aliança revela o "Propiciatório", onde Jeová aparecia como uma carga elétrica estática.

ximar dela com relativa segurança, mas só se vestido com o *éfode*, um traje externo grosso. Este macacão pesado, somado às próprias camadas alternadas de pano e couro da Arca, nada mais era que material isolante contra as letais explosões eletromagnéticas às quais a Arca ficava muito propensa fora de seu ambiente original. Tais características a identificam em definitivo como um capacitor capaz de descarregar poderosa energia elétrica numa aplicação controlada. Remover a Pedra do Destino eletricamente poderosa de seu meio próprio tinha sabotado a principal função da Grande Pirâmide como transdutor geológico, mas tornara possível sua transformação na Arca da Aliança.

A Pedra do Destino como uma Tabuinha

Segundo *Reis*, "nada havia na Arca salvo as duas tabuinhas de pedra que Moisés colocou lá em Horeb [na Grande Pirâmide], quando Jeová fez uma aliança com os filhos de Israel, na saída deles da terra do Egito".[43] Em outras culturas, extremamente distintas, a sabedoria divina também era gravada em pedras igualmente sagradas, como o cristal Chintamani obtido por Nikolay Roerich no Tibete. O Antigo Testamento não indica o tipo de pedra em que os Dez Mandamentos foram gravados e a imagem habitual de placas com uma das pontas arredondadas, que começou com Michelangelo, é inteiramente hipotética. A própria palavra "tabuinha" refere-se apenas a "uma pedra gravada" e não define qualquer configuração particular.

Embora o *Êxodo* mencione um par de "tábuas" na Arca, alguns estudiosos hebreus acreditam que o sentido original era "pedra dupla": uma pedra gravada de ambos os lados com o Decálogo, pois a palavra para "dois" pode ser mais adequadamente compreendida como "geminada", referindo-se a uma pedra com dupla face. Quando no século VI a.C., compiladores de Israel começam a reunir e editar sua coleção de antigas tradições orais, eles naturalmente sentiram dificuldades em traduzir de forma adequada fórmulas relacionadas à terminologia arcaica, que atualizaram conforme a linguagem falada de seu tempo (uma avaliação da dificuldade dessa tarefa pode ser apreendida através de uma alteração comparável de sentido no inglês moderno; no encerramento do século XIX, "immense" significava "great" [grande] ou "wonderful" [maravilhoso]. Não mais de cinquenta anos depois, a mesma palavra era compreendida com o sentido único de algo muito grande). Uma sutil alteração da ênfase parece ter transformado "pedra com dupla inscrição" nas "duas tabuinhas de pedra" da Bíblia.

A incerteza sobre o conteúdo da Arca se origina do próprio Antigo Testamento. A asserção em *Reis* de que nada havia nela "salvo as duas tabuinhas de pedra que Moisés colocou lá" é contestada por afirmações da inclusão do "vaso de ouro que continha o maná e da vara de Aarão que florescera", como descrito em *Êxodo*[44], *Números*[45] e *Hebreus*[46]. Acrescentados a esses itens havia a veste exterior ricamente bordada do Cohen Gadol – a éfode, os sacrifícios propiciatórios dos filisteus de camundongos e furúnculos de ouro, vasos de óleo para unção e água benta, além de uma dúzia de pedras gravadas por anjos com os nomes das tribos de Israel. Segundo a tradição islâmica, havia também vários cetros, um turbante e placas onde tinha sido gravada a *Torá* completa. Sem a menor dúvida, a Arca não era grande o bastante para conter todos esses itens. Mas sua menção sugere que os estudiosos da religião não sabiam o que havia dentro da caixa na época em que tentaram escrever sobre ela. O pesquisador independente Graham Hancock expressou dúvidas sobre a "autenticidade das Tábuas da Lei que

Moisés colocou na Arca".[47] Referiu-se ao Código Sacerdotal, onde se ordena especificamente que Moisés *não* coloque os Dez Mandamentos dentro da Arca, mas ao lado dela. O Código Sacerdotal é um conjunto de leis expressas na *Torá* judaica, como foram passadas oralmente a Moisés por Jeová, quando o Senhor apareceu numa nuvem sobre o tabernáculo que alojava a Arca da Aliança. Segundo um relato etíope, *A Glória dos Reis*, a Arca continha uma única tabuinha.

>>> Como foi discutido nos capítulos anteriores, havia mais que uma Pedra de Fogo e sabia-se da existência de pelo menos alguns Ben-Bens no Egito, ainda na época de Akhenaton. Seja como for, o faraó estava concentrado num monólito de destaque cultuado no centro de sua cidade deserta, a singular Tuaoi, projetada pelos atlantes como geotransdutor. Ela foi mais tarde devolvida ao seu lugar correto na Grande Pirâmide e, mais de um século depois, capturada por Ramose/Moisés. Uma ligação egípcia recua ainda mais no tempo até a figura que mais se associou com a Grande Pirâmide: Taut, que chegou ao Delta do Nilo durante o Zep Tepi, o "Tempo Primeiro", após o afundamento de seu Monte Primal no distante ocidente. Ele levava as Tábuas de Esmeralda, gravadas com as palavras da poderosa sabedoria responsável pela criação do complexo de Gizé, onde foram sepultadas em seu mais importante monumento. "Esmeralda" não descrevia a gema da qual as tábuas de Taut eram feitas, mas indicava seu valor inestimável. Assim também as tabuinhas de Moisés estavam associadas com sua versão da Grande Pirâmide, o Monte Sinai. <<<

Em vista de todas as considerações precedentes, a Arca provavelmente continha um único cristal de quartzo, extraordinariamente límpido, com inscrições em ambas as faces de instruções divinas, como sugerido pelo *Talmude* judaico, uma coleção de antigos escritos rabínicos. Quando Moisés retornou do cume do Monte Sinai com uma segunda edição dos Dez Mandamentos, eles foram descritos como tendo sido "escritos dos dois lados", deixando subentendido seu aparecimento numa única "tábua". Embora o *Talmude* cite um par de tabuinhas na Arca, elas eram "feitas de uma pedra semelhante a safira (...) com não mais de seis mãos de comprimento e outro tanto em largura" (em outras palavras, cerca de 60 centímetros por 60 centímetros) e excepcionalmente pesadas. "Safira", como já foi mencionado, não tinha um sentido literal; era um termo usado em épocas remotas para descrever qualquer joia particularmente notável, não um mineral comum do tipo costumeiramente associado aos Dez Mandamentos. Mais significativamente, as tabuinhas são descritas como "transparentes", uma característica que se ajusta mais ao cristal de quartzo que a tabuinhas de granito.

A Arca como Arma

Segundo Ralph Ellis, a Arca "havia se tornado o simulacro dos israelitas para a pirâmide – um Monte Sinai portátil com sua câmara secreta para ser habitada por Deus durante o êxodo para a Palestina".[48] Do mesmo modo como os egípcios anteriormente, eles usaram sua Pedra do Destino sensível à Terra para alcançar estados alterados de consciência, sempre que ela gerava íons negativos. Contudo, ao contrário de sua função prévia como parte de um geotransdutor feito para atenuar a violência sísmica, o capacitor de cristal se destinava agora a cumprir objetivos militares.

Se adequadamente submetidos a um tom de alta frequência, alguns cristais de quartzo de moderna fabricação eletrônica são capazes de modular o input sônico, amplificando-o em ondas vibratórias exponencialmente poderosas que podem despedaçar o concreto. Exemplos correntes são as brocas acústicas baseadas na aplicação mecânica de som concentrado, usadas em numerosos projetos industriais. Embora a posse dessa tecnologia do século XXI por um povo tribal há mais de 3.000 anos possa parecer incrível, um incidente famoso descrito em *Josué* demonstra que eles estavam de fato familiarizados com o desenvolvimento da acústica prática[49]. Quando os israelitas se viram diante da cidade fortificada de Jericó, o antigo ministro do falecido Moisés ordenou: "Tomai a Arca da Aliança e que sete sacerdotes levem sete trombetas de chifre de carneiro na frente da Arca de Jeová... Os sacerdotes sopraram as trombetas, e aconteceu que, quando o povo ouviu o som das trombetas, que saudou com um grande clamor, a muralha veio toda abaixo..."

O método de ataque de Josué, como descrito no livro bíblico que leva seu nome, era uma ofensiva tática bem preparada, cuja colocação em prática foi integralmente concebida muito antes de sua execução, sempre de acordo com um conjunto pré-determinado de regras: ele fez cercar o ponto onde se achava o inimigo ("Deveis rodear a cidade") e ordenou severamente aos israelitas: "Não gritareis, não fareis ouvir a vossa voz e nenhuma palavra sairá de vossa boca até o dia em que eu vos mandar gritar; então gritareis". Havia um procedimento de batalha muito específico: "E os homens armados foram à frente dos sacerdotes que faziam soar as trombetas e a retaguarda foi atrás da Arca, os sacerdotes fazendo soar as trombetas enquanto avançavam". Uma prolongada marcha ao redor de Jericó, sem qualquer efeito perceptível sobre os adversários, ao que parece determinou o ponto exato de ressonância entre a Pedra de Fogo dentro de sua caixa de ouro e as fortificações externas da cidade, mais ou menos como os observadores de tiro da artilharia moderna avaliam o alcance de um alvo antes que os canhões comecem a atirar.

Após seis dias empregando acústica comparativa para determinar uma frequência de campo máxima entre a Arca e as defesas externas de Jericó, Josué deu a ordem para todas as trombetas serem sopradas e para o povo gritar simultaneamente. A produção combinada de som ininterrupto criou uma ressonância no grande cristal que multiplicou exponencialmente os decibéis, transformando-os em ondas de reverberação de energia mecânica concentradas sobre a cidade. Ela foi pulverizada quando os níveis de frequência cada vez mais elevados ultrapassaram o limite de tensão material do alvo.

Hoje, cristais ressonantes são ainda empregados como transdutores para gerar ondas mecânicas em sólidos. Embora sua aplicação moderna seja usada na produção de instrumentos de medida, como o sonar, e nos dispositivos ultrassônicos de limpeza, um cristal ressonante muito maior, similar àquele contido na Arca da Aliança, teria submetido as fortificações de Jericó a uma intensa oscilação de frequência, além de suas tolerâncias materiais, e as pulverizado. Num livro particularmente convincente, *The Giza Death-Star*, o físico Joseph Farrell expõe todos os detalhes técnicos para tal aplicação militar do cristal industrial da Grande Pirâmide, um potencial realizado no ataque israelita a Jericó.

Uma prova física do desenvolvimento de uma arma avançada foi inadvertidamente desenterrada em 1952 por Kathleen Kenyon, uma arqueóloga britânica que escavava as ruínas de uma área da Idade do Bronze próxima do Mar Morto, em Tell-es-Sultan. Suas escavações revelaram o que havia sido uma cidade próspera. Ao contrário, porém, de outros locais semelhantes, as impressionantes muralhas haviam sido derrubadas por alguma força excepcionalmente poderosa. Kenyon concluiu que a cidade destruída fora posta em chamas logo após o colapso de suas fortificações, uma observação que se ajustava ao relato bíblico da queda de Jericó: "E queimaram a cidade com fogo, e tudo que havia nela".[50] O incêndio, porém, ajudou a estabelecer a idade do sítio. Apenas 44 anos após o trabalho inicial de Kenyon entre as ruínas nas proximidades de Tell-es-Sultan, meia dúzia de grãos de cereais foram recuperados de um estrato queimado e utilizados na datação por radiocarbono pelos pesquisadores da Groningen University, do Centro Holandês para a Pesquisa com Isótopos. Os testes mostraram que a cidade fora incendiada em cerca de 1320 a.C., com uma margem de erro de cem anos para mais ou para menos. Dentro desses parâmetros de tempo, o local combina perfeitamente com a descrição bíblica de Jericó e atesta o impressionante poder da Arca da Aliança.

A narrativa do Antigo Testamento sobre o súbito colapso da cidade demonstrou que os israelitas, bem antes de se lançarem a uma batalha, sabiam avaliar o potencial extraespiritual, geofísico da Arca. Equipados, então, com um armamento tão radicalmente sofisticado, desbarataram os gentios mais numerosos e melhor abastecidos que encontraram pela frente na marcha para a "terra prometida" de Jerusalém. De fato, sem o benefício de alguma grande vantagem marcial, essa irresistível conquista parece incompreensível. Afinal, eles eram nômades que moravam em tendas, pastores bucólicos e mercadores sem qualquer formação militar. Desafiaram, no entanto, e geralmente derrotaram exércitos regulares, profissionais, há muito acostumados a guerrear no deserto. Cidadelas fortificadas semelhantes a Jericó tinham sido construídas para resistir a sítios prolongados. Caíam, no entanto, numa questão de dias quando tinham de enfrentar as forças que levavam a Arca da Aliança. Sem algum trunfo realmente decisivo, os judeus teriam sido facilmente destroçados, mesmo por tribos de beduínos. Em suma, a própria força inexorável da campanha israelense prova que a Arca fora convertida numa bíblica "arma de destruição em massa", potente o bastante para dissolver todas as defesas. Depois de serem derrotados repetidas vezes por essa invencível tecnologia, contra a qual não podiam oferecer resistência, os filisteus deploravam o que ela continha de singular dizendo: "Ai de nós! Pois até hoje nada tínhamos visto assim!"[51]

༄

Por mais potente que, sem a menor dúvida, fosse a Arca, certos poderes foram falsamente atribuídos a ela, como, por exemplo, a capacidade de abrir uma trilha seca através da água. Quando se aproximaram do Rio Jordão, os israelitas pararam defronte às suas margens num lugar chamado Adam, hoje conhecido como Damya, cerca de 58 quilômetros ao norte do Mar Morto, chamado na época de Mar Salgado. Durante três dias eles se perguntaram como prosseguir, então...

Aconteceu que, quando o povo deixou as tendas para atravessar o Jordão, os sacerdotes que carregavam a Arca da Aliança estavam à sua frente. E quando os que carregavam a arca chegaram ao Jordão os pés dos sacerdotes carregando a Arca mergulharam no sal que escorria na beira da água (pois o Jordão transborda pelas margens no tempo da colheita), as águas que vinham de cima pararam e se ergueram numa só mole na cidade de Adam, que fica ao lado de Sartan, e as águas que desciam para o mar da planície, e mesmo para o Mar Salgado, fraquejaram e foram cortadas completamente; e assim o povo atravessou, bem em frente a Jericó. E os sacerdotes que carregavam a Arca da Aliança do Senhor pararam, pisando firme em terra seca, até que todo o povo tivesse passado sem se molhar pelo Jordão. (...) E aconteceu que, quando os sacerdotes que carregavam a Arca da Aliança do Senhor subiram do meio do Jordão, assim que as solas de seus pés alcançaram a terra firme, as águas do Jordão retornaram ao seu lugar, escorrendo por todas as suas margens, como faziam antes.[52]

Embora o enorme capacitor contido dentro da Arca fosse capaz de efetuar dramáticas mudanças geológicas, mandar abrir as águas de rios não era uma delas. Sam Frydman, professor de engenharia geotécnica no Instituto de Tecnologia Technion Israel, em Haifa, escreveu em 1997:

Este empilhamento das águas do Jordão ocorreu em Damya, onde o rio atravessa a principal falha sujeita a deslizamentos. Durante um terremoto que ocorreu em 1546, as margens do Rio Jordão desmoronaram em Damya e as águas do rio foram suprimidas durante dois dias e, ao que parece, isso também aconteceu em 1267, em 1906 e durante o mais forte terremoto registrado até agora neste século, que aconteceu em 1927, quando as margens do rio desmoronaram em Damya, formando uma barreira que fez a correnteza daquele trecho do Jordão secar por várias horas.[53]

O terremoto fortuito que permitiu que os israelitas cruzassem o rio pode também ter contribuído para seu sucesso em Jericó, "cujas muralhas já tinham sido enfraquecidas, três dias antes, pelo grande tremor".[54]

A Arca provou ser uma arma prodigiosa e perigosamente instável, uma espada de dois gumes inteiramente capaz de massacrar amigos ou adversários com a mesma imparcialidade. De vez em quando se recusava obstinadamente a funcionar, às vezes num momento crítico. Pior ainda, podia inexplicavelmente atacar com violência os que a manejavam, matando-os instantaneamente e sem aviso, vomitando grandes rajadas de fogo contra quem entrasse em sua vizinhança imediata. Quando um boi tropeçou, ameaçando derrubar a Arca de uma carroça, um dos que tomavam conta dela, Uzás, numa ação reflexa, estendeu a mão para firmá-la e foi instantaneamente fulminado por uma faísca de energia. Foi apenas, sem dúvida, uma das milhares de pessoas que, por descuido, se tornaram vítimas da Arca. Nadab e Abihu, filhos de Aarão, lhe rendiam homenagem com incenso "quando saltou um fogo da presença do Senhor que os devorou, e eles morreram diante do Senhor".[55] A Arca tratou de modo semelhante um grande número de outros oficiantes que chegaram perto demais: "E então brotou um fogo, que consumiu os 250 homens que ofereciam incenso". A Arca não fazia distinção de pessoas de alta ou baixa categoria. Quando Uzias, rei de Judá no século VIII a.C., suposto ancestral em linha direta de Jesus, tentou fazer um culto no santo dos santos, "os tumores surgiram em sua testa diante dos sacerdotes na casa do Senhor, ao lado do altar com incenso".[56]

Como medida de precaução, Josué definiu uma zona de exclusão de 2.000 cúbitos (mais de 800 metros) ao redor da caixa de ouro sempre que a empregava contra um alvo inimigo. Finalmente, a Arca se tornou tão traiçoeiramente inconstante que teve de ser isolada na ocupada cidade cananeia de Shiloh, onde apenas dois servidores, Hophni e Phinehas, atuavam como zeladores. Sem ela, no entanto, o povo de Jeová foi severamente derrotado no campo de batalha. Após a calamitosa batalha de Eben-Ezer, onde perderam "cerca de 4.000 homens",[57] a temperamental Arca da Aliança foi enviada como um recurso desesperado para que se salvassem do aniquilamento. Embora seu reaparecimento desse um empurrão no moral judeu, a Aron ha-Berit desapontou-os, deixando de funcionar, "e houve uma grande carnificina. Pois ali caíram 30.000 soldados de infantaria de Israel. E a Arca de Deus foi levada. E os dois filhos de Eli, Hophni e Phinehas, foram chacinados".[58] Quando a notícia do desastre chegou ao pai deles, o homem caiu para trás de sua cadeira e quebrou o pescoço, "pois era um homem velho e pesado".[59] Sua reação expressava os sentimentos israelitas. Como parte de uma derrota abjeta, o impensável tinha de fato vindo à tona: a Arca da Aliança estava em mãos inimigas.

Em agudo contraste com isso, os filisteus vitoriosos exultavam com seu incomparável troféu de guerra, a arma extrema que ficariam muito felizes em voltar contra os antigos donos. Mas ela também não lhes serviria de nada. Retornando triunfalmente com a Arca para a cidade costeira de Ashdod, instalaram-na diante do templo de seu deus. Mas na manhã seguinte, encontraram a estátua dele tombada. "E pegaram Dagon, colocando-o de novo no lugar. E quando se levantaram cedo na manhã do dia seguinte, eis que Dagon estava caído com o rosto voltado para o chão diante da Arca de Jeová. A cabeça de Dagon e as palmas de suas duas mãos estavam cortadas sobre a soleira da porta; só o tronco de Dagon lhe fora deixado".[60] Sendo o divino protetor da agricultura dos filisteus, sua humilhação foi um presságio particularmente sinistro. Assim que a estátua se despedaçou, as colheitas foram subitamente assediadas por hordas de vorazes camundongos.

Esse desastre foi acompanhado por uma epidemia de tumores, alguns letais, que irrompeu entre os filisteus. Eles então exigiram a remoção da Arca de Ashdod, que passou a ser levada de uma cidade para outra, sempre com os mesmos horrendos resultados. Mas em Ekron, os filisteus chegaram à conclusão de que já haviam sofrido demais com aquela caixa tão incômoda. Juntamente com uma "oferenda de reparação" – cinco reproduções em ouro de tumores e camundongos, "conforme o número dos príncipes dos filisteus" –, a Arca foi colocada numa carroça puxada por uma junta de bois e deixada na fronteira israelense, perto de Beth-Shemesh.[61] Os judeus ficaram atônitos contemplando aquela inesperada devolução, mas sua exaltação teve vida curta. Deus "castigou os homens de Beth-Shemesh, porque eles tinham olhado para a Arca de Jeová; feriu 70 homens do povo – que somava 50 mil homens; e o povo ficou de luto porque Jeová tinha castigado o povo com uma grande carnificina".[62]

Assim como os inimigos filisteus, eles estavam agora ansiosos para se livrar o mais breve possível da Arca, por isso pediram a ajuda das autoridades tribais. "E os homens de Quiriat-Iearim vieram buscar a Arca de Jeová", que matou um deles (Uzás, como anteriormente mencionado) por tentar impedir que ela caísse da carroça levada por seu irmão, Ahio.[63] O lugar onde esse ato de ingratidão divina teve lugar foi daí em diante comemorado como Perez-Uzás.[64] Finalmente, Ahio "levou-a para a casa de Abinadab, na colina, e consagrou seu filho Eleazar para que ele pudesse guardar a Arca de Jeová. E aconteceu que, passado muito tempo, cerca de vinte anos, desde a instalação da Arca em Quiriat-Iearim, toda a casa de Israel se pôs a lamentar por Jeová".[65]

Os Caprichos da Arca

Esse final um tanto desolador da antiga história da gloriosa Arca foi consequência do longo tempo de abuso a que foi submetida. Como a pedra de Ben-Ben, ela havia funcionado adequadamente, de acordo com a função a que fora destinada, por aproximadamente dezoito séculos, transformando com eficiência uma energia-terra potencialmente destrutiva em eletricidade inofensiva, até mesmo benéfica. Removida, contudo, do lugar especificamente construído para ela, a Arca se tornou um canhão à solta. Durante as jornadas irregulares que fez, enquanto ia passando por áreas sismicamente ativas, sua matriz cristalina ressoava com a pressão tectônica, liberando-a através de descargas sem controle. Eram estas as explosões de "fogo" da caixa de Deus, que matavam indiscriminadamente tantos membros de seu próprio povo. Em outras ocasiões, quando acontecia de ser instalada em áreas geologicamente inertes, a Arca se recusava a operar por falta de energia telúrica.

O inconstante grau de sucesso que ela demonstrou enquanto esteve em mãos dos israelitas resultava de uma compreensão falha da tecnologia envolvida. Quando Ramose levantou o estojo de ouro da caixa de granito na Câmara do Rei da Grande Pirâmide, ele conhecia o suficiente para o emprego militar do Ben-Ben. Tinha sido, afinal, um alto sacerdote em Heliópolis, onde a Pedra do Destino fora originalmente cultuada. O que ele não conseguiu avaliar, porém, foi a aptidão de todos os capacitores para acumular e conservar energia: quando suas limitações de estocagem são ultrapassadas, eles passam a soltar descargas a esmo. À medida que ia sendo arrastada pela Palestina, a Arca da Aliança continuou a absorver diferentes formas de energia – mecânica, sísmica, sônica e estática. Qualquer pessoa que entrasse inadvertidamente em seu campo de atração criava polaridade (energia acumulada descarregada como faíscas de alta-voltagem) e caía morta, exatamente como descrito no Antigo Testamento. O mesmo processo acontece quando estendemos às vezes a mão para uma maçaneta de metal e recebemos um pequeno choque. Um movimento anterior pelo piso forrado por um carpete grosso forma em nossos corpos uma quantidade de energia estática suficiente para ser descarregada eletricamente assim que entramos em contato com alguma coisa condutora.

Assim também um objeto inanimado posto na vizinhança imediata de um capacitor com sobrecarga cria uma polaridade idêntica. Quando os filisteus levaram a Arca para o templo de Dagon, ela destruiu a estátua de seu deus. Mais tarde, flagelou-os com uma epidemia de tumores. Um capacitor excepcionalmente poderoso carregado quase além de seus limites, mas ainda incapaz de se descarregar sozinho, oscilaria numa frequência suficientemente alta para induzir efeitos similares à radioatividade, exatamente como os relatados no Livro de Samuel. Também excitaria o comportamento de certos animais, como o dos camundongos que atormentaram os filisteus enquanto eles estavam sendo assolados por tumores. A conhecida história infantil da medieval Hamelin, onde a população de ratos da cidade foi extirpada por intermédio da música, não está assim tão distante da realidade. Uma pesquisa moderna mostra que muitas espécies de mamíferos, especialmente os roedores, são realmente afetados pelo som de alta frequência. Isso é chamado "Efeito do Flautista" e behavioristas especializados em comportamento animal acreditam que uma grande variedade de criaturas – camundongos assim como seres humanos – reage a impulsos eletromagnéticos. Dependendo do nível de frequência a que estão expostos, os camundongos podem ficar agitados a ponto de desenvolver um comportamento anormalmente agressivo.

Em 1993, pesquisadores finlandeses do câncer no Departamento de Patologia e Medicina Forense da Universidade de Kuopio repetiram estudos controlados de laboratório para determinar o efeito de frequências eletromagnéticas sobre organismos vivos. Suas descobertas mostram:

As FEM podem ser promotoras, mas não iniciadoras de efeitos cancerígenos (...) Alguns estudos de animais sugerem que campos de RF [radiofrequência] aceleram o desenvolvimento de colônias de tumores no pulmão, tumores mamários, tumores de pele, hepatomas e sarcomas. Um substancial aumento, induzido por RF, na incidência de linfoma em camundongos transgênicos expostos por até 18 meses também tem sido relatado.[66]

Um estudo sueco do mesmo tipo sobre "exposição ocupacional a campos eletromagnéticos, sua relação com a leucemia e tumores cerebrais" foi realizado há dez anos e Birgitta Floderus, porta-voz da equipe de pesquisa, escreve:

Com base no trabalho mantido mais tempo durante o período de 10 anos antes do diagnóstico, encontramos uma associação entre o nível médio, diário, habitual da FEM e a leucemia linfócita crônica. O risco aumentava com um nível crescente de exposição. Para tumores no cérebro, um nível alto prolongado [altos valores médios] mostrou a associação mais forte. Nossa conclusão é que o estudo ampara a hipótese de que a exposição ocupacional à FEM é um risco para o desenvolvimento de certos cânceres.

Também se descobriu que a exposição a campos eletromagnéticos "acelera o desenvolvimento de tumores de pele. Os resultados indicam que a forte exposição a 50 Hz MF exerce nítidos efeitos biológicos sobre a síntese de poliamina na epiderme".[67]
Resultados similares foram relatados no *Journal of Cellular Biochemistry*, por Sharmila Rao e Ann S. Henderson, após seus experimentos no Instituto de Estrutura e Função Biomolecular do Departamento de Ciências Biológicas do Hunter College, na City University de Nova York. "O objetivo do presente estudo", elas escreveram, "era determinar se regiões regulatórias do gene c-fos eram sensíveis à exposição a um campo eletromagnético. As células foram expostas à FEM de 60 hz em 60 mGrms, o que é relevante em termos ambientais. A expressão CAT acima dos níveis de controle em células infectadas em laboratório foi observada após exposição de cinco minutos ao campo eletromagnético, com um pico aos vinte minutos."[68]

Pessoas que sofrem irradiação por contato prolongado com energia eletromagnética desenvolvem uma inchação maligna, tanto internamente, como tumores no cérebro, quanto na pele, que pode levar a leucemia terminal e a linfomas. A descrição feita no Antigo Testamento dos filisteus sofrendo de furúnculos letais após sua exposição à Arca da Aliança mostra que ela continha uma fonte de energia ressoando com intenso eletromagnetismo. Segundo o relato do Antigo Testamento, a Arca esteve presente por sete meses entre os filisteus, tempo suficiente para que seus efeitos nocivos se tornassem perceptíveis. Portanto, isso combina perfeitamente com o perfil de um capacitor excepcionalmente poderoso.

Apaziguando a Arca

Isolar a Arca numa caverna ("a casa de Abinadab na colina") foi a mesma coisa que devolvê-la à Câmara do Rei da Grande Pirâmide. Por isso o "Testemunho de Deus" absteve-se de um massacre indiscriminado. De nenhum modo cedo demais, pois a tomada israelita de Canaã já estava praticamente completa, ajudada em parte pela recente má reputação da Arca entre os filisteus como prodigiosa arma biológica, mesmo que ela não fosse mais vista no campo de batalha (*Crônicas* 13,3 declara que ela nunca foi usada, nem mesmo consultada durante os dias de Saul que preparavam o caminho para a tomada final de Jerusalém).

∽

Como aconteceu com o bem-sucedido ataque a Jericó, os israelitas parecem ter levado vantagem com o cataclismo celeste que se prolongou pelo início do século XII a.C. Quando os defensores cananeus se reagruparam numa coalizão superior, "o senhor arremessou do céu pedras enormes sobre eles", depois fez o sol manter-se imóvel. *Josué* 10,11 realmente descreve uma devastadora barragem de meteoros, em que a súbita cortina de uma nuvem de cinzas brotando de seus impactos filtrava de tal maneira a luz do sol que ele parecia estar imóvel no céu.

∽

Quando se tornou rei, Davi cuidou para que a Arca, ainda estocada em Quiriat-Iearim, fosse removida para Sião, nome que davam os cananeus à cidadela que mantinham para defender o Monte Moriá. O velho Abinadab não parecia pior depois dos vinte anos que havia passado tendo a Arca por única companhia, porque o capacitor outrora superenergizado fora amortecido pelo ambiente estabilizador de sua casa subterrânea, no estilo da Câmara do Rei. Ela foi então transportada para outra residência particular, esta pertencente a Obed-Edom, convocado para servir de cobaia.[69] Era apenas um gentio descartável, um dos 600 voluntários de Gath, que estava entre as cidades filisteias assoladas por tumores e roedores. Sendo assim, sua possível morte não teria importância. Mas se ele sobrevivesse nos próximos três meses sozinho com a Arca da Aliança, os israelitas saberiam que era provavelmente seguro instalá-la em Jerusalém.[70] Após a passagem do tempo que lhe fora atribuído, Obed-Edom continuava vivo e sadio, e Davi mandou que os levitas fossem pegá-la.

Como membros de um clero de elite só responsável pela manutenção da Arca, os levitas faziam lembrar a declaração de Edgar Cayce sobre os zeladores especiais designados para o grande cristal, a pedra de poder da Atlântida. "A preparação da Tuaoi", disse ele, "estava na época apenas nas mãos dos iniciados".[71] Talvez os levitas estivessem seguindo um procedimento semelhante ao de seus precursores atlantes quando levaram sua potente carga para a nova capital de Israel. Curiosamente, Jerusalém era conhecida dos gregos como o "Ladrão do Templo da Coisa Sagrada", uma nítida referência a Moisés (o ladrão do templo) e à pedra Ben-Ben (a coisa sagrada), roubada do Delta do Nilo para acabar numa cidade cananeia ocupada. Na realidade, no templo que foi finalmente construído em Jerusalém, o recinto do sacrário que continha a Arca da Aliança foi projetado com as mesmas dimensões cúbicas internas (nove por nove por nove metros) que a Câmara do Rei da Grande Pirâmide e se assemelhava fisicamente à sua parceira de Gizé até no interior vazio e sem janelas.

Quando da chegada da Arca, o topo do Monte Moriá foi escolhido para a criação de uma estrutura permanente para guardá-la, mas o lugar ainda estava nas mãos de Araunah (ou Ornan), antigo rei dos derrotados jebusitas, um subgrupo cananeu. Ele o vendeu por "ouro no valor de 600 siclos"[72] e um abrigo temporário foi erguido onde fora o pátio de sua casa,[73] no ponto mais alto do que passaria a ser conhecido como Monte do Templo. A escolha tinha pouca relação com a vista panorâmica – o Monte Moriá já era um local profundamente enraizado numa tradição mística aparentada: fora o centro de veneração do El Elion, o

"Deus Altíssimo", administrado por um dos personagens mais enigmáticos do Antigo Testamento, Melquisedeque.[74] Ele era um gentio, rei sacerdote de Canaã, muitos séculos antes de seu país ser ocupado pelos israelitas. Mas a associação com eles remontava ao mais antigo patriarca, que Melquisedeque presenteou com os "símbolos de comunhão"* da religião secreta de El Elion. A história do Antigo Testamento explica como o filho de Abraão foi salvo na hora H quando apareceu um anjo, na realidade uma metáfora para Melquisedeque, entregando os "símbolos de comunhão" que substituíam o sacrifício humano. Isso foi uma transferência de autoridade espiritual proveniente da Atlântida, como evidenciado pelo fato de que *melchizedek* era na realidade um título – "Rei da Honradez" – que Noé concedeu a seu filho adotivo, o gentio cananeu Shem, quando o jovem foi batizado e vestido pelo pai com os trajes de alto sacerdote após o Grande Dilúvio. Desse modo, Melquisedeque/Shem foi o primeiro rei na liderança de uma linhagem espiritual que se estendeu dos tempos atlantes à Casa de Davi e, por fim, a Jesus.[75]

Noé escolheu Shem porque sua mãe, Sopanim, o concebera sem um homem.[76] Nascidos de virgens também aparecem nas mais antigas tradições de inúmeras outras culturas (como na história hindu de Krishna), invariavelmente para indicar pureza excepcional. Mas a fundação por Melquisedeque da religião de Noé no Monte Moriá significa, na realidade, a chegada de sobreviventes da Atlântida, que restabeleceram ali seu culto secreto. Uma antiga tradição judaica explica que o próprio Noé construiu o primeiro altar no templo em seguida ao Dilúvio.

Depois que Araunah vendeu seu pátio de pedra a Davi, o pátio se tornou o *tabbur ha-arez*, literalmente, o "Umbigo do Mundo",[77] "o ônfalos de Jerusalém".[78] Ficou também conhecido como *kibleh* ou "ponto de adoração", que se acreditava tampar não só o quartel-general do culto original de Melquisedeque, mas também as águas do Dilúvio do *Gênesis*. "Sendo assim", conclui o estudioso da Bíblia Henry Halley, "temos um indício de que este Deus primitivo, de logo depois da Enchente, escolheu Jerusalém como cenário da redenção humana".[79]

A Causa do Dilúvio

Despojado das metáforas religiosas, o Antigo Testamento e suas fontes auxiliares narram como os portadores atlantes da cultura, personificados em Noé, escaparam da catástrofe natural que devastou sua terra natal oceânica navegando pelo Mar Mediterrâneo até as costas da Palestina. Lá converteram certos cananeus, encarnados na figura de Melquisedeque, para preservar sua religião secreta do Umbigo do Mundo no topo do Monte Moriá. Algum tempo mais tarde, os conversos nativos compartilharam seu credo com antigos hebreus, como os simbolizados pelo Abraão bíblico, unindo-se com eles por casamento para formar uma linhagem de altos e predestinados sacerdotes, que se prolongaria até a casa de Davi e muito além dela.

De fato, a narrativa e a história geológica do *Gênesis* se encontram na Atlântida. Como julga o respeitado professor do Antigo Testamento e teologia bíblica da Michigan's Andrews University, Gerhard F. Hasel:

> *Uma estimativa da data da enchente depende do ano do nascimento de Abraão (...) Se pegarmos as cifras de 1072 ou 1172 dos manuscritos septuagintos** como o intervalo de tempo*

---

* Pão e vinho. (N. do T.)

** Versão pré-cristã das escrituras judaicas, redigida em grego. (N. do T.)

entre o nascimento de Abraão em cerca de 2170 a.C. e a enchente, a data da enchente seria coerentemente avaliada como algo que teve lugar por volta de 3242 a.C. ou 3342 a.C. O Pentateuco samaritano e Josefo têm intervalos de tempo ligeiramente mais curtos para os mesmos períodos, a saber, 942 anos para o primeiro e 983 anos para o último. Estas grandezas levariam a uma data para a enchente em cerca de 3112 a.C. para o Pentateuco samaritano e cerca de 3153 a.C. para Josefo.[80]

Incrivelmente, a data atribuída ao Grande Dilúvio pelo Antigo Testamento, em particular pelo Pentateuco samaritano e pelo historiador judeu Flávio Josefo, coincide com uma grande catástrofe global que os geólogos sabem que ocorreu por volta de 3100 a.C.: foi então que Encke, na companhia de três outros cometas, fez sua primeira passagem próxima à órbita da Terra. Em seu caminho, ele colidiu com o cinturão de asteroides entre Marte e Júpiter, o que resultou na Chuva de Meteoros de Stohl. Segundo o arqueoastrônomo Duncan Steel, uma série de quatro cometas, com intervalo de um mês entre um e outro, fizeram "interseções com a órbita terrestre" em 3100 a.C.;[81] um efeito remanescente do aparecimento deles é a cratera de Henbury, com 150 metros de largura, no centro-norte da Austrália.

O núcleo de gelo de Camp Century, na Groenlândia, registra na mesma época um pico de acidez, indicando um repentino e denso aumento da queda mundial de cinzas. Da mesma maneira na Antártica, um nítido pico na sedimentação foi constatado no Lago Midge, da Península de Beyers, na Ilha Livingstone, culminando por volta de 2900 a.C. Um "evento cortina de poeira", indicando o abrupto aparecimento de uma vasta quantidade de cinzas na atmosfera, deixou sua impressão em anéis de árvores irlandesas e inglesas, e todo o hemisfério ocidental foi coberto por uma grossa camada de poeira cósmica, coincidindo com a queima generalizada das turfeiras no norte da Europa. Em todo o mundo, os índices de erosão de 20 a 30 toneladas por quilômetro antes da virada do quarto milênio a.C. saltaram para 140 toneladas.

Em *Uriel's Machine*, os escritores Christopher Knight e Robert Lomas mostram que a direção do campo magnético da Terra foi abruptamente alterada por volta de 3150 a.C., quando um cometa atingiu o Mar Mediterrâneo. Escrevendo sobre a pré-Atlântida "Enchente Dardânia"* em *O Estadista*, Platão declarou que o sol voltou sobre seu curso ao meio-dia, período durante o qual houve uma imensa mortalidade de homens e animais. Grandes inundações forçaram malaio-polinésios ancestrais, pertencentes a uma cultura arqueológica conhecida como *dawenkou*, do sul de Shandong e Jiangsu, a migrarem de Formosa para as Filipinas. Tanto os rios Tigre-Eufrates quanto o rio Nilo transbordaram catastroficamente por suas margens, assim como aconteceu na bacia amazônica do Brasil, resultando no Lago Amazonicas, situado numa depressão e mais tarde absorvido pelo Rio Amazonas. Ao mesmo tempo, o Mar Morto se ergueu abruptamente 90 metros. No Vale Tehuacan, no México, a fase *abejas* de vida rural comunitária, quando a domesticação de animais foi pela primeira vez desenvolvida e expandida, chegou a um fim repentino após treze séculos de existência.

Para comemorar o início de uma nova era após a destruição cataclísmica de uma época antiga, os maias inauguraram seu calendário em 12 de agosto de 3113 a.C. Esta era a data precisa do que os maias chamavam a "Grande Chegada" dos portadores da cultura às costas de Yucatán. Vi-

---

* Isto é, troiana. (N. do T.)

nham do *Hun yecil*, "O Alagamento das Árvores", um dilúvio de âmbito mundial. E também do outro lado do mundo, a tradição persa narra que a Grande Enchente teve lugar em 3103 a.C.

O vulcanismo do Oceano Atlântico atingiu um pico em torno da virada do quarto milênio a.C., particularmente no Monte Heimay, da Islândia, e nos Açores – no geral, nas vizinhanças da Atlântida. Severos terremotos e intensa atividade vulcânica desencadeados pelos impactos de material meteórico no meio do oceano, uma área geologicamente instável, arrasaram grandes áreas da ilha. Alguns territórios se romperam e desmoronaram no mar, mas a maior parte da massa de terra atlante resistiu. Suas regiões costeiras foram ainda mais devastadas por ondas de quase 100 metros de altura, que viajaram a 800 quilômetros por hora, e a perda de vidas chegou às dezenas de milhares. Mas a maioria dos habitantes sobreviveu para reconstruir sua cidade, que duraria outros novecentos anos, até que o retorno do cometa Encke, no início do século XII a.C., desencadeasse outra catástrofe global que eliminou várias civilizações do final da Idade do Bronze, como Troia, a Grécia micênica, o Império Hitita e a dinastia Shang da China, assim como a própria Atlântida. Muitos atlantes emigraram para recomeçar a vida em outras partes do mundo, menos devastadas. Entre os sobreviventes estavam heróis da enchente personificados pelo Noé bíblico. A espiritualidade pré-Dilúvio que ele levou para o Oriente Médio foi restabelecida na colina mais tarde conhecida como Monte Moriá ou Monte do Templo. Ao escolher esse lugar como o Umbigo do Mundo de Jerusalém, Melquisedeque garantiu uma continuidade à religião secreta antediluviana, que herdara como filho adotivo de Noé, até a instalação da Arca da Aliança no Primeiro Templo, mais de 2.000 anos depois. No centro de ambos, do culto de além-mar que Melquisedeque adotou em torno da virada do quarto milênio a.C. e da caixa de ouro que o rei Salomão venerou no século X a.C., estava uma pedra sagrada reverenciada por seu poder de transformação. Foi por meio desse objeto santo que o rastro da Arca da Aliança pôde ser seguido até a Atlântida, através do herói da enchente do Antigo Testamento e do filho que ele escolheu, Melquisedeque.

Melquisedeque e um Novo Templo

A chegada do filho de Noé a Jerusalém não é mera conjectura, mas algo sustentado por evidência física descoberta durante a década de 1980, quando Yigal Shiloh escavou a camada mais baixa – e, portanto, mais velha – de habitação humana no Monte do Templo. Entre os solos, o arqueólogo da Universidade Hebraica encontrou as ruínas de uma pequena estrutura que primeiro imaginou ser uma casa. Um teste posterior de fragmentos de sua cerâmica sugeriu que se tratava mais provavelmente de um santuário ou de algum tipo de recinto sagrado. Os mesmos fragmentos confirmaram uma datação confiável de radiocarbono em torno de 3000 a.C. (uns cem anos a mais ou a menos), coincidindo tanto com o período bíblico quanto com o período geológico da Grande Enchente e o aparecimento de Melquisedeque no Monte Moriá.

Até mesmo 1.200 anos mais tarde, quando um muro com a grossura de quase dois metros cercava seu topo, a povoação tinha apenas 4 ou 4,5 hectares, o que a tornava menos uma cidade que um centro de culto, exatamente o que se supunha que Melquisedeque tivesse estabelecido lá. Uma recriação arqueológica do muro do século XVIII a.C. revelou que ele atingia quase 8 metros de altura e era entremeado, a intervalos regulares, de torres de vigia mais ou menos quadradas, com uns 3 metros a mais de altura, um par das quais se encontrava em cada um dos lados de uma entrada principal. A primeira delimitação monumental de Jerusalém era, portanto, notavelmente semelhante à descrição que Platão fez no *Kritias* do muro fortificado que rodeava a Atlântida, que se aproximou do apogeu de sua extensa influência estilística durante a média Idade do Bronze.

Melquisedeque tinha oferecido pão e vinho a Abraão, não como gesto comum de hospitalidade, mas porque essa comida e bebida encerravam uma espécie de eucaristia, o que era parte da iniciação do patriarca nos mistérios sagrados da Atlântida e, através dele, dos israelitas, que assim se tornavam o Povo Eleito – eleito por Melquisedeque como os depositários da antiga religião atlante, o que os colocava acima das superstições tribais de seus vizinhos semitas. Essa ligação sagrada era sem dúvida o motivo original instigando o Êxodo, o ímpeto por trás da migração para a "Terra Prometida". Foi essa percepção secreta que nutriu os hebreus durante séculos de infortúnio em terras estrangeiras, particularmente no Egito, sustentando-os em sua esperança ancestral de um dia voltar a Sião para estar com seu "Deus Altíssimo". Na verdade, já durante a associação com o louco Akhenaton, em sua capital do culto do Sol, mais de duzentos anos atrás, "Urusalim" na Palestina era repetidamente citada como uma "grande cidade" no arquivo cuneiforme de Amarna. O nome gentio original era Yerushalayim ou "Fundação de Salem", o deus jesubita da prosperidade.[82]

A presença de Melquisedeque no Monte Moriá é essencial para a identidade da Arca como recipiente de um geocapacitor alimentado por energia sísmica. A própria Israel está escarranchada sobre o Vale do Rift do Jordão, a fronteira entre as placas tectônicas árabes e africanas, sua áspera interação provocando grandes terremotos de sete pontos ou mais na escala Richter aproximadamente uma vez a cada século.

Segundo o professor Frydman, "terremotos catastróficos continuaram a acontecer no correr das eras em Israel (...) A avaliação da sismicidade da região resultou no estabelecimento de códigos de construção antiterremotos".[83] O Monte Moriá esteve no epicentro de numerosos eventos tectônicos no passado, como atestado por evidência arqueológica de várias camadas de destruição geológica trazidas à luz em estratos escavados no antigo templo judeu. Entre 715 e 780 d.C., a mesquita de Al Aqsa, uma adição islâmica ao complexo, foi duas vezes destruída por terremotos.

A atividade sísmica no Monte Moriá energizou a Arca da Aliança, capacitando-a a funcionar dentro do planejado, sendo o Monte, portanto, uma localização perfeita para tal dispositivo acionado pelo poder da terra. *Reis* sugere exatamente isso, quando Elias exclama: "Sai e permanece no alto da montanha diante de Jeová, e eis que Jeová passou e um vento forte e violento fendeu as montanhas e despedaçou os rochedos diante de Jeová, mas Jeová não estava no vento; e após o vento houve um terremoto".[84] Muito tempo antes, Jacó havia sonhado com "o portão do céu" no alto do Monte Moriá. Exatamente como diversas tribos indígenas do sudoeste americano que ainda dormem no alto do Pinnacles National Monument na esperança de que sua cristalina matriz de granito, cintilando com o halo azul de energias geofísicas, carregado de íons, alterador da mente, brotando da Falha de Santo André imediatamente abaixo, também lhes conceda sonhos celestiais em sua busca de visão noturna sob as estrelas do sul da Califórnia. Assim, o significado do nome Moriá – o Eleito de Jeová – é particularmente apropriado.

Quando morreu o rei Davi, só os alicerces do templo haviam sido lançados, por isso sua conclusão foi herdada pelo filho, que o sucedeu em 966 a.C. A construção foi retardada por quatro anos devido a assuntos mais prementes, como a execução do irmão usurpador do próprio Salomão, até que finalmente começou o trabalho no que se pretendia fosse um lugar de repouso definitivo para a Arca da Aliança. A construção continuaria sem novas interrupções pelos próximos doze anos, mas o resultado final foi um dos feitos arquitetônicos mais notáveis do mundo antigo. Embora os israelitas mostrassem grande zelo contra sua profanação pelas mãos de gentios impuros, o templo foi erguido inteiramente por mão de obra fenícia. "Infelizmente," escreve o escritor Maitland Edey, "não havia entre o povo as habilidades necessárias, o que fez Salomão acertar com o rei Hiram, de Tiro, a vinda de uma equipe de arquitetos, pedreiros, carpinteiros e ferreiros..."[85] Eles ficaram, em todo caso, sob a direção e vigilância dos sacerdotes levitas diretamente responsáveis pela Arca.

Como descrito no *Livro dos Reis* do Antigo Testamento, tudo acerca do prédio sagrado era monumental. Ele foi construído na crista do Monte Moriá, logo ao norte da cidade, sobre o pátio que Davi adquirira de Araunah – o Umbigo do Mundo *tabbur ha-arez*; o "ponto de adoração" de Melquisedeque tampando as águas da Grande Enchente que levaram o culto secreto atlante de Noé para aquele ponto exato. O cume onde o Templo ficava era uma área relativamente pequena, com uma descida íngreme para oeste, sul e leste, embora mais gradual para o norte. Para acomodar todos os habitantes de Jerusalém, além de peregrinos que viriam de todo o país, foi construída uma ampla esplanada em volta da estrutura, aterrando-se parte das encostas que cercavam o topo do Monte Moriá e sustentando o aterro com a edificação de muros de arrimo assentados na rocha. A área cercada por esses parapeitos foi daí em diante conhecida como Monte do Templo.

A estrutura sagrada de Salomão tinha muros com 3 metros de largura formando um perímetro retangular de 41 metros de comprimento por 10 de largura e 15 de altura. Na praça que a cercava, pavimentada com blocos uniformes de pedra polida, havia um altar externo sobre uma ampla plataforma que lembrava uma pirâmide de degraus – seu topo de 4,5 metros era alcançado por um lance de degraus de pedras na parte da frente. Entre a base dessa plataforma e a frente do templo havia uma bacia de 30 toneladas, de bronze, mencionada como *yam*, cheia de vários milhares de galões de água benta, fixada sobre as representações de uma dúzia de touros. Trabalhadores transferiam o precioso líquido da *yam* para duas fileiras de bacias menores, conhecidas como *kiy-yorot*, instaladas sobre suportes com rodas (*mechonot*) para a conveniência de visitantes a quem se exigia que se purificassem ritualmente para poder entrar no templo.

Um lance de degraus de pedra subia para a entrada à direita do templo, sua única entrada, ladeada por um par de pilares de bronze com mais de 8 metros de altura, entre os quais os visitantes passavam em direção ao *ulam*. Deixando essa pequena antessala, eles entravam no *hekal* ou salão principal, o maior espaço aberto do prédio e o mais decorado. Logo abaixo das vigas cruzadas do teto de cedro, a uns 12 metros de altura, havia janelas recuadas, com vitrais, e toda a luz que entrava parecia vir de cima. Feixes de luz do sol chegavam enviesados ao salão, embaçados por nuvens de olíbano, que saíam em ondas de incensórios de bronze, e pela fumaça das oferendas diariamente incineradas, uma vez ao amanhecer e de novo depois do pôr do sol, sacrificadas sobre um altar perto da extremidade do hekal. A certa distância atrás do altar, no centro do salão, havia uma dúzia de pequenos pães, simbolizando as doze tribos de Israel, colocados sobre uma mesa baixa. Para cerimônias depois do escurecer, pendiam lâmpadas de tripés altos, fixados nas paredes forradas de lambris de cedro e decoradas, de ambos os lados, com imagens de querubins e de flores de lótus.

Na frente do altar de sacrifícios, outro lance de degraus levava a um conjunto muito alto de portas de cedro com molduras de ouro. Ninguém, nem mesmo Salomão, exceto em raras ocasiões, estava autorizado a cruzá-las. Mesmo o Cohen Gadol, principal sacerdote levita, só podia ultrapassá-las uma vez por ano, ao pôr do sol do dia primeiro de outubro, no Yom Kippur, o "Dia do Perdão". A data tinha como objetivo restabelecer o laço especial – a "aliança" – entre Jeová e seu Povo Eleito, porque tinham se afastado dele venerando um bezerro de ouro enquanto Moisés estava fora, recebendo os Dez Mandamentos. Hoje, quase 3.000 anos após o Yom Kippur ser celebrado pela primeira vez, ele ainda faz referência à Arca da Aliança. Durante o Ne'ilah ["Abertura dos Portões"], com uma hora de duração, que conclui o serviço, toda a congregação fica de pé quando um estojo ou arca, onde estão guardados os rolos de pergaminho com a Torá, é aberto e autorizado a assim permanecer apenas durante a cerimônia. A lei gravada em pedra preciosa e seu recipiente de ouro estavam atrás das portas altas da sala seguinte, o santo dos santos em forma de cubo, conhecido como *debir* ou santuário. No centro de seu piso encontrava-se a impressionante Arca, guardada em ambos os lados por um par de idênticos querubins dourados, feitos de madeira de oliveira, com 5 metros de altura.

Embora seja visto como uma realidade puramente hebraica, o templo estava repleto de elementos espirituais de culturas mais antigas. Como já foi mencionado, as dimensões do aposento do santo dos santos combinam com as da Câmara do Rei da Grande Pirâmide, e tratava-se igualmente de um cômodo sem janelas. Os dois querubins que se destacavam no topo da Arca eram versões colossais das figuras duplas de Ísis e se repetiam como motivo decorativo ao longo das paredes do hekal. O salão principal também estava decorado com desenhos de lótus, reverenciando uma flor que simbolizava o Vale do Alto Nilo. Lá ele era sagrado para Nefertum, o divino senhor dos perfumes, e significava renascimento: o *Livro dos Mortos* egípcio fala como a criação começou quando "um grande lótus saiu das águas primordiais".[86]

No exterior, as altas colunas de bronze de cada lado da entrada da frente do templo foram chamadas de Boaz e Joaquim, representando "estabilidade e força nas duas terras [respectivamente Judeia e Israel] conjugadas", segundo a historiadora Francine Bernier. "De modo similar, no antigo Egito, pilares [obeliscos] em pares simbolizavam a união do Alto e Baixo Egito."[87] De fato, toda a entrada do templo, conhecida como Portão Migdol, lembra muito o pórtico de pilares gêmeos, também orientado para leste, de Medinet Habu, um "templo da vitória" concluído por volta de 1190 a.C. no Vale do Alto Nilo, a oeste de Tebas. Sendo hoje o mais bem preservado de todos os principais complexos cerimoniais do Egito Antigo, Medinet Habu foi construído por Ramsés III para comemorar seu êxito contra a invasão final do Delta pelos Povos do Mar, que ocorreu só trinta

O Cohen Gadol, ou sumo sacerdote do Templo de Salomão, prostra-se diante da Arca da Aliança.

anos após os israelitas deixarem o reino. A repetição da arquitetura dinástica sagrada em Jerusalém combinava com as origens egípcias da própria Arca.

A bacia de água benta de 30 toneladas na praça do templo hebreu, a yam, era sustentada por uma dúzia de touros moldados em bronze. Embora evidentemente simbolizando as doze tribos de Israel, a escolha do animal sugeria também uma personificação de Ápis, o touro sagrado de Mênfis, onde se dizia que seus movimentos previam o futuro. Ele estava assim associado à astrologia e aos doze signos do zodíaco. Para indicar a fertilidade do deus, os sacerdotes egípcios grudaram um triângulo de prata na sua testa, o mesmo emblema mais tarde alterado para o *magan david* judeu, popularmente, ainda que erradamente, conhecido como "Estrela de Davi" – o magan david não representa uma estrela, mas triângulos gêmeos entrecruzados significando o centro sagrado criado por uma união de energias celestes e terrestres. Os egípcios acreditavam que Ápis nascera de uma virgem fecundada por Ptah, o deus da criação, como acontecera com Melquisedeque, o primeiro sumo sacerdote do Monte Moriá. Seu batismo por Noé estava refletido na grande bacia de água benta de Jerusalém, exatamente como os pãezinhos colocados no centro do hekal simulavam a sagrada eucaristia que ele trouxe para Abraão após a Grande Enchente.

O culto secreto atlante que Melquisedeque introduziu na Palestina após o cataclismo no final do quarto milênio a.C. estava também representado de uma ponta à outra do templo. Em seu diálogo, o *Kritias*, Platão declarou que cinco era o número místico da Atlântida, que estava incorporado na arquitetura sagrada e no mito. A própria Atlântida compreendia cinco anéis alternados de ilhas artificiais e fossos, e Posêidon, o deus marinho criador da Atlântida, gerou cinco conjuntos de gêmeos para governar o mundo oceânico.

Assim, em Jerusalém, duplas de cinco estavam presentes em todas as três escadarias, cada uma compreendendo 10 degraus, levando ao topo do altar do pátio, à entrada do templo e ao debir. O hekal tinha 10 janelas de vitrais e 10 tripés. Do lado de fora, 10 kiy-yorot se alinhavam diante da bacia de água maior. Que este enorme receptáculo de fato pretendia simbolizar a yam, ou o mar da Atlântida, ficava demonstrado pela crença israelita de que a vizinha fonte Gihon era a fenda através da qual as ondas da Grande Enchente rodopiaram para as entranhas da Terra.[88] A água benta que enchia a yam, e era distribuída para as cubas com rodas para que os visitantes se purificassem antes de entrar no templo, era tirada da fonte Gihon, onde se dizia que as águas do Dilúvio ainda residiam. Na construção de um local santo, tão sensível a cada nuance simbólica como era o Templo de Salomão, o surgimento de suas variadas raízes espirituais nesses números e objetos era obviamente apropriado.

Abrigada por fim num cenário adequado, a Arca da Aliança não golpeou mais milhares de curiosos inocentes com grandes feixes de energia abrasadora. Ao contrário, pelos 364 anos seguintes, abençoou Israel com uma idade de ouro, durante a qual um mosaico de influências, crenças e experiências fundiram-se nas mentes de seus estudiosos. À luz da Arca, eles iriam compor o Antigo Testamento e criar as bases do judaísmo, uma nova religião, com uma inaudita capacidade de se adaptar, capaz de sobreviver à vinda de milênios de desastres repetidos e perseguição.

O próprio Salomão tinha acesso especial à Aron ha-Berit sob a cuidadosa proteção dos sacerdotes levitas. Como relatado nos *Reis:* "E Deus deu a Salomão excepcionais sabedoria e compreensão, além de uma generosidade farta como a areia que está na beira do mar. E a sabedoria de Salomão superava a sabedoria de todos os filhos do país do oriente e toda a sabedoria do Egito.

Pois ele era mais sábio que todos os homens".[89] A pujança inspiradora da Arca parecia se irradiar para todo o reino. A expansão dos israelitas do Rio Eufrates para a fronteira do Egito foi um inacreditável feito político para um povo de nômades que moravam em tendas. A proverbial sabedoria de Salomão disseminou-se de uma ponta à outra do mundo civilizado, assim como sua reputação de incalculável riqueza, que tornou possível a construção do templo. Ele também patrocinou expedições de comércio a Ofir e sua frota de navios retornou das minas e mercados do sul da África com enormes cargas de ouro e artigos de luxo.

> Mesmo num templo construído propositalmente para que ela operasse da forma mais segura, a Arca era um fenômeno poderoso. A sobrevivência exigia que se mantivesse uma distância adequada. Quando o Cohen Gadol dos levitas se aproximava dela no anual "Dia do Perdão", seu tornozelo direito era algemado, como medida de precaução, a uma corrente comprida segura na outra ponta por assistentes escondidos atrás das portas altas do hekal. Na eventualidade do sacerdote ser derrubado por um raio saído de dentro da caixa de ouro, eles puxariam a corrente para tirar seu corpo do sacrário inacessível, trazendo-o de volta ao salão principal. Apesar de todos os esmerados esforços de Salomão para conter o poder da Arca, ela ainda ressoava com o pulsar tectônico da Terra.

A Destruição do Templo e o Desaparecimento da Arca

Quase imediatamente após a morte de Salomão, por volta de 915 a.C., a unidade tribal que seu reino cimentara começou a desmoronar. Gerações de crescente dissensão política precipitaram um declínio militar gradual durante os próximos três séculos, até o reino ser reduzido a um tributário dos babilônicos. Em 597 a.C., estes colocaram no trono de Judá um títere de 21 anos que mudou seu nome de Mataniá, "Dádiva do Senhor", para Sedecias, "Justo do Senhor". A despeito de sua condição de dependente e da lealdade jurada a seus senhores estrangeiros, Sedecias tramou uma revolta contra eles ao fazer aliança com o faraó Hophra, do Egito (o histórico e contemporâneo Apries). Ao ficar sabendo da traição de Sedecias, o rei Nabucodonosor II sitiou Jerusalém "com todo o seu exército",[90] começando o cerco no início de julho de 589 a.C. Durante os dezoito meses que se seguiram, "cada pior desgraça aconteceu à devotada cidade, que bebeu da taça da fúria de Deus até a borra".[91] Após a queda da capital, o general Nebuzaradan foi despachado para completar sua destruição metódica. Ele autorizou a permanência de um pequeno número de agricultores e dos que faziam vinho, para que trabalhassem a terra,[92] enquanto seu imediato, Godolias, foi colocado com uma guarda caldeia no Mispá, para governar Judá.[93]

Em Jerusalém, os babilônicos removeram tudo de valor do templo, depois o arrasaram completamente. O *Segundo Livro dos Reis* do Antigo Testamento documenta uma meticulosa lista de troféus de guerra que as tropas de Nabucodonosor apreenderam antes de destruir a "Casa do Senhor", um inventário repetido no fechamento de *Jeremias*. Ambos os textos registram como as colunas de bronze, as grandes e pequenas bacias de água benta, os queimadores de incenso, todas as coisas úteis ou preciosas – inclusive pás, apagadores de velas, vasos e tigelas – foram levadas pelos vitoriosos. Em outras palavras, o local foi completamente limpo de tudo que continha antes de sua demolição. Entre o longo catálogo de itens apreendidos, porém, a Arca da Aliança se destacava pela sua ausência. Dificilmente os babilônicos não teriam reparado num grande ataúde de ouro, o maior tesouro do Templo. E embora fosse o objeto mais valioso possuído pelos israelitas em mais de quatro séculos, ele desapareceu do Antigo Testamento sem qualquer outro comentário.

Completados 150 anos da queda de Jerusalém, eles voltaram do cativeiro babilônico trazendo praticamente cada vareta da propriedade do templo tomada pelos invasores. O *Livro de Daniel* relaciona 10.938 artefatos apreendidos entregues pelo tesoureiro persa, Metradá, a Shesh-Bazar, o príncipe de Judá. Incluíam bacias, turíbulos, tigelas e vasos de muitos tipos, todos de ouro ou prata. Ao descrever o templo reconstruído, porém, o Talmude mencionava uma importante discrepância: "Em cinco coisas, o Primeiro Santuário difere do Segundo: na Arca, na tampa da Arca, nos Querubins, no Fogo e no Urim-e-Thummim".[94] Seja o que for que tenha acontecido à Aron ha-Berit, pelo menos ela tinha escapado das garras de Nabucodonosor.

Uma menção posterior da Arca se limitava a algumas observações precárias. Um vaticínio de que a Arca poderia, de qualquer modo, ser dispensada quando finalmente o povo se tornasse demasiado virtuoso para ter de continuar a usá-la cheira a prêmio de consolação, escrita como foi muito tempo depois do desaparecimento do incomparável tesouro.[95] O curto fecho do *Apocalipse* de que a Arca simplesmente subiu para os céus é apenas uma admissão de que ela foi perdida para sempre.[96] Contrariamente a ambas as evasivas, um passagem isolada no deuterocanônico *Macabeus*[97] nos conta como o profeta Jeremias, "avisado por Deus", pegou a Arca, juntamente com outros bens do templo, e enterrou-os numa gruta do Monte Nebo. Ele então declarou que sua localização devia permanecer secreta "até que Deus haja consumado a reunião do seu povo e lhe haja manifestado a sua misericórdia".[98] O Monte Nebo foi identificado com Jabal Nibu, antes um morrote com uma crista que uma verdadeira montanha, atingindo uns 80 metros sobre o nível do mar, na margem esquerda do Jordão. Sua única ruína antiga pertence a uma pequena igreja cristã que remonta no máximo ao final do século III d.C. Tentativas persistentes desde pelo menos essa época de descobrir algum vestígio da Arca não deram em nada. Ou Jabal Nibu não é o verdadeiro Monte Nebo ou Jeremias foi o mais habilidoso especialista em operações secretas da história.

Seus feitos estão repetidos na introdução *mishnaiot* a antigos registros suprimidos da *mishná*, a primeira seção do Talmude, entre a *masechet keilim*, uma coleção de doze capítulos descrevendo o tesouro escondido. A *mishnaiot* difere da versão do *Deuteronômio* por citar o Profeta enterrando a Arca num local não revelado sete anos antes do templo de Salomão ser destruído. Jeremias é substituído por um quarteto de anjos no *Apocalipse Siríaco de Baruc* (nos Livros Apócrifos), que fala dos tesouros do templo: "E a terra abriu sua boca e os tragou".[99] A ausência de precisões em qualquer uma dessas magras explicações significa que seus autores sabiam apenas que a Arca desaparecera após a invasão do rei Nabucodonosor no início do século VI a.C., escapara de suas tropas e estava enterrada em algum lugar da região.

Após o retorno da Babilônia, os israelitas começaram a reconstruir o templo de suas pobres ruínas, completando a construção em 12 de março de 515 a.C. Ele foi demolido uns quatrocentos anos mais tarde, durante o programa de expansão maciça do rei Herodes I, visando conseguir espaço para uma plataforma quadrada muito mais colossal, que cobrisse todo o Monte do Templo. Mas como acontecera com seu predecessor de fins do século VI a.C., faltava-lhe a Arca da Aliança. Apesar de todo o seu poder imperial, nem mesmo Herodes, o Grande, pôde determinar seu paradeiro. "Quando ele finalmente penetrou na tumba onde repousavam os ataúdes de Salomão e Davi", escreve Steven Sora, um especialista nos templários, "a lenda diz que um de seus guarda-costas foi atingido por uma chama que o incinerou".[100] Parecia que, mesmo após cinco séculos enterrado no solo, o imprevisível "Testemunho de Deus" ainda ressoava com harmonias telúricas.

Construída para durar por toda a eternidade, a gigantesca estrutura de Herodes foi totalmente destruída em 70 d.C., só cinco anos depois de ter sido concluída, pelo general Tito e suas legiões romanas, que levaram para casa inúmeros despojos de guerra, como descrito no famoso monumento da vitória na capital imperial. Mas a Arca da Aliança não estava entre eles.

CAPÍTULO 10

CRUZADAS PELA ARCA E CONTRA ELA

Pois tinham habilidades além de nosso alcance e ciências que homens menores não têm espírito para compreender. Com mão ágil para compor rica invenção, planejaram belos ídolos que os homens podiam ser perdoados por cultuar na esperança dos céus.
— Hafiz Ibrahim, poeta islâmico do século XIV

Depois de destruir o templo, Tito acabaria se tornando um dos mais generosos (ainda que de vida mais curta) imperadores de seu país. Foi sucedido por uma longa série de líderes em geral competentes, até mesmo brilhantes, culminando cem anos mais tarde nos gloriosos reinos de homens como Adriano e Marco Aurélio. Exemplificando o ideal dos césares, eles se mantiveram com segurança no topo do mundo clássico da arte, arquitetura, obras públicas, filosofia, literatura, direito, educação, bem-estar social, defesa militar e, acima de tudo, da ética romana de extrair ordem do caos. A *Pax Romana* tornou-se o sentido da vida.

Mas um ódio imemorial brotava como vapor letal das ruínas fumegantes do Templo de Herodes. Era uma malignidade arraigada, não dispersada e esquecida no correr do tempo, mas alimentada por gerações de judeus desapossados, para quem o ódio de Roma transformou-se num dever religioso – eles logo deram vazão a seu rancor como seguidores do Jesus crucificado. Os primeiros cristãos eram uma mistura homogênea de judeus e gentios e, como tal, foram amontoados no mesmo saco pela autoridade romana. Satanizando todas as outras formas de espiritualidade para levar a cabo sua vingança, esses primeiros monoteístas desafiaram a lei que garantia liberdade religiosa e foram expulsos da capital como ateístas militantes. Sua remoção forçada fez com que se espalhassem até os mais longínquos limites do império e a certa altura, segundo o famoso historiador do século XVIII Edward Gibbon, eles deram forma ao poder que "sugaria a vida interior de Roma, deixando-lhe nada mais que um casco fino a ser facilmente soprado pelos ventos da mudança".[1]

Houve outras causas decisivas, resultado da crise religiosa mais ampla, questionando as fundações espirituais que sustentavam não só a autoestima imperial, mas todo o mundo clássico. No final do século V d.C., as fronteiras do império estavam perigosamente mal defendidas, porque os romanos cristianizados detestariam pôr em risco suas almas imortais tornando-se soldados, violando, portanto, o Mandamento de Deus: "Não matarás". Menos embaraçadas por reservas morais, hordas germânicas penetraram pelas defesas do norte, que durante setecentos anos as haviam contido, desencadeando uma gigantesca onda de pilhagem que varreu, sem encontrar resistência, toda a extensão da península italiana. Em 4 de setembro de 476, morre a Roma imperial quando seu jovem césar abdica pessoalmente do trono em favor de Odoacro. O chefe bárbaro soltou seu assustado prisioneiro como indigno sequer de desprezo, concedendo-lhe uma pensão para que pudesse viver o resto da vida na obscuridade. Ironicamente, o último imperador ganhara o nome de batismo em homenagem ao mítico fundador da cidade ocupada por seu inimigo: Rômulo.

Uma Era Sombria para a Arca

A humilhação de Rômulo, porém, não significou meramente uma transição de poder. Odoacro e seus parceiros de tribo não levaram avante as melhores tradições da cultura clássica. O colapso final da civilização não é uma bela visão e o caos inflamado pela invasão foi pouco mais que um mero indício do que de muito pior estava por vir. O estilo de vida material a que os romanos tinham há tanto tempo se acostumado não estava mais disponível. A ausência de todos os bens e serviços habituais – de segurança pública e agricultura a medicina e educação – traduziu-se num abismo cada vez mais profundo de fome, anarquia e ignorância. Sem autoridade central, a sociedade se desarticulava. Não por acaso os séculos difíceis que se seguiram à rendição de Rômulo foram lembrados como a Idade das Trevas. A higiene em geral era condenada e evitada, porque os romanos pecadores tinham amado seus banhos. Em consequência disso, a doença e a pestilência juntaram-se à ignorância, fome, superstição, pobreza e servidão como características do que já fora um império, cujos inumeráveis pedaços eram agora capturados, como feudos, por belicosos senhores de terra. Abaixo deles havia algumas famílias ricas servidas por artesãos e camponeses e, cercando tudo, massas de degradação humana.

O único elemento de maior poder a se destacar nessa nova ordem do mundo era uma igreja monolítica. Seus líderes já tinham liquidado um sem-número de oponentes no zelo para suprimir um fluxo de heresias que parecia interminável, definindo assim os representantes terrenos de Deus como únicas e inquestionáveis autoridades nesta vida e na próxima. Durante mais de quinhentos anos, eles trabalharam emocionalmente a sociedade europeia – do rei ao homem do povo – para abraçar a igreja romana como expressão física da vontade divina. Assim, autorizados em termos sobrenaturais, cada aspecto público e privado da existência caía dentro de seu domínio espiritual e temporal. A amplitude da experiência e atividade humanas – do nascimento à morte, e além dela – foi submetida a cristãos dogmáticos. Apenas eles diziam a paroquianos ignorantes e maculados no que acreditar e como deviam se comportar, enquanto exorcizavam qualquer incorreção política que pudessem perceber com todas as formas concebíveis de punição, indo de multas à morte na fogueira.

Dia do Juízo Final

O motivo principal da antiga teologia medieval que dava suporte ao cristianismo institucionalizado era o "Dia do Juízo Final". Século após século, os padres de toda a Europa incutiram na consciência de cada geração as terríveis consequências do pecado e a promessa de salvação quando Jesus aparecesse sentado em seu trono numa nuvem dourada para recolher e pôr do seu lado algumas poucas almas puras, mandar a maioria da humanidade para o inferno e destruir o mundo para celebrar o início de Seu milênio no ano 1000 d.C. Era o Seu retorno que, universalmente encarado com absoluta certeza, se tornou o ponto focal de convicção religiosa e a terrível inevitabilidade que atava as massas assustadas à igreja, sua única esperança de salvação.

Após a virada do século X, a expectativa popular do Dia do Juízo começou a se intensificar, uma aceleração de fervor alimentada pelos clérigos, que ofereciam uma última chance de redenção do tormento perpétuo. Os europeus estavam tão impressionados no final dos anos novecentos que começaram a doar suas posses materiais em troca de indulgências plenas (perdão secular de pecados) vendidas por bispos e cardeais. Gente pobre entregava os filhos e filhas a seminários e conventos, enquanto famílias nobres transferiam terras ancestrais para a igreja. Quando o Ano Novo trouxe outro século e com ele o milênio, toda a cristandade prendeu a respiração. Mas os minutos se transformaram em horas e dias de expectativa viraram semanas, enquanto nenhum sinal de um Cristo apocalíptico aparecia no céu. Pedidos para a devolução da terra doada ou de posses pessoais eram ignorados pelos bispos, que davam justificativas tolas para o não acontecimento do milênio. Os caminhos de Deus eram um mistério que ninguém deveria ter o descaramento de questionar. Afinal, os penitentes não tinham realmente desperdiçado suas contribuições, mas "acumulado tesouros no céu", sob a guarda clerical, até o Dia da Salvação.

Enquanto isso, a corrupção impregnava, como coisa banal, todos os níveis da sociedade cristã. Embora a espoliação generalizada fosse a norma e os camponeses lutassem para sobreviver, muitos clérigos podiam se dar ao duplo luxo de ter ricas propriedades e santa devoção. Em certo sentido, esse mundo controlador de chocante hipocrisia chegou ao fim no Dia de Ano Novo de 1000 d.C. Até aquele momento, os prelados cristãos impunham devota obediência em cada nível da sociedade europeia. Mas quando o Dia do Juízo deixou de atirar a humanidade pecadora na cova do Inferno, simultaneamente elevando os eleitos virtuosos para perpétuas bem-aventuranças, começou a se manifestar um ressentimento que, pela profundidade de seu ódio e a extensão de seu impacto, ameaçava destruir radicalmente a igreja. Séculos de corrupção devota, desmedida influência, imoralidade aceita e mentiras de propaganda provocaram violenta reação contra toda e qualquer forma de religião organizada de uma ponta à outra do continente. Pilhagem e profanação atingiram centenas de igrejas, com sua parafernália simbólica coletada para fins ociosos. Bispos não podiam mais viajar em segurança através de suas próprias dioceses, enquanto muitos padres já não se atreviam a se arriscar para visitar congregações locais. A autoridade papal se desintegrava sob essa investida popular e governantes seculares ignoravam de forma ostensiva todas as advertências de Roma, enquanto lutavam entre si por pedaços de território. Sem uma bússola moral, muitas pessoas comuns se recusavam a continuar suportando o fardo de penitentes e se voltavam para o assalto nas estradas. Proliferavam bandos errantes de bandoleiros, pilhando tanto cidades quanto fazendas, sem enfrentar qualquer esquema de segurança pública. Ondas de crime competiam com a escalada dos conflitos armados para devastar toda a Europa e de novo a civilização ocidental se inclinou para a catástrofe.

O Plano do Papa Urbano

Esforços da parte dos homens da igreja para alterar o juízo que faziam deles fracassavam, seus apelos à consciência caíam nos ouvidos surdos de antigos paroquianos nada amistosos com relação a clérigos de qualquer espécie. A coisa chegou a tal ponto que, pela segunda metade do século XI, prognósticos não apenas sobre o colapso da igreja, mas sobre a extirpação do próprio cristianismo – ou pelo menos de sua versão romana – eram apregoados das Ilhas Britânicas aos Bálcãs. Mesmo a enérgica determinação do papa Gregório VII, desde 1073, de reverter o brutal declínio da Europa e restaurar a autoridade central de seu trono, não conseguiu enfrentar o espírito desintegrador da época. Confrontado com uma dissolução tão obviamente irreprimível, seu desesperado sucessor, o papa Urbano II, esbarrou numa ideia que transformaria um desastre iminente num novo sopro de vida para sua conturbada religião.

Em julho de 1095, Urbano II saiu de Roma numa expedição de grande repercussão pelo sul da França. Era a primeira vez em muitos anos que alguém podia se lembrar de ter visto um papa naquela parte do mundo e enormes multidões correram para recebê-lo. Apesar do descrédito em que a igreja havia caído, a reverência pelo pontificado experimentou um novo surto ante a visão em pessoa do homem famoso. Animosidades heréticas foram ao menos temporariamente postas na sombra pela grande pompa e circunstância que uma figura de rei pode reunir.

Urbano II, no entanto, estava interessado em mais do que uma turnê de relações públicas para reforçar o vacilante papado de Roma. Em 27 de novembro, ele apareceu diante de uma audiência formada em sua maior parte pela aristocracia francesa, nobres, senhores feudais e cavaleiros, conhecidos por seu nome latino, *militas*. Durante quase cem anos após o fiasco do Dia do Juízo Final, eles vinham se transformando cada vez mais numa força desrespeitosa, ingovernável, um poder com suas próprias leis, abrindo caminho de um lado a outro da Europa através da espada e do saque. Suas intermináveis pilhagens, hostilidades e vendetas tinham tornando a vida cada vez mais impossível para todos. Algo precisava ser feito para as pessoas se livrarem deles ou, na pior das hipóteses, enfraquecerem suas fileiras. E foi esse o verdadeiro objetivo que instigou a apresentação de Urbano II pouco além dos limites da cidade de Clermont. Locutor vigoroso no comando de uma verdadeira aptidão oratória, não alardeou uma autoridade religiosa pessoal, mas apelou aos que formavam sua inquieta audiência, chegando a adulá-los como gloriosos irmãos cristãos, companheiros numa nova causa comum. Como pouquíssimos discursos isolados conseguiram fazer até hoje, suas palavras naquela fria e seca tarde de outono alterariam o curso da história, pondo em ação um evento que continua tendo efeitos no envolvimento do mundo ocidental no Oriente Médio:

Uma raça absolutamente alheia a Deus invadiu a terra dos cristãos, submeteu o povo pela espada, a pilhagem e o fogo. Estes homens destruíram os altares, profanados por suas práticas sórdidas. Circuncidaram os cristãos, espalhando o sangue das circuncisões pelos altares ou derramando-o nas pias batismais. E abriram os umbigos de quem preferiram atormentar com morte odiosa, arrancaram seus órgãos mais vitais, amarraram-nos a uma estaca, arrastaram-nos de um lado para o outro e açoitaram-nos antes de matá-los, quando eles já estavam de bruços no chão com todas as vísceras fora do corpo. Dinheiro não existente é extraído deles por torturas intoleráveis, sendo a pele dura de seus calcanhares aberta e puxada para investigar se, quem sabe, não teriam colocado alguma coisa ali embaixo. O que devo dizer sobre a aterradora violação de mulheres, coisa sobre a qual é pior falar que manter silêncio?[2]

Ouvindo o veemente pontífice, qualquer pessoa imaginaria que a cidade santificada de Deus acabara de ser dominada por pagãos demoníacos. Na verdade, nos últimos 458 anos, Jerusalém vinha sendo permanentemente ocupada por conquistadores islâmicos. Durante praticamente todo esse tempo, "os privilégios e a segurança da população cristã foram garantidos" pelos magnânimos árabes, que faziam questão de dar total liberdade religiosa a todos os seus residentes.[3] Ainda no ano de 1064, cerca de 7.000 peregrinos cristãos, liderados pelo arcebispo de Mentz, juntamente com os bispos de Utrecht, Bamberg e Ratisbon, haviam recebido completa autorização para celebrações no Santo Sepulcro da cidade. No ano seguinte, Jerusalém foi tomada por bandos de tribos pastoris, os turcomanos, que depuseram violentamente as benignas autoridades islâmicas e depois massacraram indiscriminadamente 3.000 cidadãos – tanto cristãos quanto muçulmanos. Mesmo assim, esses eventos precederam a explosão de Urbano por trinta anos. Mas embora sua sangrenta descrição de eventos não passasse de uma invenção colorida, sem dúvida proporcionava o recheio de atrocidades que a propaganda de todo fomentador de guerras precisa para o cumprimento de agendas posteriores.

O papa finalmente chegou ao verdadeiro centro de sua fala:

Sobre quem, portanto, recai a tarefa de vingar esta coisa, de redimir a situação, se não sobre vós, a quem, acima de todas as nações, Deus concedeu a destacada glória em armas, magnitude de coração, agilidade de corpo e energia para humilhar quem vos tente resistir? Que aqueles que, no passado, acostumaram-se a disseminar, de forma tão vil, suas guerras particulares entre os fiéis, avancem agora contra os infiéis! Que aqueles que antigamente eram bandoleiros tornem-se agora soldados de Cristo; que aqueles que um dia travaram guerra contra seus irmãos e parentes de sangue lutem legitimamente contra bárbaros; que aqueles que até agora têm sido mercenários por alguma moedas obtenham eternas recompensas![4]

Ele estava clamando por nada menos que uma invasão militar da Terra Santa e a "libertação" de Jerusalém de seus conquistadores islâmicos. Todo homem que participasse de tal empreendimento, além de ser absolvido de todos os crimes que tivesse cometido, por mais violentos que fossem, teria assegurado seu lugar no céu. Também poderia se apossar livremente de qualquer butim sob a forma de tesouros, escravos ou terra que encontrasse entre os inimigos da igreja. Acrescentando que o Dia do Juízo não poderia ocorrer enquanto Jerusalém estivesse ocupada pelos inimigos de Deus, o papa indiretamente explicava por que o mundo não chegara a seu fim, há tanto tempo previsto, na virada do milênio. O clarim de sua chamada inflamou as paixões populares muito além de todas as expectativas. O discurso apaixonado de Urbano II instigou a maior mobilização desde os dias da antiga Roma, um fenômeno de massas sem precedente em tempos medievais. Meses depois da convocação às armas feita em Clermont, 100.000 homens e mulheres, de todas as esferas da vida, estavam marchando para Jerusalém. Ricos e pobres de repente abandonaram suas raízes para se juntarem ao maior empreendimento da cristandade: a primeira cruzada.

A promessa de abundantes recompensas nesta vida, assim como na vida após a morte, eletrizou milhões de europeus. Mas eles também estavam profundamente inspirados pelo ideal mais elevado jamais oferecido a qualquer geração: a saber, lutar pela própria cidade de Deus, onde o Salvador fora crucificado e onde estava enterrado na tumba do Santo Sepulcro. Tirar isso das mãos profanas dos muçulmanos era o mais nobre dever jamais imposto a qualquer geração.

Cruzados na marcha para a Terra Santa.

Como em muitas outras guerras, muito tempo antes dela e especialmente desde seu começo, massas de pessoas crédulas foram emocionalmente manejadas para se sacrificarem voluntariamente por objetivos ocultos que nem compreendiam e de cuja existência nem suspeitavam. O papa ficou maravilhado. Não apenas se livraria daqueles destrutivos *militas*, mas também as numerosas heresias que tinham brotado durante os 95 anos anteriores seriam varridas pela onda de histeria de massa que ele havia desencadeado pela Europa. O papado poderia organizar sua reabilitação na ausência deles e continuar a expandir seu poder, que estivera até então seriamente ameaçado.

Dois Príncipes Hereges

A campanha foi no essencial organizada e liderada por cinco príncipes conhecidos como a vanguarda militar da Europa. Enquanto Bohemond de Tarento, Raymond de Toulouse e Tancredo de Hauteville representavam, em termos gerais, sua classe e sua época, Godofredo de Bulhões era diferente. Tanto ele quanto seu irmão mais novo, Balduíno de Bolonha, eram movidos por outra causa, de natureza pessoal, que nada tinha em comum com as verdadeiras intenções do papa e se distanciava do fervor religioso, mesclado com ilimitada ambição, que motivava seus parceiros cruzados. De fato, o papado tinha aversão a Godofredo, o que era compreensível. Abertamente e durante muito tempo ele desprezara a igreja, denunciando asperamente sua corrupção endêmica e hipócrita imoralidade, chegando a ponto de sitiar a própria Roma alguns anos antes. Embora as autoridades do Vaticano o vissem como inimigo implacável, um espoliador herege de suas terras, ponderaram que Bulhões, afinal, era exatamente o tipo de renegado que queriam ver *fora* da Europa. O vácuo político deixado na sua ausência ou, quem sabe, pela sua morte no Oriente Médio seria naturalmente preenchido por eles mesmos.

Por seu lado, Godofredo via as cruzadas como uma oportunidade única de realizar um velho sonho de família mantido vivo por gerações passadas e também pela sua. Por volta dos 35 anos de idade, com o início da mobilização cristã, quando Urbano II fez seu discurso incendiário na periferia de Clermont, o garboso duque da Baixa-Lorena, no norte da França, ficou ainda mais orgulhoso que de hábito de sua estranha genealogia. Embora se admitisse que sua linhagem remontasse a Carlos Magno, ela realmente retrocedia muito mais, chegando ao próprio povo dominado pelo Sagrado Imperador Romano. Eram os merovíngios, um povo tribal melhor lembrado como *francos*, que formou a primeira dinastia da Europa após a queda da civilização clássica, no final do século V. Seu reino se estendia pela maior parte da França e algumas áreas da Alemanha, mas não tinha a cultura rude normalmente associada a sociedades bárbaras. Prova disso são as 37 moedas de ouro merovíngias, primorosamente cunhadas, encontradas em Suffolk, na Inglaterra, entre os tesouros do navio Sutton Hoo.

Godofredo de Bouillon, criador da sociedade secreta para a escavação e proteção da Arca.

As Origens Merovíngias

Os merovíngios foram estadistas cultos que procuravam combinar os costumes germânicos com formas romanas. Derivaram seu nome de Meroveu, um ancestral metafórico que personificava suas origens múltiplas e singularmente estranhas. Segundo conta a história, Meroveu teve uma mãe ligada à realeza, que um dia, quando andava na água rasa do mar, foi engravidada por uma *bestea Neptuni Quinotaur similis*. Traduzida como "besta de Netuno, parecida com um touro de cinco pernas", a expressão sugere a potência sexual do animal. Quando mais tarde a rainha deu à luz Meroveu, uma herança dupla fluiu através das veias do menino: parte mortal, parte mítica. A história parece similar a uma narrativa em língua frâncica sobre a Europa e o touro lembra a antiga história grega que descrevia o rapto de uma princesa fenícia pelo rei dos deuses do Olimpo, Zeus, disfarçado de touro branco. Como touro, ele cruzou o Mar Egeu levando-a nas costas e chegou à Grécia, onde gerou com a princesa uma família de reis semidivinos. Esses reis criaram a civilização no continente que recebeu o nome dela: Europa.

Origens Atlantes

Ambas as lendas sugerem a chegada pré-histórica de "portadores de cultura" do além-mar, que entraram em miscigenação com as populações nativas para gerar as primeiras famílias reais. Essa indicação parece particularmente nítida na suprema reverência dos merovíngios por Noé, o sobrevivente da enchente no *Gênesis*, sobre todos os outros heróis bíblicos. Alegar descender de uma "bestea Neptuni Quinotaur similis" parece inexplicável para um povo separado por um nível cultural, uma época e uma geografia radicalmente discrepantes das culturas dos rios Tigre e Eufrates, onde a mítica figura era conhecida 4.000 anos antes dos francos se aglutinarem num reino do século V – a menos que eles e seus ancestrais a preservassem graças a uma verdadeira ligação mesopotâmica. Uma imagem similar era conhecida dos sumérios como Ea, o Senhor das Águas, um deus marinho que, depois de um grande dilúvio, presenteou os primeiros habitantes do Oriente Médio com os segredos de uma alta civilização perdida. Um sinete cilíndrico de Nappur, de 5.000 anos atrás, representa Ea dando adeus a uma figura parecida com Atlas sustentando o céu, pouco antes do Dilúvio.

Os merovíngios produziam bolas de quartzo em forma de ovo para cristalomancia – a prática xamânica de meditar sobre quartzo límpido para atingir um estado alterado de consciência – e as tinham em tão alta conta que os objetos eram enterrados com seus reis, como comprova a tumba de Childeric I. Ênfase especial na linhagem semioceânica de Noé e Meroveu combina com a manufatura de bolas de cristal para sugerir que as raízes merovíngias remontam à Atlântida. Tal conclusão foi reforçada por outros artefatos simbólicos enterrados com Childeric I, incluindo uma cabeça de cavalo mumificada e a reprodução de uma cabeça de touro em ouro maciço. Platão declara em seus diálogos, o *Timaeus* e o *Kritias*, que a cidade de Atlântida foi criada pelo deus marinho Posêidon (o Netuno romano), cujo animal pessoal era o cavalo. Platão também descreve as mais importantes cerimônias dos reis atlantes, que exigiam o sacrifício de um touro sagrado, por meio do qual eles consagravam sua linhagem real. Mark A. Pinkham, um perito no graal, suspeita que o emblema merovíngio, a flor-de-lis, possa ter sido "uma versão do tridente de Netuno".[5] Na verdade, o próprio nome "Meroveu" significa o ovo (*ovee*) do mar (*mer*), sugerindo o ônfalos atlante. Outras versões de seu nome – Merovech, "Nascido do Touro", e Merovie, "Mar ou Água da Vida" – igualmente sugerem a Atlântida de Posêidon.

Origens Bíblicas

O povo de Meroveu se gabava de uma linhagem múltipla que brotava de uma fonte não menos extraordinária: os membros da família real merovíngia acreditavam que sua genealogia tinha como base a Casa de Davi e o próprio Jesus Cristo. Um conto popular francês, ainda hoje repetido, narra que Jesus escapou da crucificação graças aos esforços do tio, o rico mercador José de Arimateia, que conseguiu que ele fosse levado para uma área na costa sul da França, para um lugar hoje conhecido apropriadamente como Saintes-Marie-de-la-Mer. Lá, ele viveu com a esposa, Maria Madalena, e criou uma família da qual os merovíngios alegavam descender de forma direta e linear. Embora essa história tenha sido popularizada em tempos modernos por best-sellers como *O Santo Graal e a Linhagem Sagrada* e *O Código Da Vinci*, ela pouca coisa tem de novo. O rei Luís XI declarava há mais de quinhentos anos que a realeza francesa começou com Maria Madalena e o *Corão* afirmou, uns oito séculos e meio antes, que Jesus, embora tenha sido um grande profeta, não morreu na cruz. Até mesmo uma autoridade da igreja como Epifânio Escolástico, compilador da *Historiae Ecclesiasticae Tripartitae Epitome* (ou *História Tríplice*, um manual padrão de história da igreja completado por volta de 510), citava um evangelho gnóstico da época contendo a vida de Cristo. Intitulado as *Grandes Questões de Maria*, descreve a atividade sexual tântrica que teve lugar entre Jesus e Maria. Os primeiros monarcas históricos merovíngios insistiam que sua mãe ancestral era Madalena, irmã de Lázaro, esposa de Jesus e progenitora de sua linhagem.

∽∾

Mesmo hoje, uma procissão celebrando o papel de Maria na história francesa ocorre todo ano nas ruas de St. Maximin. São exibidas suas supostas relíquias, preservadas pela igreja da Abadia de Santa Maria Madalena, no povoado vizinho de Vezalay. Depois de passarem 569 anos perdidas, teriam sido descobertas por um sobrinho do rei Luís IX em 1279, quando invasores sarracenos forçaram os monges locais a remover os restos de Maria do decorado ataúde de mármore branco, que os teria guardado desde o século III. Diz-se que a Madalena teria passado seus últimos quarenta anos de vida isolada numa gruta no alto da encosta de um rochedo em Sainte Baume, onde ganhou renome como professora e curandeira antes de sua morte por volta de 75 d.C.

⁂

A persistente lenda de Maria no sul da França é, sem a menor dúvida, uma sobrevivência do mito da linhagem dos merovíngios, que eles reviviam jamais cortando o cabelo; um precedente estabelecido por seu primeiro monarca histórico, Clodion le Chevelu, "Clodion, o Cabeludo", rei dos francos de 428 a 448 d.C. Depois de se casar com uma das descendentes de Maria, estabeleceu um precedente estilístico para seus herdeiros imitando os nazoritas bíblicos, que não se barbeavam. Os nazoritas acreditavam que podiam conhecer a Deus através da experiência pessoal, sem recorrer a intermediários sacerdotais, à semelhança do arianismo gnóstico adotado pelos próprios merovíngios até que um de seus reis, Clóvis I, se converteu ao catolicismo. Reforçando a ligação deles com aquela importante seita hebraica, o título "Jesus de Nazaré" era uma óbvia corrupção do original "Jesus, o nazorita", pois a cidade de Nazaré não existia na época de Jesus.[6] Seu irmão, São Tiago, era de fato um nazorita. Compreensivelmente, os nazoritas foram precursores do arianismo, como revelado em seu *Kerygmata Petrou*, um texto doutrinário que caracterizava Paulo de Tarso, fundador da igreja romana, como "o homem hostil que falsificou as verdadeiras ideias de Jesus".[7] Parece que os merovíngios francos e os nazoritas judeus tinham mais em comum que tranças não aparadas, embora ambos acreditassem que seu cabelo possuía poder espiritual. Além disso, nomes do Antigo Testamento, como Bera e Salomão, eram usados pelos merovíngios: Miron, o levita, era o conde merovíngio de Besalou.

Mas a genealogia dos merovíngios, imaginária ou real, não pôde salvá-los das refregas de seu tempo. Atordoados por décadas de incessante conflito armado com vizinhos hostis, eles tinham de continuamente ceder o poder político aos "prefeitos do palácio", altos funcionários civis, até que um deles, Pepino, o Breve, destronou a casa real. Em 754, ele a substituiu pela dinastia carolíngia, que recebeu seu nome de Carlos Martel, o renomado "Martelo", que salvara a Europa dos muçulmanos derrotando-os em Tours, 22 anos antes. Seu neto, outro Carlos, tornou-se Carlos Magno, à frente do Sagrado Império Romano em 800 d.C. Que não fosse sagrado, romano, nem império era coisa que não tinha a menor importância para seus primeiros governantes que, numa óbvia tentativa de se legitimarem via continuidade, tomavam mulheres merovíngias como noivas. Assim, a linhagem carolíngia se entrelaçou com o deslocado tronco merovíngio, ao qual Godofredo de Bulhões fazia remontar sua linhagem através de um bisavô do século X, Hugo de Plantard, ele próprio descendente direto do mais proeminente rei dos merovíngios.

O último rei merovíngio, Dagoberto II, morreu em circunstâncias misteriosas em que autoridades romanas, que o odiavam devido à sua aliança através do casamento com os visigodos detestados pelo Vaticano, eram suspeitas. Mas a reverência regional pelo monarca assassinado foi tão duradoura que acabou sendo construída uma igreja para seus despojos, localmente canonizados. Michael Baigent, Richard Leigh e Henry Lincoln, autores de *O Santo Graal e a Linhagem Sagrada*, sublinham: "Godofredo era de sangue merovíngio, descendendo diretamente de Dagoberto II".[8] Que fosse consciente dessa descendência ficou ostensivamente claro em sua expedição militar para a proteção do memorial de seu ancestral em Stenay, mais de quatrocentos anos após o assassinato. Já então um culto secreto havia se desenvolvido em torno da memória do santificado Dagoberto, em que eram preservados os ideais gnósticos de sua dinastia destronada. Godofredo, portanto, encarava as cruzadas como meio de realizar um sonho há muito acalentado. Como descendente real da Casa de Davi, ele poderia reivindicar a Terra Santa como sua herança para a restauração do estado merovíngio – não na França, mas em Jerusalém.

A Cruzada de Godofredo

É quase certo que Godofredo tenha tido dificuldades em conseguir suporte financeiro de quaisquer fontes para a custosa expedição. Transferiu, então, propriedades para a igreja até seu retorno, empenhou praticamente tudo que possuía (salvo o inexpugnável Castelo Bouillon, nas Ardenas) aos bispos de Liège e Verdun, subscrevendo assim sua participação na primeira cruzada, que partiu com ele no comando no mês de agosto de 1096. Godofredo foi precedido por uma espécie de protoexpedição, a chamada Cruzada Popular, uma imensa e indisciplinada horda de idealistas e ladrões, penitentes sinceros e criminosos comuns, santos e pecadores, impelidos por uma venenosa mistura de fervor religioso e ambição insaciável. Depois de deixarem um rastro de pilhagem, homicídio e estupro em seu caminho pela metade da Europa rumo ao Bósforo, indiferentes às crenças espirituais de suas vítimas, os que faziam parte dessa ralé ingovernável caíram em massa sobre o inimigo pagão num lugar chamado Civetos. Lá foram impiedosamente massacrados por guerreiros muçulmanos menos numerosos, mas comandados de forma profissional e soberbamente equipados. Antes de o sol se pôr em 21 de outubro, a Cruzada Popular estava aniquilada, seus miseráveis sobreviventes – principalmente mulheres e crianças – transformados em escravos pelos dinastas fatímidas que então governavam grande parte do Oriente Médio.

O fracasso da Cruzada Popular não fora, contudo, em vão. A desenvoltura com que os muçulmanos derrotaram essa primeira tentativa de invasão deixou-os superconfiantes. Certo de que os novos efetivos não eram menos incompetentes que aqueles que haviam sido tão facilmente recolhidos em Civetos, o sultão turco seldjúcida no comando da área, Kilidj-Arslan, encarou a chegada do exército de Godofredo como insignificante (nesse momento, fevereiro de 1097, o exército de Godofredo estava atravessando penosamente o Estreito de Bósforo rumo à costa norte do Golfo de Nicomédia). Arslan se afastou para tratar de uma disputa territorial relativamente banal num ponto distante a leste. Se tivesse optado por lançar um ataque vigoroso naquele momento de vulnerabilidade, Arslan poderia ter desarticulado os cruzados, muito provavelmente fazendo malograr suas intenções. Em vez disso, mais de 40.000 cavaleiros e soldados de infantaria, marchando sob o estandarte dourado de Cristo, foram capazes de manobrar sem encontrar oposição e em boa ordem.

Logo as consequências iriam se manifestar. Niceia, que ajudara a inflamar a centelha das cruzadas vinte anos atrás, ao ser capturada pelos turcos seldjúcidas, foi sitiada em maio, caindo em menos de dois meses em mãos dos cruzados. Enquanto combates acirrados assolavam a região, navios genoveses chegaram a São Simeão com abundantes suprimentos para os cristãos. No ano seguinte, no início de março, uma nova carga de homens e material foi desembarcada na mesma e vital cidade-porto por uma frota inglesa. Com esses reforços em homens, equipamento e alimentos, a cruzada avançou vitoriosa pela Terra Santa, enquanto seus defensores muçulmanos lutavam com grande perícia, tenacidade, coragem e inteligência, com frequência infligindo perdas terríveis ao inimigo. Em maio, no entanto, a maré se voltou de fato contra eles com a queda de Arqa, uma antiga cidade apenas 21 quilômetros a nordeste de Trípoli, de onde os cruzados podiam agora controlar toda a costa norte do Líbano, com seus portos vitais para o suprimento, e de onde a marcha para Jerusalém podia começar.

Em 7 de junho, Godofredo, à frente de um exército de ataque reunindo uns 1.300 cavaleiros e 12.000 soldados de infantaria, parou horrorizado diante das gigantescas defesas de Jerusalém. Os invasores pareceram definhar ante uma área urbana com mais de 80 hectares cercada por muralhas de quase 3 metros de espessura, com 13 metros de altura e 4 quilômetros de comprimento. Ao longo destes imponentes baluartes estavam enfileiradas tropas muçulmanas com dezenas de milhares de homens armados em abundância com armamento superior, gente que havia jurado defender sua Cidade Santa até a morte. Sem a menor dúvida, a força bruta jamais poderia, sozinha, romper fortificações tão prodigiosas, como ficou provado menos de uma semana depois, quando os cruzados foram rechaçados com pesadas perdas. A sensação era de terem viajado 3.000 quilômetros, a maior parte a pé, lutando desesperadamente por quase três anos no Oriente Médio, para serem privados da vitória, na última batalha, por uma fortaleza inexpugnável.

Durante quase um mês após o malogrado assalto, Godofredo e seus engenheiros se mantiveram visivelmente ocupados construindo uma imensa torre de sítio diante do portão quadrangular do inimigo, o alvo evidente. Consequentemente os muçulmanos fizeram o máximo para reforçar suas defesas ali, dedicando a maior parte dos preparativos e de sua atenção à monstruosa arma de guerra que, a cada dia, se tornava mais alta e mais apavorante. Na noite anterior à batalha, porém, os homens de Godofredo desmontaram rapidamente a torre de sítio e, sem trocar uma palavra, sob a cobertura da noite, deslocaram suas diferentes partes por cerca de 800 metros, até uma distância razoável do mal defendido portão de São Estêvão. De manhã, os defensores da cidade ficaram apavorados ao ver o monstrengo totalmente remontado parado ali, pronto para se mover contra sua mais fraca posição. O estratagema foi um sucesso total e ajudou a provocar a queda de Jerusalém em 15 de julho de 1099.

Uma semana depois, graças a seu papel fundamental na vitória e a evidentes qualidades de liderança, Godofredo de Bulhões foi eleito rei da Cidade Santa pelos companheiros cruzados. Finalmente, um herdeiro real da Casa de Davi voltara para governar o Umbigo do Mundo bíblico após uma ausência de mais de mil anos. A reação do papado, como era de se esperar, foi contrária: sob nenhuma hipótese aquele "espoliador de terras da igreja" deveria ter permissão para erguer seu trono no local onde Jesus Cristo fora crucificado. Para impedir a inevitável luta que minaria seus sacrifícios, triunfo e esperanças, Godofredo recusou a coroa oferecida pelos camaradas de armas. Em termos de diplomacia, o esperto duque da Baixa Lorena foi pelo menos tão habilidoso quanto tinha sido na guerra, usando a popularidade entre os pares nobres e sua posição como o homem mais influente do Oriente Médio para ir construindo, aos poucos, uma base de poder,

Os cruzados conquistam Jerusalém.

exatamente como construíra a torre de sítio móvel.

A Ordem Sagrada de Godofredo

Os fogos da Jerusalém conquistada ainda estavam fumegantes quando ele fundou a Ordem do Santo Sepulcro. Seu propósito ostensivo era proteger rotas de peregrinos para a Terra Santa e montar guarda na Basílica da Ressurreição, que alojava a tumba onde se dizia que Jesus havia sido enterrado. Godofredo encontrou o local sagrado numa condição deplorável. As providências um tanto displicentes tomadas há mais de meio século por Constantino Monomaces, imperador de Bizâncio, não haviam conseguido reparar o dano causado pelo califa fatímida Al-Hakim em 1009 e, quase quatro séculos antes, por invasores persas. O sepulcro original remontava ao imperador romano Constantino, o Grande, que ordenara sua construção cerca de trezentos anos após a miraculosa ascensão de Cristo.

A vigorosa restauração da tumba feita pela Ordem do Santo Sepulcro proporcionou uma camuflagem pública para as posteriores intenções de Godofredo. Recusada a coroa de Jerusalém, ele se justificou dizendo que era uma honra demasiado grande para que pudesse aceitar e assumiu o título menos agressivo de Advocatus Sancti Sepulchri, Advogado ou Defensor do Santo Sepulcro, assegurando assim seu novo papel como protetor de Jerusalém, embora oficialmente subserviente ao papa. Enquanto isso, a filiação à ordem era restrita a um punhado de membros de sua própria família, nenhum que protegesse rotas de peregrinos ou que montasse pessoalmente guarda na tumba de Jesus, encargos servis que foram atribuídos a cruzados subalternos. Era precisamente a mesma cortina de fumaça que seria usada por seus descendentes organizacionais, os Cavaleiros Templários, menos de vinte anos mais tarde: veladamente, o astucioso Defensor, acompanhado de irmãos e primos, voltava-se para um plano de ação específico, que lhe permitisse, um dia, reclamar a herança perdida criando, na Terra Santa, um poderoso estado neomerovíngio como alternativa espiritual e política à Roma católica.

Ao agir assim, a Ordem transformou-se numa corrente subterrânea de influência que sobreviveu por muitas épocas futuras. Não apenas passaria várias gerações designando os reis de Jerusalém e fixando o tom da ressonância quase gnóstica da cidade, mas também criou a primeira ordem militar e religiosa das cruzadas, que acabaria alojando um fenômeno de poder, tanto público quanto secreto, sem precedentes. A confirmação visual das forças em ação estava presente no emblema da Ordem do Santo Sepulcro, uma cruz templária em cada um dos quatro quadrantes formados por uma *croix pattée* mais larga, precisamente o mesmo símbolo do reino latino de Jerusalém. Como Bernier conclui: "Em outras palavras, a cruz templária é verdadeira e originalmente a cruz da Ordem do Santo Sepulcro".[9]

Tal sociedade secreta de tão longa vida tem sido erroneamente descrita como Priorado de Sião em numerosos livros desovados desde que Michael Baigent, Richard Leigh e Henry Lincoln escreveram *O Santo Graal e a Linhagem Sagrada*, em 1982. Os autores foram enganados por um criminoso condenado e seus cúmplices, que forjaram os *Dossiers Secrets d'Henri Lobineau* ou "Dossiês Secretos de Henri Lobineau". Dizem os dossiês que Godofredo de Bulhões fundou o conspiratório Priorado de Sião para derrubar o cristianismo institucionalizado com documentos subversivos provando que Jesus dera origem a uma linhagem cujos descendentes seriam os herdeiros legítimos do trono francês. Supunha-se que o Priorado havia exercido seu poder nos bastidores durante os últimos mil anos e que hoje estaria voltado para estabelecer um Sagrado Império Europeu, que criaria paz e prosperidade internacionais. Um culto secreto messiânico substituiria todas as outras formas de religião, suplantadas por um Deus Rex, descendente linear de Jesus Cristo, com domínio sobre o mundo, conhecido para todo sempre como Grande Israel.

A despeito de um golpe letal desferido contra os principais argumentos de *O Santo Graal e a Linhagem Sagrada* com a exibição dos documentos falsificados, o livro continua a servir como fonte inestimável de informações, sob outros aspectos legítimas, e de interpretação verossímil dos eventos, com frequência enigmáticos, que permeiam os tempos medievais. Talvez nenhum outro título popular de seu gênero tenha tanto a oferecer, por exemplo, sobre os merovíngios, extremamente negligenciados. Mas seguir a longa e tortuosa história de como os *Dossiers Secrets* acabaram sendo desmascarados faria a história da Arca cair numa desnecessária dispersão. E embora o Priorado de Sião jamais tenha existido, salvo na consciência criminosa de uns poucos farsantes do final do século XX, uma genuína organização secreta fundada por Godofredo de Bulhões para promover sua agenda oculta de fato atuou nos bastidores para configurar o destino da Europa nos séculos vindouros. Ao contrário do Priorado, no entanto, a existência da Ordem do Santo Sepulcro ficou firmemente registrada em documentação autêntica.

O Santo Sepulcro

Levando em conta o que estava por vir, a escolha feita por Godofredo de seu local sagrado foi incrivelmente previdente. Uma crença local identificava o Santo Sepulcro como o ponto central da Terra. Dele, o Jesus ressuscitado desceu para os Infernos, onde resgatou as almas justas de Adão, Abraão, Noé e Moisés, antes de ascender com elas para o Céu, segundo o apócrifo *Evangelho de Nicodemus*. Dessa forma o Santo Sepulcro era encarado como o Umbigo do Mundo do Novo Testamento, onde um espírito divino era capaz de transcender as profundezas da perdição para as alturas da redenção. Tudo isso parece uma variação cristã acerca da Pedra de Fogo, desaparecida há muito tempo em suas numerosas inflexões culturais como Arca da Aliança, pedra Ben-Ben, Fyra, Tuaoi e assim por diante, e os vários Umbigos do Mundo estabelecidos onde quer que ela fosse cultuada.

A singular coerência da opção de Godofredo em reivindicar o Santo Sepulcro para si próprio talvez indique que ele já estivesse consciente da grande proximidade, ainda que não descoberta, do objeto sagrado e antecipasse sua recuperação transformando-se no Advocatus Sancti Sepulchri. Na verdade, mais de um pesquisador destes assuntos conclui que libertar a Terra Santa era apenas propaganda para mascarar o verdadeiro motivo por trás da Primeira Cruzada, isto é, capturar Jerusalém para descobrir e reaver o mais notável objeto espiritual jamais conhecido pelo homem: a perdida Arca da Aliança. De qualquer modo, o século XI não testemunharia a última vez na história em que a agressão armada "libertou" um povo estrangeiro para de maneira ignorante cumprir a agenda oculta de uma remota elite do poder.

Godofredo equipou seu corpo de elite de guardas unidos por vínculos de sangue com túnicas brancas compridas e insígnias distintivas. As primeiras foram deliberadamente adotadas em homenagem a Constantino, o construtor imperial do Sepulcro, que, quando mortalmente doente, ganhou a reputação de haver trocado a toga púrpura real por uma túnica branca de pureza espiritual. Seu lema, *in hoc signo vinces*, "sob este símbolo vencerás", foi também adotado pela nova Ordem. Dizia-se que tanto as palavras quanto uma cruz haviam aparecido de manhã no céu, pouco antes do imperador enfrentar as forças superiores do inimigo; inspirado pela aparição celestial, Constantino venceu a batalha de Saxa Rubra. Essa história, como aliás tudo relacionado à Ordem, tinha dois lados: na superfície, celebrava o triunfo do cristianismo, mas para Godofredo e sua família ampliada era um grito de batalha para reviver a verdadeira reivindicação de seus ancestrais ao trono da Terra Santa.

Uma mancha herdada que aparecia no peito e tinha a forma de uma cruz vermelha caracterizou gerações da realeza merovíngia e foi esse singular sinal de nascença que Godofredo escolheu para o novo uniforme. Tornou-se famoso quando foi usado trinta anos mais tarde pelos templários, cujas raízes vinham da Ordem do Santo Sepulcro. Os membros de ambas as ordens usavam a cruz vermelha "em seus hábitos e manteletes do lado esquerdo do peito, sobre o coração, razão pela qual vieram mais tarde a ser conhecidos pelo nome de Frades Vermelhos e Cavaleiros da Cruz Vermelha".[10] Escolhendo deliberadamente esse desenho, os iniciados de cada um dos grupos conscientemente celebravam – pelo menos entre eles mesmos – suas raízes merovíngias.

Contudo, a criação de um estado neo-merovíngio na Terra Santa teve de enfrentar, desde o início, sublevações constantes em casa e no exterior. Não mais que um mês após a queda de Jerusalém, Godofredo estava lutando contra os fatímidas egípcios em Ascalon, onde as forças islâmicas foram de novo derrotadas, enquanto um agente papal na Cidade Santa, Dagoberto de Pisa, esforçava-se para convertê-la num feudo do próprio papa. Esgotado pelas implacáveis intrigas do Vaticano e um número excessivo de batalhas locais, Godofredo contraiu uma enfermidade enquanto fazia campanha na Cesareia, durante o mês de junho de 1100, e morreu em 18 de julho. A Ordem do Santo Sepulcro concordou em designar seu irmão mais novo, Balduíno de Bolonha, passando de novo por cima das enérgicas objeções de Roma.

Ao contrário de Godofredo, no entanto, Balduíno pôs de lado as sensibilidades da igreja e exerceu sua considerável influência, respaldado pelos exércitos cruzados sob seu comando. Como afirmação visível de sua autoridade (e da autoridade da Ordem), o encrenqueiro Dagoberto foi forçado a coroar Balduíno rei em 25 de dezembro de 1100. Como concessão para abrandar um pouco a repulsa do patriarca em participar da cerimônia em Jerusalém, permitiu-se que a coroação tivesse lugar na aldeia onde Jesus nascera, Belém. Mas Dagoberto continuou a tramar nos bastidores até que o rei finalmente conseguiu destituí-lo dois anos mais tarde.

Rumores da Arca

Balduíno I estava sempre atento à possibilidade de encontrar autênticas relíquias religiosas. Aquela, afinal, era a Terra Santa; quem sabe o que suas areias poderiam ocultar? Durante a própria cruzada, a lança que, segundo se alegava, havia perfurado o lado do corpo de Jesus durante a crucificação apareceu em 14 de junho de 1098. E desenvolveu-se todo um culto ao redor da Verdadeira Cruz, supostamente encontrada mais ou menos na mesma época pelo cruzado Arnulfo de Zoques. A cruz seria passada a Balduíno, que a usou como espetacular instrumento de propaganda em sua ascensão para o trono. Embora esses dois objetos supostamente sagrados, e milhares de outros similares, tenham se revelado falsificações evidentes tirando proveito da histeria religiosa da época, sua "descoberta" ou manufatura continuaram a alimentar um animado comércio, talvez pelo fato de serem frequentemente os únicos itens que os cruzados voltando à Europa tinham para mostrar por seus serviços no exterior, eles que haviam se empobrecido no apego à causa da liberação da Palestina.

Se Godofredo ficara assoberbado por seus deveres como Advocatus, Balduíno I pelo menos desfrutava de uma folga ocasional das exigências de seu novo reino ao investigar com empenho as pistas das relíquias perdidas. Alguns artefatos controversos vieram à tona, mas praticamente todos eram fraudes evidentes. Um dia, porém, dentro dos primeiros três anos de seu reinado, chegou até ele um relato verossímil, embora não verificado, acerca da localização aproximada de um objeto muito particular que certamente merecia consideração especial. Embora bom demais para ser verdade, a menor possibilidade de sua existência poderia sem dúvida ter explosivas ramificações políticas e religiosas não só para Jerusalém, mas para os mundos da cristandade e do Islã.

Jerusalém estava minada de espiões, não todos do Vaticano, por isso o rei não conseguia tomar qualquer iniciativa sem ser observado por seus inimigos, tanto estrangeiros quanto domésticos. Assim ele confiou a informação crítica a um nobre de alto escalão, fez o homem jurar segredo e despachou-o para o norte da França. Chegando a Troyes em 1104, o homem procurou Hugo de Champagne. Considerado um dos senhores mais ricos de toda a Europa, o conde de 38 anos acolheu o nobre de Balduíno num conclave secreto de aristocratas, todos de algumas das famílias de maior prestígio no país. Sem a menor dúvida, eles discutiram a mensagem de Balduíno, mas seu conteúdo e como reagiram a ela pode apenas ser presumido.

Quase imediatamente após o encontro em Troyes, Hugo viajou para a Palestina, onde ficou quatro anos residindo no palácio do rei, embora o propósito de sua estada ali nunca tenha sido revelado. Retornando à França, o conde ficou ocupado com preparativos entusiásticos, ainda que não especificados, para uma segunda viagem à Terra Santa, para onde voltou em 1114. Menos de um ano mais tarde, antes de um novo retorno à França, o conde quase certamente se uniu a seu amigo real numa expedição ao "oultrejourdain", termo francês para "além do Jordão", uma região extensa, mal definida, inóspita, a leste do Rio Jordão, estendendo-se para o sul, através do Deserto do Negev, até o Golfo de Ácaba e, para o norte, até o Mar Morto. Foi nesta área remota, desolada, que Balduíno I ordenou a construção de um castelo pequeno, mas muito bem fortificado, aparentemente para controlar as rotas de caravanas muçulmanas das proximidades, que proporcionavam rendas para seu reino.

Seus bem preparados engenheiros de construções começaram a trabalhar de imediato, erguendo a fortaleza em tempo recorde. Ela, porém, permaneceu três anos desabitada e acabou nunca sendo usada; destino curioso para o castelo, especialmente em vista do nome que Balduíno lhe dera: Montreal, a "Montanha Real". Com cerca de 12 metros de altura, a estrutura dificilmente teria alguma coisa de montanhosa, nem estava situada no topo de uma montanha. Seu nome, no entanto, era um dos que tinham sido reservados no passado só para os lugares mais santos, mais comumente associados no pensamento cristão com o Gólgota, a elevada colina onde Jesus fora crucificado. Assim, Montreal foi uma escolha particularmente estranha para uma fortificação obscura, um tanto insignificante e que acabou ficando inabitada.

Concluídas as ameias que ficariam sem uso, Hugo retornou à França e começou de imediato, aparentemente sem nenhuma razão, a contribuir financeiramente com um grupo de monges conhecidos como cistercienses. Desde sua fundação, dezesseis anos atrás, essa ordem católica tinha se desenvolvido relativamente pouco, mas adquirira merecida reputação pela fanática lealdade de seus partidários a Bernardo de Fontaine – famoso em vida como Bernardo de Clairvaux, canonizado após a morte como São Bernardo –, o mais dinâmico organizador espiritual numa era de clero forte. Graças à inexplicável generosidade do conde e à inspirada liderança de Bernardo, os cistercienses foram afastados do abismo da dissolução e se viram possuidores de terras próprias e de uma nova abadia.

Os Cavaleiros Templários

Três anos mais tarde, em 1118, Balduíno, o rei cruzado de Jerusalém, morreu na pequena aldeia egípcia de Al-Arish, em 2 de abril, depois de uma refeição indigesta de peixe mal cozido. Seu primo o sucedeu, tornando-se Balduíno II, e foi logo depois visitado por nove franceses anônimos. Eles lhe pediram permissão para proteger rotas de peregrinos dentro e fora da Terra Santa, nada querendo para si próprios além de um lugar para ficar. Impressionado pela piedade dos forasteiros, o rei lhes concedeu acesso livre ao pátio de seu palácio no alto do Monte Moriá, local do primeiro templo israelita. O pátio estava instalado no que se acreditava fossem as ruínas dos estábulos de Salomão, "onde de imediato os nove homens se tornaram objeto de singular benevolência por parte do rei".[11]

Essa, de qualquer maneira, foi a explicação oficial de como os templários surgiram, mas era, na realidade, mais fábula que fato. Balduíno II dificilmente teria entregue os acessos da mais crucial residência de Jerusalém a alguns voluntários desconhecidos, empobrecidos, muito menos lhes permitiria acampar indefinidamente entre as ruínas sagradas da cidade. Karen Ralls, uma especialista nos templários, pergunta: "Por que os primeiros nove cavaleiros receberam nada menos que uma ala do palácio do rei como moradia básica? Sabemos que os templários guardavam os cavalos nos espaçosos estábulos sob o Templo de Salomão (que tinha espaço para milhares), o que leva alguns a especular que isso proporcionava uma 'cobertura' ideal para outras atividades, como, por exemplo, cavar os túneis".[12]

Sem dúvida os forasteiros indigentes teriam mais provavelmente sido despedidos como insolentes ou ignorantes, porque já há cinco anos existia uma organização de segurança pública grande e plenamente desenvolvida, encarregada de proteger as vias de peregrinação. Além disso, jamais teria sido concedida a nove requerentes desconhecidos uma audiência pessoal com o rei, ainda mais para tratar de um assunto tão trivial. O pedido para a criação de uma nova ordem teria sido desconsiderado como redundante e os homens seriam instruídos a se alistarem no corpo da guarda, que procurava voluntários como eles. "A lógica, assim como a boa organização", Charpentier sublinha, "teria exigido que estes nove cavaleiros, que desejavam defender os peregrinos, tivessem se dirigido à Ordem dos Hospitalários. Eles não fizeram nada desse tipo."[13]

As verdadeiras origens dos templários começaram mais cedo, logo após Balduíno I se transformar no primeiro monarca latino da Terra Santa. Um dia, dentro dos primeiros três anos de seu reinado, uma fonte fidedigna e mantida para sempre em sigilo, de identidade perdida para a história, disse-lhe que ele estava em sentido bem literal sentado sobre o maior tesouro conhecido pelo homem. Mas o potencial de risco era tão imenso que o simples boato sobre o possível paradeiro do que estava lá poderia destruir o mundo que o rei e seus contemporâneos conheciam. A despeito dos altos riscos envolvidos no resgate do objeto, sua queda em mãos erradas – muçulmanas ou cristãs – seria uma calamidade sem paralelo e, portanto, valia a pena fazer todos os esforços para evitá-la. A informação, embora digna de crédito, não fora checada e, antes que Balduíno I ou alguém mais pudesse prosseguir, era preciso confirmar ou desmascarar sua autenticidade. Num momento como esse, o rei só podia confiar nos membros de sua própria família na Ordem do Santo Sepulcro e um homem entre eles, seu primo Hugo de Champagne, seria o único capaz, graças aos laços culturais que mantinha em Troyes, de determinar se a fantástica afirmação tinha validade ou não.

Por esse motivo o rei convocou um nobre de alta categoria da Ordem (infelizmente sua identidade é desconhecida) e confiou-lhe uma carta para Hugo, expondo a alegação de que havia um "tesouro" no Monte do Templo. Estivesse ou não consciente da informação transportada entre sua correspondência, o mensageiro chegou com ela a Troyes no início de 1104, quando o segredo foi revelado ao conde de Champagne e a seu círculo íntimo de aristocratas unidos por laços de sangue. De imediato eles procuraram a maior autoridade mundial em assuntos dessa espécie, Salomão ben Isaac. Conhecido em toda a comunidade intelectual da França como rabino Rashi, ele estava entre os mais brilhantes estudiosos judeus da história europeia, era o decano dos estudos hebreus e fundador, em 1070, de uma escola cabalística. Ali o legado oculto da antiga Israel, como preservado em comentários secretos da Torá, era estudado e debatido. Mais importante ainda, esse conjunto arcano de tradição oculta emendava a versão que dava o Antigo Testamento sobre os acontecimentos que cercaram os últimos dias do templo de Salomão, como contado em *Macabeus*.[14]

Antes da destruição do tabernáculo pelos babilônicos, acredita-se que o profeta Jeremias tenha salvado a Arca da Aliança, escondendo-a numa gruta do Monte Nebo e insistindo que seu paradeiro deveria permanecer secreto "até o dia em que Deus queira reunir de novo seu povo e recebê-lo em sua misericórdia".[15] Segundo a cabala, contudo, o Monte Nebo não era absolutamente uma montanha específica, mas outro nome do próprio Monte Moriá. Consequentemente, *Macabeus* declara, com efeito, que a Arca estava escondida no Monte do Templo, que era e é corroído por centenas de cavernas.[16] Desde o momento de sua concepção, acrescentava o rabino Rashi, o templo incorporou um detalhe de projeto destinado a proteger de danos seu objeto sagrado, um último recurso efetivo contra a possível ocupação por forças inimigas – um alçapão.

Um alçapão secreto no próprio santo dos santos, na direção da quina sudeste da construção, permitiria que o sumo sacerdote levita baixasse a Aron ha-Berit através de um profundo poço artificial, que se conectaria com uma grande caverna natural muito abaixo do templo. Antes da queda do templo em 587 a.C., a Arca foi armazenada nesse esconderijo previamente construído, escapando assim do confisco. Seu esconderijo subterrâneo não foi uma excepcional peça de engenharia, mas algo perfeitamente integrado às escavações que, há séculos, vinham sendo feitas muito abaixo do templo. Quase 130 anos antes da invasão de Nabucodonosor, o rei Ezequias havia expandido uma complexa rede de túneis anteriormente escavados. Mais cedo ainda, "obras hidráulicas subterrâneas foram postas em andamento", segundo Steven Sora, "porque a conquista da cidade por Davi ensinou-lhe que nenhum preço era alto demais para tornar um poço de água acessível".[17]

Contudo, quando 150 anos mais tarde, os israelitas retornaram ao Monte Moriá do cativeiro na Babilônia, eles ficaram angustiados ao ver que praticamente todos os traços do templo haviam sido eliminados, ocultando a posição precisa do alçapão pelo qual o objeto sagrado teria desaparecido debaixo da terra. Propenso como o Monte Moriá era, e ainda é, a surtos de violência sísmica, o poço secreto poderia ter sido ainda mais comprometido ou mesmo destruído por um ou mais tremores de terra.

Embora a Arca não pudesse ser recuperada, pelo menos sua localização genérica era conhecida. Enterrada para sempre, definia Jerusalém como a Cidade Santa. Nos mais de quinze séculos desde então, judeus piedosos cultivaram o hábito de curvar a cabeça para sudeste quando entravam em suas sinagogas, preservando assim a memória comunitária, a memória viva da localização da Arca para a época em que eles ou seus descendentes retornassem a Sião. Como esse dia parecia estar alvorecendo com a coroação de um monarca merovíngio cujo palácio já estava instalado nos terrenos do próprio templo, chegara o momento de compartilhar essa tradição cabalística com os que pudessem usá-la em proveito de todos.

Quase imediatamente após o encontro em Troyes, Hugo de Champagne viajou para a Terra Santa, onde comunicou a excitante revelação do rabino Rashi a Balduíno I. Juntos, nos quatro anos seguintes, eles elaboraram cuidadosamente uma estratégia abrangente para escavar e depois proteger a Arca da Aliança. Planejar tal resgate era coisa equivalente às mais secretas operações militares do presente e, portanto, requeria preparativos meticulosos e de longo prazo. Estes começaram quando o conde retornou à França em 1108 para organizar um aparato de apoio, necessário não apenas para desenterrar o mais sagrado objeto do mundo, mas para mantê-lo para sempre fora do longo alcance do papado.

Com a segunda viagem de Hugo a Jerusalém, seis anos mais tarde, a fase preliminar do esquema chegou ao fim. Hugo contou a Balduíno que logo estaria enviando uma equipe de investigadores escolhidos a dedo que precisavam ser alimentados e alojados no Monte do Templo, onde deviam ter permissão para levar adiante seu trabalho por tempo indefinido, protegidos do escrutínio de qualquer forasteiro por uma impenetrável cobertura real. Uma vez encontrada, a Arca precisava ser imediatamente evacuada da Jerusalém repleta de espiões e levada para um lugar seguro. Para esse fim, conceberam uma fortaleza construída especialmente num local remoto, praticamente inacessível e fora de suspeitas, no Deserto de Negev, longe da Cidade Santa e guarnecida por um corpo de guardas de elite responsáveis unicamente perante o rei. Em 1115, o rei completou aquele castelo *oultrejourdain*, que esperou em vão pela chegada do singular tesouro para cuja proteção fora projetado. A única pista deixada por Balduíno de que a estrutura era algo mais do que parecia estava no nome que lhe deu: Montreal, o Monte Real.

Enquanto isso, Hugo de Champagne estava de volta à França, apoiando financeiramente os cistercienses como o corpo de elite de que precisava para tornar a operação possível. Das fileiras da ordem, seu líder carismático, Bernardo, selecionou nove dos monges mais brilhantes, mais profundamente devotos, com melhores aptidões militares e fanaticamente leais. Suspendeu todos os seus votos e contou-lhes da elevada missão para a qual tinham sido escolhidos. Daí por diante, responderiam somente a ele e suas vidas pertenceriam exclusivamente ao cumprimento dos novos deveres na Terra Santa. Receberam túnicas brancas para usar como participantes, agora, da Ordem do Santo Sepulcro de Godofredo de Bulhões, cujos membros ainda buscavam a restauração da grandeza merovíngia, que seria bem servida pela descoberta da mais célebre relíquia religiosa do mundo. Após três anos de treinamento especializado, doutrinação e condicionamento físico, durante os quais foram isolados do mundo exterior (inclusive dos monges como eles), os nove homens viajaram para a Palestina como a Milice du Christ, a Ordem dos Pobres Cavaleiros de Cristo, devido aos votos monásticos de adotar a pobreza, a castidade e a obediência. À frente deles, estava Hugo de Payens, que se dizia ter sido de origens humildes.

Praticamente nada se conhece sobre De Payens, salvo que acabaria por se tornar o primeiro Grande Mestre dos Templários, destacando-se perante os outros oito monges-guerreiros, todos bem relacionados e afluentes. Mas a identidade e a simples existência dele têm sido seriamente postas em questão pelo incômodo fato de que a área de Payens, da qual supostamente provinha, não existia na época em que seus companheiros ex-cistercienses ficaram sob sua responsabilidade. Sua terra natal era então, como tinha sido nos últimos 23 anos, parte da Lorena, e assim permaneceria pelos próximos sete anos. Em outras palavras, não havia Payens quando Hugo estava a caminho da Palestina. Quem era ele, então? Estudiosos tentaram conectá-lo com Hugo de Pagens, Hugo de Puiset, Hugo Peccator, Hugo o Pecador, e diferentes aristocratas sem importância, sempre sem sucesso. Seja como for, Bernardo jamais teria posto em risco todo o empreendimento designando um joão-ninguém empobrecido, sem um passado, para o comando de cavaleiros de elite, com linhagem, numa expedição delicada a terras estrangeiras. Considerando o sigilo muito necessário que cercava os templários desde seus começos, uma solução do mistério parece óbvia: Hugo de Payens era realmente Hugo de Champagne – mesmo os nomes são muito parecidos. A missão confiada aos Pobres Cavaleiros de Cristo era demasiado delicada para alguém com autoridade menor que o próprio conde, capaz de assegurar relações estáveis com as autoridades de Jerusalém. Ao contrário de seus camaradas, que nunca tinham se aventurado fora da França, ele visitara duas vezes a Terra Santa e fizera longas viagens por ela em companhia de seu primeiro rei, cuja cooperação foi crucial para o sucesso de seus esforços.

Dado o envolvimento profundo e obsessivo de Hugo de Champagne na empreitada durante os quatorze anos anteriores, parece improvável que ele não tivesse aproveitado a oportunidade de participar pessoalmente da consecução de sua exaustiva busca. Fora, afinal, seu principal patrocinador financeiro, pesquisador e organizador, mas seu aparecimento à frente de oito cavaleiros aristocráticos na Terra Santa teria chamado a atenção para a tarefa secreta que eles tinham, tornando impossível levá-la a cabo e arruinando todas as chances de qualquer tentativa futura. Por isso ele teria viajado sob a alcunha de "Hugo de Payens", disfarçado como apenas um dos Pobres Cavaleiros de Cristo, que chegaram para tornar seguro o caminho dos peregrinos até a Terra Santa. Alguns anos mais tarde, o conde declarou abertamente sua filiação aos templários e a fachada da missão formal da ordem ficou transparente. Como Louis Charpentier exclamou: "Um chefe soberano da França vindo policiar estradas e comunicações!"[18] Além disso, se fosse um dos oito templários subordinados, o conde teria sido obrigado a receber ordens do líder deles, que era seu vassalo – coisa dificilmente viável para um nobre medieval, especialmente alguém com o prestígio de Hugo de Champagne.

Quanto aos outros cavaleiros, a maioria deles era composta de flamengos, em geral da mesma Baixa Lorena, terra natal de Godofredo de Bulhões e dos reis Balduínos, de quem eram pelo menos parentes distantes. Quando chegaram à Palestina, Hugo ficou chocado ao saber que seu amigo e parceiro de conspiração estava morto. O irmão mais velho do rei, Eustáquio III, fora selecionado para governar pela maioria dos nobres cruzados, mas a Ordem do Santo Sepulcro anulou a escolha deles em favor de Balduíno de Bourc, que se tornou Balduíno II em 14 de abril, domingo de Páscoa, de 1118. Como um dos vários possíveis herdeiros ao trono, a Ordem o alertara antecipadamente sobre o plano secreto de seu predecessor para explorar o Monte do Templo e ele, portanto, esperou os nove hóspedes durante vários meses antes de sua vinda no meio do verão. Na verdade, ele já conhecia Hugo de Champagne de visitas anteriores e compreendeu de imediato a necessidade que o conde tivera de despistar.

Durante todos os seus anos de residência, os monges guerreiros jamais guardaram uma só estrada, nem tentaram recrutar quaisquer novos membros além do círculo fechado original de nove homens. Contudo, o rei de Jerusalém concedeu-lhes, nas palavras da escritora Karen Ralls, "acomodação exclusiva em seu palácio no lado sul do 'Templo do Senhor' "[19] e permitiu que acampassem sem custos na mesquita de Al Aqsa, diretamente sobre onde se suspeitava estar localizado o Templo de Salomão. Daí por diante eles passaram a se autodenominar "la Milice du Christ", os Pauperes Commilitones Christi Templique Salomonici, "Milícia de Cristo, Ordem dos Pobres Cavaleiros de Cristo do Templo de Salomão" ou, simplesmente, templários. Na realidade, sua organização numericamente insignificante já estava operando há pelo menos quatro anos. Baigent, Leigh e Lincoln citam uma carta escrita pelo bispo de Chartres, que soube que Hugo de Champagne havia feito um juramento de se juntar à Milice du Christ em 1114.[20] Ainda mais cedo, durante o ano anterior, São Bernardo fundara um monastério no obscuro principado de Seborga, no norte da Itália, na expectativa de proporcionar um esconderijo seguro para "um grande segredo" trazido da Terra Santa. Quatro anos mais tarde, Bernardo chegou ao monastério de Seborga para liberar pessoalmente de seus votos dois monges cistercienses, Gondemar e Rosal, para que pudessem acompanhar os outros sete futuros templários na viagem a Jerusalém.

Como cavaleiros, eram um estranho grupo, desinteressados em recrutar outros e abstendo-se de obrigações públicas de qualquer espécie. Não usavam uniformes, vestiam modestas roupas civis. Suas famosas túnicas brancas e cruzes vermelhas, herdadas da Ordem do Santo Sepulcro de Godofredo de Bulhões, viriam anos mais tarde, depois deles saírem do Oriente Médio. Assim, eles mantinham um nível de exposição muito baixo, ficando praticamente desconhecidos e passando despercebidos pelo mundo exterior. O historiador da corte de Balduíno II, Foucher de Chartres, foi instruído a omitir dos registros reais toda a menção aos templários, inclusive o financiamento pelo rei de sua organização.

Os Templários Cavam à Procura da Arca

Assim, sob o abrigo de um anonimato planejado e proteção régia, eles começaram escavando um poço vertical no que presumiam ser a quina sudeste do primeiro templo, exatamente como o rabino Rashi havia especificado em Troyes. Como acontece com a maioria dos caçadores de tesouro, os templários começaram com grandes expectativas que foram gradualmente se transformando em desapontamento, à medida que meses de escavação não traziam qualquer traço do inestimável objeto. O conde de Champagne precisou de todas as suas habilidades diplomáticas e autoridade persuasiva para impedir que o baixo moral de seus pares templários fizesse fracassar a grande obra que estava sendo levada a cabo. Limitado a apenas nove homens, o trabalho era penoso e lento, porque "só membros da Ordem ou aqueles intimamente associados viviam ou tinham permissão para viver nestas áreas".[21] Segundo um historiador contemporâneo das cruzadas, Guilherme de Tiro, "do início ao fim dos nove anos, eles recusaram qualquer companhia, qualquer recrutamento".[22] À medida que o tempo passava, cavaram uma profunda rede de corredores sob a superfície do Monte Moriá, mas encontraram muito pouco motivo de encorajamento para tantas tarefas pesadas.

֍

Em 1867, após o Monte do Templo ser pela primeira vez cientificamente examinado, o capitão Charles Wilson, dos Engenheiros Reais Britânicos, e seu chefe de escavações, coronel Charles Warren, descobriram o complexo subterrâneo dos templários. Quaisquer dúvidas com relação à identidade de seus escavadores do século XII foram deixadas de lado com a descoberta de uma espada, uma espora, um fragmento de lança e uma cruz de metal, que obviamente eram artefatos dos templários. Em 1912, os itens foram enviados ao avô de Robert Brydon, Anthony Mayhew Brydon, um perito na história dos templários na Escócia. Embora fossem os únicos achados do gênero feitos durante algum tempo, muitos outros túneis templários foram encontrados no ano anterior por Montague Parker, filho do conde de Morley, e em 1968, pelo arqueólogo israelense Meir Ben-Dov, liderando uma equipe de investigadores com formação universitária. Quanto a alguma indicação da magnitude da escavação executada pelos engenheiros medievais de Hugo de Champagne, Ben-Dov descobriu um poço vertical que eles perfuraram por 45 metros na rocha maciça.

Mais recentemente, um pequeno medalhão templário veio à luz quando Gabriel Barkai, outro cientista israelense e especialista em arqueologia bíblica, juntamente com seu assistente, Tzachi Zweig, estava trabalhando numa das pouquíssimas zonas sem restrição do Monte do Templo. Em janeiro de 2006, Barkai declarou que "o pingente comprova atividade templária ou posterior atividade maçônica na área. Com um centímetro quadrado de tamanho, o artefato era antigamente folheado a ouro no lado que trazia os símbolos de um martelo, tenazes e prego. No lado que abre está o que parece um sol, assim como um altar e o graal sobre uma coroa de espinhos".[23] A dispersão generalizada desses achados demonstra as extensas escavações empreendidas pelos templários durante sua estada na mesquita Al Aqsa e atesta que só a promessa de um tesouro de valor incomparável poderia ter sustentado um projeto tão exaustivamente trabalhoso.

֍

Após seis anos de trabalho incessante, os templários ainda não tinham nada para mostrar como resultado das toneladas de barro e rocha removidas do Monte do Templo. Confiando na inquebrantável determinação do grupo, Hugo de Champagne, ainda como Hugo de Payens, retornou sozinho à França, para resolver uns assuntos de família e fazer um relatório a Bernardo de Clairvaux. A descoberta da Arca necessitaria de uma estratégia diferente, que os dois cérebros por trás da busca tinham de conceber. A Palestina, eles sabiam agora, não era mais a região politicamente estável pacificada pelos primeiros cruzados, quando as relações com o antigo inimigo tinham se tornado tão cordiais que, apenas três anos após a tomada cristã de Jerusalém, o Grande Mestre dos Assassinos Muçulmanos enviou seu embaixador pessoal a Balduíno I.

Os tempos haviam mudado. No instante mesmo em que a coroa foi colocada na cabeça de Balduíno II, seu reino era simultaneamente invadido pelos sírios seldjúcidas e pelos fatímidas egípcios. Ao tentar salvar o principado de Antioquia da invasão, seu exército foi aniquilado numa batalha que os cruzados passaram a chamar de Ager Sanguinis, o Campo de Sangue. Enquanto os templários estavam extremamente ocupados cavando o Monte do Templo, o próprio rei foi feito prisioneiro pelo inimigo ao tentar patrulhar as fronteiras de Edessa, onde foi então mantido como refém. Sem a menor dúvida, a Terra Santa não era mais um refúgio adequado para a descoberta que Bernardo e o conde esperavam fazer. Imediatamente após sua escavação, o objeto sagrado, se fosse encontrado, seria enviado em segredo para o novo castelo que Balduíno I construíra exatamente para essa finalidade no Oultrejordain. Mas perto do final de seu reinado, ele percebeu que seu domínio sobre a área estava se tornando cada vez mais insustentável e vendeu Montreal, não utilizado, antes de morrer em 1118. Na realidade, os desafios militares cada vez maiores com que seu sucessor iria se defrontar tornavam todo o Oriente Médio perigoso demais para uma ressuscitada Arca da Aliança.

Um Novo Esconderijo

Por mais arriscada que fosse a tentativa, arranjos secretos foram feitos para a remoção da arca de Jerusalém para a Europa, onde um esconderijo ou esconderijos adequados precisavam ser garantidos antes de sua chegada. O refúgio secreto de São Bernardo no monastério de Seborga, no norte da Itália, já fora escolhido anos antes na expectativa de uma tal contingência. Mas contrabandear a arca da Palestina sem despertar suspeitas e sob os narizes dos espiões muçulmanos representava apenas o começo da operação, que incluía uma perigosa viagem marítima, possíveis ataques de bandidos e a necessidade de se esquivar das autoridades eclesiásticas. Se os templários pudessem transpor com êxito, com sua carga, esses formidáveis obstáculos, seu dever final seria entregar a Arca num porto seguro previamente arranjado, fora do escrutínio do papa e protegido tanto pela obscuridade quanto pelos muros de pedra.

Menos de um ano após sua partida, Hugo de Champagne retornou, desta vez como ele próprio, para junto dos camaradas que ainda trabalhavam no Monte Moriá. Seu aparecimento não foi uma falha gritante em termos de segurança, mas algo calculado para concentrar as atenções no secundário e esconder o principal. O rei Balduíno II acabara de ser libertado dos turcos ortoquidas por comandos armênios e a extasiante aclamação popular exibida em sua reentrada em Jerusalém pôs todas as escavações na área da mesquita de Al Aqsa na sombra. Durante meados do verão de 1127, os perseverantes templários deram com uma pequena caverna, uma entre as centenas que haviam encontrado debaixo do palácio do rei desde que ele os acolhera nove anos atrás. Esta última descoberta, no entanto, foi diferente das outras. No teto havia a boca de um poço vertical muito antigo, quase inteiramente cheio dos escombros que o impediam de se abrir para a superfície. Tochas iluminando a câmara natural revelaram que ela estava vazia, salvo por uma peça única, grande, colocada no meio do piso. Hugo foi chamado e chegou de imediato com os demais cavaleiros.

A Descoberta da Arca

Eles recuaram para a entrada desobstruída enquanto Hugo entrou sozinho, como o sumo sacerdote levita de antigamente, e puxou um pano bolorento, esfiapado e rasgado depois da passagem de muitos séculos, que estava jogado sobre o objeto. Esta coberta desintegrou-se numa nuvem de poeira, que momentaneamente obscureceu tudo e do centro da qual emergiu a Arca da Aliança, perfeitamente preservada. Dominados pela emoção, os descobridores caíram de joelhos diante do vaso de ouro, agradecendo intensamente por Deus haver abençoado seus anos de trabalho árduo. Secretamente notificado, o rei correu para as escavações, onde foi levado para um dos profundos túneis de trabalho dos templários. Em seu fundo, eles o escoltaram por alguns passos pela pequena cova que abrigava a preciosa descoberta.

Como acontecera com Akhenaton e Moisés antes dele, Balduíno II parece ter sido profundamente afetado pelo contato estreito com o objeto sagrado. Embora sendo um monarca amado e bem-sucedido, abdicou voluntariamente, a despeito da ausência de um herdeiro masculino. Renunciou a um dos mais poderosos reinos da Terra – Jerusalém, o Umbigo do Mundo –, cedendo o trono à filha, Melisenda, sob a condição de que ela se casasse com Foulque V, de Anjou, na França.

Balduíno II, de novo Balduíno de Bourc, privou-se de sua riqueza real e de tudo mais, com exceção das mais modestas posses pessoais para viver monasticamente pelo resto da vida, em prece e meditação, abrigado entre alguns monges na Tumba do Santo Sepulcro. Sua transformação não foi diferente, pelo menos no fundamental, da metamorfose de Amenhotep IV em Akhenaton quando ele entrou em contato com a pedra Ben-Ben ou da transformação de Moisés ao descer do Monte Sinai com as "tábuas" de Jeová. Nunca antes particularmente voltado para a piedade, Balduíno parece ter sido igualmente afetado pela exposição à abundante radiação de íons negativos da Arca da Aliança, que provocaram nele uma catarse ou estado alterado de consciência equivalente a uma experiência de Kundalini, com a abertura de seu chakra da coroa para uma dimensão espiritual anteriormente não reconhecida.

Assim que os templários fizeram sua descoberta, o tempo começou a trabalhar contra eles. Qualquer suspeita externa sobre o que realmente os havia ocupado desde 1118 poderia desencadear uma conflagração cultural que nenhuma autoridade terrena teria autoridade para extinguir. Quanto mais eles se demoravam em Jerusalém, com suas dezenas de milhares de olhos, maior a probabilidade de serem descobertos. Hugo enviou um mensageiro especial para Bernardo de Clairvaux informando, com uma linguagem em código, da descoberta. "Vossa missão está completa", respondeu o líder cisterciense numa mensagem cheia de grandes elogios, e pediu que voltassem de imediato para casa. O conde reservou acomodações no próximo navio a sair para a Europa e zarpou da Terra Santa com os cavaleiros seus pares no início do outono. Ninguém a bordo poderia sonhar que, entre os caixotes de suas bagagens, estava o supremo tesouro religioso do mundo.

A viagem transcorreu sem incidentes, assim como a longa jornada em carroças através da Itália, onde a Arca e seus templários fizeram uma pausa no monastério Seborga antes de seguirem para a França em fins de 1127 ou inícios de 1128. No Concílio de Troyes, em janeiro de 1129, um radiante Bernardo de Clairvaux conseguiu conquistar o reconhecimento papal dos Cavaleiros, que poderiam agora vestir as túnicas brancas, significando pureza de crença, pelas quais se tornaram famosos. A emblemática cruz vermelha ainda teria de esperar outros vinte anos, até o papa Eugênio III permitir que a usassem pela

O objeto sagrado da longa busca dos templários foi descoberto sob estrito sigilo.

primeira vez "como símbolo do martírio cristão".[24]

Um problema muito mais premente do que conquistar a aprovação papal de insígnias oficiais era alcançar o nível ótimo de segurança para a descoberta secreta. O primeiro e temporário esconderijo foi a abadia cisterciense que Hugo de Champagne tornara disponível quatro anos antes da descoberta oficial dos templários. Bernardo de Clairvaux era devotado ao que mantinha sob custódia, mas não conseguia resistir a fazer algumas insinuações óbvias que punham em perigo sua vulnerável carga. Por exemplo, quando um monge estudante lhe pediu uma definição pessoal de Deus, ele chocou o jovem noviço declarando: "Eu O vi! Ele é altura, largura, comprimento e profundidade".[25] A óbvia referência de Bernardo à Arca da Aliança era reforçada por sua frequente caracterização da abadia em que ela fora encerrada como a entrada da "Jerusalém celeste". O próprio conde de Champagne comentava que o "abade de Clairvaux tornou-se o oráculo da Europa",[26] significando talvez que dizia mais do que devia.

Pior ainda foi que, após ser informado pelos templários da descoberta sob o Monte Moriá, Bernardo anunciou aos companheiros cistercienses:

Bem que Damedieu [a Mãe de Deus] tem trabalhado conosco e também nosso Salvador Jesus Cristo, que pôs seus amigos da Terra Santa de Jerusalém em marcha através da França e da Borgonha (...). O trabalho foi cumprido com nossa ajuda. E os cavaleiros foram enviados para a jornada através da França e da Borgonha, isto é, de Champagne, sob a proteção, como vamos ver, do conde de Champagne. É lá que todas as precauções podem ser tomadas contra qualquer interferência da autoridade pública ou eclesiástica; é onde nesta época melhor se pode proteger um se-gredo, um posto de guarda, um lugar de esconderijo.[27]

Esse "lugar de esconderijo" para a inestimável carga era a mais urgente preocupação dos Cavaleiros da Cruz Vermelha, pois realmente com demasiada frequência ele era posto em perigo pela incapacidade de São Bernardo em "melhor proteger um segredo" da "autoridade pública ou eclesiástica". Já então os templários não eram mais os mesmos nove humildes funcionários cegamente obedientes à sua vontade. O reconhecimento papal os havia transformado, graças a uma riqueza crescente e a um início de filiação da nobreza, abrindo novas esferas de interesses em termos de política de poder. Apesar, no entanto, de seu crescente envolvimento em assuntos seculares, a preocupação com o objeto sagrado colocado em suas mãos continuava acima de tudo. Eles ignoraram o comando do indiscreto São Bernardo, removendo a Arca de sua abadia em Citeaux para a Baixa Lorena, ducado de Godofredo de Bulhões antes de ele ajudar a comandar a Primeira Cruzada para a Terra Santa, da qual nunca retornou. Mas seu formidável castelo continuava de pé e fora herdado pela família após sua morte. Que a descoberta para a qual ele dera o passo inicial devesse encontrar morada permanente em sua fortaleza era não apenas apropriado, mas sensato: a maciça estrutura era, de fato, nitidamente defensável, situando-se entre as posições militares da Europa mais capazes de desencorajar qualquer ataque de sítio.

Além disso, sua localização não longe de Troyes permitia aos templários, aos membros da Ordem do Santo Sepulcro e a uns poucos privilegiados acesso ao objeto sagrado e à sua valiosa aura. Ele fora responsável pelas mortes de milhares quando mal utilizado como arma milagrosa e arrastado pela Península do Sinai, mas depois de quinze séculos profundamente enterrado no solo a Arca perdera muito de sua acumulação estática, permitindo que as pessoas se aproximassem dele em segurança e respondendo positivamente a um *input* de baixa frequência, como meditação, prece ou hinos. O mineral trabalhado que ele continha, afinal, só era capaz de alterar o tipo e energia a ele dirigido. Ruídos de fanfarras marciais concentrados na matriz cristalina foram um dia amplificados e transformados numa barragem sônica de artilharia que derrubara as muralhas de Jericó, mas agora, vibrando com a piedade da ordem religiosa que a cercava, o *output* seria inteiramente diferente – e Troyes se tornou de repente o mais notável centro urbano da Europa. Enquanto o restante da cristandade chafurdava no fanatismo, na superstição, no analfabetismo e na ignorância, seus cidadãos desfrutavam de uma liberdade intelectual e um florescimento cultural ausentes no mundo exterior. Aqui, em Troyes, foi composto o primeiro romance do graal e a erudição hebraica floresceu. A história e as artes não estavam condicionadas pelo dogma papal, enquanto a ciência muçulmana – particularmente a medicina – era estudada sem preconceito. O fato mais notável de todos foi o repentino surgimento do etéreo traçado gótico em contraste agudo com as pesadas igrejas românicas, que dominaram o início dos tempos medievais. Nada poderia ser mais diferente que esses dois padrões de arquitetura religiosa. O paradigma mais antigo era sombrio, carregado e opressivo, comparado ao etéreo senso do infinito no novo estilo. Um adotava a escuridão; o outro se abria para a luz; a caverna em contraste com a floresta – os resultados materiais de dois pontos de vista e mentalidades diametralmente opostos.

Os historiadores se perguntaram durante muito tempo como e por que a Revolução Gótica aconteceu naquele momento e lugar. O refinado medievalista Louis Charpentier observou:

Ela surge de repente, sem preâmbulos, lá para 1130. Em alguns anos, alcança seu apogeu, nasce inteira e completa, sem experimento ou extravio. E a coisa extraordinária é que, repentinamente, tem ao seu dispor mestres das artes, artesãos, mestres de obras, em número suficiente para empreender a construção de oitenta monumentos enormes em menos de cem anos... O gótico não se segue ao românico. Eles existiram em conjunto. Os mestres de obras românicos continuaram com seu românico, enquanto os mestres de obras góticos erigiam seu gótico. E as duas "escolas" não se misturavam. Quando a escola românica tentou fazer incursões pelo gótico, o resultado não passou, na maioria das vezes, de um estilo um tanto bastardo que foi mais tarde denominado, de modo cortês, "de transição". Os mestres de obras góticos não tatearam... Se o românico, partindo dos dias do romano e do bizantino, só chega à plenitude após muitos "melhoramentos", o gótico aparece de um só golpe, completo, inteiro e por todo o ocidente.[28]

Alguns investigadores especulam que princípios de construção perdidos tinham sido encontrados na Terra Santa por cruzados em retorno, que os levaram para a Europa, resultando no abrupto florescimento gótico; ou que plantas antigas teriam sido desenterradas no Monte Moriá; ou que uma irmandade sufista teria compartilhado suas técnicas de construção secretas com iniciados europeus e assim por diante. Mas nada remotamente parecido com a arquitetura gótica jamais apareceu no Oriente Médio ou no mundo antigo. Na realidade, seus primórdios coincidem com a chegada dos templários à França. "Sustento que o Templo foi responsável pela construção das grandes catedrais góticas", Charpentier afirmou, "pela simples razão de que nenhuma outra organização poderia ter capacitado bispos e capelães a promover tais projetos".[29] O objeto sagrado levado do

Monte do Templo projetou sua aura sobre a vizinhança de sua localização – primeiro no monastério cisterciense de Seborga, no norte da Itália; mais tarde na França, na abadia de Citeaux; depois no castelo de Bouillon, da família de Godofredo, em Flandres – afetando os franceses de Champagne, assim como muito tempo antes havia energizado os israelitas em Jerusalém e os egípcios em Akhetaton. Ele os espiritualizou, ativando seus mais elevados potenciais de criatividade, o que resultou no pré-renascimento na cidade de Troyes e na Catedral de Chartres.

Um Novo Templo para a Arca

Parece que foi nesse prédio religioso fundamental que os templários planejaram instalar permanentemente seu incomparável tesouro. De suas moradas temporárias em Champagne e na Baixa Lorena, a Arca da Aliança estava difundindo uma ressonância iônica pelo norte da França, imbuindo seus habitantes de uma euforia espiritual, levando muitos deles a acreditar que a igreja estabelecida e o mundo europeu que ela dominava estavam prestes a desaparecer, sendo naturalmente substituídos pelo elevado sentido de uma nova era. Chartres deveria ser o lar desse revigorante centro de poder, do qual suas energias divinas se irradiariam para levar toda a humanidade da selvageria básica à excelência da divindade. Aqui estava o verdadeiro sentido da alquimia, nada menos que o maior salto transcendente na evolução humana, expresso pelo movimento gótico.

O início da construção em Chartres, logo após o retorno dos templários com sua descoberta de Jerusalém, e o reconhecimento oficial da Ordem no Concílio de Troyes, em 1129, não foram acidentais. Tampouco o lugar para a catedral foi escolhido por mero acaso. Ele era o foco especial de atividades rituais que remontavam à idade da pedra. O prédio medieval ergueu-se sobre um grande monte artificial lembrado como Lugar do Forte, provavelmente um local para iniciação em algum culto. Reunidos ao redor havia numerosos dólmens, montes de pedras (conhecidos na França como *mergers*), menires e outras rochas em pé, todos orientados para o outeiro de terra, como se prestassem homenagem ao solitário monólito fixado sobre ele ou a partir dele formassem uma espiral. O monte, então, simulava o ventre inchado ou o útero da Terra com a pedra-umbigo no centro.

Algumas das estruturas megalíticas datavam do quinto milênio a.C., mas as práticas espirituais associadas a elas avançavam séculos afora, penetrando bastante pelos primórdios da era cristã graças aos sacerdotes druidas conhecidos como *carnutes*. Eles cederam seu título ao sítio paleolítico, Carnutes-Ys ou Lugar Sagrado dos Carnutes, do qual se derivou o nome Chartres. Na mitologia do norte da França, Ys, o Lugar Sagrado, é a ilha-reino governada por Gradlon Meur ou Gradlon o Grande. Só ele escapou de sua inundação e levou as tradições místicas da civilização submersa para a Bretanha, como evidenciado em sua abundância de ruínas megalíticas. Comparações com a perdida Atlântida são bastante óbvias e a caracterização feita por Charpentier do antigo Carnutes-Ys como "centro do druidismo", com o umbigo tipo útero e pedra umbilical, reforça sua identidade Umbigo do Mundo atlante.

Essa descrição foi reafirmada pela descoberta da chamada Virgem Negra numa gruta subterrânea dos druidas no Lugar do Forte, onde a Catedral de Chartres seria construída. A figura de pedra era uma representação da Mãe Terra, com os pés na cabeça de uma cobra que, segundo Charpentier, simbolizava aquelas energias sinuosas que os celtas conheciam como *nwyvre*, a "ondulante energia-serpente da Terra", que acessavam com suas cristalinas pedras em pé. "As correntes da velha Terra", ele escreveu, "são numerosas e variadas; mas aqui, em Chartres, estamos interessados numa que é particularmente sagrada, capaz de despertar um homem para a vida espiritual"[30] – precisamente a razão da escolha de Carnutes-Ys como o local de uma estrutura construída com o propósito de servir de relicário à Arca da Aliança. Eram justamente essas as forças telúricas concentradas que o cristal que ela continha requeria para funcionar como planejado. Usando a imponente catedral como uma imensa antena, ele transmitiria graça de um extremo a outro do globo, transformando os instintos mais baixos da humanidade em santidade.

Descartada para sempre estava a velha religião de medo e sofrimento, como indicados pela crucificação, que não aparece em nenhuma das 38 cenas religiosas encontradas em Chartres. Sua Porta dos Iniciados abre-se no lado norte da catedral, onde uma dupla de pequenas colunas retrata a Arca da Aliança gravada em relevo. Numa delas, as palavras latinas *Archa cederis* ["Vocês devem trabalhar através da Arca"] estão inscritas perto de uma representação da Arca numa carroça puxada por dois bois. A outra coluna retrata um homem não identificado, em vias de remover um véu da Arca, ao lado de um monte formado por cadáveres. Na cota de malha usada por um dos homens mortos aparece a declaração: *Hic Amititur, archa cederis*, ou "aqui as coisas tomam seu curso; vocês devem trabalhar através da Arca".

A primeira cena mostra o retorno bíblico da Arca num carro de bois, quando os filisteus, julgando-a perigosa demais, abriram mão dela. A cena também sugere que a Arca, após sua remoção para a França, está de novo em boas mãos. A segunda gravura pretendia ser uma advertência contra a má utilização da Arca, que era inteiramente capaz de criar lesões corporais se seu poder fosse manejado para fins destrutivos. *Archa cederis*, "vocês devem trabalhar através da Arca", é nada menos que uma declaração de compromisso, uma afirmação pública de que a Arca ainda existia e ia ser usada, obviamente para finalidades diferentes daquelas dramatizadas na segunda coluna. Isso, de fato, era precisamente o que os templários tinham em mente: instalá-la de modo definitivo em Chartres como a peça central da Nova Jerusalém, a vinda do Céu para a Terra. A antiga pedra de fogo que engendrara a glória do rei Salomão, a revolução de Akhenaton e a tecnologia atlante agora inspirava os recursos mais elevados do espírito humano, recursos até então adormecidos e não mobilizados, dando origem ao súbito florescimento gótico exemplificado em Chartres.

Os templários estavam empenhados em viver as palavras gravadas na Catedral de Chartres, na medida em que alguns deles, como acontecia com os sacerdotes levitas de outrora, começavam a devotar suas vidas inteiramente ao serviço da Arca. Destes devotos fanáticos, aqueles cavaleiros que não tinham sido tão profundamente influenciados tiraram um quadro de guardiães especiais, cuja única função era proteger o amado objeto sob sua custódia dos maníacos pelo poder, régios e papais, do mundo exterior. Sua captura por qualquer um dos reis continuamente beligerantes da Europa ou algum papa corrupto seria um desastre impensável. Assim que a monarquia ou o Vaticano começassem a desconfiar que a Arca da Aliança estivesse localizada em Chartres, derrubariam cada pedra para chegar até ela.

A esperança inicial, abertamente idealista, de que a catedral fosse o novo Templo, do qual uma energia transformadora irradiaria civilização, transformando a Idade das Trevas, época de ignorância e crueldade, numa era dourada de iluminação espiritual e cultural, mostrou-se uma alquimia improvável no mundo real da política medieval. Qualquer estrutura erguida pela mão do homem, por mais poderosamente fortificada que fosse, poderia ser destruída pela mesma mão. A própria época em que os templários viviam demonstrava repetidamente que, mesmo os castelos mais fortes, mais engenhosamente construídos, não conseguiam resistir até o fim às operações de cerco. Ninguém era capaz de resistir indefinidamente a inimigos externos com acesso a suprimentos ilimitados, e mesmo os defensores melhor abastecidos acabavam sucumbindo à necessidade de comida e água. Em vez de expor a Arca à vulnerabilidade de uma instalação permanente, uma guarda de elite de protetores fanáticos dispostos a morrer pelo objeto sagrado, mas suficientemente móvel para transferi-lo de uma locação secreta para outra quando a necessidade exigisse, era uma garantia muito melhor contra sua captura por inimigos.

A Custódia dos Cátaros

Quando a catedral não foi mais considerada um lar seguro para o objeto sagrado, por volta de 1206, o trabalho em Chartres gradualmente cessou, deixando a construção inacabada na face norte e a Arca sem uma morada final. Cerca de cinquenta anos antes, os templários haviam confiado a guarda da arca aos cátaros, uma irmandade de eleitos oficialmente sem vínculos com a Milice du Christ, mas recebendo de fato orientação da mesma sociedade secreta que comandava os Cavaleiros: a Ordem do Santo Sepulcro. Originalmente, os cátaros formavam uma das muitas heresias que varreram a Europa por volta da passagem do milênio e, em 1012, quando apareceram pela primeira vez no sudoeste da França com um punhado de seguidores, tinham pouca coisa diferente a oferecer. Uns dez anos mais tarde, foram considerados suficientemente irregulares pela igreja para que vários deles merecessem ser queimados na fogueira em Toulouse, mas seus números eram ainda insignificantes quando, mais de cem anos depois, em cerca de 1140, alguns viajaram para o norte.

A natureza precisa da relação dos cátaros com os templários nessa época estava envolvida em necessário sigilo, mas se soube que, já no século seguinte, muitos deles pegaram em armas em defesa dos templários. Foi em Champagne, quartel-general da ordem, que o catarismo se tornou pela primeira vez um movimento de massa. Templários e albigenses – outro nome dado aos cátaros, pelo fato de suas primeiras bases estarem na cidade de Albi – foram, afinal, contemporâneos desde o nascimento até a morte do catarismo. Na verdade, as semelhanças entre os dois grupos acabaram ficando tão próximas que um parece ter se tornado complemento do outro. Alguns cátaros chegaram a se alistar nos templários, progredindo rapidamente através das fileiras para níveis da mais alta confiança. A filiação não entrava em conflito com seus votos contra o ato de matar, porque desempenhavam serviços não militares como *frères casaliers*, "irmãos rurais", *frères de métiers*, "irmãos de serviço", e capelães, incumbindo-se de tarefas e ocupações subalternas ou cuidando das necessidades espirituais da Ordem.

Admitidos à presença da Arca, alteradora da mente, a exposição prolongada, como era de se esperar, expandiu sua consciência já herética, acrescentando-lhe o zelo religioso. Segundo William F. Mann, uma moderna autoridade no assunto, "os cátaros, para todos os efeitos práticos, provavelmente presumiram que eram, de fato, os guardiães substitutos de uma 'arca' dos templários que se destinava a uma comunicação direta com Deus".[31]

"Cátaro" se deriva das palavras gregas *kaqaro*, "os puros", ou *katharsis*, purificar as emoções através da inspiração, e realmente só se referia aos líderes do movimento. Conhecidos como os Perfeitos, apenas eles eram cátaros e iniciados na doutrina não convencional, ao contrário da maioria dos partidários – os "credentes", crentes, de quem não se esperava que adotassem os estilos de vida ascéticos praticados pelos "Perfeitos". De um modo mais geral, ambos eram encarados por simpatizantes como simplesmente *bons hommes* ou *bonnes femmes*, os "homens bons" e as "mulheres bondosas". Seus inimigos os chamavam equivocadamente de albigenses ou albigensianos, conforme Albi, apenas uma das muitas cidades (e certamente não a mais importante) do sul da França onde os cátaros dominaram.

Seu sistema de crenças marcava um afastamento radical da corrente principal da cristandade, que eles condenavam como satânica. O Jeová do Antigo Testamento não era o Deus da criação, mas um monstro enlouquecido por vingança que trouxe o Inferno para a Terra. Consequentemente, a Trindade e o Nascimento da Virgem eram rejeitados como disparates antinaturais e o sacramento da eucaristia era posto de lado. Eles não acreditavam que um dia São Pedro estivera em Roma para fundar uma igreja, cujos papas seriam mais provavelmente os sucessores dos imperadores romanos que dos apóstolos. Cristo supostamente nada possuía, era um homem empobrecido, mas o papa vivia num palácio. Jesus pode ou não ter existido, mas era, num caso ou no outro, significativo apenas até onde encarnava o espírito de redenção de um mundo feito para o sofrimento. A imagem de Cristo se contorcendo na cruz poderia ser um símbolo apropriado para a igreja católica, que matara Deus nos corações dos homens, mas os cátaros desprezavam o crucifixo como um repulsivo emblema de deicídio.

O símbolo deles também era uma cruz, mas que antecedia o cristianismo por três ou quatro milênios. Os mais antigos exemplos conhecidos da chamada Cruz Céltica, quatro quadrados unidos cortados por um círculo ou uma cruz com as pontas em brasa e um círculo em seu centro, aparecem em cavernas da Idade da Pedra, nos Pireneus, de onde os cátaros se originaram. Seu simbolismo solar fora apropriado por missionários, durante o início do século VI, como imagens de transição para o cristianismo nas Ilhas Britânicas. Mas do início ao fim dos tempos célticos, a cruz-círculo esteve associada ao velho deus do sol irlandês, Grannus, o mesmo significado adotado pelos cátaros, que reverenciavam a luz como manifestação visível do Espírito Santo, que eles também concebiam como uma pomba pura, branca.

∽

De uma ponta à outra da Irlanda, o emblema é ainda conhecido como Cruz Iônica, porque era mais particularmente identificado com a ilha de Iona, nas Hébridas. Foi lá, segundo o medieval *Anais de Clonmacnoise*, que um "povo do mar", os tuatha de danaan ou "magos caridosos" (em outras palavras, os que distribuem sabedoria sagrada), desembarcou ao chegar à costa sul da Irlanda em 1202 a.C.; a catástrofe final da Atlântida ocorreu em 1198 a.C. Sua identidade atlante é ainda mais enfatizada pela semelhança filológica do nome com a Tuaoi, o cristal sagrado da Atlântida. Talvez representassem a classe de iniciados encarregada do cuidado ou operação da Tuaoi, como sugerido por seu título, *caridosos*. Os *Anais de Clonmacnoise* de fato declaram que os tuatha de danaan levaram uma Pedra do Destino, a Lia Fáil, para Iona, que ainda no século XVIII era conhecida como Umbigo do Mundo.

∽

Os cátaros acreditavam que a alma humana era uma centelha de luz divina presa na dimensão material como uma borboleta numa teia de aranha. Era essa sua compreensão da queda do homem.

Atraído pela ilusão sensorial do mundo físico, o homem caía na armadilha do diabo, uma metáfora para a crueldade personificada em Jeová com seus representantes mundanos na igreja, esta "Sinagoga de Satã" governada por um verdadeiro Príncipe das Trevas, o papa. A essência vital da humanidade, sua graça original (em oposição ao pecado original do cristianismo) estava sendo sugada por esses demônios para perpetuar indefinidamente seus esquemas geradores de vítimas disfarçados como religião de amor. A libertação jamais poderia vir de algum falso Jesus a serviço dessa mesma fraude devota, mas através da marginalização individual e, em última instância, da rejeição do mundo material.

Como a Terra era o Inferno, não existia tal lugar na vida após a morte, assim como também não existia o Céu (pelo menos no sentido convencional), o Purgatório ou o Limbo. A morte não passava de uma porta através da qual a pessoa retorna à vida. Os cátaros, portanto, acreditavam na reencarnação e mesmo na metempsicose, a transmigração das almas, em que a consciência sobrevive à morte, retomando a sobrevivência física num novo corpo, humano ou não. Esse ciclo continua, já que somos incapazes de resistir às tentações da existência sensual. A redenção do ciclo aparentemente interminável de nascimento, sofrimento, felicidade passageira, morte e renascimento só pode ser atingida por uma renúncia a todos os prazeres ilusórios e encarando o ego como adversário. Aqueles que conseguem cumprir com êxito um regime de estrito ascetismo libertam-se, ao morrer, da grade dos sofrimentos terrestres, podendo assim finalmente retornar à luz divina, fonte da felicidade eterna de antes da Queda. Quem é, no entanto, incapaz de aceitar uma vida de renúncia deve recomeçar sua existência mortal. Para os cátaros, a reencarnação não é boa nem má – nem predeterminada –, mas resultado da incapacidade pessoal em escapar dos laços da existência carnal através da abstinência.

Para alcançar a salvação pessoal, os Perfeitos se dedicavam à total renovação espiritual. Quando da filiação, entregavam todos os bens materiais à Ordem e passavam a usar túnicas simples, pretas, com cintos de corda. O objetivo de suas vidas era a purificação em pensamento, palavra e ação, que atingiam através da simplicidade, frugalidade e modéstia, dependendo inteiramente das esmolas para o sustento. Não eram permitidos carne ou laticínios; ingeri-los era considerada uma forma de canibalismo – ainda possuíam alguma coisa das almas que outrora os animavam – e matar, sob qualquer forma, era estritamente proibido. Além disso, tais alimentos eram subprodutos da reprodução sexual, coisa que os Perfeitos pessoalmente repudiavam e desencorajavam nos outros, porque a cópula os tentava a permanecer no mundo material. Consumir peixe era permitido, porque era crença geral na Idade Média que esse animal era o único que não se reproduzia sexualmente.

Os Perfeitos observavam o celibato integral e jamais oficiavam cerimônias de casamento para outros; defendiam, ao contrário, a abolição do matrimônio. Em seu lugar, o concubinato – a gratificação do desejo sexual sem a geração de descendentes, impedindo assim a perpetuação e disseminação do cativeiro humano – era considerado preferível, embora o simples fato de tolerar a paixão física escravizasse homens e mulheres a outro ciclo de reencarnação. Os Perfeitos passavam boa parte de suas vidas em meditação, oração e trabalho de caridade, mas suas principais obrigações e atividade consistiam em conquistar novos convertidos ao catarismo, como meio pelo qual seus semelhantes poderiam se libertar do mundo da carne e do Demônio. Guerra, pena capital e juramentos – três características fundamentais dos tempos em que viviam – eram integralmente rejeitados e as mulheres Perfeitas ganharam igualdade quase total com seus companheiros de doutrina homens.

Enquanto esses ascetas jamais somaram mais que uns poucos milhares de eleitos, a grande maioria dos partidários era formada de Crentes. Seguiam as mesmas restrições dietéticas e aderiam aos princípios fundamentais da não violência e caridade, mas se casavam, levavam vidas praticamente normais e não estavam obrigados a adotar disciplinas austeras. Os "credentes" desejosos de se juntar aos Perfeitos submetiam-se ao *consolamentum*, em que formalmente renunciavam ao mundo exterior, devotando-se inteiramente à purificação espiritual. Uma cerimônia simples envolvia a imposição de mãos e o beijo ritual da irmandade, atingindo o clímax com um "batismo de fogo" para celebrar a busca do iniciado pela luz primordial de Deus. Mais comumente, os Crentes tomavam o consolamentum em seus leitos de morte, porque ele lhes assegurava libertação, exatamente quando o momento final se aproximava, do ciclo da reencarnação. Para assegurar a eficácia da *endura*, como o processo era conhecido, recusavam comida ou bebida, apressando assim o falecimento. O suicídio, no entanto, não era tolerado, embora alguns dos últimos Perfeitos tenham de fato acabado com suas vidas subindo nas montanhas, onde pereceram pela exposição a temperaturas congelantes.

Durante os últimos 150 anos, os historiadores afirmaram que os cátaros foram influenciados por ou de fato *eram* gnósticos pagãos, adoradores do sol dos pagãos, neodruidas, protomaçons, mitraístas ressurgidos, místicos sufistas, bogomils búlgaros, budistas tibetanos, cabalistas hebreus, zervanistas persas, zoroastristas, rosacruzes, jansenistas e diferentes quantidades ou combinações de cultos famosos ou obscuros e variadas fés. E como Markale observa: "Não é absolutamente certo que o catarismo possa ser objetivamente visto como uma religião cristã".[32] Mas embora ele se pareça com todas essas noções metafísicas e outras além delas, pelo menos em parte, o contato direto entre diferentes seitas é praticamente ausente. Quaisquer pontos em comum resultam antes das crenças fundamentais mantidas por todos os dualistas, que encaram o universo em termos de pares de opostos.

Dito isso, parece não obstante verdade que os cátaros foram pelo menos parcialmente influenciados por uma doutrina externa: o maniqueísmo. Embora não exista prova documentada da afinidade deles com o maniqueísmo, podemos deduzir evidências que sugerem isso. Fundada em meados do século III na Babilônia, a nova fé foi inspirada por Mani, um místico persa que pregava um retorno a Ohrmazd Bay, o Homem Original, associado ao zoroastrista Ahura Mazda, o deus da luz, que estava ele próprio envolvido numa luta imemorial com as forças das trevas. Mani incorporou ensinamentos gnósticos e cristãos a ideias e imagens budistas, ao que parece tirando seu nome religioso da palavra hindu para a joia sagrada da iluminação interior. Nos textos maniqueístas de uma ponta à outra da Ásia ele foi, afinal, descrito como "buda".

Como um de seus competidores na era romana, o maniqueísmo foi condenado pelos líderes cristãos, embora tenha perdurado muito tempo após a queda do mundo clássico e alcançado os tempos medievais. No século XI, os heréticos o usaram para provocar deliberadamente clérigos de mentalidade estreita. Embora não tenha chegado a ser seriamente adotado por rebeldes espirituais, o maniqueísmo foi comumente encarado como símbolo de oposição à religião dominante. Assim, algumas referências maniqueístas foram usadas pelos cátaros como títulos descritivos, muito especialmente para designar sua cerimônia supremamente arcana, a Manisola, e no novo nome para a Arca da Aliança: Pedra Mani. Ela fora conhecida por diferentes nomes ao passar de uma cultura para outra, como a Tuaoi atlante, a Fayra guanche e o Ben-Ben egípcio. Para os templários que a resgataram de 1.600 anos de esquecimento, ela foi o Desejo do Paraíso. Agora, nas mãos dos místicos europeus ocidentais, era chamada de Pedra Mani em homenagem ao famoso símbolo budista de pureza espiritual e iluminação, *om mani padme um*, "a joia no lótus". Embora uma pareça muito distante da outra em termos geográficos e culturais, parece ainda assim haver mais que coincidência filológica entre a Mani dos cátaros e a Chintamani tibetana descrita no capítulo 2.

Para Jean Markale, "é óbvio que os cátaros foram herdeiros dos maniqueístas. Isto também significa que o catarismo aparece mais como uma religião *inteiramente distinta* que como heresia cristã".[33] Na verdade, ninguém jamais saberá se, e até que ponto, os cátaros estiveram diretamente influenciados por alguma doutrina externa, porque nada sobrou de suas fontes materiais originais, tão completos foram os déspotas politicamente corretos da Inquisição, que condenaram cada documento albigense ao "fosso da memória" cristã. Embora os oponentes os acusassem de maniqueísmo, os Perfeitos jamais adotaram sua cosmologia e o emprego que faziam da terminologia era basicamente para finalidades descritivas.

Os *bons hommes*, no entanto, simbolizavam pessoalmente sua posição de liderança na Ordem do Santo Sepulcro deixando crescer o cabelo à maneira merovíngia. Mas todas as indicações reafirmam que eles representavam fundamentalmente um fenômeno espiritual nativo da Europa ocidental com algumas semelhanças superficiais com movimentos religiosos paralelos que, na maior parte, eram pura coincidência. No caso dos cátaros, o único verdadeiro estímulo exterior ocorreu quando eles foram postos em contato prolongado com os íons negativos expansivos da mente irradiando-se de sua Pedra Mani. Como seus constantes guardiães, o impacto psicoespiritual da Arca da Aliança sobre eles intensificou-se no decorrer do tempo, assim como afetara os templários, os antigos israelitas, os egípcios e os atlantes antes deles. E enquanto isso acontecia, os cátaros davam início a grandiosos projetos de construção. Em vez de uma cidade isolada como Atlântida ou Akhetaton, um templo similar ao lugar sagrado edificado por Salomão ou uma catedral como a de Chartres para servir de santuário à sua sagrada relíquia, construíram toda uma série de cidadelas no topo das montanhas que atravessavam o sul da França em direção aos Pireneus. Pois a despeito de sua soberba engenharia defensiva e das localizações excepcionalmente arrojadas, concebidas para resistir ao sítio mais prolongado, qualquer uma delas ainda poderia cair ao cabo de uma campanha determinada e bem abastecida – mas não todas ao mesmo tempo. Na eventualidade de uma estrutura de proteção ficar sob risco de ser capturada, providências seriam tomadas para remover a Arca em segurança para uma fortificação diferente, de uma para a outra e assim por diante, completando todo o circuito das fortalezas, se preciso fosse, sempre pelo menos um passo à frente do inimigo.

Apropriadamente, a primeira cidadela para a qual os cátaros levaram sua preciosa peça foi Montreal-de-Sos, batizada em homenagem ao castelo construído pelo rei Balduíno I na Terra Santa, que se destinara a ser o local de guarda original da Arca. O historiador francês do graal, André Douzet, escreve sobre sua colocação em Montreal-de-Sos: "Os antigos relatos acrescentam que a necrópole real está eternamente iluminada por esta pedra. Diz-se que só é visível por 'um punhado de guerreiros muito nobres'", em outras palavras, os Cavaleiros Templários.[34] A Arca deve ter sido instalada em Montreal-de-Sos antes de 1147, quando o papa Eugênio III, alarmado pela popularidade crescente dos cátaros, ordenou que seus padres e bispos mais articulados discutissem com os heréticos e os desmascarassem em seu próprio terreno no sul da França. Entre esses destacados propagandistas da igreja estava nada menos que Bernardo de Clairvaux, um dos primeiros fundadores dos templários. Ele fora afastado da própria organização que ajudara a criar, devido tanto à língua indiscreta quanto à sua determinação de reformar o cristianismo de dentro, em vez de deixá-lo ter a correção externa preferida pela maioria dos Cavaleiros.

Não mais na presença física da Arca, sua personalidade dinâmica se deteriorava. O enciclopedista do medievalismo, John Fines, escreve que São Bernardo se tornou "um místico conservador, bitolado por um conjunto de ideias quase ao ponto da estupidez, um puritano, hostil a todas as formas de cultura radical, extremamente combativo e veemente".[35] Dois anos antes de ser enviado para enfrentar os cátaros, tinha sido a força propulsora por trás de uma imprudente Segunda Cruzada. Com seu inevitável malogro, "muitos perderam a fé em Bernardo e viraram-se contra ele".[36] Seu esforço para dissuadir os albigenses da heresia foi igualmente malsucedido. Ele não só perdera grande parte do antigo ímpeto evangelizador, mas também simpatizava abertamente, pelo menos em parte, com os *bons hommes*. "Ninguém", declarou, "é mais sinceramente piedoso em suas orações que eles."[37] Talvez também invejasse a custódia do objeto sagrado que ele um dia guardara, ainda que não muito bem, uma perda que dissolvia sua combatividade numa melancolia pela Arca perdida.

Os cátaros se concentravam principalmente no Languedoc, uma região definida de forma vaga que abrangia aproximadamente 42.710 quilômetros quadrados na parte central do sul da França, grosso modo a região entre o Rio Ródano, na fronteira com a Provença, e o Rio Garonne, na Gasconha, estendendo-se para o norte até o Cévennes e o Maciço Central nos limites do Auvergne. O nome "Languedoc" é relativamente novo, mencionado pela primeira vez no início do século XIX, e significa "a língua de Oc", um antigo idioma românico baseado no latim que se falava na Ocitânia, ela própria uma área mal definida, maior que a moderna província do Languedoc, com a qual coincide nos limites dos Pireneus. Até hoje a região é conhecida como *le pays des cathares*, a terra dos cátaros. Os habitantes desse reino um tanto nebuloso jamais se imaginaram como francos, muito menos como "franceses", tanto pelas diferenças étnicas e culturais quanto pelas línguas diferentes. Contribuindo para seu senso de identidade distinta, os cátaros eram encarados pelo ocitano médio como "homens bons" nativos, embora a verdadeira associação dos Perfeitos nunca tenha reunido mais que, talvez, uns 10.000 aderentes.

A Igreja versus os Cátaros

Não foi, contudo, o número relativamente pequeno de membros que assustou a igreja, mas as centenas de milhares de simpatizantes. Todas as outras heresias tinham sido pouco mais que explosões reacionárias contra a corrupção excessiva e a teologia despótica e, portanto, fáceis de esmagar. Mas os cátaros representavam uma contraespiritualidade que dissolvia os profundos sulcos sociais entre rico e pobre numa colaboração de classes, criando assim uma base muito ampla de suporte. Nobres doavam terras para castelos, enquanto camponeses contribuíam com seu trabalho e alimento.

Toda a visão dos cátaros era encarada com horror pelos cristãos convencionais; o que mais os transtornava, no entanto, era o papel das mulheres de uma ponta à outra da hierarquia albigense. A mulher como responsável pela queda do homem – nascido desde então como uma coisa suja –, a inventora do pecado, criada do Diabo, era um ponto de vista que fizera parte da doutrina cristã nos últimos mil anos. A própria Maria Madalena era encarada como simples prostituta. A participação das mulheres em assuntos religiosos, segundo esse raciocínio, era parte do plano de Satã para se infiltrar nos cátaros. Suas Perfeitas escandalizavam o clero católico ao discutir teologia em público – comportamento inaudito para as mulheres. Quando um dos clérigos do papa Inocêncio viu-se incapaz de responder de forma convincente aos seus argumentos, explodiu diante de Esclarmonde de Foix: "Vá para sua roca, madame! Não fica bem a senhora se manifestar numa reunião como esta!"[38]

Enquanto isso, o papa Inocêncio III esbravejava com seu arcebispo do Languedoc em Auch: "Nós lhe damos uma ordem direta para destruir todas estas heresias, utilizando todos os recursos que puder, e para repelir de sua diocese todos que estão contaminados por elas. Se necessário, pode fazer com que os príncipes e o povo as suprimam pela espada".[39] A resposta do arcebispo a essas explosões papais foi ignorar suas ordens e meia dúzia de senhoras nobres, lideradas pela própria Esclarmonde, ostentando seu desdém, converteram-se ao catarismo durante uma cerimônia pública aplaudida pelos membros da nobreza presentes. Ultrajado, Inocêncio ordenou que Philip Augustus punisse os heréticos sem demora, mas o conde desafiou Sua Santidade recusando-se a guerrear contra a própria família. A igreja estava claramente perdendo controle sobre os líderes europeus.

No centro da controvérsia, os cátaros pareciam extremamente desinteressados em disputas políticas, querendo apenas libertar suas almas de um ciclo de reencarnações considerado sem fim e, ao mesmo tempo, ajudar outros a alcançar a mesma liberdade espiritual. Inesperadamente, no entanto, a ideologia renovadora deles – e especialmente a simpatia crescente que conquistavam – transformou-se em nada menos que o mais sério desafio revolucionário jamais enfrentado pela igreja cristã. O papa Inocêncio III foi forçado a destituir das funções sacerdotais vários de seus bispos no Languedoc, que se mostravam cada vez mais refratários à sua autoridade. O escândalo inspirou temores de que a heresia da Ocitânia pudesse acabar relegando ao esquecimento a própria organização fundada por Cristo, atendendo assim ao sonho de Lúcifer de anexar a Terra. Tal catástrofe tinha de ser evitada a qualquer custo e, à medida que as tensões cresciam, Inocêncio esperava alguma provocação que justificasse aquela solução a que os tiranos tipicamente recorrem.

Em janeiro de 1208, Inocêncio despachou seu núncio pessoal para a cidade de Toulouse, no Languedoc, com o objetivo de advertir o poderoso Raymond VI contra uma cumplicidade com os cátaros. O conde já fora excomungado uma vez por destruir as igrejas na sua cidade. Mas isso acontecera sob outro papa e Raymond fora depois reabilitado, pois o Vaticano não podia se dar ao luxo de continuar perdendo influência na região. Inocêncio, porém, dificilmente ficou à altura de seu nome ao enviar Pierre de Castelnau, um homem colérico e intolerante, numa missão tão delicada. Castelnau já era mal-afamado por ter excomungado nobres por suspeitas de heresia, geralmente sem julgamento, frequentemente porque a vítima exibira insuficiente reverência pelo desconfiado inquisidor. Seu encontro para remendar relações com um influente líder da Ocitânia degenerou, como era de se esperar, em ruidosas acusações contra Raymond VI como "acobertador de heresia", pelas quais o conde foi sumariamente, e de novo, excomungado.[40]

No dia seguinte, na estrada nos arredores de Tolouse, perto da abadia de Saint Gilles, Pierre de Castelnau foi mortalmente atacado por pessoas desconhecidas, possivelmente simpatizantes cátaros – certamente não pelos Perfeitos ou Crentes, para quem qualquer tipo de assassinato, mesmo de gente arrogante e pedante, era anátema. Um cavaleiro agindo sob o comando pessoal de Raymond foi imediatamente acusado pelos funcionários da igreja, mas o conde dificilmente cometeria a obviedade de ordenar o assassinato do homem que o excomungara vinte e quatro horas atrás. Mais provavelmente, Castelnau fora a vítima conveniente de assassinos do Vaticano, operando em nome do próprio papa, que precisava de alguma brutalidade dramática para galvanizar a cristandade francesa.

Uma Nova Cruzada

Sem dúvida, o assassinato do legado papal, e principalmente a apresentação do acontecido ao mundo exterior como um ato sangrento contra o próprio representante de Deus na Terra, elevou a temperatura da resposta emocional a um nível suficiente para outra cruzada. A diferença desta vez, contudo, estava no fato dela ser dirigida não contra estrangeiros distantes, mas contra pares europeus da terra natal continental. Lançando uma grande campanha militar, em vez de seguir procedimentos comuns visando à detenção de um só homem – o excomungado Raymond –, a ser denunciado por homicídio, Inocêncio III revelava seus verdadeiros motivos. "À frente, bravos soldados de Jesus Cristo", ele declarou. "Derrotem os agentes do Anticristo! Qualquer pessoa, por mais pecadora que seja, pode escapar dos tormentos do Inferno se lutar contra os hereges!"[41]

Sua Santidade estimulou ainda mais a sede de vingança da aristocracia cristã decretando que eles poderiam confiscar sem problemas toda a terra possuída pelos cátaros ou seus cúmplices. Como a população do Languedoc era predominantemente simpática aos *bons hommes*, o centro-sul da França, até então uma região autônoma, transformou-se em área de pilhagem para a nobreza. O Languedoc não era uma terra qualquer, mas uma terra *rica*. Seus campos estavam entre os mais produtivos do continente e a economia agrícola da Ocitânia florescia numa época em que o resto da França cambaleava na insolvência. O Languedoc era o centro de brilho cultural da civilização do ocidente, onde as cortes eram muito mais esplêndidas que em qualquer outro lugar, as artes e as letras floresciam e as taxas de alfabetização eram as mais altas. As considerações extraespirituais combinaram-se em grande medida para instigar os nobres do norte da França contra os hereges, de cujas terras sonhavam em se apoderar com a bênção do papa. Atordoados por uma doentia mescla de fervor religioso e cobiça pessoal, aristocratas de toda a área central da Europa correram em bando para punir os incrédulos inimigos da igreja.

A eles se somaram muitos milhares de franceses sinceros, o patriotismo e a devoção despertados pelo que julgavam ser uma ameaça ao seu país e à sua fé. Em 24 de junho de 1209, 20.000 cavaleiros apoiados por mais de 200.000 camponeses saíram de Lyon e seguiram o rio Ródano em direção do Languedoc. Reunidos sob a bandeira "Matar por Cristo!", foram acompanhados por recrutas de lugares tão distantes quanto a Borgonha, a Renânia, a Áustria, a Alemanha, a Hungria, os Países Baixos e os Bálcãs – todos convencidos de que a maior ameaça à cristandade tinha de ser extirpada do solo europeu.

Assim como os muçulmanos na Palestina, os ocitanos encararam a cruzada marchando contra eles como nada menos que uma invasão em grande escala, destinada a conquistar e dissolver sua terra soberana.

Ao contrário dos cátaros, no entanto, estavam inteiramente dispostos a lutar por ela e mobilizaram forças poderosas, bem mais formidáveis do que o inimigo imaginava. Mesmo cristãos ortodoxos que não simpatizavam com teologias alternativas lutaram contra a agressão vinda do norte, que ameaçava a existência de seu país.

Do início ao fim, a Primeira Cruzada para tomar Jerusalém levou menos de três anos. A cruzada albigense se estenderia por mais de *quatro décadas*, interrompida pela morte de Inocêncio III, mas retomada com a ascensão de seu sucessor, Honório. Ela acabou envolvendo toda a nobreza francesa do norte, que sofreu pesadas perdas sob o comando de outro legado papal, Arnaud Amaury. No primeiro combate significativo contra os ocitanos, suas forças tomaram a cidade de Béziers, em 22 de julho de 1209, graças unicamente à superioridade dos efetivos. As baixas de ambos os lados foram espantosas e Amaury aprimorou a carnificina ordenando a execução imediata de todos os hereges capturados. Quando um de seus comandantes perguntou como distingui-los dos irmãos católicos, Amaury respondeu: *"Caedite eos! Novit enim Dominus qui sunt eis"*. Desde essa época, suas palavras têm sido traduzidas e usadas por outros assassinos em massa como: "Mate todos eles! Que Deus faça a seleção!" – o que está mais próximo do genuíno espírito da ordem que o original latino: "Mate todos eles! O Senhor reconhecerá os Seus".[42]

Agindo nessa conformidade, seus homens irromperam pelas grandes e sólidas portas de carvalho da Igreja de Santa Maria Madalena, onde 7.000 cátaros e cristãos comuns, todos não combatentes e muitos feridos ou idosos, se encolheram temendo pelas suas vidas. Sucumbiram a uma carnificina de proporções verdadeiramente bíblicas – até o último homem, mulher e criança. Do lado de fora, de uma ponta à outra de Béziers, as tropas vitoriosas ampliavam a terrível baderna em nome de Jesus. Quando os métodos habituais de matar ficaram maçantes por excesso de uso, as tropas de ocupação passaram a se divertir cegando pessoas, arrastando-as atrás de cavalos e usando-as como alvos vivos para a prática do arco e flecha. Para completar o trabalho em quem pudesse ter escapado dos vitoriosos se escondendo na cidade, ela foi incendiada e reduzida a cinzas, sendo os sobreviventes que corriam das chamas abatidos a espada. Amaury se vangloriou num relatório escrito enviado ao papa Inocêncio: "Hoje, Sua Santidade, 20.000 cidadãos foram passados a fio de espada, independentemente de condição social, idade ou sexo".[43]

Consequências para a Arca

A cruzada pôs os Cavaleiros Templários num sério dilema. Embora subordinados diretamente à autoridade papal, eles haviam obedecido ao comando de seus verdadeiros líderes na sociedade semissecreta, a Ordem do Santo Sepulcro, passando a Arca da Aliança aos piores inimigos do papa. Os templários tinham, de fato, *formado* os desprezíveis cátaros de suas próprias fileiras e continuavam a lutar como seus ferozes, ainda que geralmente anônimos, protetores. Na região Sabarthez dos Pireneus, Otto Rahn, um estudioso alemão do século XX, encontrou câmaras, anteriormente não exploradas, com as paredes cobertas pela *croix pattée* e emblemas similares dos Cavaleiros Templários, lado a lado com a pomba dos cátaros e outros símbolos. Sua descoberta demonstrou o entrelaçamento entre os dois grupos, na verdade alas da mesma ordem. Mas-Deu, uma fortaleza no Roussillon, ligada à casa templária de Le Bezu, perto do mais conhecido Rennes-le-Chateau, foi um lugar de refúgio para sobreviventes cátaros. Na área de Razes, na Ocitânia, segundo Markale, "o conluio foi plenamente operacional".[44]

Em nenhum lugar foi esse conluio mais significativo que em Montreal-de-Sos, para onde a Arca da Aliança, antes da deflagração das hostilidades, foi levada de sua morada anterior, no castelo de Bouillon, na Baixa Lorena. Ela ficou sob a guarda do comando militar de Capoulet-Junac, estabelecido em 1136 pelo templário Guillaume d'Arnave. Uma lenda local narrava que a própria Montreal fora construída sobre a tumba do semideus grego Hércules. Enterrada com seu sarcófago haveria uma pedra-sol, emitindo uma radiância tão brilhante que iluminava toda a antiga necrópole e só era visível para "um punhado de guerreiros muito nobres", parecidos, Douzet sublinha, com os Cavaleiros da Távola Redonda.[45] O mito descreve a "Mani" dos cátaros antes dela ser transferida, à frente do avanço inimigo, para uma guarda mais segura num local mais inacessível, num topo de montanha.

Como indicação reveladora do notável poder que os templários haviam conquistado no momento em que estourou a Guerra Albigense, eles se recusaram a participar oficialmente dela e ficaram impunes, embora a mal disfarçada lealdade aos cátaros não tenha escapado aos olhos do Vaticano. Podemos nos perguntar se o declínio na sorte dos templários, que os levaria ao desastre sessenta anos depois, não teve origem em seu procedimento ambíguo durante a cruzada fratricida da Europa. Sua imagem identificadora, afinal, era a figura de dois cavaleiros num lombo de cavalo, outro laço com os cátaros, que viajavam em pares. Ao que parece esta imagem pretendia simbolizar os *pauperes commilitones Christ templique Solomonici*, a Ordem dos Pobres Cavaleiros de Cristo do Templo de Salomão, indicando que cada cavaleiro fora atingido demais pela pobreza para se dar ao luxo de ter seu próprio cavalo. Na realidade, porém, os templários tinham se transformado num poder econômico em si mesmo. O que finalmente passaria a ser encarado como sua duplicidade indicava também a afinidade com o dualismo cátaro; era uma percepção do terreno ideológico comum compartilhado por ambos os grupos, que na realidade eram alas, respectivamente militar e teológica, do mesmo movimento.

A despeito de uma feroz resistência e da participação velada de um grupo especial de Cavaleiros Templários, os ocitanos não puderam rivalizar com o número nem com a selvageria de seus inimigos em lugares como Béziers e teve início uma retirada lenta, combatente, pelo centro-sul da França. Sempre atentos à sua carga sagrada, os cátaros mantiveram a Arca da Aliança atrás da frente de batalha, passando-a de Montreal-de-Sos para uma série de outras fortalezas, à medida que um castelo após outro caía em poder dos cruzados. Normas estritas dos Perfeitos contra matar qualquer criatura viva, sob quaisquer circunstâncias, impediram-nos de manejar a Arca como uma arma, como tinham feito os israelitas bíblicos (com repercussões calamitosas para eles próprios).

O dedicado pacifismo dos albigenses não os impediu, no entanto, de executar serviço prático durante a guerra. Eram os mais renomados homens de cura da época, muito superiores aos curandeiros supersticiosos que passavam por médicos no resto da Europa da Idade das Trevas. Como auxiliares de primeiros socorros, pessoal responsável pelo transporte de doentes e enfermeiros de campanha, a coragem dos cátaros foi repetidamente demonstrada durante e após cada batalha.

Eram também tecelões incansáveis, fazendo uniformes de soldados com lã de ovelha, que era colorida com suas próprias tinturas minerais e vegetais. Os Perfeitos manufaturavam numerosos instrumentos cirúrgicos, fivelas de cintos, anéis, pingentes e peças religiosas, particularmente pombas de chumbo e distintivos na forma de um pentagrama, o Selo de Salomão, ligação simbólica dos cátaros, que também possuíam a Arca da Aliança, com Salomão.

Também cultivavam bosques de louro para seu simbolismo solar, expondo assim as raízes pré-cristãs de sua fé. Pelo menos desde a Idade do Bronze, o louro era o emblema de Apolo, antigo deus grego do Sol, cujos templos eram cercados pela árvore, pois se acreditava que ela purificasse as almas dos visitantes que procuravam o conselho oracular da Pítia. Ela era uma sacerdotisa virgem que mergulhava num estado alterado de consciência depois de mascar folhas de louro. Próximo dos louros estava o ônfalos, a "pedra do umbigo", através da qual o deus-sol se comunicava com a virgem. Os temas "pagãos" da pureza, da luz, de uma pedra sagrada e do contato íntimo com o divino eram também os motivos dominantes do catarismo.

⁂

No início de 1243, os invasores do exército real francês ocuparam a maior parte do Languedoc, forçando os homens bons e as mulheres bondosas que haviam sobrevivido a buscar sua última fortaleza: Montségur. Sendo muito provavelmente a cidadela mais inexpugnável da Idade Média, Montségur derivava seu nome do *Castrum montis securi*, o "Monte Seguro", como era conhecido dos romanos doze séculos antes. Eles foram precedidos por defensores ibéricos e por místicos muito anteriores, da Idade da Pedra, que veneraram o cume escarpado como um local sagrado. Sobre as ruínas dessas antigas ocupações, o baluarte medieval se empoleirava no topo de uma imensa agulha de calcário do tipo conhecido como *pão de açúcar*, elevando-se a mil metros contra o pano de fundo dos Pireneus. Vistas imponentes de muitos quilômetros em todas as direções estendiam-se pelas áreas centrais dos cátaros para impedir ataques de surpresa e as paredes de seus rochedos a prumo eram mais formidáveis que quaisquer muralhas de castelo feitas pelo homem. A fortaleza só era acessível por sua face leste, através de uma crista com poucos metros de largura e, portanto, fácil de proteger dos rochedos adjacentes que chegavam a 100 metros de altura. As ameias se estendiam pelos contornos da crista mais alta da agulha e, misturando-se com ela, formavam um inexpugnável baluarte de defesa.

Prevendo perseguições, os cátaros conceberam Montségur como sua derradeira esperança de sobrevivência cinco anos antes da guerra contra eles ser deflagrada. Em 1204, tinham contratado Ramon de Péreille para transformar o refúgio numa instalação militar de última geração. Embora não fosse Perfeito nem Crente, Péreille foi um de seus protetores, tratando-se provavelmente de um antigo ou ainda atuante templário que secretamente prestava serviço ajudando os cátaros. Cinco anos mais tarde, um general do exército real francês, Guy de Montfort, soube das intenções dos cátaros com relação a Montségur e planejou, por iniciativa própria, encarregar-se da coisa. Mas quando visitou pessoalmente a base da grandiosa cidadela, desistiu da tentativa, julgando-a impossível.

Péreille continuou a fortificar o isolado ninho de águia até maio de 1243, quando 10.000 homens do papa Inocêncio III cercaram a base da montanha numa área ainda conhecida localmente como *el campis*. Eles esticavam os pescoços para cima e apertavam os olhos espantados com a agulha vertical de rocha se elevando para o céu, onde não mais de 200 Perfeitos, juntamente com um número um pouco menor de Crentes, além de simpatizantes, mulheres e crianças, procuraram refúgio. Para defendê-los contra as massas inimigas lá embaixo havia apenas 98 homens armados – mas eles possuíam o mais valioso objeto da Terra.

O Cerco de Montségur

Antes de começar a rodar pelo Languedoc, tentando desesperadamente recrutar um exército suficientemente forte para quebrar o cerco do real exército francês, Ramon de Péreille deixou a guarnição nas mãos capazes de um parente mais novo, Peter Roger de Mirepoix. Seu correlato encarregado das forças católicas era Hugo de Arcis, o próprio senescal do rei Luís na cidade de Carcassonne, que estava entre seus comandantes de campo mais determinados, embora fosse capaz de raciocinar friamente. Arcis não perdeu tempo. Enquanto os homens montavam acampamento, ele despachou numerosas patrulhas de reconhecimento de um extremo a outro das encostas mais baixas da montanha para que lhe trouxessem o máximo possível de informações precisas. Os patrulheiros relataram a existência de inúmeras trilhas rudimentares de cabras que, se usadas num ataque relâmpago, levariam diretamente ao cume. Talvez, afinal de contas, a captura de Montségur fosse menos assustadora do que havia parecido.

No entanto, quando tropas de assalto francesas, tropas de elite, empreenderam o primeiro ataque, foram praticamente aniquiladas por tiros de besta e disparos de catapultas inesperadamente intensos e precisos. Do início ao fim do verão e entrando pelo outono, Arcis experimentou uma trilha de cabras atrás da outra, às vezes mandando uns poucos comandos para tentar ultrapassar furtivamente as sentinelas, outras lançando destacamentos inteiros com a missão de esmagar o inimigo graças a uma decisiva superioridade numérica. A cada tentativa, as tropas eram massacradas por guerreiros competentes escondidos no terreno rochoso.

Com o tempo ficando mais frio, os suprimentos diminuindo e se defrontando com a perspectiva de ter de enfrentar um doloroso cerco de inverno, Arcis decidiu aplicar novas táticas que pudessem forçar uma capitulação antes da primeira nevasca. Sabia que Montségur estava protegida por menos de 100 homens e optou, assim, por uma guerra de posição. Seus atiradores de elite escalavam até que os alvos humanos ficassem ao alcance das flechas e matavam um de cada vez. Houve grandes perdas entre os arqueiros que agiam isoladamente, mas eles infligiram baixas crescentes aos defensores que, ao contrário dos franceses, não podiam se dar ao luxo de sofrer essas perdas. Embora apenas 11 hereges tenham caído sob as flechas atiradas de tocaia, esse número representava mais de 1/10 dos homens em armas no castelo.

Mas Arcis não podia esperar que fossem caindo um por um. O exército estava perdendo rapidamente o moral por uma combinação de queixas, a primeira delas sobre a falta de suprimentos adequados contra temperaturas cada vez mais baixas. Em adição ao desconforto físico, muitos soldados agrupados em busca de calor ao redor das fogueiras condenavam a gigantesca campanha do papa contra um punhado de místicos politicamente incorretos (que tinham, não obstante, levado vantagem sobre as melhores tropas do rei) como vergonhosa e absurda. Para completar, alguns dos que faziam o cerco estavam contaminados pelo catarismo e juravam não machucar os *bons hommes*, mesmo desobedecendo a ordens, se houvesse uma rendição.

Arcis tinha consciência de que o tempo estava trabalhando mais pelo inimigo do que por ele e resolveu autorizar uma missão de assalto extremamente arriscada, mas que, se tivesse êxito, poderia virar a luta decididamente a seu favor. Quando o combate temporariamente abrandou, com as celebrações do Natal começando de ambos os lados, ele convocou uma reunião secreta com voluntários da Gasconha de uma unidade montanhesa de elite. A missão: tomar Roc de la Tour, uma formação vertical natural elevando-se muitas dezenas de metros paralelamente ao pico leste e conectada à cidadela por um declive suave, com menos de 300 metros de comprimento. Qualquer ataque através dos acessos a oeste estava condenado de antemão pela defesa em profundidade do inimigo. Transpor a Roc parecia impraticável, mas sua captura guardava a chave para Montségur. Como se a operação já não fosse suficientemente suicida, só poderia ser realizada na calada da noite, para ter um efeito surpresa.

Em completa escuridão, com seus camaradas que de nada suspeitavam cantando, muito lá embaixo, canções de Natal, a tropa de montanha começou a escalar a vertiginosa face do penhasco entre os rodopios dos flocos de neve. A subida se tornava ainda mais árdua e perigosa por causa das pesadas armas de aço que carregavam, todas cobertas para não fazerem barulho por tiras de musselina. Incrivelmente, os atacantes completaram a escalada sem incidentes, tomaram o bastião de assalto e lançaram, do alto da Roc, seus surpreendidos defensores para a morte. Ao amanhecer, os comandos vitoriosos espreitaram sobre as muralhas que tinham escalado durante a noite e o declive quase lhes provocou vertigens. Se tivessem conhecido antecipadamente os terríveis precipícios que precisariam enfrentar em seu ataque, os valentes homens da Gasconha jurariam que jamais teriam se oferecido como voluntários.

Mas foi a captura da Roc de la Tour que pôs a maré a favor de Arcis. Com o acesso leste para o castelo, suave e relativamente plano, agora liberado para ele, Arcis ordenou que a artilharia tomasse posição. Trabuquetes, balestras, catapultas e vários equipamentos de cerco foram desmontados no acampamento base, depois puxados 1.000 metros pela encosta da montanha, peça por peça, e cuidadosamente remontados na frente do bastião capturado, longe demais para serem atingidos pelos defensores, mas suficientemente perto para deixá-los contemplar a alarmante coleção de monstruosidades atiradoras de pedras sendo preparadas para uma primeira barragem de artilharia. Ela veio no final de janeiro, quando uma saraivada de pedras de quase 40 quilos retumbaram contra a barbacã externa da cidadela. Enquanto as muralhas resistiam, surtidas lideradas pelos templários mataram muitos atacantes, retardando seu progresso, que, no entanto, parecia inexorável. Tempestades uivantes de inverno às vezes obrigavam o avanço do exército real francês a uma parada, proporcionando ao mesmo tempo cobertura para os besteiros, que conseguiam abater mais invasores.

A despeito da resistência obstinada e incessante, a derrota ganhava forma a cada avanço sangrento, crescente, feito pelos inimigos e o comandante Mirepoix do castelo decidiu despachar o tesouro de Montségur como medida de precaução.

⁂

Pode parecer estranho que cátaros e templários, que não tinham posses pessoais e haviam igualmente feito votos de pobreza, pudessem ter possuído riqueza monetária, mas os aristocratas e a nobreza de toda a Europa financiaram prodigamente ambas as ordens; doações que os Perfeitos e os Cavaleiros distribuíam diretamente aos pobres, com as quais contribuíram para instituições de caridade, hospitais, determinados seminários e monastérios.

⁂

No início de janeiro de 1244, logo após a tomada de Roc de la Tour, Mirepoix confiou "ouro, prata e uma grande quantidade de moedas" a Pierre Bonnet e Matheus, conforme um depoimento prestado mais tarde diante da Inquisição por Imbert de Salles, um cavaleiro que estava na cidadela.⁴⁶ Os dois não combatentes conseguiram se infiltrar nas linhas de cerco, talvez por meio do suborno de algumas sentinelas do exército real, muitas das quais, sem dúvida, estavam sofrendo uma aguda fadiga de guerra. Além disso, perdas acumuladas infligidas pelos persistentes atiradores de elite de Montségur contribuíram para impedir que Arcis selasse adequadamente o perímetro de mais de 17 quilômetros na base da montanha, capacitando os defensores fortificados a manter contato mais ou menos constante com o mundo exterior através de correios militares.

Bonnet e Matheus rapidamente abriram caminho pelo vale do alto Ariege até Donnezan, onde, no castelo de Usson, tentaram encontrar voluntários ou contratar mercenários para uma corajosa missão de alívio. Tirando proveito da desordem generalizada que se seguiria a um ataque de surpresa contra os cruzados, comandos deveriam romper as fileiras tumultuadas, precipitando-se depois montanha acima até a ocupada Roc de la Tour, onde destruiriam a maior trabuquete do inimigo ou a voltariam contra o próprio exército real. Para dar uma ideia da exasperação dos cátaros, o líder que contrataram para esta última operação desesperada foi um salteador catalão com o romântico nome de Corbário, cujos companheiros ladrões foram os únicos recrutas dispostos, por um determinado preço, a tentar uma surtida tão arriscada. Como era de se prever, ela não resultou em nada, já que o curioso bando perdeu-se irremediavelmente num desfiladeiro durante a noite – felizmente para seus integrantes. Se houvessem realmente tentado travar combate com os soldados profissionais da coroa francesa, Corbário e seguidores teriam sido feitos em pedaços sem conseguir avançar quase nada.

Com facilidade, mensageiros escapuliram do castelo sitiado no alto da montanha levando notícias sobre a transferência do tesouro para lugar seguro e de seu fracasso em lhes trazer a vitória. Outros emissários voltaram com relatos imprecisos de que Ramon de Péreille conseguira levantar um exército inteiro, que já estaria em marcha para resgatá-los. O filho de Peire Vidal, um conhecido trovador, trouxe o recado do solidário conde de Toulouse, instando os defensores a "resistir só mais uma semana" porque o imperador Frederick II estava se mobilizando para romper o cerco em Montségur. Mas no final de fevereiro, quando o último mensageiro alcançou a fortaleza no topo da montanha, seus residentes perceberam que os relatos eram bons demais para serem verdadeiros. Já então o inimigo tinha usado suas armas para chegar a uma distância capaz de atingir a própria cidadela, que estava desmoronando sob saraivadas implacáveis de pedras catapultadas dia e noite. A resistência ia ficando cada vez mais difícil, embora os poucos cavaleiros que restavam continuassem insistindo numa luta cada vez mais inglória.

Finalmente, em 2 de março, para poupar de uma ruína certa as mulheres e crianças do castelo que se esfacelava, Peter Roger de Mirepoix atravessou sozinho e a pé os portões abertos conduzindo uma bandeira branca. Em suas negociações com os sitiantes, pediu uma quinzena para resolver a situação dos residentes, uma condição que Arcis, que ficara pessoalmente sensibilizado pela luta heroica de seu inimigo, prontamente aceitou. Enfurecido pela generosidade de espírito do comandante, o capelão do exército francês, o arcebispo de Narbonne, exigiu que os rebelados contra Deus se entregassem de imediato. Ninguém merecia clemência, a não ser que renunciasse à heresia albigense e se submetesse ao rigor dos inquisidores da igreja. Mas de qualquer forma lhes seria permitida a trégua de duas semanas, insistiu Arcis, e os leigos de Montségur ficaram livres para partir, bastando que prometessem comparecer à Inquisição para um interrogatório. Mas nem mesmo Arcis poderia salvar os

Perfeitos, a não ser que eles abjurassem suas crenças subversivas.

Como tinham se preparado para o pior, 21 Crentes solicitaram o consolamentum, o que demonstrava, como nenhuma outra coisa, sua força ideológica. No dia seguinte, faltando apenas 48 horas para a rendição, os novos cátaros e seus mentores participaram da Manisola, sua cerimônia mais sagrada. Envolvida em profundo segredo e compartilhada apenas com iniciados, ela de alguma forma celebrava (ativava?) a Arca da Aliança, em harmonia com tradições muito antigas da luz sagrada do objeto: a Pedra (mani) do Sol (*sola*).

Um Crente de confiança, Escot de Belcaire, acendeu uma fogueira de sinalização no pico nevado do Monte Bidorta, de altura praticamente idêntica à da fortaleza condenada do outro lado do vale, que ele deixara para trás. O distante tremular daquela luz informou a seus pares cátaros, que celebravam um último Ritual da Pedra-Sol, que os companheiros encarregados da grande relíquia secreta de Montségur haviam conseguido penetrar através das linhas do exército real francês e levar a Pedra Mani para além do alcance do inimigo. Belcaire estava acompanhado de um certo Amiel Aicart e de dois outros assistentes lembrados apenas pelos primeiros nomes, Poitevin e Hugo – quatro homens que teriam tido a incumbência de carregar a Arca da Aliança pelas duas varas compridas.

❦

Os historiadores templários Lionel e Patricia Fanthorpe propuseram as mesmas perguntas que os investigadores têm feito desde então: "Qual era o segredo dos segredos que os cátaros preferiam morrer a revelar? Os albigenses sabiam onde a Arca estava escondida?"[47] Que eles não transportaram um tesouro monetário de Montségur na noite de 15 de março está claro, porque dois outros mensageiros, Pierre Bonnet e Matheus, já tinham fugido com "ouro, prata e uma grande quantidade de moedas" da cidadela três meses atrás. Não, Aicart, Poitevin, Hugo e seu companheiro anônimo (provavelmente o próprio Belcaire) estavam encarregados da Arca da Aliança, que exigia quatro carregadores para erguê-la pelo par de varas compridas; a Manisola dos cátaros imediatamente antes da partida da Arca foi, sem a menor dúvida, uma despedida cerimonial para a querida Pedra Mani. Com a transferência segura da Arca, eles puderam por fim cumprir seu destino comum com a consciência limpa. O inimigo podia tirar-lhes a vida, mas não o evadido Desejo do Paraíso.

❦

Fiel à sua palavra, Arcis permitiu que os leigos que se renderam partissem sem serem molestados e foi mais longe, mandando seus cirurgiões atenderem os inimigos feridos. Depois de dois dias sozinhos na cidadela, agora estranhamente silenciosa, os cátaros saíram em fila, sem dizer uma palavra, pelo portão da frente, no início da manhã de 16 de março de 1244, para uma clareira junto à base do castelo, ainda hoje conhecida como *prat des cramats**. Entre eles estava a esposa de Ramon de Péreille, Corba, e a filha Esclarmonde. Os 205 homens e mulheres, descalços e vestindo apenas grosseiras túnicas azuis-escuras, aproximaram-se sem hesitar de uma grande e rude plataforma de troncos. Com o exército católico real observando, os hereges subiram as escadas para o alto da tosca paliçada. Ali os albigenses foram amarrados ao acaso em diferentes grupos, as costas contra estacas que se elevavam bem acima de suas cabeças. Assim que os soldados fran-

---

* Campo dos queimados. (N. do T.)

ceses pularam das pilhas de lenha, o arcebispo ordenou que as tochas fossem lançadas para a plataforma apressadamente construída. As preces murmuradas pelos condenados foram logo obscurecidas pelo crepitar crescente das labaredas que rapidamente iam subindo, tão intensas que forçaram as testemunhas armadas a recuar vários passos, os braços atirados contra as faces.

Os ocitanos viram por toda parte subir a fumaça negra e compreenderam o que ela significava. Mas ninguém, salvo os últimos quatro sobreviventes de Montségur, soube o que fora feito da Pedra Mani dos cátaros, a Arca da Aliança.

Capítulo 11

A PERFEIÇÃO DO PARAÍSO

Era uma coisa chamada Graal, que ultrapassa toda a perfeição terrestre.
— Wolfram von Eschenbach, *Parzifal*, livro V, 235

A decisão tomada por Hugo de Arcis de pôr em risco suas tropas montanhesas de elite numa missão suicida pelas encostas íngremes da Roc de la Tour foi motivada, em parte, por um incidente que ocorreu em meados de dezembro de 1243. Já então os 10.000 soldados do exército real francês que faziam cerco a Montségur estavam há sete meses imobilizados pelos 500 defensores da fortaleza. Por isso o moral entre os soldados do rei já era baixo quando várias centenas deles marcharam por uma das trilhas de cabras para atacar uma posição inimiga. Eles não se depararam, no entanto, com os habituais arqueiros.

Parado sobre um precipício desprotegido e não muito alto acima deles, havia um homem sozinho, imóvel, esperando o ataque. Usando um conjunto completo de armadura branca, brilhante, a imensa figura trazia um enorme escudo sem marcas no braço esquerdo, enquanto a luva direita agarrava uma gigantesca, e desembainhada, espada de lâmina larga. Os franceses pararam de súbito, à primeira visão dessa aparição formidável, e sem partir para a batalha, fugiram pela trilha de cabras na direção do acampamento. Contaram que aquele oponente solitário era "um Cavaleiro do Graal", sobre quem nenhum mortal poderia triunfar. Como os cátaros deviam, portanto, ter Deus do lado deles, o cerco era blasfemo e estava condenado. Os homens arrancaram seus uniformes e foram para casa.

A experiência deles foi logo conhecida de uma ponta à outra do acampamento francês, onde novas dúvidas sobre o cerco se espalharam como um contágio. O comandante Arcis estava, portanto, ansioso para deixar claro que o inimigo não era nem invulnerável nem divinamente protegido, coisa que seus voluntários da Gasconha provaram algumas noites mais tarde, quando tomaram Roc de la Tour. O misterioso "Cavaleiro do Graal" nunca mais foi visto e os residentes de Montségur tiveram de encarar o seu destino.

O que é o Graal?

Mas por que as testemunhas oculares francesas do inesperado aparecimento imediatamente o reconheceram como um representante da mais esquiva imagem da Europa? O que, exatamente, *era* o chamado "Santo Graal" e qual poderia ser a sua relação, se existisse alguma, com a Arca da Aliança?

O Graal é mais conhecido hoje como a taça onde foi derramado o sangue de Jesus durante a crucificação. Mas isso é um desvio da história original, introduzido pelo poeta borgonhês Robert de Boron por volta de 1212. Seu *José de Arimateia* foi precedido por várias outras narrativas, em nenhuma das quais Cristo aparecia, começando com a mais antiga versão escrita por Chrétien de Troyes, em cerca de 1190. Tanto o local de nascimento de Chrétien (onde se falou pela primeira vez dos Cavaleiros Templários) quanto a época (pouco antes de a primeira cruzada partir para a conquista de Jerusalém) coincidem com a localização e o período crucial para a restauração da Arca na Europa. *Perceval, le Conte du Graal*, "Parsival, a História do Graal", de Chrétien, retrata-o como um objeto brilhante, sagrado, levado em procissão por uma mulher de aparência nobre: "Quando ela entrou com o Graal, uma luz tão forte se espalhou pelo aposento que as velas empalideceram como as estrelas ou como a Lua quando o sol se levanta. O Graal era do ouro mais puro... Nenhuma gema pode se comparar àquelas do Graal".[1]

Nesse relato, a peça sagrada era conduzida não por um sacerdote católico; ia nos braços de uma mulher leiga. Embora as mulheres fossem rigorosamente excluídas de qualquer participação nos negócios da igreja, salvo, num grau limitado, como freiras, elas ascendiam livremente por toda a hierarquia cátara até se tornarem Perfeitas e participavam em pé de igualdade na administração do consolamentum, da endura, da Manisola e outros sacramentos. A luminosidade extraordinária do Graal que vemos aqui é proveniente de tradições que remontam ao Antigo Testamento, Egito, Atlântida e Lemúria, onde é mencionado esse brilho intenso. Combinada com a ênfase de Chrétien sobre "o ouro mais puro" do objeto, isso sugere a identificação do Graal com a Arca da Aliança. Ele é aqui descrito como uma taça ou travessa – um jogo com a palavra ocitana para "prato grande", *grazala*; com *gradal*, "taça", do francês antigo; ou *gradils*, do latim medieval para "prato". Na realidade, o termo precede a história do Graal de Chrétien por um número indeterminado de séculos, senão de milênios. Deriva-se de *gral*, usado pelos antigos gauleses para "poder", embora esteja mais próximo do significado de *mana*, uma palavra universalmente conhecida, do Tibete e Índia, através da Polinésia até as Américas, indicando a energia espiritual que anima todas as coisas, especialmente pedras, mas independente delas.

Perceval, le Conte du Graal foi a primeira num jorro de umas oito diferentes obras, obviamente alegóricas, a maioria delas escrita por importantes autores franceses, britânicos ou alemães, que de repente, sem quaisquer precedentes literários, foram publicadas de fins do século XII a meados do XIII. Elas conquistaram grande popularidade entre europeus instruídos (estudantes, intelectuais e aristocratas com pelos menos um toque de heresia), deleitados por duplos sentidos evidentes e sutis insinuações de coisas mais sussurradas que realmente ditas. Isolada do contexto da era em que esses "livros do Graal" foram criados, essa proliferação repentina parece inexplicável. Mas como sua produção e ampla repercussão são emolduradas precisamente pelo período que testemunhou a primeira cruzada, a descoberta da Arca da Aliança, sua custódia pelos cátaros e a guerra papal travada contra eles, as causas combinadas de sua abrupta existência e instantânea entrada em voga se revelaram. Como também os significados ocultos por trás da história cortesã e da busca cavalheiresca pelo indefinível objeto de desejo se tornam claros.

Em outras palavras, *Parsival* e as demais histórias foram provocadas pela transferência da Arca de Jerusalém para a França e o segredo subsequente cercando seu novo papel e destino. Era algo de que ninguém devia saber, mas muita gente suspeitava, formando assim os ingredientes para uma fascinante controvérsia. Temperados liberalmente com incorreção política e propaganda herética, esses livros eram *best-sellers* instantâneos entre as classes instruídas, já predispostas contra a ordem estabelecida, cujas autoridades impunham à sociedade um despotismo asfixiante em nome de Deus.

Baseando-se na obra inacabada de Chrétien, um cavaleiro bávaro compôs a mais completa e confiável fonte para o Graal: *Parsival*. Ficção muito popular em sua época, ela é ainda encarada como a obra-prima da literatura alemã medieval. Embora o *Parsival* de Wolfram von Eschenbach seja um "romance" cavalheiresco da Idade Média, os estudiosos concordam que a narrativa se desenvolve contra um pano de fundo reconhecível, ainda que um tanto deliberadamente borrado, de locações verdadeiras povoadas por figuras históricas. Trata-se de uma alegoria um tanto obscura da própria época do autor e da revolução herética que então ameaçava derrubar a sociedade cristã e impor uma nova ordem na Europa. Assim, uma leitura nas entrelinhas revela pistas para as pessoas e os eventos reais que constituem parte importante de nossa investigação.

Trabalhando sobre o tema cátaro introduzido por Troyes, Wolfram caracteriza o Graal como a "Perfeição do Paraíso",[2] assim como os Perfeitos rotulavam sua Pedra Mani de "Desejo do Paraíso". Ele também podia estar se referindo a uma Perfeita, quando declara na mesma seção: "Tal era a natureza do Graal que a mulher que cuidava dele tinha de preservar sua pureza e renunciar à falsidade". Do início ao fim de *Parsival*, de fato, há uma ênfase tipo cátara na pureza. Segundo o Cavaleiro do Graal original, Titurel, predecessor de Parsival: "O Senhor do Graal tem de ser casto e puro" – os principais pré-requisitos de cada Perfeito. E em palavras que poderiam ter vindo de um catecismo cátaro, Parsival é advertido: "Todo homem que se comprometeu a servir o Graal tem de renunciar ao amor da mulher".[3] Na verdade, Parsival a princípio fracassa na busca, até que sua luta o purifica. Seu colega, Galahad, se sai melhor, porque é um homem casto, que não terá qualquer relação com mulheres. Mas quando finalmente ele é posto diante do Graal, sua mente e corpo não podem conter a graça e Galahad expira ditosamente de êxtase.

Na Távola Redonda do rei Artur, cercando o Santo Graal, havia o Trono do Invisível ou Assento Perigoso. Merlim proibia que alguém se sentasse nele sob ameaça de morte (assim como uma proximidade excessiva com a Arca da Aliança significava aniquilamento), até Parsival (Parzifal) conseguir fazê-lo com impunidade, porque sua "pureza" tipo cátara agradara ao Graal. O Graal em si está "sempre puro"[4] e é cuidado apenas por donzelas "virginais",[5] cuja mensageira era Kundry, que usava um manto preto adornado com "muitas pombinhas-rolas, o símbolo do Graal".[6] Como ela, os Perfeitos usavam principalmente capas pretas (só os bispos cátaros vestiam mantos azuis-escuros) e a insígnia específica deles era a pomba branca, que decorava as selas e escudos dos Cavaleiros do Graal.[7] Toda Sexta-Feira Santa, associada não apenas à ressurreição de Cristo, mas também ao retorno da primavera e da luz na época do Equinócio Vernal, uma pomba branca descia do Céu para deixar uma pequena hóstia branca sobre o Graal.[8] Segundo Markale, "o batismo cátaro é aquele recebido quando a pessoa toca a luz que emana do Graal",[9] assim como o estudioso britânico John Matthews sublinha que o consolamentum era "um meio de transmitir luz de uma pessoa para outra".[10] Ele continua observando que a Manisola dos cátaros "parece ter sido o mesmo tipo de evento de quando o Graal passava entre os cavaleiros que o serviam, proporcionando-lhes alimento tanto real quanto espiritual".[11]

༄༅

A preocupação com a purificação antecede tanto os cátaros quanto os romances do Graal em milhares de anos, remontando ao Antigo Egito. Antes que os sacerdotes egípcios pudessem administrar a Pedra Ben-Ben na Grande Pirâmide, eles empreendiam um ritual de limpeza em água trazida do Lago Moeris, a 115 quilômetros de distância. Exigia-se das pessoas que entravam no Templo de Salomão que primeiro se purificassem com água benta tirada de uma gigantesca bacia, a yam, na frente da entrada. Mas "pureza" também significava "puro sangue", na medida em que, na maioria das vezes, os sacerdotes egípcios herdavam o cargo dos pais. Da mesma maneira, os homens que fundaram e dirigiram a Ordem do Santo Sepulcro tornaram-se os reis latinos de Jerusalém e instituíram os templários afirmando ter um laço de sangue real chegando aos merovíngios, a Jesus e a antes dele.

༄༅

Antes de morrer de idade avançada, o pai de Parsival deu o Graal a seu filho, advertindo-o para que sempre o mantivesse dentro da família, como a mais sagrada relíquia. O objeto sagrado aparece, como herança merovíngia, no desejo do velho homem de transmiti-lo de pai para filho. "Todos da companhia do Graal são escolhidos", Titurel conta a Parsival. "Vêm da mesma semente que foi disseminada de Munsalvaesche para o mundo."[12] Sua família do Graal parece notavelmente semelhante aos levitas, uma tribo de israelitas que herdou com exclusividade acesso privilegiado à Arca da Aliança como seus únicos sacerdotes. "O 'Santo' Graal é posse exclusiva de uma linhagem sagrada que retrocede muito, realmente muito no tempo", Markale observa, "chegando até o rei Davi."[13]

Quando Parsival é precocemente expelido do castelo do Graal por não conseguir se engajar de forma adequada na busca, uma voz desencarnada grita atrás dele: "Que a ira do sol caia sobre você, seu parvo idiota!" Mesmo durante a Idade Média, isso era uma praga bizarra, mas teria feito sentido para um Perfeito, para quem a luz era sagrada e o próprio sol a representação de Deus Onipotente. Mais tarde, Parsival toma conhecimento da colaboração de classes cátara dos Cavaleiros do Graal quando lhe dizem: "Tanto o pobre quanto o rico se regozijam se os filhos são convocados para se juntar a esta companhia".[14] O mentor de Parsival era um velho eremita, Trevrizent, que jamais comia "alimentos sangrentos"; como sublinhou Otto Rahn, um renomado estudioso do Graal: "Nos séculos XII e XIII, qualquer cristão que se abstivesse de comer carne caía instantaneamente sob a suspeita de heresia cátara. Com bastante frequência, os enviados pontifícios encarregados de exterminar a heresia e os hereges davam a um suspeito de catarismo a opção de comer carne ou ser jogado na fogueira".[15]

Numa introdução a *Parsival*, escrita em algum momento depois de 1217, o Graal, que ninguém tinha permissão de tocar, "paira" em pleno ar,[16] assim como o Antigo Testamento relata que Jeová flutuava sobre a Arca da Aliança, com a qual os mortais eram proibidos de ter qualquer contato pessoal. O "propiciatório" da Arca, onde Deus tornava sua vontade conhecida numa nuvem flamejante, é incrivelmente semelhante às instruções escritas de Deus aparecendo diante dos Cavaleiros do Graal sobre o "Assento Perigoso". Uma ligação merovíngia para o Graal é adicionalmente sustentada quando o Assento Perigoso anuncia em *Didot-Perceval*, de Robert de Boron, que "454 anos após a paixão de Jesus Cristo este assento encontrará seu senhor no dia de Pentecostes".[17] E aconteceu que o Domingo de Pentecostes no ano 481 d.C., 454 anos após a crucificação de Jesus aos 27 anos (como os estudiosos do século XIII estimavam sua idade por ocasião da morte), coincidiu com a coroação de Clóvis I, o primeiro rei merovíngio de uma França unida.

Ficando inacabado pela morte de Wolfram por volta de 1220, *Der Jüngere Titurel*, "O Jovem Titurel", foi completado uns quarenta anos mais tarde por Albrecht von Scharfenberg, outro poeta bávaro. Aí se declara que o último da linhagem de Titurel, o quinto e último rei do Graal, seria o filho de Parsival, Lohengrin, há muito encarado como o ancestral mítico de Godofredo de Bulhões e não sem razão. As origens do nome são não apenas pré-cristãs, mas positivamente neolíticas. Sua genealogia evoluiu de Ogyrvan ou Ogryfran, Loherangrain e Lorrain Garin, eles próprios derivados gaélicos do ainda mais antigo *grian*, a palavra celta para "sol", que os paleolinguistas acreditam que os ocupantes germânicos da Irlanda no século VII a.C. pegaram de seus hospedeiros da Idade da Pedra. O significado é apropriado: o antigo deus-sol grego cruzou o mar numa pequena embarcação dourada puxada por um bando de cisnes brancos (seu animal totem); isso aconteceu quando Apolo viajou para visitar as Donzelas Hiperbóreas, zeladoras de seu templo solar numa ilha do extremo-norte. No mito de Lohengrin, ele é o Cavaleiro Cisne, porque sua barca dourada é puxada por apenas uma das aves, que é na verdade o herdeiro legítimo de Brabante, em Flandres, sob forma animal, pois fora amaldiçoado por um usurpador do trono. Quando parte para o castelo do Graal, Lohengrin retira a maldição do rapaz, liberando assim Godofredo para governar o seu reino.

A história lembra incrivelmente as reivindicações de soberania feitas pelos merovíngios, como expressas na trajetória da vida real do duque de Flandres do século XI. Hoje, a terra de Godofredo é citada como Lorena, mas em seu tempo e muito antes, ele e seu povo chamavam-na de Lotaríngia, o que significava mais ou menos "a Terra de Lohengrin". Nas *Chansons de Geste*, tiradas de uma coleção de contos medievais, o *Doon de Mainz*, ele é conhecido como o Garin de Lorraine, "a Luz de Lorena", demonstrando o poder duradouro de uma palavra santa sobre os últimos cinco ou mais milhares de anos desde os tempos megalíticos. Foi essa continuidade milenar que proporcionou a todos os envolvidos com a Arca/Graal um senso simultâneo de profundo enraizamento e potente destino.

Vários elementos inter-relacionados vêm à tona no mito de Lohengrin: o antigo culto da luz, o Santo Graal, a realeza roubada e o próprio cruzado como Protocavaleiro do Graal, todos levando Markale a concluir: "Lohengrin foi o ancestral dos reis de Jerusalém, assim como dos duques de Lorena... Que bela árvore familiar para Godofredo de Bulhões, ele próprio um herói das cruzadas e, à sua própria maneira, um homem à procura do Graal!"[18] Ele, afinal, iniciou a busca que levaria a Perfeição do Paraíso à França, onde ela foi finalmente colocada sob os cuidados de seus guardiões albigenses. No *Roman de la Violette*, de Gerbert de Montreuil, composto por volta de 1225, uma profecia anuncia que os descendentes do Rei do Graal Parsival, a contar de seu filho, o Cavaleiro do Graal Lohengrin, libertarão a Terra Santa conquistando Jerusalém.

Na seção H-5964 de *O Jovem Titurel*, Albrecht parece estar descrevendo a fuga dos cátaros com sua Pedra Mani em Montségur, quando relata que os guardiães do Graal foram cercados por "inimigos perversos", de quem procuraram se refugiar na inacessível montanha-fortaleza de Muntsalvatch – tanto Montségur quanto Muntsalvatch significam Montanha Protegida ou Segura. *Der Jüngere Titurel* difere, porém, mais significativamente de *Parsival* em sua conclusão ambígua, que deixa toda a Europa mergulhada em negra derrota, uma nítida alusão à rendição de Montségur, que teve lugar cerca de dezesseis anos antes da obra de Von Scharfenberg.

A descrição feita por Wolfram do castelo do Graal é ligeiramente diferente, mas seu significado é idêntico. "Uma irmandade nobre mora lá", ele escreve numa referência óbvia aos cátaros se defendendo contra os cruzados de todo o continente, "que, com valente energia, repeliu as pessoas de todas as terras, de modo que o Graal é desconhecido, salvo para aqueles que foram chamados pelo nome a Munsalvaesche e à companhia do Graal".[19] Que Munsalvaesche fosse uma poetização de Montségur é tornado óbvio em seu desenvolvimento simultâneo: Wolfram começou seu épico em 1204, no mesmo ano em que Ramon de Péreille empreendeu a reconstrução de Montségur, transformando-a numa fortaleza cátara. *Parsival*, de fato, apresenta "Parilla" como o Rei do Graal. Na época de sua elaboração, a cruzada albigense estava ainda a cinco anos de distância, mas o acúmulo de nuvens de tempestade já era evidente; tanto era assim que a renovação militar de Montségur foi julgada necessária.

Wolfram retrata claramente alguns Cavaleiros do Graal como Crentes recebendo o consolamentum através da endura para se tornarem Perfeitos: "Quando a vida morre para eles *aqui*, a eles é dada perfeição *lá*".[20] Menciona "a consolação do poder do Graal",[21] uma referência transparente à mesma cerimônia de iniciação cátara e repete o voto de castidade deles no Livro IX: "Todo homem que se comprometeu a servir ao Graal tem de renunciar ao amor da mulher".[22] Seus guardiães são, de fato, descritos como "estes templários".[23]

◈

Nada disso teve qualquer tipo de relação com o cristianismo institucionalizado. Não um homem ordenado sacerdote, mas uma mulher secular conduz o Graal, que é preservado num castelo, não numa catedral, comandado por um rei em vez de um bispo. "Nem a igreja jamais reconheceu o Santo Graal como uma relíquia cristã válida", segundo Helen Mustard e Charles Passage na introdução à sua tradução de *Parsival*.[24] A causa é óbvia: o Graal simbolizava a heresia dos cátaros. Entre os mais importantes pesquisadores do assunto, Otto Rahn caracterizou com precisão a campanha militar do papa Inocêncio III para exterminá-los como "a cruzada contra o Graal".

◈

A Pedra dos Exílios

Wolfram não deixa margem a dúvidas em sua definição desse objeto sagrado: "A pedra é também chamada de Graal".[25] Refere-se a ela como uma esmeralda, cujas origens foram descritas por um poema contemporâneo, *Der Wartburgkrieg*. "A Guerra de Wartburgo" era a canção-peleja de um desafio entre trovadores, um dos quais relata como, no início da Criação, o arcanjo São Miguel tirou a coroa de Lúcifer "de sua cabeça de tal maneira que uma pedra saltou dela, pedra que se tornou na

Terra a pedra de Parsival".[26] Por isso, Wolfram chamou-a de *lapsit exillis*. Os críticos afirmam que ele truncou o original, *lapsit ex caelis*, "uma pedra caída do céu", para produzir um termo absurdo. Mas Arnold de Villanova, talvez o maior alquimista de sua época, usou o mesmo termo latino em seu *Rosarium Philosophorum*, composto alguns anos após a publicação de *Parsival*.

Um estudioso britânico do início do século XX, Arthur Edward Waite, traduziu *lapsit exillis* como "Pedra dos Exílios".[27] Como tal ela resume a longa migração do objeto sagrado pelos milênios afora, da Lemúria à Atlântida, Egito, Jerusalém e França. Faz lembrar a *lapis exulis*, "Pedra do Exílio", usada por cabalistas contemporâneos para a *Shekhinah*, a materialização da energia espiritual no mundo físico. Isso, de fato, é o que era o Graal, sob todas as suas roupagens culturais, para seus diferentes proprietários do início ao fim de uma longa e tortuosa carreira. A própria Shekhinah, como o Tabernáculo do Coração, sugere a Arca da Aliança. Lapsit exillis é também um jogo de palavras com *lapis elixir*, a Pedra Filosofal, procurada por alquimistas medievais como o meio pelo qual a matéria básica da mortalidade possa ser transmutada no brilhante espírito da divindade. Em vista de sua capacidade de transformar a consciência humana, o Graal ou Arca pode ter sido a realização de suas mais altas esperanças.

Sua identidade de joia lembra as Tábuas de Esmeralda levadas por Taut para o Delta do Nilo, para longe do Monte Primal mergulhando no distante oeste. Foi dito que com elas Taut fundou a civilização faraônica e construiu a Grande Pirâmide, na qual colocou, depois que ela foi terminada, as pedras gravadas com a sabedoria. Aqui, o antigo mito egípcio e o épico alemão medieval se fundem na esmeralda simbólica para mostrar a sobrevivência da Pedra de Fogo do passado distante. O egípcio Ben-Ben, instalado como o componente elétrico da Grande Pirâmide e mais tarde removido pelo rei Akhenaton para sua cidade no deserto, derivava seu nome do bennu ou fênix, renascida continuamente das próprias cinzas, significando as eternas energias do cristal. Assim também Wolfram escreve a respeito do Graal: "Por seu poder, a fênix inflama a chama que a matará, da qual a ave se ergue para uma nova vida".[28]

A qualidade "esmeralda" (preciosa ao extremo) do Graal é destacada em *O Jovem Titurel*, onde ela reaparece como *jaspis et silix*, do latim *iaspis*, entendido pela vulgata da Bíblia como "verde".[29] Silix [Sílex] – literalmente "pedra de fogo" – foi adicionada para acentuar a realidade cristal do Graal. Um manuscrito do século XIV, *Speculum Humanae Salvationis*, da Biblioteca Nacional de Paris, apresenta uma ilustração do castelo do Graal, no centro do qual paira uma grande esmeralda sobre um lago hexagonal.

Novas alusões vêm à tona no próprio Titurel, seu primeiro guardião e neto de Barillus, cujo nome se derivou de *beryllos*, a gema verde-marinha ou berilo, considerada sagrada pelos antigos gregos. Para eles, tratava-se de um atributo de Apolo, a personificação divina do esclarecimento, que inspirava suas realizações culturais. Ele foi reverenciado por alguns cátaros sob um antigo título, o Filho da Manhã ou Lúcifer, uma adoração que lhes rendeu a acusação de "satanistas" por parte de seus oponentes cristãos convencionais. Os Perfeitos não concebiam Lúcifer, de cuja coroa, ou testa, vinha a esmeralda chamada de Pedra Mani, como o Diabo, mas como o portador da luz contra as trevas do Antigo Testamento de Jeová.

Lúcifer tem um notável correspondente na mitologia hindu: Shiva, o deus védico da destruição criativa, que é às vezes igualmente cultuado como um deus-sol em lugares da Índia como Srivilliputhur e o templo Vaidhyanathaar, a 96 quilômetros de Madurai. Ele é mais geralmente reconhecido

Ruínas do Templo de Apolo em Delfos, Grécia.

como "o puro", um título com que os cátaros poderiam ter facilmente se identificado e talvez o tenham feito, porque Shiva também tinha uma pedra preciosa no centro da testa. Esta Pérola de Grande Valor era a Urna, o divino chakra da testa com o qual ele contemplava a sabedoria interior e a perfeição da alma. Sem a menor dúvida, alguma ligação hindu – ou pelo menos uma fonte indoeuropeia comum a ambos – associava Lúcifer e Shiva, cujo lítico Terceiro Olho significava o poder da pedra sagrada para engendrar realidade espiritual ou provocar a experiência direta de Deus.

Markale sublinha que o Graal de Wolfram é idêntico à pedra mágica Chwarna,[30] que aparece no *Avesta*, uma coleção de textos sagrados pertencentes ao masdeísmo, a religião da luz, mais conhecida no ocidente como fé zoroastrista (embora o "Avesta" fosse usado a partir do século II d.C., as raízes etimológicas do termo no velho *upastavaka* persa, "louvor [de Deus]", datam-no 1.400 anos mais cedo, quando o próprio Zoroastro escreveu muitos de seus hinos).

Curiosamente, esse período, cerca de 1200 a.C., e Zoroastro narrando à sua maneira as origens da Chwarna numa idade dourada antediluviana remetem a numerosas outras tradições de diferentes partes do globo associando uma joia mágica a uma civilização perdida que Platão conhecia como Atlântida. No *Avesta*, a Chwarna é uma pedra mágica que irradiava poderes verdadeiramente cósmicos de regeneração, fazendo as águas jorrarem das fontes, as plantas crescerem, os ventos soprarem, os homens nascerem ou as estrelas e a Lua seguirem suas órbitas através dos céus. Assim também o Graal curava feridas que demoravam a cicatrizar e restaurava a Terra Árida, um reino outrora belo saqueado pela humanidade pecadora. O *Avesta* conta como uma pomba desceu do céu para pôr um grão de trigo em cima da Chwarna, assim como Wolfram coloca uma pomba (o símbolo cátaro) pousada sobre o Graal com uma hóstia. Essas analogias do Oriente Médio com o Graal da Europa ocidental não constituem, como observa Markale, teorias fabulosas, mas fatos precisos.[31]

Que esse "Graal" era o nome europeu para a Arca da Aliança é deixado claro pelo florescimento simultâneo das histórias do Graal, a descoberta templária em Jerusalém e a experiência cátara no Languedoc. Comparações entre elas revelam que se tratava de um mesmo objeto: ambos emitiam uma luz forte; eram coroados por figuras aladas (as pombas do Graal e os querubins da Arca); cobertos de ouro; dependendo da ocasião podiam matar ou curar; tinham o espírito de Deus pairando sobre eles numa nuvem radiante; ninguém podia aproximar-se deles ou tocá-los sem risco de vida; tinham mensagens divinas gravadas; proporcionavam alimento; eram associados com alimento sagrado (uma pomba branca deixava uma hóstia sobre o Graal, enquanto a Arca produzia maná); tinham uma estirpe de elite de servidores hereditários (levitas para a Arca, templários para o Graal) entregues a eles; eram imprevisíveis, tinham vontade própria, dominavam os assuntos humanos e exigiam purificação; compartilhavam um "assento" comum (a Arca apresentava um "propiciatório" onde Deus se comunicava com os mortais, enquanto um "assento perigoso" servia ao Graal para o mesmo fim); continham uma pedra preciosa, que detinha o poder de transformar a consciência humana. Até mesmo o nome do herói que chega ao final da busca e vê o Graal revelado é evocativo do ato de alcançar a Arca da Aliança: Parsival ou "Fure o Véu" – versões tanto israelitas quanto europeias do mesmo objeto sagrado retratam-no velado da vista comum.

Como Frank Tribbe salientou: "É claramente verdade que se afirma que o Graal tem atributos comparáveis à Arca (...) Algo extremamente espetacular tinha de ter acontecido nos séculos XI e XII para empolgar alguns visionários e intelectuais do norte da França e sul da Alemanha".[32]

Os Ancestrais do Graal

Certamente existiram precursores do Santo Graal. O mais famoso espécime do mundo antigo foi o ônfalos grego ou pedra umbilical cultuada em Delfos, no alto do imponente Monte Parnaso que dominava o Golfo de Corinto. A própria presença desse objeto sagrado fez a cidade ser conhecida do início ao fim dos tempos clássicos como o Umbigo de Mundo. O ônfalos era uma grande pedra em forma de ovo que desapareceu no final do século IV, quando as autoridades cristãs proibiram seu uso. Um artefato exibido hoje no Museu de Delfos é uma cópia em mármore branco do final da era romana, com cerca de 90 centímetros de altura – ao contrário do cristal de quartzo original, que teria talvez 2/3 desse tamanho. A recriação é não obstante reveladora, pois foi esculpida em relevo para representar um *agrenon* ou cesto de encantador de serpentes. Exotericamente, o tema ilustra o mito pitônico de Delfos, descrito nos parágrafos que se seguem. Mas seu significado esotérico faz alusão ao Kundalini ou "poder da serpente" espiritual deliberadamente invocado pela Pítia, a médium em transe xamânico do local, que atingia um elevado estado de clarividência quando sua consciência ressoava com energias terrestres transformadas através da pedra sagrada, o ônfalos.

O ônfalos délfico.

A Pítia

Durante mais de mil anos antes de ser fechado, o mais importante aposento do templo em Delfos era o *ádito* ou *zonais,* a "zona sagrada", o "umbigo", encarado pelos gregos como o centro absoluto da Terra, onde atuava a mais respeitada profetisa do mundo greco-romano. A sacerdotisa de túnica branca com touca dourada, uma virgem selecionada por suas faculdades psíquicas superiores, bebia uma vez de uma fonte sagrada, depois derramava um pouco da água benta no solo como uma oferenda para a Terra Mãe. Enquanto desempenhava essa função, a jovem era conhecida como Pítia, de Píton, a serpente subterrânea de Delfos morta por Apolo quando ele conquistou o lugar, onde o animal está perpetuamente "apodrecendo" (*pythein*). Apolo atirou o cadáver do monstro numa fenda da encosta do Monte Parnaso, onde, para sempre em putrefação, ele emite gases que ajudam o oráculo a atuar. O mito de Apolo significava a vitória da iluminação e do renascimento do deus-sol sobre a força sombria da ignorância e da morte.

Após mascar uma folha de louro, a Pítia sentava num tripé alto de bronze na frente do ônfalos, onde entrava em transe enquanto respirava os potentes vapores. Pouco depois era tomada por um delírio divino, durante o qual suas expressões vocais eram encaradas como respostas oraculares a perguntas de clientes visitantes. Do mesmo modo, na história de Wolfram von Eschenbach, o Graal era cuidado por uma jovem virgem, Repanse de Schoye, similar à Pítia, e um "respondedor". Mas a porta-voz do Graal era Kundry, uma mulher arrebatada, que entrava em frenesis de êxtase e falava em parábolas, semelhante às fúrias divinas que se apoderavam da sacerdotisa délfica quando ela falava por Apolo.

Historiadores modernos atribuem a famosa precisão de seus pronunciamentos a sacerdotes do templo, que interpretariam com habilidade declarações frequentemente desarticuladas. Mas geólogos franceses

Estátua romana (período inicial do império) de Apolo. Museu Glyptotek, Copenhague, Dinamarca.

investigando o sítio arqueológico em Delfos, no final da década de 1990, descobriram que uma fissura na base do arruinado ádito despendia níveis extraordinariamente altos de dióxido de etileno, gás usado hoje por anestesiologistas como um sedativo não invasivo. Os cientistas concluíram que qualquer um confinado numa pequena câmara sobre as nuvens ascendentes do gás ficaria quase extenuado pela euforia. E muito tempo antes da descoberta deles, as propriedades narcóticas das folhas de louro eram amplamente conhecidas. Juntamente com a sensibilidade natural pela qual a Pítia fora escolhida, essas influências externas indubitavelmente engendravam um estado alterado de consciência que poderia muito bem permitir que ela experimentasse alguma percepção mais elevada. Esse fenômeno teria sido substancialmente ampliado pelo cristal de quartzo diante dela, porque o Monte Parnaso sempre foi sismicamente ativo. Como fazia o Ben-Ben dentro da Câmara do Rei da Grande Pirâmide ou as "tabuinhas de pedra" na Arca da Aliança, o ônfalos ressoava com suficiente energia tectônica para gerar uma escuma de íons negativos capazes de afetar a mente.

A vista de Delos, antigo Umbigo do Mundo, de dentro do santuário de Apolo no Monte Kynthos. O receptáculo circular de seu ônfalos está em primeiro plano.

A servidora tipo Pítia de Wolfram von Eschenbach era Repanse de Schoye, literalmente "Respondedora do Útero", enquanto "Delfos" é uma palavra pré-grega para útero, com o significado também de caverna.[33] O oráculo original estava localizado a 11 quilômetros do Monte Parnaso, numa caverna na encosta íngreme de uma colina (a moderna Sarandauli), conhecida como Korykeion, em homenagem a Koré, a donzela, isto é, Perséfone. Ela era a deusa da primavera que desapareceu nas entranhas da Terra, mas reaparecia uma vez a cada ano, durante seis meses. Sua partida e retorno cíclicos mitificavam a Terra como o princípio da vida eterna, útero-e-túmulo, associado ao culto do Umbigo do Mundo. Os trovadores cátaros de fato se referiam ao útero da Virgem Maria em suas canções como "o Graal do Mundo".[34] Mais especificamente, no entanto, a *Litania de Loreto*, contemporânea de *Parsival*, refere-se a Maria como *foederis arca*, a "Arca da Aliança".[35]

Delos

Segundo um mito alternativo, Deucalião, o filho de Prometeu, fugiu do dilúvio de Zeus para o Mar Egeu antes da instalação da pedra sagrada no alto do Monte Parnaso. Ele colocou o ônfalos em Delos, perto do cume de sua montanha mais alta, onde todos os rituais apolíneos mais tarde instituídos em Delfos foram praticados de forma idêntica, e pela primeira vez, desde a Grande Enchente. O objeto sagrado certamente parece ter lançado sua aura sobre a pequena ilha, pois ela se tornou a meca cultural e espiritual da fase inicial da civilização clássica, de antes de 900 a.C. até algum momento do século VI a.C., quando a crescente ameaça de pirataria exigiu a transferência da Pedra do Umbigo. Antes de a pedra ser levada para a Grécia, Delos se tornou o principal centro de tesouros artísticos e santuário religioso do mundo. Cidadãos ricos e potentados dos quatro cantos do Mediterrâneo ocidental rivalizavam entre si, fazendo a ilha transbordar de estátuas soberbas, santuários, templos e todo tipo de dádivas para as divindades olímpicas, especialmente Apolo. Um contribuinte rico doou a escultura de uma palmeira plenamente desenvolvida – com a qual o deus-sol muito se identificava –, reproduzida de forma realista em ouro maciço: tronco, folhas e todos os detalhes. Importantes arquitetos, escultores, músicos, filósofos, poetas, dramaturgos, atores, pintores e artesãos de todos os tipos emprestaram sua grandeza a uma ilha estéril que, sem eles, seria insignificante. Assim como todos os centros sagrados com uma Pedra do Destino, Delos foi chamada de Umbigo do Mundo, desde que o ônfalos estava ainda no santuário de aparência primitiva de Apolo no Monte Kynthos. O título era particularmente apropriado, porque Delos se encontra no centro mesmo do grupo das ilhas Dodecanese.

Quanto, se é que algo, da antiga Delos ou Delfos contribuiu para os eventos do Languedoc no século XIII é impossível determinar com precisão, mas as comparações são inevitáveis. Os cátaros também eram adoradores dualistas da Luz sobre as Trevas; a Pedra Mani era seu próprio ônfalos; Montségur, seu Parnaso; e os cristãos deram fim a ambos os lugares. Além disso, a Pítia faz estranhamente lembrar a virgem portadora do Graal no *Parsival* de Wolfram von Eschenbach.

O santuário arcaico de Apolo Délio lembra as placas do teto abobadado na Câmara do Rei da Grande Pirâmide.

Umbigo do Mundo da Irlanda

A Grécia antiga não possuía, porém, o único ônfalos. Um historiador do final do século XIX, Terrence O'Neal, falou do "grande ídolo ou *castrum* [uma "estrutura forte"] de Kilair, que era cercado por 12 pequenos, e chamou-o a 'Pedra' ou 'Umbigo da Hibérnia' [a Irlanda céltica]. Como se colocado no meio e por entre a terra – *medio et meditullio* –, o próprio Meath, no qual esse umbigo de Kilair se achava, era antigamente o centro das cinco divisões da Irlanda, sendo chamado de *Media* por Giraldus Cambrensis", um cronista do século XII, que mencionava uma pedra idêntica em Uisnech como "o Umbigo da Irlanda".[36] A tradição folclórica de O'Neal se refere à dúzia de monólitos cercando a mais velha construção do mundo, uma tumba neolítica, hoje um parque arqueológico localizado em Newgrange, no Condado Meath, dominando o Vale Boyne, ao norte de Dublin.

Com nove metros de altura, o monte circular foi construído em granito em 3200 a.C., um século antes da Grande Pirâmide do Egito, e tem a face oriental coberta por milhares de quartzos brancos que brilham à luz da aurora. Um corredor penetra na parede até 1/3 dos 54 metros de diâmetro da estrutura, terminando sob um teto abobadado de 6 metros de altura. Em sua parede mais distante aparece uma espiral com triplos anéis, iluminada uma vez a cada ano, quando o sol nascente envia os primeiros raios para o túnel no Solstício de Inverno. Esta orientação sazonal conecta Newgrange com o drama "luz *versus* escuridão" compartilhado com Delfos, quando a espiral serpentina que mergulha em sua tumba negra é anualmente apunhalada por uma adaga de luz num solstício que marca o renascer de dias mais longos. Consequentemente, o sítio neolítico era, como O'Neal observou, o "Umbigo da Hibérnia".

O Ônfalos Irlandês

Outra que compete por esse título é a Pedra Turoe. Durante a década de 1850, ela foi deslocada de sua localização original no centro do Rath de Feerwore, um círculo megalítico próximo de Kiltullagh, Condado de Galway, no oeste da Irlanda. Hoje, a pedra cinza e branca pode ser encontrada no gramado da frente da Casa Turoe, na cidade de Loughrea, onde está colocada numa base de concreto cercada por uma grade de ferro para impedir que o gado a use como poste para se coçar. Com 1,20 metro de altura e 76 centímetros de diâmetro, está decorada com intrincadas espirais, círculos, curvas, estrias e outras formas rodopiantes habilidosamente talhadas em relevo na superfície dura. Embora típica de um estilo artístico céltico conhecido como La Tène, que floresceu cerca de 23 séculos atrás, alguns arqueólogos suspeitam que os artistas da Idade do Ferro gravaram esses desenhos numa pedra vertical neolítica já venerada há pelo menos mil anos. De qualquer forma, os símbolos, similares aos de Newgrange, destinavam-se obviamente a representar as energias associadas com o monólito, forças produzidas pelo granito quartzito quando ativado por pressões telúricas.

Talvez o artefato da Casa Turoe seja o ônfalos original da Irlanda. No velho mito irlandês, a Lia Fáil não era uma pedra nativa, mas fora transportada para a Irlanda pelos Tuatha de Danaan, os Povos do Mar atlantes descritos no capítulo anterior. Sua mitologia os mostra colocando a Lia Fáil no topo da *Rath na Riogh*, a Fortaleza dos Reis, um morrote de 154 metros de altura em Tara, no Condado Meath, que também abrange Newgrange. Certamente não é por acaso que tanto a Lia Fáil dos Tuatha de Danaan quanto a antiga Ben-Ben do Egito tenham sido conhecidas como Pedra do Destino. Outros ônfalos irlandeses estão localizados em

Ônfalos da Irlanda, a Pedra Turoe.

Castlestrange (Condado Roscommon), Killycluggin (Condado Cavan), Mullaghmast (Condado Kildare) e Derrykeighan (Condado Antrim). Semelhanças físicas com o equivalente délfico são igualmente óbvias, sugerindo que os cultistas do Umbigo do Mundo operavam tanto na antiga Irlanda quanto na Grécia.

A Pedra do Umbigo Eslava

O mesmo pode ser dito da Europa oriental, onde a Ala-Tuir aparece no mito pré-cristão como gema sagrada. Era a fonte máxima de poder situada no centro de Bouyan, o reino-ilha submerso do qual os ancestrais eslavos migraram para o continente através do oceano ocidental. Paralelismos atlantes são aqui admiravelmente sustentados pela afinidade evidente com a Pedra de Fogo de Edgar Cayce. Sua Tuaoi e a Ala-Tuir certamente se referem ao "cristal poderoso e terrível", assim como Bouyan e a perdida Atlântida eram obviamente o mesmo lugar descrito por Platão. Tanto a Ala-Tuir quanto Bouyan pertencem a uma memória folclórica duradoura, não influenciada por um paranormal americano ou um filósofo grego, que afirma sua autenticidade e validade.

O Cristal Sagrado dos Maias

Do mesmo modo, os maias quiches se recordavam de um reino no estilo de Bouyan, "na outra parte do oceano, de onde o sol se levanta, um lugar chamado Patulan-Pa-Civan". Seu livro cosmológico, *Popol Vuh* ou *Livro do Conselho*, fala de Balam-Qitze, líder do U Mamae ou Homens Velhos, a classe intelectual de Patulan-Pa-Civan, durante sua evacuação da terra natal condenada. Antes de desembarcar com eles em Yucatán, o "Grande Pai", o rei Nacxit, confiou-lhe o objeto mais sagrado do reino, o cristal Giron-Gagal, que era um "símbolo de poder e de majestade para fazer os povos temerem e respeitarem os quiches". Outro texto maia, o *Chilam Balam*, relatava:

> *Os feiticeiros, os Nahuales, os chefes e líderes, chamados U Mamae, estendendo sua visão sobre as quatro partes do mundo e sobre tudo que está debaixo do céu, e não encontrando obstáculo, vieram da outra parte do oceano, de onde o sol se levanta, um lugar chamado Patulan. Juntas, estas tribos vieram da outra parte do mar, do leste, de Patulan.*[37]

Desembarcaram na ilha de Cozumel, junto à costa de Yucatán, onde Balam-Qitze depositou em segurança o Giron-Gagal num novo templo.

Elos com a Atlântida

"Estas pedras", concluiu William Blackett, o antiquário britânico de meados do século XIX, "devem ter sido levadas para a Europa e Ásia do outro lado do Oceano Atlântico naquelas grandes migrações e expedições guerreiras de que Platão falou no *Timaeus*."[38] A julgar pelos relatos maias, ele poderia ter incluído a América. Embora os objetos sagrados nas antigas tradições grega, irlandesa, eslava e maia pareçam ter sido levados por sobreviventes atlantes para várias partes do mundo, nenhuma das pedras, sem dúvida, pode ter sido o Graal/Arca da Aliança no sentido convencional. Ao contrário, todas as peças, extremamente sagradas, se originaram, como sugerem os registros orais e escritos, na Atlântida onde a tecnologia para manufaturá-las fora transmitida de épocas lemurianas ainda mais primitivas. "Tuaoi", "Ben-Ben", "Aron ha-Berit" e "Graal" eram meramente nomes diferentes que um determinado cristal de poder, um entre um desconhecido número de outros distribuídos pelo mundo afora, recebia de seus variados donos, enquanto passava, respectivamente, dos atlantes para egípcios, hebreus e europeus ocidentais. Já na época de *Perceval, le Conte du Graal*, a primeira narrativa do gênero, Chrétien de Troyes falava de *um* graal, exatamente como o antigo escritor grego Pausânias, que fazia relatos de viagens, descrevia a Pedra do Umbigo délfica com "uma destas pedras".[39]

Paralelamente à crença de Blackett nas migrações atlantes, o enciclopedista Robert Hastings acredita que "o ônfalos [em Delfos] representa a chegada de uma nova raça com ideias diferentes e, em geral, mais elevadas de religião".[40] Sua observação é sublinhada por detalhes locais que a reforçam. Parnaso, em homenagem a quem a montanha do oráculo é conhecida, foi o inventor dos presságios e irmão de Atlas, que deu nome à Atlântida e foi seu primeiro rei. O próprio Monte Parnaso era encarado como o lugar onde Deucalião e Pirra, o marido-e-mulher gregos heróis do dilúvio, desembarcaram após ter sobrevivido à

Grande Enchente. Para celebrar seu salvamento, uma cerimônia comemorativa, a Aigle, era promovida toda primavera em Delfos. O oráculo délfico era originalmente administrado por um *hosioi* ou colegiado de cinco homens que podiam reivindicar descendência direta de Deucalião. Por que escolheram especificamente cinco confundia os estudiosos, mas Platão declara em seu diálogo, o *Kritias*, que iniciados atlantes encaravam o cinco como um número sagrado, que incorporavam a seus rituais. Esses fatos confirmam que o Umbigo do Mundo délfico foi estabelecido por portadores da cultura da Atlântida, que perpetuaram sua espiritualidade nas alturas do Monte Parnaso.

Até mesmo na Idade Média, a cidade submersa parece reaparecer. Descrevendo a área que cercava o castelo do Graal, Von Eschenbach escreveu que "ela era redonda, como se feita num torno",[41] o que lembra a descrição que Platão faz do reino atlante, que parecia "arredondado como um torno saindo do centro da ilha".[42] O Graal também estava localizado no topo de uma grande montanha, numa ilha situada bem em alto-mar. E a comparação vai ainda mais longe. A cidade do Graal compreendia "agrupamentos de torres e os numerosos palácios que lá havia, esplendidamente fortificados";[43] "A ilha [da Atlântida] em que o palácio estava situado – eles a cercaram por uma muralha de pedra, colocando torres de ambos os lados. Continuaram a ornamentar isto em sucessivas gerações, cada rei tentando fazer o máximo e ultrapassando o que viera antes, até que converteram a construção numa maravilha a ser louvada pelo tamanho e beleza. E havia muitos templos".[44] Otto Rahn observou: "Invariavelmente, uma grande extensão de água e uma montanha encantada aparecem em todas estas lendas e mitos".[45]

A descrição mais detalhada da metrópole do Graal é encontrada em *O Jovem Titurel*. Aqui, o arranjo concêntrico da cidade, o adorno da muralha dourada e as colunas de bronze combinam com a montanha sagrada do castelo, o altar elevado e os santuários laterais para lembrar o retrato de Platão da capital perdida com seu grande templo. Os relatos em alemão medieval e grego antigo enfatizam as ricas áreas de florestas cercando suas cidades, mas só Von Scharfenberg acrescenta que nos bosques ao redor do castelo do Graal crescia a *aspinde* não infamável, com a qual Noé construiu sua Arca, mais um elo entre a Grande Enchente e a Perfeição do Paraíso. Pareceria, então, que a cidade do Graal de Von Eschenbach e a Atlântida de Platão eram um só e mesmo lugar, uma conclusão apoiada por novas evidências internas ou alusões em *Parsival*.

O Livro IX[46] cita Flegetanis, um estudioso "pagão", como a fonte original da narrativa. "Ele escreveu a aventura do Graal" em 1200 a.C., a mesma data da destruição final da Atlântida. Será que como sobrevivente do cataclismo, Flegetanis introduziu a história na Europa da Idade do Bronze? Markale mostra que o nome se derivou de Falak-Thani, árabe para Mercúrio-Hermes, a versão greco-romana de Taut.[47] Foi esse o herói do dilúvio egípcio, que levou as Tábuas de Esmeralda do Monte Primal, que afundava no distante oeste, para o Delta do Nilo. Um verossímil motivo atlante parece estar em ação aqui e é reafirmado pela caracterização do Graal como Umbigo do Mundo.

Capítulo 12

ONDE ESTÁ A ARCA DA ALIANÇA?

Mas se alguém pudesse realmente compreender a natureza destas coisas, parece-me que ficaria possuído pela mais divinamente formada beleza e seria capaz de renunciar a todas as outras coisas que podem ser desejadas.
— Philo Judaeus sobre a Arca da Aliança, cerca de 40 d.C.

Monte Moriá

Alguns estudiosos, principalmente israelenses, acreditam que a Arca da Aliança ainda se encontra onde foi originalmente escondida antes de o Primeiro Templo ser derrubado por Nabucodonosor há mais de 2.500 anos – numa das inúmeras cavernas que esburacam o Monte Moriá. Sua descoberta se torna impossível, eles declaram, porque Jerusalém é o lugar mais litigioso da Terra, onde a intolerância religiosa e a animosidade mútua de três fés se juntam para tornar blasfema a menor tentativa arqueológica. Uma escavação em qualquer parte do Monte do Templo inflamaria uma nova guerra santa.

Roma

Outros pesquisadores concluem que o imperador Tito foi bem-sucedido onde o rei Herodes fracassou, quando em 70 d.C., com meticulosidade romana, encontrou a Arca da Aliança enterrada e levou-a para a Cidade Eterna (Roma), juntamente com todos os demais espólios de guerra. Ali ela ficou fechada a sete chaves no tesouro imperial, no Templo de Saturno, durante os próximos 341 anos, até que os visigodos, comandados por seu líder tribal Alarico, saquearam Roma. No meio da pilhagem bárbara, a Arca desapareceu, quebrada ou derretida por causa de seu ouro.

Inglaterra

Durante o final do século XII, quando o interesse popular pelo Santo Graal estava começando a florescer, os monges de Glastonbury, no sudoeste da Inglaterra, afirmaram que José de Arimateia tinha chegado lá trinta anos após a crucificação, levando o cálice da Última Ceia. Por meio deste vaso, Deus ordenara a construção de uma abadia para alojar o objeto sagrado.

Séculos mais tarde, o prédio foi destruído durante a Reforma, quando todas as terras da igreja foram confiscadas pela Coroa. Antes de tais turbulências, o Graal estaria supostamente enterrado em alguma parte sob as ruínas da abadia ou fora atirado num riacho das proximidades, que ainda corre vermelho com o sangue sagrado. É esse que os famosos autores Michael Baigent, Richard Leigh e Henry Lincoln acreditam ser o verdadeiro significado do Graal, o *sang real*, "sangue real" de Jesus, que sobreviveu nos descendentes através de sua amante ou esposa, Maria Madalena. Seus herdeiros incluíam os merovíngios, os reis legítimos da França, cujo poder foi usurpado em 800 d.C. pelas intrigas carolíngias; alega-se que a herança viva deles, e consequentemente de Cristo, ainda existe nos membros de uma sociedade secreta, o Priorado de Sião.

Ainda na Inglaterra, uma pequena taça de pedra, possivelmente um recipiente de perfume da era romana, foi encontrada em Hawkstone Park. O investigador Graham Phillips se pergunta se o humilde artefato não é "o jarro com unguento de Maria Madalena e o histórico Santo Graal", onde foram derramadas gotas do sangue de Jesus e que foi levado por José de Arimateia para a Grã-Bretanha em meados do século I. Depois de sua descoberta em 1920, o artefato foi "devolvido à Capela do Graal no Castelo de Whittington", em Shropshire.[1] "Nos textos da vulgata, porém", segundo outro especialista no Graal, Jean Markale:

> *Certamente não há (...) menção de algum tipo de recipiente em que ele [José de Arimateia] tivesse recolhido o sangue de Cristo (...) O que não impediu certos autores de livros apócrifos – ou daqueles julgados como tal – de declarar isto (...) É importante, contudo, saber que o nome Arimateia significa "as tumbas", o que atira uma sombra de dúvida sobre a autenticidade desta personagem.*[2]

Etiópia

Contos descrevendo a chegada da Arca da Aliança à distante Etiópia, antes mesmo do Primeiro Templo ser destruído, circularam durante séculos. A história conta que o país era conhecido como Sheba quase 3.000 anos atrás, quando sua rainha fez a famosa visita a Salomão, em Jerusalém. Após o retorno para casa, ela deu à luz um filho, Menelik I. Quando atingiu a maioridade, o menino foi para Israel, onde teve o primeiro encontro com o pai. O velho rei ficou cheio de alegria ao ver o filho e prometeu lhe dar o que ele desejasse. Mas quando o príncipe Menelik pediu a Arca da Aliança, Salomão recusou, dizendo que daria qualquer outra coisa que ele pedisse. O jovem príncipe prometeu pensar no assunto e fazer um novo pedido na manhã seguinte. Mas durante a noite, ele e alguns servos irromperam no templo e arrancaram a Arca de sua câmara-santuário no santo dos santos. Quando amanheceu e os sacerdotes se levantaram, encontraram o *debir* saqueado e deram o alarme. Mas os etíopes já levavam uma boa vantagem sobre as autoridades israelenses e desapareceram do outro lado da fronteira africana. Salomão lamentou o roubo, mas declarou que, afinal de contas, os judeus não precisavam mais da Aron ha-Berit e continuavam sendo o Povo Eleito de Deus. Saudado ao chegar com sua carga roubada, Menelik instalou a Arca na capital em Axum, onde supostamente repousa até os dias de hoje numa igreja sob constante guarda, porque ninguém, salvo um único homem escolhido como seu servidor, tem permissão de vê-la.

A fonte dessa história é o *Kebra Nagast*, uma coleção de diversos manuscritos conhecidos como *O Livro da Glória dos Reis*. Nenhum dos manuscritos fornece qualquer indicação relativa à identidade de seus compiladores, nem de quando os papéis foram escritos. Embora se especule que o

Kebra Nagast data de fins do século XIII, o príncipe Lalibela contou aos cruzados sobre a localização da Arca em Axum cem anos antes, quando fugiu de sua terra natal etíope por volta de 1160 para residir em Jerusalém, onde passaria 25 anos. Mais cedo ainda, um monge cristão muito viajado, Cosmos Indicopleustes, visitou a Etiópia durante o século VI e testemunhou a existência de um pequeno prédio onde se dizia que a Arca tinha sido guardada. A primeira referência conhecida da existência da Arca em Axum foi feita por Rufinius, um teólogo bizantino que escreveu em fins do século IV sobre o primeiro bispo da Etiópia, Frumentius. Contudo, mesmo essa menção da Arca na África Oriental ocorre uns 1.200 anos após Menelik ter supostamente fugido com ela.

Que nada em qualquer fonte pré-cristã, incluindo o Antigo Testamento, faça sequer alusão à história de Menelik sugere que ela foi inventada para converter os etíopes à nova religião. Além disso, a rainha de Sheba não era etíope, mas uma soberana do sul da Arábia, do reino histórico de Sabá, no que é hoje o Iêmen, como os arqueólogos reconheceram desde a década de 1960. Acrescente-se ainda que a Arca da Aliança era o maior tesouro de Israel, encerrada em seu próprio santuário dentro do templo, onde era perpetuamente guardada por membros da tribo dos levitas, que matavam qualquer um suficientemente tolo para se aproximar dela, salvo o sumo sacerdote e, vez por outra, o rei. Na eventualidade extremamente improvável de um roubo da Arca, eles correriam implacavelmente atrás do ladrão até os confins da Terra em vez de abrir mão, com certa indiferença, da perseguição, como quer o *Kebra Nagast*.

Childress escreve sobre a aventura israelense de Menelik: "Presumindo que a história desta visita seja verdadeira, é mais provável que a verdadeira Arca se conserve de fato no templo em Jerusalém e que uma duplicata tenha sido levada para Axum".[3] Charpentier julgou igualmente implausível que "o filho de Salomão fosse capaz de roubar a Arca do santo dos santos, que era tão fortemente guardado. O acesso ao templo era proibido a forasteiros sob pena de morte. Mas não parece de todo impossível que Salomão, sem dúvida após devidamente instruído, pudesse ter uma cópia (...) pronta (...) da Arca para dar ao filho".[4] Se assim foi, o objeto hoje reverenciado em Axum, embora não seja a própria Arca, pode ser uma cópia autêntica datando de quase 3.000 anos e, portanto, um artefato de valor inestimável. Mas mesmo essa generosa interpretação do *Kebra Nagast* desmorona quando percebemos que a "Etiópia" não existia na época dos acontecimentos que o manuscrito retrata. A região era então conhecida como Napata, uma colônia egípcia em caos social que só se tornaria um reino, o bíblico Kush, em 755 a.C., 165 anos *após* Menelik ter supostamente retornado de Israel com uma arca, verdadeira ou não.

O escritor Graham Hancock tentou dar alguma credibilidade à ideia da Arca na Etiópia reinterpretando sua história à luz da história antiga. Ele postulou que os sacerdotes levitas a teriam feito desaparecer de Jerusalém por volta de 650 a.C., uns 130 anos antes de Nabucodonosor destruir o Primeiro Templo, porque o cruel rei Manassés de Israel tinha profanado o santo dos santos com a introdução de estátuas de culto babilônicas. Através de uma longa rota por água e jornada por terra do Alto ao Baixo Egito, ou seguindo para o sul através da península arábica, os levitas teriam chegado com seu fardo sagrado à pequena ilha de Elefantine, no Rio Nilo.

Lá ergueram um novo templo para a Arca, no qual ela foi guardada até o prédio ser destruído durante o século V a.C. Então os sacerdotes pegaram de novo sua carga e rumaram para o sul, cruzando a fronteira para a Etiópia, onde ela foi instalada num tabernáculo simples construído em outra ilha, Tana Kirkos, pelos oitocentos anos seguintes. Em algum momento de fins do século IV d.C., Frumentius, o primeiro bispo cristão mencionado no relato do teólogo bizantino, removeu a Arca para Axum, a cidade capital, instalando-a numa igreja dedicada a Santa Maria, a Mãe de Cristo, sua atual localização.

Ou talvez não. Essa Arca pode ser uma réplica de uma réplica, porque algumas tradições declaram que a Arca (ou seu fac-símile) foi destruída no século XVI, quando Axum foi tomada pelos exércitos somalis de Ahmed Ibn Ibrahim, também chamado Ahmed Gran, o Canhoto. Missionários jesuítas na Etiópia também alegaram ter destruído a Arca de Axum por ser ela uma falsificação blasfema.

Em vez de tirar a Arca da Aliança de Jerusalém, os levitas com muito mais probabilidade a teriam escondido em algum lugar dentro das fronteiras de Israel, mais provavelmente através do alçapão do debir, deliberadamente construído no templo para tal emergência. Quem teria se aventurado a assumir a responsabilidade de colocar a Arca em risco fazendo-a cruzar uma Arábia dominada por bandidos ou, pior ainda, a margem do Nilo, no próprio país de onde a pedra Ben-Ben, agora disfarçada como Aron ha-Berit, fora roubada por Moisés? Para os judeus, o Egito representava o pior território inimigo, a terra de onde, afinal, tivera lugar o Êxodo. Ninguém em seu juízo perfeito teria considerado a possibilidade de uma reentrada no Egito e certamente não com a Arca da Aliança.

Japão

Embora a Etiópia tivesse sido durante muito tempo encarada como o lugar de repouso final da Arca da Aliança, sua suposta existência no Japão é muito menos conhecida. Em 1990, Nobuhiro Yoshida (professor de idiomas na Universidade Internacional de Hiroshima) debruçou-se sobre lendas locais acerca da localização do artefato numa montanha da prefeitura de Tokushima. Para determinar se era possível encontrar alguma coisa e o quê com base numa sugestão tão extravagante, ele conduziu 15 membros da Sociedade de Petrografia do Japão, de Kitakyushu, ao topo do Monte Tsurugi, a mais de 1.800 metros acima do nível do mar. Foi ali que, segundo se dizia, no passado remoto, estrangeiros com roupas estranhas haviam chegado depois de subirem o rio Yoshino em várias e grandes embarcações. A flotilha teria atravessado o Canal Kii e aportado numa pequena aldeia, Funa-hate, onde os forasteiros desembarcaram após destruir seus próprios navios. Curiosamente, *funa* é o termo japonês para "navio" e *hate* significa "último ancoradouro".

De Funa-hate, os visitantes se deslocaram para o Monte Tsurugi ou Montanha da Espada, carregando uma espécie de palanquim, uma liteira coberta comum na Ásia, geralmente para um passageiro, transportada por varas nos ombros de quatro homens. A montanha derivava seu nome de uma espada cerimonial que se dizia ter sido enterrada com a Arca numa caverna, cuja entrada estava oculta e lacrada. Com o correr do tempo, todos os traços dos forasteiros desapareceram, na medida em que eles foram sendo assimilados pela população nativa.

O mito Tokushima tem sido pesquisado pelo estudioso local Hiroshi Ohsugi, que acredita que a história narra a chegada de sacerdotes levitas fugindo da Jerusalém ocupada em 589 a.C. e seu subsequente desembarque nas costas japonesas com a Arca da Aliança. No curso de uma investigação durante o final do século XX, ele ficou a par de uma variante da tradição onde os hebreus se instalam no Monte Kami-yama, literalmente Montanha de Deus. Seu topo é coroado pelas ruínas de um pequeno santuário que costumava atrair fiéis da área. Eles acreditavam que suas preces por boa sorte eram atendidas pela Arca da Aliança enterrada lá. Historiadores locais confirmam que, até depois da Segunda Guerra Mundial, guardas voluntários montavam guarda sobre algum tipo de lugar secreto no alto do Monte Kami-yama. Mesmo hoje, a comunidade no sopé da montanha preserva, como parte do tesouro de sua cidade, curiosas bandeiras adornadas com letras hebraicas desbotadas.

As investigações do sr. Ohsugi foram precedidas em 1911 pelas do etnólogo Takatarou Kimura, que concluiu que os habitantes do distrito de Uwajima, na parte sudeste da Ilha Shikoku, e igualmente da prefeitura de Tokushima, eram descendentes misturados, mas diretos, de antigos semitas. Baseou sua conclusão em afinidades dialetais que existiriam entre a linguagem dos residentes em Uwajima e o hebraico. Outras evidências incluíam a semelhança da vestimenta real do primeiro imperador do Japão, Tenno Jimmu, e de seus guerreiros, com trajes tradicionais usados pelos sacerdotes levitas. Kimura também descobriu que as cerimônias fúnebres da família imperial, que diferem radicalmente das práticas mortuárias comuns, revelavam notáveis similaridades com os ritos hebraicos para os mortos.

Em 1947, em seguida à Segunda Guerra Mundial, um rabino americano visitou a prefeitura de Tokushima com autorização especial do general Douglas MacArthur para procurar a Arca da Aliança perdida e nada encontrou. A expedição do professor Yoshida, uns cinquenta anos mais tarde, foi um tanto mais produtiva, quando ele e seus colegas da JPS [Jewish Publication Society] subiram ao topo do Monte Tsurugi. Lá descobriram uma antiga arte rupestre até então desconhecida pela arqueologia japonesa. Embora os enigmáticos petróglifos não sugerissem qualquer influência hebraica, as imagens confirmavam que o pico fora reverenciado como um local sagrado na pré-história. No topo da montanha, o professor Yoshida e seus acompanhantes visitaram o Santuário da Espada, que ainda existe. Nas proximidades, a noroeste, sob o cume, um guia levou-os até a Gyouja-ana ou Gruta do Sacerdote da Montanha, com uns 20 a 30 metros de profundidade. Gyouja-ana é uma das numerosas grutas geralmente inexploradas, do Monte Tsurugi, que o professor Yoshida especula que possam conter a Arca perdida.

A transferência da Arca para o Japão parece um tanto forçada até nos darmos conta de que Salomão operava sua própria frota de navios, evidentemente capazes de navegar por rotas de comércio ao longo do subcontinente indiano e do sudeste da Ásia, até o Oceano Pacífico. Suas viagens para buscar o cedro no Líbano e para a mais distante Ofir, provavelmente a África do Sul, retornando a Israel com ouro, foram frequentes e bem documentadas. Um cenário plausível mostra os levitas embarcando num de seus navios de carga para longo curso com a Aron ha-Berit, antes de Jerusalém ser ocupada por Nabucodonosor, e navegando até o distante Japão. A escolha do Monte Tsurugi também faz sentido, pois é um vulcão adormecido, mas ainda propenso ao tipo de atividade sísmica que a Arca teria exigido para funcionar como devia.

A Obsessão de Otto Rahn

Talvez na explicação mais polêmica sobre o destino do Graal/Arca esteja envolvido um grande estudioso, ainda que conturbado, que perdeu a vida ao buscá-la. O fascínio que Otto Wilhelm Rahn tinha pelo Santo Graal desde o início da infância se transformou numa obsessão que seus estudos universitários de jurisprudência, filosofia e história não conseguiram deter. Após anos de apaixonada investigação, ele se convenceu de que os Cavaleiros do Graal não eram senão os cátaros, que tinham escondido a Pedra Mani em algum lugar dos Pireneus pouco antes de sua imolação.

A partir de 1928, com 24 anos de idade, Rahn começou a viajar intensamente de uma ponta à outra da Suíça, Itália, França e Espanha, pesquisando o período albigense em bibliotecas públicas e particulares, e visitando lugares importantes na história do drama dos Perfeitos.

No início do verão de 1929, ele havia escolhido, como seu quartel-general, Lavelanet, uma pequena aldeia no Languedoc, da qual conduziria suas expedições científicas para as ruínas no topo de Montségur e pontos vizinhos a elas relacionados. Rahn ficou a princípio ressentido com os nativos, conhecidos por um orgulho extremamente provinciano, agravado em boa parte pelo fato dele ser alemão. Os residentes suspeitavam que seu interesse pela terra era menos arqueológico que militar e a surra que levou de um grupo de desordeiros foi suficientemente forte para deixá-lo internado alguns dias no hospital local. Imediatamente em seguida à sua alta, ele retomou a busca, tornada um pouco mais fácil depois que a população soube que Rahn era fluente no dialeto ocitano, tremendamente exclusivo, falado por eles. Houve um leve degelo na animosidade local, quando alguns moradores antigos contaram o que sabiam da região ao indomável forasteiro. Ele deu a máxima atenção àquelas tradições orais, apresentando-as mais tarde como importantes contribuições às suas investigações.

De volta a Paris, Rahn descobriu que todos que o apoiavam tinham ficado arruinados pela depressão econômica cada vez mais profunda que varria o mundo industrializado e ele foi incapaz de encontrar um editor para a edição francesa de seu livro, *Das Kreuzzug gegen den Gral* ou *Cruzada contra o Graal*. Agora em sérios apertos financeiros, a preocupação mais fundamental por comida e abrigo o fez acreditar que jamais seria capaz de levar à frente a missão de sua vida. Na época ele não percebeu isso, mas o mundo estava prestes a mudar radicalmente e para sempre. Em 30 de janeiro de 1933, Adolf Hitler se tornou o terceiro chanceler do Reich e o chefe de seus esquadrões SS de elite (*Schutzstaffel*, Brigadas de Proteção) começou a procurar uma instalação adequada para servir como escola de treinamento de oficiais. Em 3 de novembro daquele ano, quando mostraram a Heinrich Himmler o castelo de Welwelsburg, ele concluiu naquela mesma noite que se tratava de um local ideal.

A fortaleza em estilo gótico tardio tinha uma configuração inabitual, triangular com muralhas maciças conectadas a um trio de torres redondas e equidistantes, uma planta de acordo com o platô em forma de delta que se inclinava para o fundo do Vale Alma, na Westfália, Alemanha Central. Erguida entre 1603 e 1609, destinavase originalmente a servir como segunda residência para o príncipe-bispo de Paderborn. Mas o local da construção estava impregnado de origens muito mais antigas. Himmler as tinha em mente quando disse do Welwelsburg: "Que neste castelo o espírito do passado mais antigo seja o espírito do futuro!"[5] Para reafirmar esse espírito em Welwelsburg, ele mandou buscar peritos na Ahnenerbe.

Em 1935, Himmler criara uma fundação científica, a *Deutsches Ahnenerbe – Studiengesellschaft für Geistesurgeschichte* [Herança Alemã – Sociedade de Ensino e Pesquisa] para investigar a história antropológica e cultural do povo alemão. Já então ele sabia do trabalho de Otto Rahn, que tinha lhe oferecido a tão necessária assistência financeira e agora o convidava a retomar sua busca do Graal na Ahnenerbe. Daí por diante o jovem estudioso devotou cada hora de vigília às investigações e ao término de seu livro. Sua publicação em 1937 criou certa sensação e o autor se viu convidado a fazer palestras sobre suas conclusões. Rahn combinou a filiação à Ahnenerbe com um posto hierárquico nas SS e parecia ter o futuro assegurado.

Os dois últimos anos da vida de Rahn, contudo, foram tão enigmáticos que os biógrafos têm tido muita dificuldade em determinar exatamente o que aconteceu. Sabem sem dúvida que ele começou a trabalhar em outro livro sobre a perseguição da Inquisição aos cátaros, *Luzifers Hofgesint* ou *Corte de Lúcifer*, finalmente publicado pouco antes da deflagração da Segunda Guerra Mundial. Mas a abrupta mudança em seu destino é extremamente misteriosa. Rahn foi subitamente rebaixado e recebeu ordens para cumprir, por um período breve, penas disciplinares num campo de concentração. Após sua soltura, ele renunciou à Ahnenerbe, depois acabou com a própria vida em março de 1939. Foram feitas sugestões de que a causa de seu infortúnio foi sua homossexualidade, as origens judaicas ou ambas as coisas. Estas especulações, no entanto, são infundadas porque os homens das SS descobertos como homossexuais não eram rebaixados e enviados para um campo de concentração por algumas semanas, mas executados por um pelotão de fuzilamento e toda a memória de sua existência anterior eliminada. A verificação dos antecedentes dos candidatos, especialmente as raízes genealógicas, eram muito estritas. Na improvável eventualidade de ser descoberta uma ascendência judaica de um homem das SS, ele teria sido simplesmente expulso. Julgou-se que Rahn tenha se desiludido com o Terceiro Reich e se matado num gesto de desespero.

No final da primavera de 1938, Rahn recebeu autorização para empreender uma expedição secreta ao Languedoc, acompanhado apenas por seis jovens cadetes, um oficial mais velho e um professor. Como na época as relações com a França estavam longe de ser exemplares, os nove alemães viajaram com passaportes civis, como estudantes e professores de arqueologia da Universidade de Munique, onde o professor lecionava história medieval. Durante a longa viagem de trem, Rahn mal pôde conter seu entusiasmo. Opondo-se a ordens e a protestos inúteis do único oficial presente, disse aos companheiros que aquela jornada secreta se fazia para solucionar um ponto decisivo para o avanço da pesquisa que ele empreendia, a saber, verificar sua conclusão relativa ao paradeiro da Pedra do Exílio de Wolfram von Eschenbach.

Lembrou que, durante suas expedições anteriores ao Languedoc, ouvira de um velho pastor: "Muito tempo atrás, quando os muros de Montségur ainda estavam de pé, os cátaros mantiveram o Santo Graal ali. Sua cidadela estava em perigo. Os exércitos de Lúcifer a haviam cercado". Um dos cátaros "atirou a joia sagrada numa fenda da montanha. A montanha fechou-se de novo e desta maneira o Graal foi salvo. Quando os demônios entraram na fortaleza, já era tarde demais. Enraivecidos, condenaram todos os Puros à morte pelo fogo, não longe da rocha onde se encontra o castelo, no Campo da Estaca".[6]

A linha de investigação de Rahn foi orientada por esse e outros relatos locais semelhantes até ele acreditar que a pesquisa já estava suficientemente focada para justificar uma expedição com o objetivo de tentar recuperar o Santo Graal. "Meu dever é encontrá-lo", ele veementemente instruiu seus companheiros; "o de vocês é me ajudar a levá-lo em segurança para o Reich." Embora os cadetes tivessem ficado empolgados com a perspectiva, jurando proteger até a morte a perdida Pedra do Exílio, seu oficial comandante à paisana continuava mal-humorado e incrédulo, enquanto o professor que os acompanhava se divertia silenciosamente com aquilo.

Assim que os alemães desceram do trem perto de Lavelanet, onde Rahn passara seu primeiro verão occitano nove anos atrás, ele os conduziu diretamente para além de Ornolac-Ussat-les-Bains, pegando a estrada que levava de Toulouse a Barcelona. Seguiram a pé e subiram para os Sabarthes dos Pireneus, explorando cavernas, examinando fendas, mas nada descobrindo de significativo. Ficaram mais de uma semana sem encontrar outros excursionistas. No décimo dia da expedição, chegaram a uma espécie de abrigo que se projetava da rocha, no alto de uma encosta da montanha voltada para o sol nascente. Rahn estudou o maço de notas em folhas soltas, sempre enchendo seus bolsos, e entrou na formação de teto baixo. Todos ficaram espantados quando na extremidade da gruta, talvez a 10 metros da entrada estreita, ele atacou subitamente a parede com uma picareta de alpinista. Agarrando as suas, três cadetes juntaram-se a ele, começando também a abrir a parede, embora sem saber qual era o objetivo daquilo. Contudo, após uns 15 minutos de trabalho árduo, todos ficaram chocados a ver a parede inteira desmoronar abruptamente, expondo uma pequena câmara, aproximadamente com três metros de largura e um metro e meio de comprimento, mas relativamente alta, com algo em torno de uns três metros de altura. Tudo no aposento sugeria que se tratava de um espaço natural ligeiramente alterado ou aplainado pela mão do homem há realmente muito tempo.

Em seu centro havia um altar de rocha tosco, embora indiscutivelmente artificial, sustentando apenas um objeto: um cristal de quartzo excepcionalmente grande. Após ficar alguns momentos parado em silêncio diante dele, Rahn calmamente ordenou que colocassem com cuidado a pedra no carrinho fechado especial, que haviam levado exatamente para esse fim. A pedra era mais pesada do que parecia e foram precisos dois cadetes para levantá-la pelas pontas e colocá-la no contêiner. O cristal tinha um comprimento total entre 60 e 70 centímetros e aproximadamente 25 centímetros em seu ponto mais largo, mas era mais notável pela excepcional limpidez.

Desde o momento da descoberta, Rahn se tornou outro homem. Seu temperamento habitualmente jovial e vibrante ficou sombrio, ele passou a falar pouco e parecia, a maior parte do tempo, perdido em seus pensamentos. Durante a viagem para casa, os homens indagavam uns dos outros se Rahn não estaria decepcionado com os resultados da busca. Quando um deles se aventurou a lhe perguntar se o cristal que haviam encontrado era, de fato, o Santo Graal, Rahn foi ríspido: "O que mais seria?!"

Contrabandista experiente, o oficial das SS que supervisionava a pequena operação não teve dificuldades em conseguir que o troféu passasse pela alfândega francesa no fundo falso de uma valise e logo o cristal estava instalado em seu próprio pedestal no Welwelsburg.

O objeto não existia "oficialmente". Afinal, fora removido de forma ilegal de um país estrangeiro que já era hostil ao Terceiro Reich. Mesmo após a queda de Paris em 1940, a verdadeira origem do achado de Rahn não pôde ser admitida, pois as autoridades alemãs não tolerariam nada que pudesse melindrar a importante colaboração com o francês Vichy.

Embora sua origem num ato recente de confisco fosse uma informação rigorosamente secreta, praticamente todos que viviam no castelo – inclusive muitos visitantes que atravessavam os portões de Welwelsburg – tinham ouvido pelo menos alguma coisa sobre a misteriosa peça trancada no chamado Quarto do Rei Artur, do qual apenas Rahn tinha a chave. Logo após retornar dos Sabarthes com seu achado, ele às vezes cedia a pedidos de autoridades curiosas acerca do suposto Graal. Em certa ocasião, um comandante da alta hierarquia das SS comentou, após examiná-lo, que o quartzo era de fato um fino exemplar, mas que obviamente não valia a pena ter corrido riscos diplomáticos para obter um mero cristal, quando havia amostras excelentes em exibição pública na ala de mineralogia do Museu Alemão de Ciências Naturais, em Berlim. Rahn respondeu a isso com ar altivo: "*Hic lapis exilis extat precio quoque vilis spernitur a stultis, amatur plus ab edoctis*". Estava citando um trecho do *Rosarium Philosophorum*, de Arnold di Villanova, um contemporâneo do século XIII de Wolfram von Eschenbach: "Esta pedra de exílio tem de fato um valor insignificante para os tolos e, no entanto, é o bem mais precioso para os sábios". Sua arrogância lhe trouxe problemas, pois o comandante das SS era fluente em latim e o denunciou, em inequívoco alemão, ao Reichsführer.

O próprio Himmler começou a cultivar ideias grandiosas sobre Welwelsburg e sua pedra. Não mais interessado na velha fortaleza como simples escola, passou a concebê-la como sede de uma ordem cavalheiresca encarnando a mais elevada, a mais pura concepção do nacional-socialismo (nazismo) da elite da elite – a liderança das SS. Em breve o castelo se tornaria uma meca teutônica com sua própria caaba, até finalmente se transformar no centro espiritual de todo o mundo ariano. Planos eram traçados e modelos arquitetônicos criados para um extenso projeto de expansão que colocaria a cidadela como foco de um centro administrativo ideal, do tamanho de uma pequena cidade. Talvez baseado na descrição da Atlântida feita por Platão no século IV a.C., ele deveria ser disposto em anéis concêntricos, mas a guerra impediu a edificação da cidade do Graal de Himmler.

Ela já havia estabelecido como ponto focal metafísico da construção a torre norte de Welwelsburg, onde uma câmara revestida de pedras, conhecida como Gruppenführersaal ou Sala dos Generais, mostrava uma imensa mesa redonda de carvalho, com assento para doze líderes. No centro desta peça de mobília arturiana, sobre uma grande e estilizada suástica, ficava o Graal-cristal de Rahn em seu pedestal de ferro, enquanto as 12 runas das SS formavam no assoalho um desenho da roda do sol. Himmler frequentemente se referia ao Gruppenführersaal como *das Mittelpunk der Neuen Welt*, o Centro do Novo Mundo.[7] Nisso, fazia eco à associação já milenar entre uma gema de poder e o Umbigo do Mundo, que surgia onde quer que ela fosse instalada. Sua consciência fora alterada e levada para o mesmo tipo de megalomania espiritual que a íntima proximidade do cristal engendrara outrora nos cátaros, nos templários, em Moisés, em Akhenaton e em todos aqueles guardiões da pedra do fogo que mergulham na pré-história.

A Pedra de Welwelsburg, como se tornou conhecida, era transferida por toda torre norte de um aposento para outro, sempre que a ocasião exigia. Foi fornecido um local para sua instalação temporária numa cripta cerimonial, a Walhalsaal ou Câmara do Valhala, situada diretamente sob o Gruppenführersaal. No centro exato de uma área cavada no meio da sala, diretamente sob uma suástica estilizada em relevo no ponto mais alto da cúpula do teto, havia um círculo concêntrico para o cristal de quartzo do Languedoc. Desse estranho "Reino dos Mortos", Stephen Cook e Stuart Russell escrevem: "Embora conhecida como a quintessência do sonho de Himmler, seu exato propósito continua sendo um mistério não solucionado. Assim, mesmo hoje, a Torre Norte é cercada por um véu de sigilo e suspense".[8]

Otto Rahn não pôde escapar da influência desse mistério. Como punição pelo desrespeito a um oficial superior, perdeu o posto como unterscharführer (embora não a filiação às SS) e recebeu ordens de cumprir uma série de tarefas por três semanas no campo de concentração de Dachau, nos arredores de Munique. Pior ainda, foi banido do Welwelsburg – e da presença de sua amada Pedra Mani – até, e a menos, que seu comportamento melhorasse de forma significativa. Logo após completar a sentença disciplinar, ele apresentou sua renúncia tanto do Black Corps quanto da Ahnenerbe no início de 1939, depois viajou sozinho para os Alpes Tiroleses, onde morreu ao se expor às neves do Wilderkaiser. Como Christopher Jones observa em sua tradução inglesa de *Cruzada contra o Graal*, "ele terminou sua vida no estilo do ritual cátaro do endura".[9]

Rahn escrevera naquele mesmo livro sobre os albigenses:

Sua doutrina permitia o suicídio, mas exigia que a pessoa não pusesse fim à vida devido a desgosto, medo ou dor, mas graças a uma perfeita dissolução da matéria. Este tipo de endura era permitido quando ocorria num momento de percepção mística da beleza e bondade divinas. Para eles, a morte nada mais era que trocar as roupas sujas, um pouco como as borboletas abandonando a crisálida para se perderem na radiante primavera (...) O trânsito de um estado para outro não é absolutamente tão cruel quanto pode parecer.[10]

O momento da endura de Rahn, assim como de sua morte, foi deliberadamente escolhido. Teve lugar em 13 de março, um dia antes dos cátaros celebrarem a última Manisola, antes de sua imolação em massa no *prat des cramats*, 695 anos antes.

A Guerra Mundial que irrompeu seis meses depois da endura de Rahn não inibiu a transformação de Welwelsburg num Umbigo do Mundo do século XX. Em 12 de julho de 1940, o próprio Adolf Hitler emitiu uma diretiva autorizando Himmler a levar a cabo o que julgasse "necessário para a conclusão de sua tarefa",[11] que continuaria quase até o final das hostilidades. Quando Himmler recebeu a direção das SS em 1929, ela tinha apenas 280 seguidores. Após o Terceiro Reich ir à guerra contra a União Soviética, já contava com pouco menos de 2 milhões de membros, quase metade dos quais não eram alemães. Voluntários estrangeiros de toda a Escandinávia, do Báltico, dos Bálcãs, da Ucrânia, da Espanha, da Itália e mesmo ex-inimigos da França e da Rússia preenchiam divisões inteiras da Waffen-SS ou Armada-SS. O sonho de Himmler de ver Welwelsburg como o foco metafísico do mundo ariano parecia estar se tornando real.

Mas no final de março de 1945, tropas da Spearhead, a Terceira Divisão Blindada do Primeiro Exército dos Estados Unidos, penetraram na Westfália e estavam prestes a cercar o castelo do Graal. No mesmo dia foi dada uma ordem de evacuação e Himmler despachou peritos em demolição encabeçados por Heins Macher, hauptsturmführer das SS, para privar os americanos da fortaleza perfeita. Às 16 horas de 31 de março, ela foi praticamente destruída por uma série de poderosas explosões que deixaram apenas a inacabada torre norte relativamente intacta. Dela, Macher ou um de seus homens haviam resgatado o cristal da Gruppenführersaal, uma ação para cujo cumprimento já havia previsão. As ruínas fumegantes foram quase imediatamente pilhadas por soldados caçadores de suvenires e habitantes locais, que a guerra fazia procurar desesperadamente qualquer coisa de valor.

Tão extenso foi o dano provocado a Welwelsburg, que sua reconstrução, começada em 1949, precisou de trinta anos para se completar. Hoje é uma popular atração turística, exibindo alguns artefatos sobreviventes e fotos de seu tumultuado passado, embora a torre norte, local do "Centro do Novo Mundo" de Himmler, seja área de acesso vedado ao público. O que aconteceu à Pedra de Welwelsburg não foi até agora determinado com qualquer grau de certeza. O que há são relatos não confirmados de que um dos homens de Heinz Macher a teria enterrado profundamente numa geleira dos Alpes bávaros. Ali ela supostamente permanece e continuará oculta até o gelo que a esconde derreter.

A Senhora Branca dos Pireneus

Uma possibilidade menos radical, embora dificilmente menos provocadora, para o atual paradeiro da Arca da Aliança afirma que ela ainda está funcionando adequadamente e influindo nas vidas de milhões de pessoas. Sua moderna história começou em 1858, quando uma moça simples francesa, Bernarde-Marie Soubirous, afirmou ter tido numerosas visões de uma misteriosa "Senhora Branca" numa gruta no sopé dos Pireneus. Suas visões tiveram lugar em Massabielle, Lourdes, não longe de Montségur, onde 614 anos antes os Perfeitos haviam enfrentado a morte pelo fogo. Novas idas de Soubirous à gruta foram acompanhadas por multidões cada vez maiores de espectadores, nem todos devotos, que testemunhavam a moça se ajoelhando para falar, às vezes por uma hora ou mais, com (ela sempre insistia) a Mãe de Deus. A aparição, no entanto, era invisível para os esperançosos fiéis.

Após uns cinco meses de encontros frente a frente com a Virgem Santíssima, a adolescente foi submetida a rigoroso inquérito civil e clerical. O sentimento popular favorecendo a credibilidade de Soubirous intensificou-se até que a igreja católica admitiu oficialmente a validade das alegações da moça e reconheceu o culto de Nossa Senhora de Lourdes. Desde então, cerca de três milhões de pessoas visitam anualmente a cidade que virou centro de peregrinação, muitas buscando alívio para diversos males dos apregoados poderes curativos da fonte de água doce que jorra pela gruta.

Essa é a famosa história de Bernadette de Lourdes, que pode ajudar a explicar o que aconteceu com a Pedra Mani dos cátaros depois que eles a contrabandearam para fora da fortaleza condenada. Segundo Bernadette: "E um dia ela me mandou comer uma planta que estava crescendo no mesmo lugar onde eu ia beber, só uma vez".[12] Estas instruções da Senhora Branca eram idênticas ao procedimento ritual em Delfos, onde a Pítia mascava uma folha de louro e bebia "só uma vez" da fonte sagrada antes de Apolo falar através dela. Maria então teria orientado Bernadette a cavar a terra em busca de uma fonte sagrada. Embora não se soubesse da existência dessa fonte de água, miraculosa ou não, em Massabielle, a moça arranhou algumas vezes o solo e trouxe as primeiras gotas do jorro até então ignorado, que logo estava produzindo uns 100.000 litros a cada 24 horas. Como a fonte sagrada de Delfos, a de Lourdes é considerada curativa pelos 50.000 sofredores que anualmente procuram suas águas, assim como a fonte de Apolo atraía uma clientela de todo o mundo civilizado. Além disso, a primeira visão de Bernadette teve lugar em 11 de fevereiro, o sétimo dia de Bysios na antiga Grécia – aniversário de Apolo.

O cenário de seus encontros sobrenaturais era uma gruta – um Umbigo de Mundo, o "útero" délfico. A Senhora Branca disse a Bernadette que devia ser instituída uma procissão regular até a gruta, o que faz lembrar as procissões no Castelo do Graal e em Delfos. Uma capela para o culto de Nossa Senhora de Lourdes foi erigida na gruta, assim como o oráculo original de Apolo na Grécia era cultuado num santuário próximo da gruta marinha de Korykeion, conforme Koré, a Virgem. Tanto Bernadette quanto a Pítia délfica eram jovens virgens ingênuas que entravam em êxtases divinos, durante os quais pronunciavam palavras atribuídas a um ser de luz sobrenatural.

Estátua (perto de monte mortuário de 2000 anos de idade em Ridgeland, Wisconsin) da "Senhora Branca" com túnica azul, associada com o Umbigo do Mundo, o Santo Graal, a Pítia de Delfos, a Virgem Santíssima e energias da terra.

Alguns desses elementos pitianos são parcialmente revelados no folclore local, que antecedeu de muito tempo os eventos em Lourdes. Uma das histórias conta como um menino foi orientado pela Senhora Branca, disfarçada de velha, para encontrar uma flor de louro perto de uma pedra especial que havia numa fonte. No início do século XX, um estudioso dos mitos, André Massignon, descobriu não menos de 36 versões desse conto nos Pireneus.[13] Eles remontam na França até o último dia de Montségur, quando a Perfeita Esclarmonde de Foix pereceu com seus companheiros cátaros no prat des cramats. Desde então há relatos de que seu espírito, na forma de uma mulher branca e pura, tem sido visto por numerosos habitantes dos Pireneus, principalmente crianças.

Também parece haver uma ligação entre a Senhora Branca e o Santo Graal. Como aconteceu com Lohengrin, a Virgem Maria que Bernadette viu só se identificou depois que a menina lhe perguntou muitas vezes quem era. Também no *Parsival*, de Wolfram von Eschenbach, a brancura de Repanse de Schoye, a rainha do Graal, é enfatizada: "Tão radiantes eram suas feições que todos acharam que o dia estava raiando".[14] Ele a retratou como a portadora de um vaso contendo a Pedra do Exílio, a mais poderosa fonte de regeneração do mundo. Como tal, ela revela uma semelhança impressionante com a deusa celta Cerridwen, a Égua Branca, que possui um caldeirão de rejuvenescimento da perdida Avalon. Como a "Ilha das Macieiras", a semelhança de Avalon com a Atlântida, com a "Árvore da Vida" das Hespérides em seu centro, é inequívoca.

No *Kritias*, Platão declarou que a mulher primal da Atlântida foi Leukippe, igualmente uma Égua Branca. Ele escreveu que a mais sagrada cerimônia da sociedade atlante tinha taças douradas e uma refeição comunitária idêntica ao banquete ritual do Graal em *Parsival*. E do outro lado do Oceano Atlântico, os maias reverenciavam Ixchel, a Senhora Branca, como uma portadora da cultura e feiticeira que chegou à Ilha de Cozumel, em Yucatán, após a Grande Enchente. Na arte dos templos, ela é frequentemente retratada segurando um vaso mágico. O caldeirão, taça ou travessa eram algumas das distintas formas do Santo Graal (juntamente com a caverna, a pedra, o útero e o crânio), simbolizando um vaso ou recipiente para a Perfeição do Paraíso.

Essas primeiras manifestações da Senhora Branca foram precursoras diretas da aparição a Bernarde-Marie Soubirous, experimentada em meados do século XIX, alucinações provocadas pela exposição às influências alteradoras da mente do cristal de poder. As estranhas semelhanças com a Pítia da antiga Delfos resultaram do fato de ambas as mulheres estarem submetidas às suas energias modificadoras do comportamento. Se isso é verdadeiro, então a continuada presença da Pedra Mani dos cátaros nos Pireneus é evidente.

Os quatro Perfeitos que tiraram a Arca da Aliança de Montségur dias antes da cidadela capitular podem tê-la escondido não muito longe, numa das inumeráveis grutas de Massabielle ou das redondezas. Ali ela permaneceu durante os últimos oito séculos, ocasionalmente transmitindo explosões de íons negativos desencadeadas pela pressão sísmica pela qual os Pireneus são bem conhecidos. Bernadette e suas precursoras, que encontraram a Senhora Branca desde que Esclarmonde pereceu nas chamas de 1244, estavam respondendo à Arca da Aliança que os companheiros Perfeitos de Esclarmonde guardaram com tanto êxito num esconderijo subterrâneo. De lá, ela continua a funcionar como foi originalmente pretendido, energizando a consciência humana mais elevada – o chakra da coroa – com visões transformadoras da divindade e curando os aflitos.

Capítulo 13

A ARCA ESTÁ NA AMÉRICA?

O Graal... nada havia sobre a Terra de tão precioso...
— Wolfram von Eschenbach, *Parzifal*, Livro X, 519

Durante anos de intensa pesquisa, Otto Rahn acumulou uma considerável biblioteca com informações sobre o Santo Graal, seguindo cada pista imaginável acerca de seu paradeiro. Alguns indícios apontavam para uma velha igreja escocesa a uns 12 quilômetros de Edimburgo. Meio século antes da estrutura se tornar mundialmente famosa por seu papel na busca do Graal, e no início da sua associação com a Ahnenerbe, Rahn visitou a Capela Rosslyn, mas saiu de lá desapontado, porque o rastro das evidências parecia terminar ali.[1] Outros que fizeram a mesma busca depois de Rahn estão convencidos de que ele, afinal, estava no caminho certo, mas que deixou passar certos fatos reveladores que teriam influenciado o curso posterior de sua investigação. Afirmam que o Graal/Arca da Aliança fora tirado em segredo de Montségur pelos Cavaleiros Templários que defendiam a última cidadela cátara, enquanto os Perfeitos cumpririam sua sina na fogueira pelo menos com a consciência tranquila por saberem que seu objeto mais sagrado estava em mãos seguras e fora contrabandeado para Paris, onde a Milice du Christ tinha seu quartel-general.

Durante os próximos 63 anos, o Graal ficou supostamente cercado do mais extremo segredo, mas, como acontece com todos os objetos assim tão secretos, notícias de sua existência vazaram para o mundo exterior. Circularam rumores sobre uma cabeça humana decepada ou um crânio descarnado usados pelos templários em suas iniciações reconhecidamente arcanas. Embora tais rumores não apreendessem de todo a coisa, estavam ainda assim na área do alvo, porque uma das cinco manifestações ou símbolos populares do Graal era, de fato, um crânio – encarado simultaneamente como um vaso sagrado, um recipiente do espírito humano infinito e a imagem da mortalidade, significando uma mistura alquímica de vida e morte, o elixir do qual a verdadeira eternidade é produzida. Além disso, o crânio de Dagoberto II, o rei santificado dos merovíngios, foi preservado num relicário de prata. Mas ele não parece ter sido jamais usado pelos templários para qualquer objetivo, nem removido para a capital francesa do convento de Mons, onde ainda é mantido. Mesmo assim, a suspeita generalizada de que os cavaleiros reverenciassem um objeto de culto tão macabro era uma interpretação distorcida da Manisola dos cátaros, que fora criminalizada pela Inquisição, mas continuava sendo executada nas câmaras particulares da fortaleza dos templários em Paris.

O suposto interesse deles por rituais cranianos não preocupou o rei de França até 1307. Anos mais cedo, antes de ser coroado Felipe IV, ele procurou refúgio de uma turba homicida atrás das muralhas do mesmo castelo e, subsequentemente, requereu filiação à Milice du Christ. Consciente dos defeitos do príncipe, o grão-mestre recusou o pedido, mas Felipe jamais esqueceria o que recebera como um insulto. Quando finalmente ascendeu ao trono, envolveu o país numa dispendiosa guerra com a Inglaterra, uma aventura militar que quase o levou à bancarrota. Desesperado por novos recursos, ele ordenou inesperadamente a detenção em massa dos templários na sexta-feira 13 de outubro, levantando contra eles acusações de inúmeros delitos criminosos e os fazendo torturar até eles dizerem qualquer coisa que os torturadores quisessem ouvir. Essas "confissões" sem qualquer valor, embora pelos padrões da época inteiramente legais, absolviam o rei da obrigação de reembolsar os enormes empréstimos recebidos dos Cavaleiros. As cortes de justiça adicionalmente o informaram de que, em vista da heresia confessada dos criminosos, ele estava autorizado a sequestrar todos os seus haveres "para o bem da França". Os juízes também decretaram que o extenso acervo de propriedades dos templários deveria ser transferido para outra ordem militar, os hospitalários. Mas Felipe, o Belo, como ele era então chamado, ignorou-os e confiscou as terras para si próprio. Estes atos vergonhosos atingiram seu clímax após sete anos de perseguições e tortura, quando o grão-mestre, Jacques de Molay, e dois outros líderes templários negaram publicamente as declarações que tinham feito sob severa coação. Por se recusarem a admitir suas culpas, foram queimados vivos na fogueira.

Enquanto os capangas de Felipe pilhavam as instalações de De Molay em Paris em busca de qualquer coisa valiosa em que pudessem pôr as mãos, inquisidores fuçando entre os despojos dispersos não foram capazes de encontrar a cabeça ou crânio decepados de que tanto tinham ouvido falar. O objeto de sua busca atrás de provas de heresia tinha, de fato, sido removido meses atrás, quando a deterioração das relações entre a Ordem e o rei estava se tornando visível. Como os cátaros antes deles, os Cavaleiros continuaram transferindo o Graal de um para outro de seus numerosos castelos, tornando difícil para as autoridades reais localizá-lo em qualquer momento particular.

Para a Escócia e a América do Norte

Com a proscrição dos templários no continente, contudo, alguns fizeram uso de sua frota privada de navios mercantes e navegaram em massa para o último país europeu onde podiam encontrar refúgio: a Escócia. Segundo o pesquisador do Graal William Mann, "eles ficaram durante o século XIV sob a proteção e patrocínio de Henry Sinclair, conde de Orkney e barão de Rosslyn". Mann escreve que Henry "foi um conhecido patrono de refugiados templários (...) Foram tantos os templários que fugiram para a Escócia que, na batalha de Bannockburn, a maior parte da cavalaria escocesa era na realidade formada por eles".[2]

Em breve, no entanto, o conde hospitaleiro começou a pensar melhor sobre os seus hóspedes carentes. E se o papa resolvesse lançar uma cruzada contra ele pelo abrigo que estava dando a heréticos tão convictos? A Escócia poderia se tornar outra Languedoc. Ansioso para evitar tal catástrofe, colocou-os a bordo de 13 navios e, em 1398, cruzou o Atlântico Norte até o litoral leste da América do Norte, quase um século inteiro antes de Colombo.

Templários na Ilha Oak

Por mais inaceitavelmente extravagante que essa história possa parecer a estudiosos convencionais, não lhe faltam fundamentos. Conhecida desde o início dos tempos coloniais, há uma pedra na frente de Westford, Massachusetts, decorada com a imagem desbotada de um guerreiro europeu da Idade Média, com a espada de folha larga e a insígnia do clã Sinclair no escudo. Durante a década de 1960, Thomas Letherbridge, curador de arqueologia da Universidade Cambridge na Grã-Bretanha, "identificou o escudo como um emblema de um cavaleiro escocês do século XIV".[3] A travessia transatlântica de Sinclair não foi, porém, uma viagem de descoberta, pois os escoceses já viajavam para a América do Norte há 388 anos. Segundo a medieval *Saga dos Groenlandeses*, dois "comandos" escoceses fizeram parte da tripulação de Thorfinn Karlsefni, quando o comandante nórdico desembarcou em Vinland, em algum lugar ao longo da costa superior da Nova Inglaterra, em 1010.[4]

Mas e quanto ao Graal supostamente transportado pelos templários? A especulação relativa ao seu paradeiro americano chegou à pequena Ilha Oak, junto à costa da Nova Escócia, local do chamado Poço do Dinheiro. Descoberto acidentalmente por três garotos em 1795, as profundezas do poço artificial jamais foram alcançadas, apesar dos muitos milhares de dólares e várias vidas perdidas na exploração do tesouro que se acreditava estar enterrado lá dentro. Pelo menos desde 1804, há desconfianças de que o buraco aparentemente sem fundo tem origens templárias porque ele se mantinha continuamente cheio a 33 pés [pouco mais de 10 metros] da borda; "o nível mais alto no Rito Maçônico Escocês é o grau 33".[5] E afinal, a Ilha Oak é parte da Nova Scotia, "Nova Escócia". Investigadores se perguntaram se um feito de engenharia tão sem paralelo e complexo não poderia ter sido realizado pelos templários da Escócia como um cofre impenetrável para seu tesouro mais precioso, o Santo Graal, também conhecido como Arca da Aliança.

Se assim fosse, então o mistério poderia encontrar elucidação nas enigmáticas arquitetura, escultura e gravuras da Capela Rosslyn de Sinclair, que Wallace-Murphy e Hopkins descrevem como "um monumento à ordem herética dos Cavaleiros Templários".[6] Mas o trabalho em Rosslyn só começou em 1446, 248 anos após os templários terem supostamente saído da Escócia para a América do Norte. Steven Sora, cuja pesquisa da área da Ilha Oak é definitiva, conclui: "Não há evidência de que as famílias guardiãs na Escócia tenham possuído a Arca da Aliança. De fato, há evidência em contrário. Em 1768, James Bruce, que alegava ser descendente direto de Robert Bruce, o rei, fez sua própria pesquisa. Sua expedição para encontrar a Arca levou-o à Etiópia".[7]

Nada disso priva o Poço do Dinheiro de sua possível importância medieval; a evidência da presença dos templários na América pré-colombiana parece convincente. Como principais engenheiros de seu tempo, os templários eram perfeitamente capazes de criar um poço tão complicado e certamente tinham a motivação para se colocarem fora do alcance dos inimigos europeus. O rei Felipe jamais encontrou o tesouro dos Cavaleiros que cobiçava, nem os extensos registros bancários e outros documentos secretos da Ordem. Talvez estes preciosos itens se encontrem no fundo ainda inacessível do misterioso poço da Ilha Oak.

A Arca no Tennessee?

Histórias sobre a Arca da Aliança na América não estão, contudo, limitadas à sua chegada com os templários. A tradição oral nativa sustenta que o objeto sagrado não apenas tem sido venerado há tempos imemoriais, mas é ainda o centro do culto. No final da vida, William Pacha, um antigo cacique e pajé cherokee, contou como seu avô, um "alto-alto sacerdote", levou-o para uma caverna perto de Gattenburg, Tennessee, no início do século XX. Ali, o jovem foi apresentado à Arca, onde se acreditava que morasse o espírito de Yowa, o ser supremo, como evidenciado pela luz brilhante que ela emitia. Ele recordava que o recipiente retangular estava coberto por estranhas letras, algumas das quais lembrando hieróglifos egípcios para água, um cajado de pastor e bastões em forma de figuras humanas se dando as mãos. Embora sem permissão para olhar em seu interior, o avô lhe contou que a grande caixa, a que ele se referia como Árvore da Vida, continha cristais especiais. Os guardas tinham ordens de matar de imediato qualquer um que chegasse perto demais do cofre ou que tentasse tocá-lo.

Algum tempo após a visita de Pacha, a Arca foi removida para um antigo cemitério cherokee, onde só ficou uns poucos anos antes que o projeto de construção de uma represa federal para fornecer energia elétrica aos residentes do leste do Tennessee, durante a década de 1930, ameaçasse inundar a área. Finalmente instalado num local secreto no norte da Geórgia, o cofre passou a ser transportado, em raras ocasiões, para outras partes do Meio-Oeste, como peça central de uma cerimônia anual especial. Pelo que Pacha sabia, o último desses eventos tivera lugar no Kentucky, em 1973.

Embora ele sustente que os cherokees são os administradores tribais da Arca, os iroqueses, Pacha acredita, têm conhecimento de sua existência há incontáveis gerações. Para ambos os povos, ela era tão sagrada que ninguém tinha permissão para falar abertamente a seu respeito. O próprio Pacha estava violando um "juramento de morte" que o tinham obrigado a fazer, depois de terem lhe mostrado o objeto, de nunca conversar com ninguém sobre o assunto. Estava fazendo aquilo no final da vida não para se vangloriar do conhecimento secreto, mas devido a uma filiação à Igreja de Jesus Cristo dos Santos do Último Dia. Quando ingressou na igreja, ficou sabendo que sua doutrina narrava a chegada de povos semitas à América cerca de 2.600 anos atrás. Como mórmon devoto, sentiu-se obrigado a compartilhar a herança secreta com seus companheiros de seita, pois ela tendia a confirmar a crença deles em contatos transoceânicos com o Oriente Médio em tempos pré-colombianos. *O Livro do Mórmon*, no qual a fé se baseia, fala do príncipe Mulek, filho do rei Zedequias, que liderou uma migração de seguidores de Israel para a América, através do Atlântico Norte, em cerca de 600 a.C.

Os críticos zombam, dizendo que a história não tem base factual, mas um olhar mais próximo sem dúvida revela algumas instigantes analogias históricas. Embora sem dúvida não exista nada com relação a Mulek, o papel de seu pai no século VI a.C., em Jerusalém, está bem atestado. Zedequias se tornou o último rei de Judá em 597 a.C. Apenas dez anos mais tarde, quando a cidade estava sendo tomada pelas forças babilônicas, ele e seus prediletos escaparam antes dela se render, mas foram capturados logo depois nas planícies de Jericó e levados a ferros para Riblah. Ali, depois dos filhos serem executados diante de seus próprios olhos, o monarca deposto foi removido para a Babilônia, onde acabou morrendo na prisão.[8] A versão de *O Livro do Mórmon* só difere daquela do Antigo Testamento ao afirmar que um dos filhos de Zedequias conseguiu, de fato, fugir da invasão com seus próprios seguidores e viajar para tão longe quanto a América do Norte. O traço notável da suposta viagem de Mulek é a coincidência entre seu desenrolar e a destruição do Primeiro Templo, com o desaparecimento da Aron ha-Berit. Se existe alguma coisa na história de *O Livro do Mórmon*, quem sabe ela não se refere a sobreviventes hebreus da conquista babilônica, que tiveram êxito em sua fuga com a Arca da Aliança a bordo da considerável frota mercante de Israel.

Um ano após *O Livro do Mórmon* ser publicado, em 1844, o estudioso de Oxford Edward Kingsborough publicou o primeiro livro de sua investigação pioneira em nove volumes da arqueologia centro-americana, *The Antiquities of Mexico*, que forneceu alguma substância às afirmações de William Pacha. "Como entre os judeus, onde a Arca era uma espécie de templo portátil em que se supunha que a divindade estivesse continuamente presente, havia entre os cherokees uma Arca que era objeto da mais alta veneração e era considerada algo sagrado demais para ser tocado por qualquer pessoa além dos sacerdotes."[9]

Se a Arca da Aliança foi realmente cultuada no Tennessee, não seria o primeiro artefato judeu antigo encontrado nesse estado. Quando os arqueólogos do Smithsonian Institute de Washington, DC, escavaram um grande monte funerário em 1885, em Bat Creek, nos arredores de Knoxville, depararam-se com duas criptas conectadas por corredores no estilo dinástico egípcio. Cada uma continha os restos de um homem, cuja reconstrução forense revelou características raciais distintas da população indígena local. A câmara central também continha uma pequena tabuinha gravada com um texto impenetrável. Ele foi finalmente traduzido no século seguinte pelo dr. Cyrus Gordon, professor de estudos mediterrânicos na Brandeis University de Nova York. Após reparar que a escrita de Bat Creek lembrava os caracteres do século II d.C. encontrados em moedas da Judeia, ele foi capaz de ler a tabuinha: "Um cometa para a Judeia" ou "uma estrela para os judeus".[10] Como estavam incluídas na câmara de sepultamento, parece que as palavras pretendiam se referir a seu esqueleto masculino.

A estimativa feita pelo professor Gordon da idade da pedra de Bat Creek foi confirmada em 1989 por arqueólogos do Smithsonian, que dataram com radiocarbono um pedaço de madeira retirado com a tabuinha. Seus resultados mostraram um intervalo cronológico de 32 d.C. a 769 d.C. Estes parâmetros de tempo foram mais tarde validados por braceletes de lâmina de cobre descobertos na cripta; tinham sido feitos de uma liga de zinco e cobre de uso comum durante os tempos da Roma imperial, entre 45 a.C. e 200 d.C.

Técnicas de datação químicas e linguísticas combinaram-se com o texto para convencer o professor Gordon de que a pedra de Bat Creek era um artefato de uma perigosa insurreição contra Roma instigada pelo líder judeu Simon Bar Kochba em 132 d.C. Tendo sua revolta de curta duração fracassado, "os hebreus fugiram pelo mar para *Epeiros Occidentalis*, uma terra que ainda não conheciam", segundo o historiador judeu, contemporâneo dos acontecimentos, Flávio Josefo.[11] Epeiros Occidentalis indica uma terra muito distante no oeste.

Supunha-se que Simon Bar Kochba tivesse perecido na desarticulada tentativa, mas ele pode ter simulado sua morte e fugido para a América, atravessando o Atlântico Norte com alguns seguidores. Embora seu nome significasse "Filho de uma Estrela", ele também era conhecido como Simon Bar Kozba, "Filho da Mentira", sugerindo que era habilidoso para enganar os outros. Os restos humanos dentro do monte da Geórgia podem ser do revolucionário judeu. Seja como for, a identificação do antigo monte funerário com uma rebelião do século II contra Roma recebeu o suporte de uma evidência adicional quando siclos judeus, datados de outra insurreição judaica, de 132 a 135 d.C., foram desenterrados no Tennessee.

Embora todas essas descobertas cientificamente atestadas remontem a seiscentos e mais anos após a possível chegada de Mulek com a Arca, elas ainda assim documentam uma antiga presença judaica no Meio-Oeste americano, tornando dignas de crédito alegações de prematuras viagens de Israel.

Em si mesmo, o relato do velho chefe indígena já apresenta suficientes evidências internas para fazer os céticos pensarem duas vezes. O nome que ele dá ao ser supremo que habitava a caixa secreta, Yowa, parece análogo à tradução cherokee do hebreu Jeová, que tornava sua vontade conhecida através da Aron ha-Berit. Ambos os objetos emitiam um brilho muito forte e a pessoa correria risco de vida se quisesse tocá-los ou mesmo aproximar-se deles. A cerimônia especial anual que ele disse se realizar com a presença da arca americana nativa equivale ao Yom Kippur, o Dia do Perdão, quando os hebreus reafirmam a aliança entre Jeová e seu Povo Eleito. Embora exista a possibilidade de ele ter tirado tudo isso de uma leitura meticulosa do Antigo Testamento, a insistência de Pacha de que o recipiente que viu quando criança estava gravado com hieróglifos no estilo egípcio sugere uma associação da Arca com a Grande Pirâmide, algo que muito dificilmente lhe passaria pela cabeça. A referência do avô à Arca como Árvore da Vida contendo cristais especiais remete a origens ainda mais antigas e esotéricas na Atlântida.

Particularmente esclarecedora é a declaração de Pacha de que "ninguém tinha permissão para falar abertamente dela"; uma advertência particularmente característica de sociedades tribais do Meio-Oeste. Quando, por exemplo, o cacique Fun-Maker, um ancião ho chunk do Wisconsin, foi perguntado por um repórter da Fox Television em 1997 sobre a importância de uma determinada área cerimonial, Rock Lake, vizinha à assembleia legislativa de Madison, ele respondeu: "Há coisas tão sagradas para nós que não podemos falar delas".

O Crânio de Cristal do México ao Canadá

Outro bom argumento a favor do Graal nas Américas é uma escultura notavelmente realista de um crânio humano em puro cristal de quartzo. Tem 73 a 81 centímetros de largura, por 33 a 40 de altura e 17 a 20 centímetros de comprimento, pesando 4 quilos. O acabamento é de um nível extraordinariamente alto, ultrapassando de longe cerca de uma dúzia de outros crânios de cristal reconhecidos como arqueológica ou misticamente genuínos. Conhecido como Crânio de Cristal Mitchell-Hedges, não é, contudo, bem caracterizado como de procedência incontestável. Contrariamente a histórias fantásticas acerca de sua descoberta nas selvas das Honduras Britânicas (atual Belize), o objeto parece ter sido realmente obtido no México, em 1936, por um negociante de antiguidades de Londres. Oito anos mais tarde, ele o colocou num leilão da Sotheby's, onde o crânio foi vendido para um rico aventureiro, F. A. Mitchell-Hedges. Após a morte deste no final dos anos de 1950, o Crânio de Cristal passou a uma filha adotiva, Anna, que reside em Kitchener, no Ontário, onde, já na faixa dos noventa anos, continua sendo sua fiel guardiã.

A despeito da recusa dos estudiosos acadêmicos em sequer considerar a hipótese do Crânio de Cristal ser um achado pré-colombiano devido a uma total ausência de pedigree arqueológico, o caráter autêntico de sua antiguidade não deixa de ser comprovado por uma série de observações. As marcas na superfície, por exemplo, foram feitas por cavilhas de madeira calcinadas – instrumentos pré-conquista, não ferramentas modernas. Orifícios quase imperceptíveis na mandíbula inferior destacável e no centro de gravidade craniano, na frente da cavidade da orelha, indicaram que provavelmente fora usado por um vidente como dispositivo oracular. Em 1989, foi empreendida uma reconstrução forense pelo dr. Clyde Snow (professor de antropologia da Universidade de Oklahoma, em Norman), o dr. Irwin Kirschner (chefe do Departamento de Medicina Legal do Condado de Cook, em Chicago, Illinois), Peggy C. Caldwell (consultora forense em antropologia do gabinete do chefe do Departamento de Medicina Legal da cidade de Nova York) e Frank J. Domingo (artista para retrato falado do Departamento de Polícia da Cidade de Nova York). A investigação conjunta revelou que o Crânio de Cristal Mitchell-Hedges era a cópia exata de um verdadeiro crânio humano pertencente a uma mulher índia americana, de vinte e poucos anos, com nítidos traços faciais astecas ou toltecas.

Para os maias (cerca de 200 a.C. a 900 d.C.), um crânio de cristal era o emblema de Ixchel, a Senhora Branca, que chegou a Cozumel, uma ilha junto à costa de Yucatán, como sobrevivente da enchente que destruíra sua terra natal no Oceano Atlântico. A arte dos templos e os códices que sobreviveram retratam-na brandindo com raiva uma serpente celeste ou cometa, com os quais ameaça provocar um dilúvio para a destruição da humanidade pecadora. Outras imagens mostram-na virando um vaso para encharcar o mundo de água, também sugerindo o Dilúvio. Era a deusa da profecia, como representada pelo crânio de cristal, símbolo da Lua cheia e, portanto, de poderes paranormais. Séculos depois dos maias, os toltecas e astecas conheceram-na como Coyolxauqui ou Mulher Coiote. Um grande disco esculpido retrata seu corpo desmembrado na configuração de uma *sauvástica* (uma *suástica* invertida), o emblema lunar hindu, demonstrando assim uma ligação transcultural entre o subcontinente indiano e o México em tempos pré-colombianos. Incluída no disco da Coyolxauqui está a imagem de um crânio branco.

Esses atributos centroamericanos do Crânio de Cristal – seus supostos poderes paranormais e origens atlantes – evocam noções europeias medievais do Santo Graal. O Graal em si era um cristal excepcionalmente claro, também capaz de induzir estados alterados de consciência. E a aparição da Senhora Branca associada com o Graal nos Pireneus franceses parece refletida na Ixchel maia. Mas se esta, como o mito relata, levou o cristal de poder diretamente da perdida Atlântida para Cozumel, onde as ruínas de seu templo ainda se encontram, como vamos explicar tradições muito semelhantes na Europa Ocidental?

Capítulo 14

A NOVA JERUSALÉM

Não é incomum dizer-se que aqueles que começam uma coisa não são os mesmos que a concluem.

— Jean-Jacques Olier, 1643,
Les véritables motifs des Messieurs et Dames de la Société de Notre-Dame de Montréal

Uma explicação mais bizarra para a Arca da Aliança na América, embora muito melhor documentada que as histórias de levitas na Etiópia ou templários na Terra Nova, surge um pouco antes da rendição de Montségur. Quando os quatro Perfeitos escapuliram com a Arca por entre as fileiras do exército real que os cercavam, eles atravessaram os Pireneus tomando o rumo da Espanha, seguindo o mesmo caminho trilhado 713 anos mais tarde por Otto Rahn, durante a última etapa de sua busca pelo Santo Graal. Chegando às portas de Barcelona, subiram metade da montanha da Catalunha, de 1235 metros, até o monastério de Montserrat. Antiga abadia beneditina, inacessível como Montségur, ela fora há muito escolhida pelos cátaros como eventual baluarte de defesa contra a catástrofe que finalmente se abatera sobre eles na França. O nome, "montanha dentada", derivava do perfil denteado de Montserrat, quando vista de uma grande distância. Não sem razão, a abadia serviu de base para o castelo do Graal de Richard Wagner – Montsalvat –, tanto em *Lohengrin* quanto em *Parsival*, sendo popularmente conhecida desde o século XIII como um abrigo para a Perfeição do Paraíso.

Efeitos característicos da Arca/Graal logo se manifestaram num aumento repentino das iluminações espirituais experimentadas pelos que visitavam o retiro na encosta da montanha. Entre esses estava Íñigo López de Loyola, um soldado basco seriamente ferido em 20 de maio de 1521, na Batalha de Pamplona, quando uma bala de canhão atingiu-lhe as pernas. Após longos meses de recuperação, ele visitou a abadia de Montserrat, onde, ao passar por uma catarse que alterou sua vida, pendurou o uniforme militar diante de uma imagem da Virgem e, doze anos mais tarde, fundou a Companhia de Jesus, os jesuítas. No correr do século seguinte, os jesuítas iriam desempenhar importante papel no destino do objeto sagrado de Montserrat, que transformara tão radicalmente a vida de Loyola.

❧

Hoje, só algumas ruínas da abadia original são ainda visíveis perto do monastério que a substituiu, construído na mesma área durante o século XIX. Contudo, uma memória da antiga residência da Arca sobrevive no moderno logotipo de Montserrat: a imagem da montanha coroada por uma caixa misteriosa.

❧

Nessa lenda, a insubstituível Pedra Mani dos cátaros estava em segurança na Espanha, onde continuava a exercer seu poder, mas a ideologia deles sofrera um golpe mortal com a rendição de Montségur. Apesar dos esforços de longo prazo, visivelmente bem-sucedidos, feitos pela Inquisição para extirpar qualquer sugestão de oposição no Languedoc, seus mestres da tortura e da fogueira continuaram levando à frente uma investigação da área nitidamente desnecessária, embora intensa, muito tempo depois de todas as visões contrárias, juntamente com os homens e mulheres que as sustentavam, terem sido aniquilados. "O fato perturbador é o interesse que os reis da França continuaram demonstrando pela região cátara", Markale observa, "depois de terem feito tudo a seu alcance para destruir a heresia cátara e tomar posse do território."[1]

A explicação: as autoridades estavam tentando encontrar alguma coisa. Fora garantida imunidade contra ações penais aos defensores não cátaros de Montségur que se renderam, mas Arnaud de Miglos, sem nenhuma razão evidente, constituiu uma exceção. Embora nobre, serviu à causa albigense como soldado comum, e acabou sendo aprisionado nas masmorras de Carcassone para ser interrogado pelo resto da vida.[2] Seus torturadores tentaram, sem êxito, determinar o exato paradeiro do "tesouro cátaro", que suspeitavam ter sido escondido nas grutas de Ornoloc, a apenas cinco quilômetros da propriedade de Miglos. Ornoloc fora, de fato, a primeira parada feita pelos quatro Perfeitos depois de eles escaparem com a Arca da Aliança de Montségur, antes da capitulação; o mesmo local investigado por Otto Rahn em sua busca do Graal. Em virtude da grande proximidade entre a casa do homem aprisionado e esses eventos, ele devia ter sido informado deles, ou assim acreditavam os inquisidores. Mas o pobre Arnaud de Miglos quase certamente nada sabia acerca de qualquer "tesouro".

Embora o catarismo murchasse sob incessante repressão, suas organizações subordinadas passavam simplesmente à clandestinidade. Os aderentes não poderiam deixar de ser o que eram simplesmente porque suas convicções haviam sido criminalizadas, mesmo se agir de acordo com seu senso de identidade significasse violar a lei e ser submetido ao martírio. Os templários sofreram uma perseguição semelhante desde 1307, mas formaram de imediato uma organização *sub rosa** que perpetuava seu estilo de vida. O grupo por trás deles e a mola-mestra cátara estavam muito bem conectados em lugares-chaves, de Paris a Roma, e seus oficiais e membros aristocratas – todos de famílias importantes da França – precisavam apenas repelir qualquer sugestão de conluio com os heréticos para escapar da censura ou de coisa pior. A venerável e prestigiosa Ordem do Santo Sepulcro fundada por Godofredo de Bulhões depois da conquista de Jerusalém pelo cruzado, em

---

* Secreta. Referência ao costume de colocar uma rosa sobre a mesa de reunião, indicando que todos os participantes estão obrigados ao sigilo. (N. do T.)

1100, se tornara, em seguida à satanização dos templários duzentos anos mais tarde, um iceberg organizacional: 1/10 visível, 9/10 abaixo da superfície.

A despeito do colapso de suas mais altas esperanças – estabelecer a Catedral de Chartres como um templo francês para a Arca da Aliança, peça central de uma Nova Jerusalém e Umbigo do Mundo medieval numa Europa radicalmente reformada –, diretores da ordem se consolaram com a guarda do objeto sagrado na Espanha. Lá ele teria de permanecer até que a situação na França permitisse o seu retorno. Mas dado o clima da época, isso não parecia iminente. Talvez a abadia em Montserrat tivesse de ser para sempre a morada do Santo Graal.

Cristóvão Colombo

Durante a última década do século XV, porém, uma nova possibilidade entrou seriamente em cogitação. Um marujo genovês estava visitando as cabeças coroadas da Europa, tentando conseguir apoio para uma viagem em busca de uma nova rota para as Índias contornando o globo. Entre os numerosos e até então hipotéticos benefícios que resultariam de tal empreendimento, Cristóvão Colombo acenava a seus patrocinadores com a possível descoberta de novas terras e a riqueza que poderiam trazer para a coroa.

Quando a realeza espanhola por fim se comprometeu com a aventura, entre os primeiros voluntários estava Bernat Boil, da abadia de Montserrat. Bem recebido a bordo como um culto observador, foi membro da tripulação da primeira viagem do comandante às Américas e testemunha ocular do hasteamento da bandeira do rei Fernando na praia de El Salvador. Para se ter uma ideia da influência que o monge exercia sobre Colombo, o comandante deu o nome de "Montserrat" a uma ilha caribenha em homenagem ao mosteiro catalão.

Voltando à Espanha, Boil reportou a seus superiores que novas terras tinham sido de fato descobertas, embora nenhuma parecesse adequada para servir de novo abrigo à Arca da Aliança. Novas explorações, contudo, talvez se mostrassem mais promissoras.

Dentro desse espírito, outro elemento da Ordem estava a bordo durante a segunda viagem ao Novo Mundo, em 1493. Martin Garcia não era apenas o irmão de Inácio de Loyola, mas também um templário – embora banidos da França, os Cavaleiros continuavam não sofrendo perseguições das autoridades espanholas. A influência de Garcia era também evidente na croix pattée vermelha que adornava as velas mestras dos navios de Colombo. Mais tarde ele desenvolveu a conclusão de Boil, acrescentando que os territórios recentemente descobertos eram muito mais amplos do que se podia imaginar. Garcia insistiu para que fosse dada a um membro de confiança da Ordem, que saberia exatamente o que estava procurando, a oportunidade de encontrar um refúgio ideal para o tesouro secreto deles.

Montreal

Encontraram tal homem em Jacques Cartier. Em 1534, ele acabara de voltar de uma primeira viagem ao Canadá, estando entre seus primeiros exploradores. Enquanto a Espanha reivindicava ativamente todas as terras no sul, ele esperava encontrar, mais para o norte, territórios não descobertos que a França poderia colonizar. No ano seguinte, em 13 de maio, ele estava de novo no mar com três navios carregando 110 franceses, além de dois garotos nativos encontrados em sua visita anterior a bordo do *Emerillon*, com a cruz rubra dos templários ondulando em sua vela mestra. Cruzando o rio São Lourenço, Cartier se deparou com uma ilha excepcionalmente bonita. Era, na realidade, um vulcão adormecido de 230 metros de altura, ainda ocasionalmente alvo de terremotos, a base rodeada por uma floresta luxuriante e, no topo, uma pirâmide truncada retangular.

Escavações arqueológicas empreendidas em 1997 revelaram que a estrutura artificial de argila endurecida, densamente compactada, alcançava originalmente 27 metros de altura. Esse monte de terra de tamanho extragrande foi o centro de cerimônias indígenas que tinham começado em cerca de 1500 a.C., fazendo dele a mais antiga estrutura do gênero no Canadá, contemporânea do mais antigo centro urbano da América do Norte, o Poverty Point da Louisiana, cerca de 1.325 milhas aéreas a sudoeste. O monte canadense estava cercado por uma grande aldeia que os habitantes nativos chamavam de Hochelaga, da qual mais de mil hurons desceram para receber os estranhos forasteiros na margem do rio. Quando Cartier, em 2 de outubro, olhou pela primeira vez para a montanha sob os raios do Sol, ela pareceu ser uma visão da própria ilha do Graal e ele lhe deu o nome pelo qual a fortaleza do objeto sagrado fora conhecida na Terra Santa e na França: Montreal.

Mas a hospitalidade nativa se alternava com inesperadas explosões de violência assassina, exacerbada pelo ataque do escorbuto. Embora os franceses tenham sido os primeiros europeus a penetrar nas regiões orientais, interiores, do continente, eles partiram do Canadá com pouco mais que suas vidas e uma descrição da ilha montanhosa de Hochelaga. A intenção da terceira e última viagem de retorno de Cartier, em 1541, foi a de estabelecer ali uma colônia permanente. As coisas, porém, correram mal quase desde o início, quando os índios atacaram e canibalizaram cerca de 35 colonos antes que Cartier e seus homens pudessem se retirar para trás de fortificações improvisadas. Percebendo que seus efetivos eram simplesmente insuficientes para enfrentar uma população inteira de nativos hostis, eles embarcaram no início de junho de 1542, chegando à França no outubro seguinte.

Quase pelos próximos cem anos, as perspectivas de transferir a Arca da Aliança para Montreal foram eliminadas pelas condições insustentáveis da vida no Novo Mundo, mas a melhoria das armas de fogo desde o início do século XVII foi suficiente para tornar o povoamento viável. Durante o verão de 1608, depois da chegada de Samuel de Champlain ao Canadá, ele e dois outros franceses, juntamente com 60 aliados nativos, tiveram de se defrontar com 200 guerreiros iroqueses no que é agora Crown Point, no estado de Nova York. Apontando calmamente seu novo arcabuz tipo canhão para os três caciques que lideravam o ataque, Champlain atirou, matando dois com um único tiro. Os índios atacantes deram meia-volta e fugiram. Durante várias décadas, a superioridade numérica nativa competiu com a tecnologia superior das armas europeias pelo destino da América do Norte, até que os franceses conseguiram gradualmente estabelecer assentamentos relativamente bem-sucedidos ao longo do São Lourenço. No verão de 1611, Champlain tomou posse de Montreal, limpou a terra e construiu uma muralha fortificada. Apenas treze anos mais tarde, lançou a pedra fundamental da cidade de Québec, embora só em 1634 este importante centro populacional tenha sido considerado seguro para habitação permanente.

Conspirando pela Arca

Quando a notícia do êxito de Champlain se espalhou pela Europa no ano seguinte, dois de seus compatriotas de volta à terra natal já tinham passado por eventos parecidos, que alteraram suas vidas e tiveram ramificações de longo alcance. Tanto Jean-Jacques Olier quanto Jérôme Le Royer de la Dauversière afirmavam ter experimentado visões semelhantes da Virgem Santíssima, que desejava uma reconstrução do Primeiro Templo da Arca da Aliança em Montreal, para servir de centro de uma Nova Jerusalém. Olier era um padre jesuíta, um confidente de São Francisco de Salles; La Dauversiére, um destacado aristocrata. Juntos, resolveram cumprir seu compartilhado senso de missão buscando apoios na *Compagnie du Saint-Sacrament*, uma sociedade secreta de pessoas influentes fundada oito anos antes por Henri de Levis, duque de Ventadour, sobrinho de um grão-mestre dos Cavaleiros Templários. Depois de a Inquisição abrir mão do controle sobre Montségur, por volta de 1260, sua família, que era do Languedoc, ocupou a antiga cidadela pelos séculos seguintes. Henri e a esposa, Marie-Louise de Luxembourg, tinham sido similarmente transformados por um incidente espiritual, após o qual renunciaram ao próprio amor conjugal, como Perfeitos cátaros, e formaram a Compagnie para objetivos secretos. De fato, tratava-se de uma fachada para uma instituição muito mais antiga e sigilosa, a Ordem do Santo Sepulcro, fundada imediatamente após a primeira cruzada, 528 anos antes.

Muitos historiadores franceses – Jean Marques-Rivière, Heni Probst-Biraben, A. Maitreot de la Motte-Capron e outros – têm identificado a duradoura e flexível organização de Godofredo de Bulhões, como o "grupo interior" invisível por trás da formação dos templários e da direção tomada pela Arca da Aliança, desde sua descoberta em Jerusalém até a reinstalação na França, culminando com sua saída para a Espanha.

Como sempre o eficiente método de camuflagem da Ordem era se esconder sob total visibilidade. "Durante o século XVII, havia um tremendo prestígio associado às ordens de cavalaria", observa Francine Bernier, uma importante autoridade na história antiga de Montreal, "particularmente à Ordem do Santo Sepulcro."[3] O próprio papa Urbano VIII "empenhava-se para que a cruz de Cavaleiro da Ordem do Santo Sepulcro só fosse concedida aos nobres que tivessem feito a peregrinação à Tumba de Cristo em Jerusalém".[4] Assim, por meio de esplêndida reputação pública, seus diretores cumpriam agendas ocultas através de uma série de grupos ostensivamente não filiados, como a Compagnie du Saint-Sacrament.

~

A atuação muito real dessas sociedades secretas dificilmente deveria suscitar ceticismo ou dúvida, dadas as épocas responsáveis por sua criação e os acontecimentos que as precederam. Mais de um milhão de pessoas haviam morrido na Cruzada Albigense feita pela igreja para liquidar heréticos. Dezenas de milhares foram aprisionados, torturados, queimados na fogueira e deportados durante o extermínio dos templários do rei Felipe, o Belo. Embora a Inquisição não estivesse mais "oficialmente" operante, seu espírito de desconfiada vigilância ainda se escondia nos centros de poder da Europa. Bernier está correta quando observa que "o segredo era formalmente exigido de todos os membros" da Ordem e associados.[5] "Sua constituição", ela acrescenta, "na realidade proibia que os membros mantivessem registros."[6] Para evitar um recrudescimento de horrores recentes e o malogro de seus planos para a Arca da Aliança, membros da Ordem do Santo Sepulcro e das associações com ela relacionadas, como a Compagnie du Saint-Sacrament, e uma nova casta de missionários, os sulpicianos, operavam sob um denso verniz de respeitabilidade, rigorosamente dentro do sistema.

~

A irmandade sulpiciana foi fundada em Paris exatamente quando os primeiros povoadores – conhecidos como montrealistas ou "ville-maries" – chegavam a Montreal com o mesmo Jean-Jacques Olier, cuja visão compartilhada dera o impulso inicial à sua busca. O nome escolhido por Olier, *Societas Presbyterorum a S. Sulpitio,* ou Sociedade de São Sulpício, parecia bastante inocente, mas escondia a agenda secreta da qual ele fazia parte.

❦

Um tema merovíngio se fez ouvir já em 640 em São Sulpício ou Sulpitius, o Piedoso, que interveio perante o rei Dagoberto em benefício de seus súditos, aliviando a carga de impostos. A pedido do mesmo monarca, ele desempenhou serviços para a "Sé" ou diocese de Cahors e foi um protegido do grande vizir de Dagoberto, Eloi, importante ourives e alquimista. Como evidenciado por sua incomum influência junto ao rei, o próprio Sulpício pode ter sido um merovíngio.

❦

O emblema que Olier escolheu para seus sulpicianos era uma variante da cruz templária "diretamente associada ao Santo Sepulcro em Jerusalém desde a primeira cruzada", segundo um sulpiciano moderno de Montreal.[7] O único objetivo desses missionários e seus colegas em outras frentes da Ordem era estabelecer uma Nova Jerusalém, com seu santo dos santos secreto, em Montreal, sob a fachada de uma "cidade da Virgem", Ville-Marie. Eles se amalgamavam compartilhando uma inspiração tão fanática que parecia milagrosa. Tendo como ponto de partida a catarse de Ventadour em 1627, literalmente dezenas de destacados homens e senhoras nobres da França experimentaram uma transformação espiritual que os fez passar de aristocratas comuns a fanáticos possuídos por um sentimento de elevada missão que tudo dominava.

A maioria desses fanáticos estava direta ou indiretamente associada a locais relacionados aos templários (Troyes, Champagne e assim por diante), aos cátaros (Languedoc) ou tinham se associado à família do Graal de Godofredo de Bulhões. Muitos abriram mão de suas fortunas para se dedicar inteiramente ao projeto. O espanto mostrado pela própria Francine Bernier não seria menor:

Devíamos talvez sublinhar que era inteiramente, se não completamente anormal, em particular nos círculos nobres da burguesia francesa do século XVII, que tantas pessoas entrassem numa vida religiosa, monástica – em especial numa idade mais avançada. Alguma coisa literalmente "aconteceu" a eles, que os fez alterar suas prioridades, abandonar uma "vida normal" e optar por uma vida devotada a Deus – ou aos exames de consciência. Isso aconteceu a todas as pessoas envolvidas com a fundação de Ville-Marie (...) Todas tiveram revelações de Deus e, como tal, consideravam-se tocadas pela Graça e mais próximas de Deus e dos mistérios da fé que a média dos cristãos.[8]

Para ela, essa transformação em massa foi "única na história".[9] Mas teria sido mesmo?

A mesma mudança inexplicável aconteceu aos cátaros, templários, Balduíno II, Salomão, Moisés, Akhenaton e a qualquer um exposto à Pedra de Fogo e suficientemente afortunado para escapar da morte. Assim como seus predecessores, os ville-maries (como os entusiásticos participantes da Compagnie du Saint-Sacrament chamavam a si próprios) tiveram a possibilidade de contemplar o Grande Segredo. Os diretores de sua organização paterna, a Ordem do Santo Sepulcro, queriam que cumprissem um sonho preservado desde que os quatro Perfeitos haviam escapulido da condenada Montségur com a Arca, cruzando os Pireneus e a fronteira espanhola até a abadia beneditina na entrada de Barcelona. Esse sonho começou com a descoberta de Jacques Cartier da Montreal do outro lado do mar, muito distante das garras de papas ou reis. Mas o sucesso de Champlain em estabelecer a Nova França tornou possível, pela primeira vez, uma transferência transatlântica. De início a Arca da Aliança foi transportada de Montserrat, sua morada nos últimos 403 anos, novamente através da fronteira do Languedoc para Montreal-de-Sos, que a tinha abrigado até as vésperas da Cruzada Albigense e cuja propriedade, de forma muito conveniente, estava nas mãos da família do duque Henri de Ventadour. O retorno para esse velho castelo do Graal ocorreu em 1627, quando o duque experimentou sua visão e formou a Compagnie du Saint-Sacrament. Outros o seguiram, quando a Perfeição do Paraíso transformou aristocratas curiosos em dedicados ville-maries.

Mas o sonho que esperavam materializar – a criação de uma Nova Jerusalém no Canadá – era uma proposta dispendiosa. A riqueza deles – especialmente considerável quando reunida para a causa comum – era suficiente para dar início à empresa, mas não poderia mantê-la. No rei de França, tiveram a sorte toda especial de encontrar seu mais importante apoio. Luís XIII precisava desesperadamente de pessoas que quisessem refazer suas vidas na Nova França, pois os inimigos ingleses estavam ansiosos para se apoderar dela. O Canadá era rico em minérios e peles, ambos vitais para o tesouro francês, cujos suprimentos andavam quase esgotados devido a guerras intermináveis com o Império Britânico por direitos imperiais sobre o outro lado do Oceano Atlântico. Embora Champlain tivesse declarado boa parte do rio São Lourenço região segura para a colonização, pouquíssimos europeus estavam de fato suficientemente convencidos para tomar sua sugestão ao pé da letra, pois o Novo Mundo tinha uma indissolúvel reputação de violência nativa. O rei Luís ficou, portanto, muito satisfeito ao saber que aquele grupo de ativistas religiosos mostrava-se entusiasmado para se estabelecer permanentemente em Montreal.

Contudo, seu braço direito, o segundo homem mais poderoso na França – vez por outra, *o* mais poderoso –, ameaçou arruinar os planos dos ville-maries. Armand Jean du Plessis, o cardeal de Richelieu, compreendia a necessidade de povoar o Canadá com um número de franceses suficiente para impedir que os ingleses se apoderassem dele. Mas não estava inclinado a permitir que um bando de aristocratas não convencionais, à margem da tendência dominante do catolicismo (em outras palavras, fora de seu controle), arrogantemente se instalasse, indiferentes à igreja, numa terra distante, onde poderiam revelar as verdadeiras tendências heréticas de que ele já suspeitava. Richelieu se apoderou de Montreal-de-Sos e fez com que o desmantelassem pedra por pedra. Mas não encontrou o objeto sagrado que estava buscando, já que espiões da Compagnie du Saint-Sacrament no palácio real tinham descoberto suas intenções a tempo de advertir o castelo. Sabendo da fundação da Compagnie em 1627, o cardeal procurava impedir sua atuação ao mesmo tempo em que formava sua própria Compagnie de la Nouvelle France, que, através da influência da *éminence grise** junto ao rei, obteve um monopólio sobre o comércio de peles do Canadá e uma proibição de lá se estabelecerem os que não fossem católicos romanos – referência óbvia aos ville-maries, questionáveis em termos de doutrina. Quando eles estavam finalmente prestes a partir para a Nova França, o cardeal despachou Sieur

---

* Eminência parda. (N. do T.)

de Montmagny, antigo governador da Nova França, para detê-los. Mas a influência da Ordem do Santo Sepulcro era grande e seus diretores persuadiram o Vaticano a invalidar a interferência de Richelieu.

Enquanto tanto a Ordem quanto a Compagnie du Saint-Sacrament trabalhavam intensamente nos bastidores para criar a Nova Jerusalém, tornou-se necessário haver um grupo que atuasse mais às claras para organizar o pessoal, o material, os suprimentos e os navios que equipariam os povoadores e seu complexo empreendimento. Tal organização, estabelecida em 1639, foi a Société de Notre-Dame de Montreal, uma camuflagem, segundo muitos historiadores, como Alain Tallon, professor na Paris-Sorbonne, para a Compagnie du Saint-Sacrament, "uma das muitas companhias criadas pela Compagnie para auxiliar suas operações em perfeito anonimato".[10]

Pistas Ocultas em Pinturas

Após anos de preparação e oposição, os Montrealistas finalmente partiram do porto de Larochelle em julho de 1641, no mesmo ano em que Nicolas Poussin se fixava em Paris. Situado entre os maiores e mais famosos artistas de sua época, seu evidente relacionamento com os ville-maries que partiam era tão enigmático quanto era desnorteante o fato de Poussin ter sido pessoalmente convidado pelo poderoso inimigo dos ville-maries para morar na capital. Será que Richelieu queria ficar de olho em Poussin por causa de sugestões ocultas em seus quadros, segredos que o cardeal estava determinado a descobrir?

Um trabalho sob suspeita foi terminado logo após Poussin ter voltado a Paris de uma viagem a Roma, exatamente quando os ville-maries chegavam à Nova França. Intitulado Les Bergers d'Arcadie, ou Os Pastores da Arcádia, a grande tela a óleo retrata um tosco cenário campestre, no centro do qual se ergue do solo uma tumba visitada por três pastores. À direita, um rapaz olha atentamente para a figura de uma mulher em pé, que usa vestes esvoaçantes, e aponta para uma inscrição latina que diz: Et in Arcadia ego, ou "Estou em Arcádia". Estas palavras sugerem que a morte pode ser encontrada mesmo no local mais perfeitamente tranquilo. Ou pelo menos é a interpretação exotérica da pintura. Mas seu lado esotérico, ao que parece, era suficientemente óbvio para ter alarmado o cardeal Richelieu. "Sob a calma completa, externa e clássica", observa William Mann, referindo-se a Les Berges d'Arcadie, "há evidência de uma vida mais misteriosa, vibrante, interior."[11]

A Arcádia era uma região pastoril no centro do Peloponeso, na Grécia antiga, e funciona como sinônimo de qualquer área rural de paz e simplicidade ideais. Mas Acádia era o nome dado pelos franceses aos seus territórios coloniais no nordeste da América do Norte, que incluíam Montreal, onde a Arca da Aliança, há longo tempo escondida, ia ser finalmente instalada. No centro absoluto da pintura de Poussin, a figura ajoelhada aponta para as primeiras três letras da terceira palavra da inscrição, Arcadia. Se a palavra é um jogo com Acádia, a obra de arte poderia estar nos dizendo que a Arca da Aliança estava na Nova França: Estou em Arcádia (Acádia). O local real de sepultamento que Poussin usou como referência estava localizado nos arredores de uma aldeia com o nome singularmente apropriado de Arques, onde se manteve até o proprietário da área nos dias atuais mandar demoli-lo. A sugestão gravada na tumba parece reforçada pela mulher em pé, que aparenta estar grávida, enfatizando assim seu umbigo, o velho Umbigo do Mundo.

Tudo isso poderia ser somente especulação sem substância, não fosse o término da pintura coincidir com a chegada dos ville-maries a Montreal e com a própria ligação de Poussin com sua organização secreta. Segundo Baigent, Leigh e Lincoln, o artista foi visitado dezoito anos depois de concluir *Les Bergers d'Arcadie* pelo abade Louis Fouquet, cuja mãe "era membro proeminente da Compagnie du Saint-Sacrament".[12] Citam uma carta que o abade escreveu acerca de Poussin para o irmão, Nicolas Fouquet, que estava à frente da pasta das finanças na França. Dizia na carta que o artista possuía informações relativas a uma descoberta sem paralelo, do maior significado, descoberta da qual, no entanto, jamais se ouviria falar. Bernier afirma que Nicolas Fouquet também pertencia à Compagnie du Saint-Sacrament.[13] O próprio Poussin era maçom, chegando a ponto de se retratar, no autorretrato de 1650, de modo um tanto pomposo, usando um anel maçônico. Ele acreditava, como muitos maçons ainda acreditam, que a franco-maçonaria descendia diretamente da Ordem dos Cavaleiros Templários.

Os Pastores da Arcádia, aliás, não era sua primeira ou única pintura do gênero. Com menos sutileza, *La Peste D'Azoth* apresenta francamente a Arca da Aliança entre um par de enormes colunas sobre um plinto de pedra, como se estivesse em vias de ser removida do Templo de Salomão, enquanto uma figura parecida com Cristo se dirige a uma multidão e uma criança nova é mostrada em primeiro plano no centro do quadro. As imagens sugerem uma nova vida ou renascimento da Arca. Azoth era procurado por alquimistas como o medicamento universal, uma panaceia para eliminar a enfermidade e simbolizada pelo caduceu, a vara da Árvore da Vida conduzida por Thot (Taut), o deus egípcio da cura, de quem o nome Azoth se derivou. A inclusão de Azoth no título da pintura de Poussin indica que ele compreendia o revigoramento, a expansão da consciência, talvez até as dimensões atlantes associadas à Arca da Aliança. Além disso, ele começou a trabalhar em *La Peste D'Azoth* em 1630, justamente quando a Compagnie du Saint-Sacrament foi formalmente organizada para levar a cabo sua missão secreta, a saber, a criação de uma Nova Jerusalém no Canadá. É como se essas pinturas se destinassem a celebrar tal missão entre pares informados, dos quais Poussin, como um orgulhoso maçom, fazia parte.

Crise

A Arca, contudo, ainda não tinha viajado para a Acádia. Na realidade, *Les Bergers d'Arcadie* e *La Peste D'Azoth* anunciavam sua futura transferência para Montreal. Até lá os colonizadores precisariam de tempo para construir o assentamento, tornarem-se autossuficientes e edificar o templo. O objeto sagrado permaneceria oculto num depósito secreto no Languedoc até os ville-maries estarem prontos a recebê-lo para custódia, não antes. Eles, sem dúvida, não poderiam ter chegado num momento pior à cidade de Québec, quando as guerras entre franceses e iroqueses mal haviam começado alguns meses antes, enquanto os peregrinos ainda estavam no mar. Lutando contra a constante ameaça nativa e frequentes ataques, eles finalmente alcançaram a ilha de Montreal em maio de 1642. A construção da Nova Jerusalém foi continuamente interrompida por carências materiais, enfermidades e índios hostis. Dez anos após um representante da Ordem do Santo Sepulcro ter erguido uma cruz sobre Ville-Marie, sua população não ultrapassava 2.000 homens, mulheres e crianças. Mesmo assim, o primeiro passo hesitante para fora da tendência dominante do cristianismo foi dado já em 1660, quando os sulpicianos conseguiram obter uma bula pontifícia tornando Montreal independente tanto da igreja da França quanto do arcebispo da Nouvelle-France.

A ruptura, porém, não ocorreu sem consequências drásticas. No mesmo ano, as autoridades reais arrastaram, pela primeira vez, a Compagnie du Saint-Sacrament a um escrutínio público. Todos os seus volumosos registros foram destruídos e seus líderes regionais, na cidade de Caen, formalmente acusados de aberto antissemitismo – então um delito criminoso. Um ano mais tarde, Nicolas Fouquet, o outrora poderoso ministro das finanças de Luís XIV e contato de Poussin com a Compagnie, foi aprisionado para o resto da vida e a Compagnie du Saint-Sacrament desapareceu. Em 1663, a Société de Notre-Dame de Montreal abandonou a distante Montreal, que foi, no entanto, preservada para o futuro, quando a Compagnie du Saint-Sulpice, em Paris, tomou posse dela. Esses acontecimentos perturbadores convenceram os diretores da Ordem do Santo Sepulcro de que as condições na Europa estavam ameaçando suas iniciativas no além-mar. Ia se aproximando o momento, há muito esperado, em que a peça central, de valor inestimável, do santo dos santos de Ville-Marie deveria deixar a França com destino à Nova Jerusalém.

Padre Baudoin

Só um dos eleitos, o equivalente a um sacerdote levita no século XVII, poderia ter sido honrado com uma responsabilidade tão notavelmente histórica. Jean Baudoin [Balduíno], como seu nome sugere, era descendente dos reis cruzados de Jerusalém, incluindo Balduíno I, que construiu o primeiro Montreal na Terra Santa, e Balduíno II, fundador régio dos Cavaleiros Templários e sob cujos auspícios eles encontraram a Arca da Aliança. Assim, confiá-la aos cuidados de Jean foi inteiramente apropriado.

๛

Devido a uma série de parentes masculinos também chamados *Jean*, que se tornaram missionários no século XVII e início do XVIII, os historiadores frequentemente confundem o padre Baudoin com esses parentes, particularmente com o abade Jean Baudoin, que seguiu seu primo em 1688 para a Nouvelle-France, mas foi desviado para Beaubassin, em New Brunswick, na Baía de Fundy. O abade manteve um diário detalhado, visto como importante fonte material para se conhecer as condições da época na Terra Nova, onde ele foi capelão do comandante Pierre Le Moyne d'Iberville antes de morrer, aos 36 anos de idade.

๛

O Jean Baudoin mais velho, assim como Inácio de Loyola, começou como militar de carreira, integrando-se ao exército francês em 1641, aos 17 anos, no momento em que os ville-maries partiam para o Canadá. Um ano após a conclusão de seu treinamento, começou a galgar rapidamente as fileiras, acabando como mosqueteiro da guarda de Sua Majestade. A prestigiosa unidade era encarada como trampolim para carreiristas jovens e ambiciosos, que tinham os olhos nos postos do oficialato. De repente, porém, durante uma licença em 1645, Baudoin renunciou ao posto promissor no corpo de guarda para se unir aos jesuítas de Loyola. A transformação de soldado em padre pareceu inexplicável aos seus amigos e camaradas de armas, para quem, no fundo, ele não passava de um hedonista. Como se dizia daqueles igualmente atingidos com o zelo pela Nova Jerusalém, "alguma coisa havia acontecido".

De fato aconteceu. Naquele mesmo ano, Jean tinha viajado para o Languedoc com objetivos não revelados. Mas a alteração repentina por que passou seu estilo de vida foi coerente com as mudanças radicais experimentadas pelos admitidos à presença da Arca da Aliança. Como um Balduíno marcado pela Ordem do Santo Sepulcro para servir de "portador do Graal", seus diretores lhe incutiram a importância da missão expondo-o à radiância iônica da Arca.

Jean foi um dos numerosos membros da família Bouillon, ou Bulhões, que se envolveu profundamente no projeto de Ville-Marie. Parentes dele, como Maurice Godefroy de la Tour de Bouillon e madame Angelique Faure de Bouillon, foram não apenas contribuintes generosos e eficientes angariadores de fundos para a Nova Jerusalém, mas altos funcionários da Ordem do Santo Sepulcro, a Ordem de seus ancestrais cruzados, e das companhias associadas. Através deles o rapaz foi apresentado à Arca e recebeu a missão de instalá-la na Nova Jerusalém. Eles foram também seus suportes financeiros, bancando a viagem transatlântica que o levou a Montreal em 1667. Os ville-maries estavam convencidos de que, uma vez colocada dentro do templo, a Arca restaurada ativaria uma revolução espiritual que deveria trazer o céu para a Terra. Jean ficou consternado, portanto, ao ver que a estrutura estava longe de estar pronta, que menos da metade da obra estava construída dez anos após Marguerite Bourgeoys ter lançado a pedra fundamental da Capela de Bon-Secours, um nome-código que camuflava o templo. Ela se desculpou dizendo que as exigências de sobrevivência e a ausência de dinheiro para comprar materiais de construção na cidade de Québec tinham sido responsáveis pelo atraso. O padre Baudoin mandou-a, então, para a França, com a missão de angariar fundos, passando-lhe valiosos contatos na Ordem do Santo Sepulcro e em sua própria família, particularmente Marie-Anne, duquesa de Bouillon.

Enquanto isso, era preciso arranjar um lugar conveniente para a guarda do tesouro dourado até o templo/capela estar concluído. Ele o encontrou na *seigneurie* (espécie de propriedade feudal ou fazenda) da extremidade oeste de Montreal pertencente a René-Robert Cavelier. Este também se unira aos jesuítas quando rapaz, em sua França natal, mas renunciara ao hábito para seguir um irmão mais velho, Jean Cavelier, padre sulpiciano, a Ville-Marie, em 1667. René-Robert se apaixonara pelo Novo Mundo, tornando-se fluente no iroquês e nas línguas de vários outros povos nativos. Eles lhe falaram de um grande rio que conheciam como Ohio e que desaguava no ainda maior Mississipi. Curioso, ele partiu com cinco canoas e quinze homens durante a primavera de 1669, explorando novos territórios tão distantes quanto aquele onde agora se encontra Louisville, no Kentucky. O sucesso da expedição rendeu-lhe uma concessão no comércio de peles e um título de nobreza. Daí em diante, ele passou a ser conhecido como René-Robert Cavelier, Sieur de La Salle. Sua seigneurie prosperou e ele a fortificou com uma aldeia de guardas armados para protegê-la contra o imprevisível comportamento dos índios. Desse modo, Lachine, como ele gostava de chamar sua amada propriedade, era o local temporário ideal para a carga do padre Baudoin. Os dois homens se tornaram colaboradores e grandes amigos.

Em 1672, Bourgeoys estava de volta a Montreal com doações suficientes para retomar a construção. Completada em 1678 e rebatizada de Notre-Dame-de-Bon-Secours, sua capela interior reproduzia o Templo de Salomão, incluindo réplicas das duas grandes colunas chamadas Boaz e Joaquim no Antigo Testamento. Assim como outra precursora da Capela de Bon-Secours, a Grande Pirâmide, a estrutura de Montreal foi cuidadosamente plantada "no perfeito eixo leste-oeste".[14]

O perene Umbigo do Mundo era reafirmado numa figura do Graal, a donzela pura, reverenciada em Notre-Dame-de-Bon-Secours como a Virgem Negra, versão cristã, precariamente velada, de uma deusa Mãe Terra muito antiga. Ela personificava "a energia oculta e contida na Terra, o símbolo máximo de atividade telúrica".[15]

Sua presença icônica na Montreal do vulcão adormecido, mas não extinto, e de frequentes tremores, era particularmente apropriada. Segundo sua autobiografia, Bourgeoys registrou nove tremores de terra num igual número de horas em 5 de fevereiro de 1663, um "enxame" assinalando o início de convulsões geológicas que persistiram, de modo irregular, durante os oito meses seguintes. "A ilha de Montreal", observa Bernier, "era um centro de grande atividade telúrica e terremotos frequentes, que ainda hoje ocorrem."[16] Assim, como aconteceu com o Monte Moriá na velha Jerusalém ou o Platô de Gizé no antigo Egito, Ville-Marie fora deliberadamente selecionada por sua inerente sismicidade, a força natural tectônica que acionaria a Arca da Aliança ou, mais precisamente, a Pedra de Fogo nela contida. Montreal "representou aquele simbolismo milenar do centro do Novo Mundo, o ônfalos, como a Montanha do Templo de Jerusalém formava o axis mundi do Velho Mundo (...) *Mont Réal* era de fato um reflexo de uma nova Terra Santa, com toda a sua topografia simbólica, longe do absolutismo do rei e sua corte libertina".[17]

Em 1678, Notre-Dame-de-Bon-Secours foi finalmente concluída. Durante uma cerimônia especial, a Arca da Aliança foi levada sob guarda da Lachine de La Salle e colocada em sua capela, uma reprodução do santo dos santos do rei Salomão, tendo Marguerite Bourgeoys como a donzela do Graal e o padre Baudoin como o alto sacerdote levita. A Nova Jerusalém poderia agora começar a revelar sua transformadora radiância.

Ressurgimento Cátaro

Quase de imediato, porém, o padre Baudoin constatou uma perturbadora alteração em seus paroquianos. A distorção cada vez maior de certas atitudes antigas, que anteriormente ele deixava passar como excêntricas, parecia agora alarmante. Como aconteceu com todos os que, antes deles, ficaram expostos em demasia à Perfeição do Paraíso, a Arca estava exercendo um efeito degenerativo sobre o estado de suas saúdes mentais. Eles começavam a se assemelhar àquele outro grupo de extremistas heréticos, os cátaros, em especial na desaprovação crescente das relações sexuais. Paralelamente à distinção albigense entre Perfeitos e Crentes, os líderes da Société de Notre-Dame de Montréal passaram a se distinguir dos membros comuns por votos de castidade. "A igualdade praticamente total entre os homens e as mulheres envolvidos na fundação de Ville-Marie" era um reflexo dos cátaros.[18] "Esta rara igualdade de status social entre mulheres e homens cristãos em Montreal era algo completamente novo no século XVII."[19] Mas não no Languedoc do século XIII. Eles tentavam "restaurar a forma mais pura – senão gnóstica – do cristianismo".[20]

Essas comparações entre os montrealistas e os *bons hommes* demonstra que ambos os grupos foram igualmente afetados pelo contato prolongado com a Arca da Aliança. Sua deterioração foi similar, se não idêntica, porque a profusão de íons negativos do objeto, embora inicialmente saudável, moderada, acabou se tornando prejudicial, como todas as formas de estímulos eufóricos em excesso. Entregar-se a eles deforma a personalidade, inflando o ego e transformando-o num centro absoluto do universo: é o lado sombrio do Umbigo do Mundo.

Devido a toda a sua orientação esotérica para atingir essa centralidade cósmica, Notre-Dame-de-Bon-Secours foi construída sem quaisquer defesas, permitindo que os guerreiros iroqueses montassem emboscadas para abater sem problemas os paroquianos que caminhavam do assentamento para a igreja semiacabada. Os ville-maries jamais tomaram qualquer providência para proteger esse "caminho sagrado", imaginando que entrariam numa rota direta para o céu se fossem suficientemente abençoados para serem mortos enquanto empreendiam a pequena peregrinação. Nisso se assemelhavam particularmente aos cátaros, cuja endura, que proporcionava um modo legítimo de escapar das amarras do mundo de Satã, era praticamente um suicídio. Quando os atritos começaram a corroer seus já precários efetivos, os montrealistas que conseguiam sobreviver se convenceram de que sua pureza constituía o único alicerce aceitável para a vindoura Nova Jerusalém.

Para Jean Baudoin, o ex-soldado, eles estavam insanos. Ainda mais alarmante, no entanto, eram as premissas de sua castidade: ao se abster de relações sexuais, eles tornariam possível a Segunda Vinda, pois qualquer mulher de Ville-Marie que ficasse grávida repetiria o nascimento da virgem, porque teria concebido não através de um homem, mas pelo Espírito Santo, como uma espécie de Mãe Canadense de Deus. O filho, portanto, só poderia ser Jesus renascido como carne. Desta vez seu destino terreno não seria a morte na cruz, mas servir de chefe mundialmente reconhecido de sua igreja revivida na nova Terra Santa.

Essa devoção radical começou a ser vista pelo padre Baudoin como a blasfêmia lunática de uma comunidade excessivamente zelosa descambando no isolamento. Os colonos já tinham sido abandonados pelo rei francês, que estava mais interessado no valor comercial e militar da cidade de Québec por causa da oposição desta aos planos britânicos sobre a Nouvelle-France. Com a dissolução da Compagnie du Saint-Sacrement e outras fachadas da Ordem do Santo Sepulcro, Ville-Marie, nunca além de minimamente autossuficiente, só podia contar com o suporte externo de uns poucos aristocratas cada vez mais velhos, como a duquesa de Bouillon. Os visionários gnósticos não tinham futuro. Logo tropas inglesas ou autoridades francesas diluiriam o experimento metafísico de Montreal. De fato, ele se estenderia por um pouco mais de vinte anos, terminando após a virada do século seguinte, quando em 1705 o nome do lugar foi para sempre alterado de Ville-Marie para Montreal. Menos de cinquenta anos depois, a Capela de Bon-Secours, a projetada réplica do santuário mais sagrado da antiga Jerusalém, foi reduzida a cinzas por um incêndio. Forças britânicas iriam tomar Montreal em 1759, uma ocupação legalizada quatro anos depois pelo Tratado de Paris, que passou a Nova França para o reino da Inglaterra.

Escapulindo com a Arca

Não fora para nada disso que Jean Baudoin cruzara o oceano com o mais importante objeto do mundo. Como ele conseguira não ser adversamente afetado por sua carga dourada é coisa que não sabemos. Mas retornar à Europa em sua companhia estava fora de cogitação; assim como deixá-la com um grupo transtornado de fanáticos. Um local alternativo tinha de ser encontrado na América do Norte, e rápido, antes que a ambição da cidade de Québec ou o imperialismo britânico avançassem para se apoderar da Nova Jerusalém. A única opção do padre Baudoin era a assistência de seu confidente de longa data e melhor amigo em Montreal: La Salle, que estava inspirado pela perspectiva de retomar suas explorações procurando ao mesmo tempo uma nova morada para a Arca. Sem hesitar, ele liquidou todos os seus bens em Lachine para organizar uma expedição grande, adequadamente abastecida e bem armada. Quando tudo estava preparado, o padre Baudoin e três ajudantes escapuliram tarde da noite para a Capela de Bon-Secours, recentemente concluída, onde ergueram a Arca da Aliança em suas duas barras de transporte, levaram a preciosa carga para fora e a colocaram em cima de uma carroça que esperava por eles, as rodas cobertas com trapos para não alertar os ville-mariës que dormiam.

Na semana que se seguiu, cobrindo cerca de 400 quilômetros, o padre Baudoin e companhia abriram caminho sem incidentes pelo rio São Lourenço, parando junto às costas meridionais do lago Ontário em Fort Conti, perto das cataratas de Niagara. Ali completaram a construção de uma nova e ampla embarcação que zarpou a 7 de agosto de 1679. *Le Griffon* conduziu os primeiros europeus a navegar pelos Grandes Lagos num veleiro, cruzando rapidamente o lago Erie, seguindo para o norte pelo lago Huron, depois descendo por toda a extensão do lago Michigan. Em 1º de novembro, os lomens da tripulação construíram um forte na foz do rio St. Joseph, na área da atual Michigan, onde permaneceram mais de um mês para caçar e conseguir carne fresca. Reentrando no St. Joseph em 3 de dezembro, seguiram o rio até chegar a um lugar de baldeação por terra para o rio Kankakee, que os conduziria depois ao rio Illinois. Após uma fatigante travessia, La Salle fez uma pausa para construir um estabelecimento militar que chamou de Fort Crèvecoeur, perto da atual Peoria, no Illinois. A expedição estava ficando com poucos suprimentos e perto da exaustão, por isso qualquer exploração adicional foi suspensa por mais de dois anos.

Em todas essas viagens extensas e desbravadoras, o padre Baudoin estava sempre atento, à procura de um local que pudesse servir para a Arca que ele resgatara, mas nada parecia nem mesmo remotamente adequado. Durante a longa pausa na expedição, ele esperava encontrar pistas entre os povos nativos da região, atraídos pela presença de poderosos estrangeiros em Fort Crèvecoeur. Alguns convertidos cristãos da tribo yuchi do sudeste, junto às margens ocidentais do rio Wabash, chamaram particularmente sua atenção. Esses índios diziam que nem ele nem seus companheiros eram os primeiros homens brancos barbados e letrados, a visitar aquelas terras de pradarias, como La Salle e os outros erradamente imaginavam. Muito tempo atrás, diziam os índios, seus antepassados haviam recebido outro grupo de pessoas de pele clara "com escrita", vindas do outro lado da Água Grande, no leste. No correr de várias gerações, os forasteiros foram dizimados por uma combinação de enfermidade, conflitos armados e casamentos mestiços. Mas antes de desaparecerem, deixaram para trás muitas relíquias santas enterradas numa caverna, reverenciada desde então pelos yuchis como seu lugar mais sagrado. Os convertidos convidaram o padre Baudoin a acompanhá-los até o local subterrâneo, onde ele poderia contribuir com sua própria "escrita" para a coleção secreta.

Embora a história deles parecesse um tanto rebuscada, alguma coisa nos yuchis sugeria influências antigas, estrangeiras. Ainda que de forma sutil, eram fisicamente diferentes dos índios da planície que o padre conhecia. Tinham pele mais branca, olhos mais claros, cabelos mais ondulados e traços faciais menos proeminentes. Falavam um idioma muito exclusivo, sem relação com qualquer outra língua americana nativa e, como ele mais tarde iria descobrir, eram um povo distinto das outras tribos. Se todas essas diferenças constituíam, de fato, a herança remanescente de contatos profundamente pré-históricos com estrangeiros brancos, então a história yuchi da caverna-monumento poderia estar baseada em pelo menos algum tipo de lugar real. Talvez a Arca pudesse ficar temporariamente segregada num lugar remoto como aquele, até uma época futura em que outra recriação do Templo de Salomão fosse construída no Novo Mundo, mas em solo mais firme que a Capela de Bon-Secours de Ville-Marie – pelo menos era o que achava o padre Baudoin.

Seja como for, ele prometeu acompanhar os cristãos yuchis na primeira oportunidade e eles concordaram em permanecer até então em Fort Crèvecoeur. Levando há tanto tempo sua carga, o padre jesuíta já estava fatigado com a missão, que ele esperava pelo menos interromper encontrando um lugar adequado para instalá-la, ainda que de forma não permanente. Só ele e La Salle sabiam o que se achava escondido sob aquelas pilhas de couros e peles. Expor a Arca à tripulação teria certamente levado a séria desordem e nenhum deles poderia imaginar como os povos indígenas, que os superavam em número por mil a um, poderiam ter reagido. Os índios, no entanto, pareciam estar oferecendo uma possível solução para o problema colocado por aquele arrastar indefinido de um objeto de valor inestimável, mas consideravelmente perigoso, pela América do Norte.

Quando em 1682 La Salle retornou com os tão necessários suprimentos de Frontenac, no Ontário, o padre Baudoin lhe disse que finalmente poderiam ter encontrado um lugar adequado para acomodar sua carga secreta. No final daquela primavera, 23 franceses acompanhados de 18 americanos nativos abandonaram para sempre *Le Griffon* em Fort Crèvecoeur e desceram de canoas o rio Illinois. Onde os rios Mississipi e Ohio se encontram no fundo do Illinois, o explorador e o padre se separaram. Tinham compartilhado mais de 1.600 quilômetros de descoberta juntos, mas La Salle sentia uma vontade irresistível de explorar o Golfo do México, enquanto Jean Baudoin queria apenas se livrar, enfim, de sua tremenda responsabilidade. Perto do que é hoje o parque estadual de Fort Defiance, no Illinois, os dois homens seguiram destinos distintos, um para o sul, outro para o leste. La Salle cedeu oito de seus melhores atiradores para proteger o padre Baudoin, que foi guiado por dois yuchis para o rio Ohio. Quase três dias depois, o trio de canoas compridas alcançou o Wabash, seguindo os meandros de seu ziguezague para um ponto logo abaixo da futura Vincennes, Indiana, não muito longe do importante quartel-general jesuíta que ali seria instalado para pregar entre os povos tribais do Meio-Oeste central. Foi lá que os guias nativos direcionaram os hóspedes franceses a entrar num rio muito menor, que levava de volta ao Illinois. Eles remaram suavemente, subindo o estranhamente quieto Embarras (pronunciado "am-brá"), como ele foi chamado mais tarde, até uma populosa aldeia indígena aparecer na margem esquerda, menos de uma semana após os 11 viajantes terem se separado de La Salle.

Enquanto os homens exaustos eram bem tratados e ganhavam novas forças após a longa jornada, o padre Baudoin foi levado sozinho para o local sagrado dos yuchis, num penhasco coberto de densa floresta que dava para uma curva do rio. Ele foi conduzido para um abrigo na rocha, de teto baixo, onde foram acesas tochas que revelaram câmaras evidentemente feitas pelo homem, conectadas por uma série de corredores estreitos. Os corredores pareciam se espalhar em várias direções, mas escombros frequentemente impediam a passagem. Aquele, afinal, era um território sismicamente ativo, parte da Falha de Nova Madri, com uma longa história de terremotos violentos. Sem dúvida, muita coisa havia desmoronado como resultado da violência geológica no correr dos anos, desde que o complexo subterrâneo fora feito – quando e por quem, o padre Baudoin não tinha a menor ideia. Até então, pelo que sabia, ele era o único europeu a ter visitado aquela parte do mundo. Contudo, a alvenaria finamente talhada sobre a qual passava a mão atenta não parecia típica da mão de obra artesanal dos índios. Na verdade eles próprios afirmavam que as estruturas subterrâneas tinham sido abertas por outros – estrangeiros brancos, durante o passado remoto.

O padre finalmente se convenceu quando seus anfitriões lhe trouxeram dezenas de estranhas pedras negras ilustradas com os retratos em perfil de homens europeus usando chapéus que, incrivelmente, lembravam capacetes da era romana. O espanto aumentou quando lhe mostraram tabuinhas de pedra cobertas com textos compridos e bem traçados de uma linguagem escrita que ele não soube ler. Realmente alguém havia subido o Embarras muito tempo antes dele. Mas parecia impossível sequer especular sobre quem aquelas faces severas representavam e quando eles tinham deixado suas imagens ali. O yuchi insistiu para que o padre contribuísse com seu próprio registro para a estranha coleção e mostrou-lhe como a coisa era feita. Cortou seções ovais de argila preta da margem do rio, deu-lhes formas lisas, uniformes, e entregou a ele uma pedra muito pontuda. Usando-a como estilete, Baudoin podia escrever e desenhar com facilidade na superfície úmida. Achando a tarefa fascinante, ele cobriu primeiro uma, depois várias outras das tabuinhas lisas com frases francesas. Elas podem ter contado suas viagens recentes ou reproduzido preces para abençoar o local subterrâneo. Numa peça restante, pequena demais para a escrita, esboçou uma rude imagem da Arca.

Fossem quais fossem as verdadeiras origens da curiosa caverna, a inacessibilidade e a localização remota a qualificavam de forma evidente como pelo menos um esconderijo temporário para o segredo do padre Baudoin. Sob seu comando, o pesado objeto, ainda oculto por pilhas de peles, foi erguido de uma canoa por quatro índios convertidos, que acompanharam Baudoin de volta à estrutura subterrânea. Então o padre pediu para ser conduzido até o corredor mais profundo, que terminava numa pequena câmara, onde mal houve espaço para acomodar a carga. Depois de ela ser cuidadosamente arrumada, Baudoin ordenou que os homens se ajoelhassem diante do recipiente dourado e jurassem, por suas almas imortais, jamais fazer qualquer comentário com alguém – yuchi ou homem branco – sobre a "grande caixa", especialmente sobre sua localização. Tendo feito a promessa solene, eles começaram a trabalhar de imediato, empilhando entulho caído na frente da entrada da câmara até ela ficar inteira e compactamente lacrada. Se o padre algum dia retornou àquele lugar ou quais poderiam ter sido seus planos finais para o tesouro escondido são coisas que não se sabem. Os redutos jesuítas em Vincennes e St. Louis ainda não existiam e toda a área era uma vastidão praticamente inexplorada. Fazer uso da caverna provavelmente surgiu como a única alternativa. Quanto mais mantivesse o objeto sagrado consigo durante suas extensas viagens, menores as chances de conseguir se evadir de algum terrível contratempo. Deus preservara a Arca e a ele no correr de muitos milhares de quilômetros e nos últimos quinze anos desde que Jean Baudoin partira da França para Montreal com sua carga sagrada. Agora parecia que aquele lugar, escondido debaixo da terra e totalmente desconhecido do mundo exterior, lhe fora revelado por um propósito divino.

⁂

Os yuchis se mostraram leais à promessa feita, ocultando o segredo dos missionários e comerciantes de peles que, à medida que os assentamentos europeus se expandiam pelo sudeste do Illinois, passavam pelo rio Embarras em número cada vez maior. Logo a aldeia indígena se tornou um pequeno povoado francês conhecido como Verde Gras, devido a seus campos verdes. Muito mais tarde, sob crescente influência anglo-americana, o nome foi alterado para Stringtown, cujo visitante mais famoso foi o general "Mad Anthony"* Wayne, durante a

---

* Anthony Maluco. (N. do T.)

Guerra de Independência. Hoje, contudo, Stringtown é uma cidade-fantasma e seu assombrado cemitério de fins do século XIX serve de pouso esporádico a antiquários esperançosos, que sacodem os detectores de metal seguros nas mãos em busca de velhos botões ou moedas.

Depois de enfurnar o Tesouro do Mundo dentro da caverna yuchi, Jean Baudoin tornou-se o mais destacado missionário de seu tempo. Durante os trinta anos seguintes, viajou pelos extensos sistemas de rios do Meio-Oeste, criando novos convertidos cristãos entre os povos nativos de uma ponta à outra do Vale do Mississipi. Segundo seu biógrafo e descendente de meados do século XX, Kenneth Lawrence Beaudoin, "ele levou uma vida estranha, solitária, mas deve ter tido uma grande compreensão das coisas humanas e considerável magnetismo pessoal, pois não havia uma só aldeia indígena entre Québec e Nova Orleans onde não fosse respeitado (...) Perto do final da vida, foi nomeado superior de todos os jesuítas na América, tornando-se assim o homem de mais alto escalão da igreja na Nova França. Seu quartel-general nos últimos anos foi em St. Louis", onde morreu em 1709, aos 75 anos de idade. "Mas seu túmulo se perdeu. Os ossos estão provavelmente descansando em agradável anonimato sob a grande e nova cidade que cresceu sobre a vila onde ficava sua sé rústica e provinciana."[21]

Para seu próprio benefício e o de sua missão secreta, o padre Baudoin estava certo ao se separar de La Salle. Em 1684, o intrépido explorador tentou estabelecer uma colônia francesa no Golfo do México, na foz do Rio Mississipi, com 300 colonos transportados em quatro navios. Um deles se desviou do curso e foi capturado por piratas nas Índias Ocidentais. A nau capitânia, *La Belle*, afundou nas enseadas da Baía Matagorda, onde o terceiro navio encalhou. Os sobreviventes perambularam para uma área perto de Victoria, no Texas, onde construíram o forte Saint Louis, enquanto La Salle conduzia a pé um grupo para o leste, em três expedições distintas, numa busca infrutífera do rio Mississipi. Na última tentativa, um motim se espalhou por seus 36 seguidores, quatro dos quais o assassinaram não longe da atual Navasota, no Texas. O forte Saint Louis só sobreviveu dois anos a ele, quando índios de língua Karankawa massacraram os 20 adultos que haviam sobrado, levando suas cinco crianças como prisioneiras. Incrivelmente, a malfadada *La Belle* de La Salle foi descoberta sob a sujeira da Baía de Matagorda em 1995, tornando-se desde então objeto de mergulhos arqueológicos.

No final de setembro de 1811, o mais violento evento sísmico da história norte-americana sacudiu o sul do Illinois, revertendo temporariamente o curso do rio Mississipi e fazendo tilintar os sinos das igrejas até em Boston, mais de 1.500 quilômetros a leste. Mas o terremoto de Nova Madri reforçou o trabalho de ocultação do padre Baudoin, quando o corredor que levava à câmara na qual ele e os quatro índios haviam escondido a "grande caixa" desabou totalmente, tornando impossível qualquer acesso a ela. Já então toda a tribo yuchi fora colocada à beira da extinção por uma combinação de doenças introduzidas pelos estrangeiros, casamentos com os forasteiros e as intenções genocidas de outros nativos, os cherokees. Os sobreviventes abandonaram a área Wabash para se reinstalarem no leste do vale do Rio Tennessee, de onde foram removidos à força, cem anos mais tarde, para a Geórgia e Oklahoma, para ceder lugar ao assentamento europeu em grande escala.

Em 1956, sua população tinha caído para menos de 3.000 membros tribais, quando o cacique Brown, percebendo talvez a extinção de seu povo, compartilhou o velho segredo com o dr. Joseph Mahan, professor de história na Universidade da Geórgia, em Columbus. Este último líder escolhido pelos yuchis contou-lhe que, muito tempo atrás, homens brancos navegaram pelo Embarras até uma curva no rio pouco abaixo de uma velha aldeia indígena que os franceses mais tarde chamaram de Verde Gras. Ali os estrangeiros alteraram uma caverna natural, talhando dentro dela uma rede subterrânea de túneis e aposentos. Num destes havia um inestimável tesouro dourado. Seus parentes tribais haviam jurado por Deus jamais divulgar sua existência, muito menos seu paradeiro. Mas o cacique Brown achou que não se devia deixar que a história morresse com seu povo. Durante as guerras de extermínio com os cherokees e migrações sob coação, ela se tornara antes um mito para ser contado ao redor do fogo que história oral, e a localização precisa da caverna não era mais lembrada com exatidão. Consequentemente, a caverna continuava a salvo de intrusos.

A Caverna Descoberta

Uns 26 anos após o dr. Mahan ser informado do velho segredo yuchi, Russel E. Burrows, um carpinteiro da Virgínia Ocidental, caminhava pela remota região do sul do Illinois, onde havia se casado com uma mulher local. Durante o tempo livre, Burrows procurava relíquias de pioneiros e a ocasional arte rupestre indígena que os colecionadores ainda encontravam na área. Então, na primavera de 1982, quando passava pela margem esquerda do rio Embarras em direção às ruínas cobertas de vegetação de Stringtown, ele se deparou com uma entrada para a caverna sagrada yuchi. Durante os próximos sete anos, Burrows removeria algo em torno de 3.000 artefatos, em geral pedras negras talhadas com os desenhos a traço fino de homens com capacetes e textos gravados em desconhecidas línguas escritas.

A ilustração gravada do que parece ser a Arca da Aliança numa pedra da caverna no sul de Illinois.

Embora os cientistas acadêmicos não se interessassem por suas descobertas, pesquisadores não convencionais começaram a comprar determinadas peças de Burrows que, segundo eles, representavam evidências físicas, verossímeis, de uma antiga presença do Velho Mundo na América pré-colombiana. Burrows se envolveu num comércio animado, embora sempre resistindo a constantes apelos para revelar a localização da caverna. Sentiu-se proprietário do lugar e desejou protegê-lo de saqueadores que, em sua cobiça por artefatos, poderiam destruí-lo. Entre as peças que vendeu para Wayne N. May, editor do *Ancient American*, uma popular revista de arqueologia, havia uma "pedra de barro" preta, toscamente oval, medindo 8,2 centímetros de comprimento por 7,6 centímetros de altura. A ilustração num dos lados retrata a imagem de duas figuras aladas, uma de frente para a outra, no topo de uma caixa retangular colocada sobre algum tipo de plataforma. Flutuando sobre elas há uma grande taça ou tigela rasa, contendo um único pictograma cuneiforme de cinco traços, que reproduz o nome hebreu de Deus: Jeová.[22] A ilustração sugere o propiciatório de onde Deus manifestava sua radiante energia. Descendo da parte de baixo do recipiente para as duas figuras aladas há três linhas, possivelmente significando raios. Será essa a pedra gravada pelo padre Baudoin na tentativa de retratar a Arca da Aliança que ele instalou na caverna do rio Embarras?

Inúmeras outras pedras resgatadas por Burrows do complexo subterrâneo não foram postas à venda. Incluíam tabuinhas gravadas no idioma francês e adornadas com crucifixos. Convencido que, de alguma forma, elas tendiam a desacreditar, na mente dos fregueses, a autenticidade dos itens nitidamente da era romana encontrados na caverna, ele destruiu os espécimes não típicos com um martelo de bola antes que pudessem transmitir uma incerteza de compra ao conjunto da coleção. Ironicamente, se as tabuinhas francesas tivessem sido de fato gravadas pelo padre Baudoin, teriam contribuído muito no sentido de validar o polêmico local.

No início de 1989, com a decretação iminente de uma severa lei estadual contra o resgate e a venda não autorizados de artefatos pré-modernos, várias e terríveis explosões de pólvora ocorreram dentro da caverna, lacrando permanentemente seus acessos. Durante a década que se seguiu, Burrows continuou a vender espécimes de sua grande coleção, mas sempre se recusando a divulgar sua fonte subterrânea. Na primavera de 1999, Wayne May preparou uma investigação, com radar de penetração no solo, do local perto do rio Embarras onde se suspeitava que estivesse a caverna. Quase de imediato, imagens eletrônicas revelaram uma rede de grandes aposentos e câmaras menores, conectadas por uma série de corredores artificiais, 18 metros abaixo da superfície da propriedade privada de um agricultor. Com a permissão do dono, continuaram a ser feitos levantamentos nos três anos seguintes, sendo o solo meticulosamente esquadrinhado em busca de uma entrada. Os mostradores dos aparelhos de May, no entanto, mostravam apenas os efeitos destrutivos de pelo menos uma explosão que fizera desmoronar um número não especificado de túneis e espaços interiores. Pior que isso, a detonação poderia ter rompido um lençol freático, inundando o restante do complexo. Essa suspeita foi reforçada em 2002 e de novo nos anos seguintes, quando nos buracos de perfuração, feitos em diferentes pontos, irrompiam gêiseres como os de Yellowstone* no momento em que as brocas começavam a entrar. Todos os aposentos estavam cheios d'água até o teto.

Quando sensores eletrônicos tentaram encontrar câmaras não inundadas, o equipamento mais aperfeiçoado revelou alguns detalhes não vistos antes, como a configuração perfeitamente retilínea, obviamente feita pelo homem, de inúmeros aposentos e corredores subterrâneos, bem como o que pareciam ser estátuas em pé e pilhas regulares de metal. O mais impressionante resultado do gênero foi conseguido em 2004, sob os auspícios de Ralph Wolak, que na época coordenava a colaboração entre profissionais de diferentes áreas. A imagem de radar que ele obteve mostrava bem claramente uma pequena cavidade – com aproximadamente 2,5 metros de comprimento por 1,5 de largura – e um corredor adjacente, mais estreito, inteiramente

---

* Parque nacional. (N. do T.)

cheio de escombros, salvo pela área de cerca de um metro onde ele se conectava ao espaço precisamente talhado da câmara. Dentro da câmara havia o que operadores do instrumento concluíram que fosse uma caixa retangular com um par de varas presas a ela, varas que corriam ao longo de seu comprimento, uma de cada lado. Uma das pontas do nítido recipiente estava obscurecida pelo que parecia ser material caído, que chegava talvez a 1/5 de seu topo. "Para mim, isto sem dúvida parece a Arca da Aliança", disse Wolak, "embora eu não possa acreditar que se trate do objeto verdadeiro. Talvez seja uma réplica. Mesmo assim já seria alguma coisa, bastava que se conseguisse chegar até lá."

No final de 2004, toda a pesquisa da área foi suspensa quando um dos donos da propriedade em que a caverna estava localizada faleceu, o que lançou os herdeiros em trâmites legais para o inventário. Só no outono de 2006 os investigadores tiveram permissão de retomar a pesquisa de uma entrada oculta que pudesse lhes dar acesso ao complexo subterrâneo. Levaram à frente a meticulosa busca durante todo o outono, até o início do inverno congelar excessivamente o solo para permitir novas escavações. Um período quente, no começo de janeiro de 2007, acalentou esperanças de que retornassem, mas a única estrada de acesso ao local tinha sido transformada num lamaçal pelas chuvas torrenciais que haviam chegado fora de época, impedindo o deslocamento dos caminhões com as perfuratrizes. Como um período prolongado de tempo seco era indispensável à operação de um equipamento tão pesado, os investigadores, de modo realista, planejaram recomeçar as escavações da rede subterrânea em meados do verão de 2007.

Até agora, os objetos enterrados continuam a aparecer como torturantes imagens de radar ainda fora de alcance. Se e quando suas realidades físicas serão validadas pelo resgate, é algo que nem mesmo Wayne May e seus decididos pesquisadores tentam adivinhar. Levando em conta o retrato eletrônico feito por Ralph Wolak de uma "caixa" subterrânea, a Arca da Aliança pode ter encontrado seu definitivo lugar de descanso sob quase 20 metros do calcário do Illinois.

POSFÁCIO

O VERDADEIRO SIGNIFICADO DA ARCA

Até onde você chegou com a busca do Graal? Conseguiu finalmente descobrir a verdadeira natureza dele?

— Sigune no *Parzifal*, Livro IX, 441,
de Wolfram von Eschenbach

Há muitos relatos dignos de crédito acerca do paradeiro da Arca da Aliança, mas eles não podem ser todos verdadeiros. Ou podem? A antiga tecnologia responsável por sua criação não teria produzido apenas um espécime, assim como não foi só a *Challenger* que emergiu da ciência dos foguetes e tornou possível o ônibus espacial. Da mesma maneira vários cristais de poder foram usados no correr do tempo, o que se reflete nas tradições e mesmo na evidência arqueológica de numerosas culturas ao redor do mundo. Algumas dessas tradições, inclusive, mencionam mais de uma "arca" e vários "graals".

A Arca como uma Experiência Compartilhada

A consistência desses relatos principalmente orais entre povos muito distintos, que frequentemente se desconhecem, às vezes separados por milhares de quilômetros e de anos, só pode significar que todos estavam se referindo ao mesmo tipo de objeto sagrado, um artefato físico reverenciado como a mais valiosa relíquia que uma comunidade pode possuir. Era uma pedra, geralmente uma joia, e mais frequentemente um cristal ou rocha metamórfica com veios cristalinos, comumente associada a atividade sísmica, uma peça luminosa, e, o que é mais importante, capaz de conectar os seres humanos com a experiência direta de Deus. Os muitos nomes que esse objeto (e suas variantes) recebeu enquanto passava entre diferentes povos derivavam-se todos de seus atributos e os refletiam: Pedra Fênix, Tábuas de Esmeralda, a Joia que Concede Todos os Desejos, Transformador do Mundo e assim por diante. Sob uma forma ou outra, ele é invariavelmente associado com a luz: a Pedra de Fogo, Pedra Fênix, Trapezoedro Brilhante, Umbigo de Luz, Pedra do Sol, o *radiante* Graal, a *cin-*

tilante Aron ha-Berit. Seus mais próximos servidores eram com frequência praticantes de um culto solar, como o atonismo de Amenhotep IV ou o culto dualista da luz dos cátaros.

O objeto sagrado tinha sempre seus guardiões especiais: a irmandade atlante da Pedra Tuaoi, as Sentinelas Rosthau no Platô de Gizé, os guardas U-Mamae do cristal Giron-Gagel maia, o clero levita da Arca da Aliança, os templários, os cátaros, os Cavaleiros do Graal, a Ordem do Santo Sepulcro e os ville-maries do Canadá. Com extrema frequência, eles preservavam seu fardo sagrado numa montanha centralmente localizada, numa estrutura tipo monte ou numa cidade cerimonial: a Grande Pirâmide; o Horizonte do Sol de Akhenaton; o Monte Sinai de Moisés; o ônfalos délfico no topo do Monte Parnaso; o ônfalos délio no Monte Kynthos; o Monte do Templo no Monte Moriá de Salomão; a Cidade de Sarras do Graal de Malory; a Catedral de Chartres; os Montreals de Balduíno I, Henri de Ventadour e Jacques Cartier; o Montségur dos cátaros; a Muntsalvatch de Von Eschenbach; a Munsalvaesche, de Von Scharffenberg; a Montserrat de Loyola.

Quando o herói mítico japonês Kashima Daimyojin comprimiu a Kaname-ishi contra a cabeça de um enorme bagre para impedir a violência sísmica, sua Pedra do Umbigo desempenhava o mesmo serviço prestado do outro lado do mundo pela Pedra Ben-Ben, da Grande Pirâmide, ao atuar contra a convulsão sísmica de uma ponta à outra do Vale do Nilo. Como seu mais importante artefato individual, tal pedra era o centro sagrado da sociedade, tornando-se para seus proprietários o Umbigo do Mundo, uma caracterização inseparável do objeto em si. Qualquer lote de terreno reservado para a Pérola de Valor Inestimável tornava-se um axis mundi, engendrando profundas sensações de centralidade em qualquer um tocado por sua aura iônica. Esses locais eram cada um seu próprio Umbigo do Mundo, um útero espiritual para o renascimento da alma, porque fora transformado por alguma confrontação mística. A epifania resultante era uma catarse transformadora da vida que acontecia quando Deus se tornava de repente a realidade suprema.

Compreensivelmente, um equilíbrio entre inspiração e indulgência era difícil de alcançar. O abuso de devoção é fanatismo e praticamente todos os expostos à Perfeição do Paraíso sucumbiram a seu poder transformador. Como os *hippies* antiordem-estabelecida dos anos de 1960 tomando overdoses de LSD, Amenhotep IV alterou seu nome para Akhenaton e instituiu uma religião monomaníaca no deserto, em torno de uma Pedra do Destino; Balduíno II mudou seu nome para Balduíno de Bourc e abdicou do trono de Jerusalém para viver como monge na Tumba do Santo Sepulcro depois que a Arca foi escavada dos terrenos de seu palácio; Hugo de Champagne, líder da escavação, mudou seu nome para Hugo de Payn e trocou o luxo da corte por votos de pobreza, castidade e obediência na "Ordem dos Pobres Cavaleiros de Cristo do Templo de Salomão", os templários; um companheiro de conspiração do conde de Champagne, Bernard de Fontaine, mudou seu nome para Bernard de Clairvaux e sustentou ter visto Deus na configuração da Arca; no épico medieval *La Mort d'Arthur*, de Thomas Malory, um herói do Graal encontra o objeto de sua busca, mas "assim que lançou os olhos sobre ele, começou a tremer, pois sua carne mortal percebia coisas espirituais", e Galahad caiu de joelhos e morreu; Esclarmonde de Foix pôs de lado o rico vestuário de sua linhagem nobre, trocando-o por uma túnica de martírio e, juntamente com mais 204 cátaros, preferiu a morte na fogueira a renunciar à sua Pedra Mani; no "monastério do Graal", em Barcelona, um soldado profissional, Íñigo López de Loyola, mudou seu nome para Inácio de Loyola e fundou os jesuítas, um dos quais, Jean Baudoin, também desistiu da carreira militar para se transformar no padre Baudoin, que ficou encarregado de cuidar da própria Arca; literalmente centenas de aristocratas franceses abriram mão de sua riqueza, e às vezes de suas vidas, para construir uma Nova Jerusalém no Canadá; Bernarde-Marie Soubirous se tornou Santa Bernadette após experimentar visões da Senhora Branca perto do castelo do Graal dos cátaros; Otto Rahn matou-se à maneira dos cátaros, porque estava impedido de continuar em contato com a Pedra Mani.

Uma Base de Tecnologia Antiga

Um tema comum relacionando esses indivíduos sugere que o foco de sua busca deve ter sido um objeto real, material, que energizava uma área do cérebro, o hipocampo, associada ao subconsciente humano. Que tal dispositivo pudesse ter sido inventado e aplicado milênios antes do surgimento do mundo industrial parece impossível. Em geral se presume que nossa era científica seja a única capaz de realização tecnológica e que todas as sociedades anteriores simplesmente não possuíam os meios ou o *know-how* para o tipo de progresso material a que estamos acostumados. Contudo, essa visão míope do passado não consegue reconhecer que hoje os homens, em termos evolutivos, não são diferentes de seus ancestrais de dezenas de milhares de anos atrás e que cada geração sempre deu origem aos seus equivalentes de Leonardo da Vinci e Thomas Edison.

Na realidade as pinturas das cavernas da velha Idade da Pedra em Lascaux, na França, e em Altamira, na Espanha, são tão sofisticadas e refinadamente executadas quanto qualquer obra de arte criada depois. Há mais de 5.000 anos, alguém construiu a Grande Pirâmide, que os engenheiros civis de hoje são ainda incapazes de reproduzir. Os antigos egípcios tinham um teste banal para a gravidez, perdido com a queda de sua civilização e que só seria reinventado 3.000 anos depois. Eles foram oculistas competentes e fizeram cirurgias cerebrais milênios antes da medicina profissional ressurgir nos tempos modernos. O chamado Dispositivo Antikythera, encontrado entre os destroços de um navio romano naufragado no Mar Mediterrâneo ocidental e datado de cerca de 80 a.C., é um computador analógico mecânico projetado para calcular posições astronômicas. Outro instrumento muito à frente de seu tempo foi descoberto em 1936, na aldeia de Khuyut Rabbou'a, perto da capital iraquiana, pelo diretor alemão do Museu Nacional do Iraque. Quatro anos mais tarde, Wilhelm König identificou o curioso jarro como uma célula galvânica para dourar, por meio da galvanoplastia, objetos de prata. Suco de fruta ou vinagre foram originalmente usados como agentes acidíferos para desencadear a reação eletroquímica entre ouro e prata. A galvanoplastia só foi redescoberta no século XIX, uns 1.600 anos após a "Bateria de Bagdá" ter sido construída.

Numerosos exemplos similares da antiguidade demonstram copiosamente: 1) que os seres humanos no passado remoto atingiram uma grandeza material igual e ocasionalmente mais avançada que a da ciência moderna, e 2) que muitas de suas altas realizações foram perdidas. Entre essas maravilhas não descobertas estava talvez a maior façanha tecnológica do antigo homem civilizado: um colossal geotransdutor capaz de descarregar a energia sísmica potencialmente destrutiva da Terra, transformando-a em energia elétrica útil. A resultante profusão de íons negativos gerados por essas descargas tinha o efeito secundário de estimular uma reação catártica no hipocampo do cérebro humano.

O Cristal e a Arca

A descoberta da conexão entre cristais ativados e estados alterados de consciência podia ser feita por ilhéus primitivos e pré-letrados no decorrer de simples observação, como é sugerido pelas práticas rituais de outro povo tribal: os índios utes. Nas montanhas de Utah e do Colorado central, os índios uncompahgre utes ainda coletam quartzos piezelétricos para suas sessões. Assim também os lemurianos, que moravam dentro do sismicamente palpitante Anel de Fogo do Oceano Pacífico, testemunharam as relações do cristal com forças geofísicas e a espiritualidade humana.

O uso que faziam de certas pedras selecionadas pela ressonância telúrica e psíquica foi preservado nas tradições míticas do Te-pito-te-Kura da Ilha de Páscoa, da Pohaku-o-Kane do Havaí, da Puna-Mu da Nova Zelândia, da Kaname-ishi do Japão, da Paypicala do Peru, da Chintamani do Tibete e entre numerosas outras sociedades da costa americana do Pacífico, avançando pela Polinésia e Micronésia até a Austrália e a Ásia – a vasta área do mundo impactada pelos lemurianos durante seu florescimento e, mais tarde, em sua fuga de uma catástrofe natural que encerrou a última era do gelo. Ao fugir para longe do arquipélago devastado, eles chegaram a uma grande ilha temperada do outro lado do mundo, no meio do Oceano Atlântico, cerca de 400 quilômetros a oeste de Gibraltar. A herança espiritual dos imigrantes, combinada com influências da Europa ocidental, resultou num novo povo, os atlantes, que derivaram seu nome da montanha mais importante da ilha, a que "Escora o Céu", Atlas. Séculos de desenvolvimento ininterrupto fizeram surgir uma elevada cultura onde o progresso metafísico não estava em contradição, mas se combinava com a sofisticação tecnológica e material.

Lá para o final do quarto milênio a.C., contudo, a aproximação de quatro cometas fez chover detritos meteóricos sobre a Terra, danificando seriamente a antiga civilização. Quando teve início a reconstrução da Atlântida, seus estudiosos estavam determinados a impedir, ou pelo menos abrandar, as consequências mais graves de outro cataclismo global. Criaram um grande cristal, a Pedra Tuaoi, como componente principal de um dispositivo geodésico que drenaria energia sísmica, transformando-a em eletricidade. Examinando o planeta, determinaram que o centro absoluto de sua massa de terra estava localizado no Delta do Nilo, ponto estratégico para um geotransdutor. O Egito faraônico emergiu então da cooperação entre projetistas atlantes e os trabalhadores nativos necessários à enorme construção. A colocação do quartzo eletrônico, hoje conhecido como Pedra Ben-Ben, na Grande Pirâmide, completou o projeto de obras públicas, que tornou possível o estabelecimento e funcionamento da sociedade dinástica pelos próximos 1.800 anos.

Em meados do século XIV a.C., o rei Akhenaton transferiu o capacitor de cristal para sua nova capital, "Horizonte do Aton", no Baixo Nilo, onde ele se tornou a peça central do monoteísmo solar. Então, dezessete anos mais tarde, seu antigo general, Ay, devolveu a Ben-Ben à sua posição original dentro da Grande Pirâmide. Durante o ano de 1227 a.C., o Delta foi parcialmente ocupado por uma coalizão pirata dos Povos do Mar, que expulsou temporariamente as autoridades egípcias. Aproveitando-se de sua ausência, um vizir e antigo sumo sacerdote, Ramose Khamenteru, invadiu a Grande Pirâmide e roubou o cristal de poder. A inesperada e fragorosa derrota dos invasores e o inoportuno retorno do faraó forçaram-no a fugir com a Ben-Ben e seus seguidores para o deserto, uma fuga narrada muitos séculos mais tarde no *Êxodo* bíblico. O *Êxodo* descreve a construção da Arca da Aliança, na realidade projetada como um recipiente para a confiscada pedra da pirâmide. Sob a liderança de Josué, a Arca foi convertida para aplicação militar e empregada com incrível sucesso contra alvos como as muralhas de Jericó.

Mas o capacitor de cristal mostrou-se traiçoeiramente caprichoso, roubando indiscriminadamente as vidas tanto de judeus quanto de gentios, até ser capturado pelos inimigos filisteus. Eles também acharam a Arca tão pouco confiável que acabaram por devolvê-la aos israelitas. Depois de liquidada a resistência cananeia em torno de Jerusalém, Salomão construiu o primeiro templo para a Aron ha-Berit, como era chamada, em hebraico, a egípcia Ben-Ben, que ele retirou de um contato potencialmente letal com o mundo exterior. Sua conclusão do santo dos santos em meados do século X a.C. proporcionou uma morada estável para a Arca até Jerusalém ser tomada pelas forças babilônicas em 587 a.C. Antes dos invasores alcançarem o templo, porém, a Arca foi baixada através de um alçapão para um poço profundo sob a sala do santuário. Apesar dos esforços minuciosos dos conquistadores para pilhar Jerusalém e demolir completamente seu centro sagrado, eles jamais encontraram a Aron ha-Berit.

Ela ficou escondida pelos próximos 1.714 anos, até os primeiros nove membros dos Cavaleiros Templários, agindo sob informação rabínica, localizarem a Arca perdida sob a mesquita Al Aqsa, no Monte do Templo do Monte Moriá em Jerusalém. Retornando com sua descoberta para a Europa em 1127, eles a preservaram secretamente no Castelo de Bouillon, em Flandres, enquanto um abrigo permanente era preparado na Catedral de Chartres. Interesse indevido mostrado por autoridades políticas e papais, contudo, forçaram o abandono do projeto e um novo grupo de guardiães de elite se encarregou da Arca. Em mãos cátaras, sua identidade começou a se fundir com tradições europeias nativas do Santo Graal, enquanto ela era transferida de um castelo para outro, sempre pelo menos um passo à frente das autoridades da realeza e da igreja. Em 1208, porém, essas autoridades tiveram êxito em lançar uma "cruzada contra o Graal", que acabou empurrando os cátaros de volta à sua fortaleza nos Pireneus. Dias antes de Montségur capitular em 1244, quatro deles escapuliram por entre as linhas inimigas com a Arca da Aliança e a esconderam numa caverna profunda, em algum lugar não longe do cenário da capitulação e imolação.

Essa reconstituição histórica da Pedra do Destino, das origens lemurianas e atlantes até seu desaparecimento após a rendição de Montségur, pode ser contada como uma narrativa linear. Com a rendição do castelo, contudo, a história leva a uma dúzia de direções diferentes, muitas delas plausíveis, porque pelo menos algumas parecem se referir a mais de uma arca e a outros graals. Mas nosso interesse está *na* Arca da Aliança; e na Pedra Tuaoi, construída segundo especificações definidas pelos portadores atlantes da cultura para sua reconstituída civilização no Vale do Nilo, sem dúvida o maior cristal de poder jamais criado: a Ben-Ben da Grande Pirâmide, o Santo Graal dos templários. O objeto de nossa busca abrange todos estes artefatos; eles são a mesma e única Pedra de Fogo.

Onde está a Arca?

A crença de que ela ainda se encontre escondida no Monte Moriá em Jerusalém, passados quase 2.600 anos da queda do Primeiro Templo, ou que tenha sido propositalmente destruída pelos bárbaros visigodos após o colapso do Império Romano, parece contrariada por numerosas tradições e farto material sugerindo enfaticamente o reaparecimento da Aron ha-Berit em outras partes do mundo.

O Pico Glastonbury ou o Parque Hawkstone da Inglaterra não são alternativas convincentes, nem que seja apenas porque ambos os locais sabidamente apresentam o Graal como um recipiente (no segundo caso, um insignificante frasco de unguento) da Última Ceia de Cristo, uma invenção sobreposta por Robert de Boron, em 1195, a relatos originais e muito mais antigos que descreviam o Graal como pedra ou como caldeirão, sem nenhuma relação com Jesus.

Limitar a Arca ou o Graal à linhagem de Cristo choca-se com o peso das evidências que identificam o Graal com um objeto físico; isto é, uma gema que se manifesta de diferentes maneiras, todas simbólicas de suas funções místicas.

Embora a Arca da Etiópia certamente não seja a Aron ha-Berit original do rei Salomão, pode ainda assim ser uma réplica de valor inestimável, remontando talvez ao final do século IV d.C., durante a primeira tentativa feita pela igreja cristã de converter africanos orientais.

Os japoneses também podem ter um antigo fac-símile na Montanha da Espada, uma das várias arcas que israelitas fugindo da invasão babilônica podem ter transportado em seus navios notavelmente bem construídos para o outro lado do mundo.

Menos digno de crédito é o abrigo transatlântico que os templários teriam arranjado para a Arca no Poço do Dinheiro da Ilha Oak, no litoral da Nova Escócia, embora certos artefatos, como a imagem desbotada de um cavaleiro escocês em Westford, Massachusetts, indiquem que eles visitaram o litoral leste da América do Norte durante o século XV ou mesmo antes. Mas a colocação da Arca num local tão inacessível teria sido equivalente a destruí-la, algo que dificilmente os templários iriam permitir. Por outro lado, as tradições orais dos americanos nativos de pelo menos *uma* arca no Tennessee são muito persuasivas, pois estavam destinadas a permanecer secretas, ainda que tivessem sido há muito tempo documentadas por Edward Kingsborough, um importante pioneiro na compilação de relatos folclóricos indígenas. Elas também são sustentadas por artefatos judeus de autenticidade comprovada num contexto pré-colombiano.

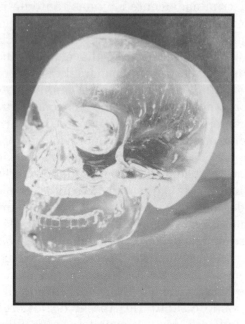

O Crânio de Cristal. Foto autorizada por William R. Corliss.

O crânio de cristal Mitchell-Hedges realmente existe e sua antiga associação com a deusa lunar centroamericana do poder psíquico é visível. Embora não possa ser *a* Pedra do Destino, o Crânio de Cristal é mais provavelmente o exemplar maia de um desconhecido número de graals, similar aos cristais de poder levados por portadores da cultura da Atlântida para as várias terras afetadas por sobreviventes da catástrofe que arrasou sua terra natal.

A Pedra de Welwelsburg, de Otto Rahn, não era menos real e quem sabe ele encontrou nos Pireneus a Pedra Mani dos cátaros. Se assim foi, porém, o que aconteceu com a Arca dourada onde ela foi carregada pelos quatro Perfeitos quando da queda de Montségur? Embora a erudição de Rahn em questões albigenses não possa ser posta em dúvida, nada liga a Pedra de Welwelsburg ao Santo Graal, salvo a degeneração do próprio Rahn. Similar às suas réplicas etíopes, japonesas e cherokees, a Pedra de Welwelsburg pode ter sido uma das várias Perfeições do Paraíso moldadas pelos atlantes ou seus descendentes, mas provavelmente não era a Tuaoi original que passou da Atlântida à Grande Pirâmide, ao Templo de Salomão e a Montségur.

Se esse objeto extremamente sagrado jamais deixou os Pireneus quando do martírio cátaro, então a continuada presença da Arca ali é confirmada por pessoas sensitivas como Bernarde-Marie Soubirous. Numa zona sismicamente ativa, as visões de uma Senhora Branca revelam-se a uma mente receptiva estimulada pela radiação de íons negativos emitida pelo cristal. Ainda mais convincente é a incomparável aura de cura física e emocional experimentada pelas dezenas de milhares de pessoas que continuam a recebê-la em Lourdes, onde a Arca pode ter sido escondida há mais de seis séculos e onde talvez ainda esteja, invisível, mas fortemente sentida. Se assim for, ela continua a cumprir sua missão original. Caso contrário, tanto as visões da Senhora Branca quanto as curas espirituais podem resultar de um outro cristal de poder, não *da* Pedra Mani na área imediata.

A tentativa dos ville-maries de estabelecer uma Nova Jerusalém em Montreal e as explorações dos Grandes Lagos empreendidas pelo Sieur de La Salle com o padre Jean Baudoin são histórias registradas. A caverna no sul de Illinois, sua pedra negra trazendo a ilustração da Arca da Aliança e imagens eletrônicas do que bem poderia ser a Arca obtidas numa de suas câmaras mais profundas não são menos reais. Essa evidência material, especialmente no contexto das experiências dos franceses por toda a Nova França, parece só fazer sentido se o objeto sagrado estiver de fato enterrado perto das margens do rio Embarras.

O Crânio de Cristal retratado, num disco de pedra esculpido, como o emblema de Coyolxauqui, a "Senhora Branca" asteca.

Seja como for, a Arca da Aliança ainda não foi encontrada. Talvez seja melhor assim, em vista do modo como historicamente abusaram dela, do sangue derramado que cercou sua posse e de seu irresistível efeito sobre a consciência. Incapaz de processar adequadamente uma entrada de energia tão poderosa, o potencial da mente humana para a espiritualidade pode degenerar em intolerância religiosa. Tal dispositivo, redescoberto ou reinventado, deve ser mantido a uma distância adequada, o que torna sua possível localização em Lourdes positivamente ideal.

O Caminho da Arca

O duplo papel do Graal como antigo capacitor no geotransdutor do Egito – harmonizando forças contrárias – e subsequente transformador psíquico – vitalizando a essência espiritual da humanidade – complementa sua identidade esotérica como ideal impalpável. Dentro de sua aura radiante, os quatro centros das energias superiores da compaixão, da expressão, da percepção e da espiritualidade, anteriormente não iluminados, situados respectivamente nos chakras do coração, da garganta, da testa e da coroa, são ativados. Daí o significado do primeiro e principal motivo no *Parsifal* de Richard Wagner: *"Durch Mitleid wissen, der reine Tor"*, ou "Através da compaixão feito sábio, o completo idiota". Os três centros inferiores da sobrevivência, prazer e controle nos chakras da raiz, do sacro e do plexo solar nos ancoram na realidade física, mas o fracasso em usá-los e ao mesmo tempo nos impormos sobre eles nos confina ao nível dos animais e nos isola de nosso destino mais elevado. Permanecer exclusivamente na esfera das preocupações do dia a dia é o deserto descrito por Wolfram von Eschenbach e T. S. Eliot. O verdadeiro objetivo da humanidade murcha sem um ideal radiante para inspirá-lo. A ênfase se desloca dos chakras mais elevados do coração, da voz, da mente e do espírito para a obsessão do corpo com a segurança material, a felicidade transitória e o poder efêmero.

Um surto atual de interesse na Pedra do Destino, e em suas manifestações melhor conhecidas como Arca da Aliança ou Santo Graal, sugere uma ânsia popular pelo seu retorno. Do mesmo modo a insatisfação crescente com os valores em geral precários de nossa cultura superficial indica também uma inquietação por algo universalmente engrandecedor, que possa transcender a atual vulgaridade, transformando-a em nobreza futura. Um compatriota de Godofredo de Bulhões, M. van de Walle, declarou que uma "consciência da história", uma "consciência da eternidade" está lutando para ter expressão na alma moderna: "A pessoa deve se tornar plenamente o que é", ecoa o tácito comando do Graal. A percepção de Van de Walle foi levada adiante por um contemporâneo mais famoso do século XX, o americano Joseph Campbell, estudioso dos mitos, que declarou que ir ao encalço do Graal era buscar "a vida autêntica" entre o deserto da sociedade moderna.

Em vista do que aprendemos sobre ele, a redescoberta desse objeto sumamente sagrado teria o mais profundo impacto em nosso mundo e nos poria no rumo de sua prometida Perfeição do Paraíso. Reis e cavaleiros, faraós e papas, santos e canalhas procuraram a Arca da Aliança durante os últimos milhares de anos, geralmente em vão. Mesmo aqueles que a encontraram, perderam-na mais cedo ou mais tarde. Ela é ao mesmo tempo eterna e esquiva. Mas mesmo alguém que busca sem resultado a Pedra do Destino possui pelo menos alguma coisa dela. Talvez seja esse o verdadeiro significado da busca do Graal. Na verdade, os poucos que de fato o conquistaram na maioria das vezes acabaram loucos e/ou morreram. Outros o transformaram de dispositivo benigno para a cura geofísica e espiritual numa máquina de matar, cujo tiro saía pela culatra para atingir seus operadores.

Se o cristalino Umbigo do Mundo se encontra escondido perto de Lourdes, sua mera existência é uma grande e contínua bênção para legiões de sofredores. Mas se ele ainda está à espera de uma redescoberta final no sul do Illinois, o mundo pode estar pronto ou não para abrir a Arca da Aliança.

UMA CRONOLOGIA DA ARCA DA ALIANÇA

Quem quer que encontre algum sentido em toda esta roda de acasos foi bem favorecido pela Sabedoria.
— Wolfram von Eschenbach, *Parzifal*, Livro I, 2

40.000 Anos Antes da Atualidade – Impelidos pelos níveis crescentes do mar, missionários navegam da Terra Natal no Oceano Pacífico pelos quatro cantos do globo, disseminando o evangelho de sua religião da natureza. Alguns chegam à Europa Ocidental, onde a arte paleolítica das cavernas em lugares como Lascaux e Altamira é ativada pela influência dos íons negativos dos cristais de poder lemurianos sobre os habitantes cro-magnon. Os primeiros indícios de espiritualidade, representados por estatuetas de marfim do fenômeno da Senhora Branca, aparecem nas montanhas dos Pireneus, em Lespuque e Brassempouy. Os lemurianos se estabelecem numa ilha grande e fértil, a cerca de 350 quilômetros do Estreito de Gibraltar, no seu exato rumo oeste, onde se misturam com os habitantes cromagnon para dar início a uma nova e híbrida cultura – Atlântida.

11.600 Anos Antes da Atualidade – O final violento da última idade do gelo inunda extensas áreas de Mu, no Pacífico. Alguns sobreviventes da enchente procuram refúgio na distante Atlântida, aumentando a população e contribuindo significativamente para o desenvolvimento de sua civilização.

6.500 Anos Antes da Atualidade – Iniciam-se na Atlântida construções megalíticas, espalhando-se para a Grã-Bretanha e França, onde surgem as primeiras tumbas do continente europeu. As pedras em pé, geralmente de granito e com veios de quartzo ressonante, são assentadas diretamente sobre zonas de falha, onde os grandes monólitos transformam as energias da Terra em descargas elétricas para interagir com os circuitos biológicos do cérebro humano, induzindo assim experiências místicas.

Fins do Quarto Milênio a.C. – A passagem muito próxima do cometa Encke, acompanhado de três outros cometas, enche o hemisfério norte da Terra de uma barragem destrutiva de material meteórico, prejudicando severamente a civilização antiga. Para evitar ou pelo menos abrandar os piores efeitos de outro cataclismo global, os atlantes manufaturam um grande cristal de quartzo eletrônico, extremamente sensível – a Tuaoi ou Pedra de Fogo –, para ser usado como um capacitor capaz de converter energia sísmica em eletricidade e direcioná-la.

3100 a.C. – No Platô de Gizé, no Delta do Nilo, portadores atlantes da cultura identificam o centro exato da massa de terra do mundo de modo a captar o máximo de energia telúrica para um geotransdutor. Recrutando a população nativa como força de trabalho, erguem a primeira e maior das cerca de 100 pirâmides semelhantes que se estenderão pelo Vale do Nilo, propenso a terremotos. A resultante fusão de trabalho nativo com tecnologia atlante dá origem à civilização dinástica através de um colossal projeto de obras públicas, completado quando o extraordinário capacitor de cristal é instalado na chamada Câmara do Rei da Grande Pirâmide. Não mais conhecido como Tuaoi, seu significado como Pedra de Fogo permanece inalterado no novo nome egípcio: Ben-Ben.

1355 a.C. – No sexto ano de seu reinado, o faraó Amenhotep IV (também conhecido como "Akhenaton") faz com que a pedra Ben-Ben seja removida da Grande Pirâmide e trazida para sua cidade, Akhetaton, Horizonte do Aton. O cristal de poder é colocado no alto de um pilar na Hwt-bnbn, a Mansão da Ben-Ben, na Grande Casa do Aton, como peça central de seu monoteísmo solar.

1334 a.C. – Com a morte de Akhenaton e o colapso de seu experimento religioso, o faraó Ay devolve o capacitor Ben-Ben à sua posição original na Grande Pirâmide.

1227 a.C. – Povos do Mar conquistam o Delta do Nilo, deslocando as autoridades egípcias. Durante a invasão, Ramose Khamenteru, um vizir de alto escalão, faz causa comum com o inimigo, conquistando um grande séquito de colaboradores, que saqueiam os templos. Guindado ao poder regional por uma onda de violência popular e usando o conhecimento que adquirira da Grande Pirâmide na época em que fora sumo sacerdote, ele e seus cúmplices penetram na Câmara do Rei, da qual removem a Ben-Ben. Com o inesperado retorno do faraó Merenptah e a expulsão dos Povos do Mar, Ramose Khamenteru e seus compatriotas escapam cruzando a fronteira egípcia para os confins do deserto oriental.

1220 a.C. – Usando a antiga Pedra do Destino egípcia (agora encerrada na Arca da Aliança) como arma, o comandante israelita, Josué, destrói as muralhas de Jericó.

1210 a.C. – Os filisteus capturam a Arca, mas julgam-na demasiadamente instável e perigosa, devolvendo-a logo depois aos israelitas.

950 a.C. – O rei Salomão completa a construção do Primeiro Templo de Jerusalém e a Arca é transferida para o santo dos santos.

587 a.C. – Jerusalém cai em poder do rei Nabucodonosor II, cujas tropas babilônicas arrasam o Primeiro Templo numa busca infrutífera da Arca da Aliança, que se acha escondida num poço profundo diretamente sob o santo dos santos.

439 a.C. – Os judeus retornam a Jerusalém do Cativeiro na Babilônia, mas são incapazes de encontrar qualquer traço da Arca após a passagem de 150 anos.

515 a.C. – O Templo é reconstruído, mas sem a Arca da Aliança.

65 d.C. – Depois de anos esquadrinhando o Monte do Templo, Herodes, o Grande, não consegue encontrar a Arca da Aliança para sua construção do Segundo Templo.

398 – Um teólogo bizantino escreve que a Arca da Aliança está em Axum, na Etiópia.

1103 – Balduíno I, o rei cruzado da conquistada Jerusalém, fica a par de relatos locais dizendo que a Arca da Aliança está localizada nos terrenos em cima do Monte do Templo, onde fica seu palácio. Para verificar isso, entra em contato através de um emissário com seu amigo, Hugo de Champagne, em Troyes, França, onde a tradição rabínica confirma os rumores. Balduíno e o conde começam a preparar cuidadosamente a escavação.

1127 – Em meados do verão, após nove anos de escavações no Monte do Templo, os Cavaleiros Templários desenterram a Arca da Aliança. No outono, embarcam com ela num navio de partida para a Europa, chegam ao porto de Brindisi e viajam em seguida para o norte da Itália, onde passam o inverno com sua descoberta na abadia de Seborga.

1128 – A Arca é levada para o monastério cisterciense de Citeaux, na França, enquanto sua morada permanente está sendo construída em Chartres, a primeira catedral gótica. Mas o abade, Bernard de Clairvaux, revela-se um risco para a segurança e os templários removem a Arca para o Castelo de Boullion, em Flandres. Eles a confiam a uma ordem especial de vigias, os cátaros, que alguns anos mais tarde levam a Arca para uma fortaleza mais remota junto ao sopé das montanhas dos Pireneus, Montreal-de-Sos.

1204 – A Arca é transportada para a cidadela cátara de Montségur, que é continuamente refortificada durante os próximos quarenta anos, o que a transforma no castelo mais bem defendido da Europa.

1244 – Após nove meses de cerco, Montségur se rende às forças da França católica. Dois dias antes da capitulação, a Arca é contrabandeada através das linhas inimigas por quatro cátaros, que a conduzem pela fronteira espanhola para a abadia de Montserrat, na entrada de Barcelona.

1492 – Um monge de Montserrat acompanha Cristóvão Colombo na primeira viagem ao Novo Mundo com a esperança de encontrar um esconderijo seguro para a Arca da Aliança, a um oceano de distância de papas e reis.

1493 – Após se unir à segunda viagem transatlântica do almirante, o templário Martin Garcia conclui que uma localização adequada para a Arca devia ser buscada mais ao norte, fora da esfera em expansão da influência espanhola.

1533 – No rio São Lourenço, no Canadá, Jacques Cartier descobre uma grande ilha que chama de Montreal, como uma possível área para a reinstalação da Arca da Aliança. Mas a resistência nativa só tornará possível o assentamento permanente após a introdução de armas de fogo aperfeiçoadas, durante a primeira metade do século seguinte.

1550 – Durante o saque de Axum, na Etiópia, a Arca ou sua réplica teria sido destruída pelas forças somalis de Ahmed Ibn Ibrahim.

1642 – Os ville-maries, voluntários dedicados a lançar as bases de uma utopia espiritual na Nova França, com a Arca em seu centro, chegam a Montreal. A construção e fortificação do assentamento, no entanto, vai exigir muitas décadas de esforço.

1667 – Um padre jesuíta, Jean Baudoin, chega finalmente com a Arca da Aliança a Montreal.

1678 – O fac-símile de Montreal do santo dos santos original, a capela de Notre-Dame-de-Bon-Secours é concluída e abriga a Arca da Aliança. Percebendo que a experiência da Nova Jerusalém está condenada por problemas internos e ameaças externas, o padre Baudoin se evade com a Arca, ajudado por um companheiro montrealista, o famoso explorador Sieur de La Salle.

1679 – La Salle constrói um navio para navegar pelos Grandes Lagos nas Cataratas de Niagara, de onde *Le Griffon*, transportando a Arca da Aliança, parte com seu ecônomo, o padre Jean Baudoin, em 7 de agosto. Cinco meses mais tarde, eles chegam à região centro-norte do Illinois, onde o Fort Crèvecoeur é construído perto do que é agora a cidade de Peoria.

1682 – Após ficarem sabendo, através de índios da região, de um possível local para a arca, os franceses saem do Fort Crèvecoeur em canoas, descendo o rio Illinois em direção ao Mississipi. No local onde o rio se encontra com o rio Ohio, La Salle continua para o sul, enquanto o padre Baudoin, acompanhado de alguns guias nativos e guardas franceses, rema com a Arca para leste, depois para o norte, seguindo o rio Wabash até sua junção com o menor Embarras. Outro dia de viagem os leva a uma aldeia dos índios yuchis. Pouco além dela, na margem esquerda do Embarras, o padre Baudoin é escoltado até uma caverna que lhe parece um esconderijo adequado para a Arca, que ele deixa encerrada em seu interior.

1811 – O terremoto de Nova Madri faz desmoronar a entrada da caverna no sul do Illinois e algumas de suas passagens internas, lacrando a Arca, ainda relativamente ilesa, em sua câmara, sob milhares de toneladas de calcário.

1858 – Bernarde-Marie Soubirous experimenta visões da Senhora Branca em Massabielle, Lourdes, perto do sopé das montanhas dos Pireneus, onde a Pedra Mani teria sido escondida numa caverna por quatro cátaros fugindo da queda de Montségur.

1938 – Nos Pireneus, Otto Rahn encontra um grande cristal de quartzo que acredita ser a Pedra Mani dos cátaros e que contrabandeia para a Alemanha. Ela é depositada na sala do Graal de um castelo da Westfália de inícios do século XVII, onde fica conhecida como Pedra de Welwelsburg.

1945 – Para impedir que caísse em mãos inimigas, a Pedra de Welwelsburg é supostamente transportada para os Alpes bávaros, onde teria sido enterrada numa geleira.

1982 – A caverna no sul do Illinois usada pelo padre Baudoin como um último refúgio para a Arca da Aliança é visitada por um carpinteiro local, que a descobrira por acaso.

1989 – Explosões com pólvora lacram ainda mais a caverna e tornam obscura sua localização exata.

1999 – A caverna perdida é redescoberta.

2004 – Imagens feitas com radar de penetração no solo revelam o que parece ser uma câmara feita pelo homem contendo a Arca da Aliança, quase 20 metros sob os escombros do calcário.

2007 – Trabalhos de escavação para conseguir acesso ao complexo subterrâneo, seriamente danificado por terremotos e demolições, continuam sendo feitos, até agora sem êxito.

PERSONAGENS

Aicart, Amiel – Um dos quatro cátaros que resgataram a Arca da Aliança de Montségur, antes de sua capitulação em 1244.

Akhenaton – O antigo Amenhotep IV removeu o cristal de poder da Grande Pirâmide para sua experiência monoteísta.

Arcis, Hugo de – Comandante do exército real francês no cerco a Montségur.

Ay – O faraó que devolveu a pedra de poder à sua localização original na Grande Pirâmide.

Balduíno I – Primeiro rei cruzado de Jerusalém, soube da possível existência da Arca nos terrenos de seu palácio e iniciou a escavação.

Balduíno II – Rei de Jerusalém, que outrora aceitou os templários e lhes permitiu fazer escavações nos terrenos de seu palácio em busca da Arca da Aliança.

Baudoin, Jean – Padre jesuíta, portador da Arca da França para Montreal e Illinois.

Belcaire, Escot de – Cátaro que avisou os camaradas na cercada Montségur que sua Pedra Mani fora removida com sucesso.

Boil, Bernat – Monge que acompanhou Cristóvão Colombo em sua primeira viagem transatlântica para fazer o levantamento de um possível novo esconderijo para a Arca.

Bourgeoys, Marguerite – Responsável pelas obras da Capela de Bon-Secours em Montreal, que guardaria a Arca da Aliança.

Brown, Cacique – Último líder escolhido pela tribo yuchi, que falou, 26 anos antes do local ser efetivamente encontrado, da caverna no sul de Illinois onde a Arca pode ter ficado escondida.

Bulhões, Godofredo de – Duque flamengo da Baixa Lorena, líder da primeira cruzada, conquistador de Jerusalém, onde instituiu a Ordem do Santo Sepulcro, organização semissecreta para zelar pela Arca da Aliança.

Burrows, Russell E. – Descobridor da caverna no sul de Illinois onde supostamente a Arca está escondida.

Cachi, Ayar – Herói pré-inca da enchente que chegou às costas do Peru, onde foi transformado numa pedra de poder.

Cartier, Jacques – Descobriu Montreal.

Castelnau, Pierre de – O representante do papa cujo assassinato foi o incidente de que Inocêncio III precisava para lançar, como o estudioso Otto Rahn percebeu, uma "cruzada contra o Graal".

Cavelier, René-Robert, Sieur de La Salle – Explorador francês dos Grandes Lagos em meados do século XVII, que levou a Arca de Montreal para Illinois.

Cayce, Edgar – Paranormal americano do início do século XX; visualizou a Pedra Tuaoi atlante.

Cerridwen – Deusa céltica, a Égua Branca, associada a um objeto tipo Graal: o caldeirão da abundância.

Champagne, Hugo de – Organizador pioneiro dos esforços para encontrar a Arca da Aliança e levá-la para a Europa.

Champlain, Samuel de – Seu assentamento da Nova França no início do século XVII tornou possível a nova morada da Arca no Canadá.

Childeric I – Rei merovíngio enterrado com artefatos evocativos do Santo Graal.

d'Arnave, Guillaume – Templário fundador de Montreal-de-Sos, duas vezes refúgio da Arca da Aliança, que foi praticamente arrasada pelo cardeal Richelieu em sua frustrada busca do tesouro.

Dagoberto II – Rei merovíngio santificado, ancestral de Godofredo de Bulhões.

Dagon – Deus filisteu cuja estátua foi quebrada pela Arca da Aliança.

Daimyojin, Kashima – Deus marinho japonês, possuidor da Pedra do Umbigo antiterremoto.

Eschenbach, Wolfram von – Autor bávaro, do início do século XIII; escreveu o mais importante romance do Graal, *Parzifal*.

Felipe IV – Conhecido como Felipe, o Belo, pôs os templários fora da lei, apoderou-se de suas propriedades e mandou executar seus líderes.

Flegetanis – Personagem menor, mas reveladora, no *Parzifal* de Wolfram von Eschenbach, "escreveu a aventura do Graal" logo após a destruição final da Atlântida.

Foix, Esclarmonde de – Filha de Ramon de Péreille, Perfeita cátara queimada na fogueira em seguida à queda de Montségur em 1244, associada daí em diante a aparições místicas de *La Dame Blanche* ou Senhora Branca.

Fouquet, Nicolas – Ministro das finanças do rei francês Luís IX, encarcerado por seus esforços secretos para remover a Arca para o Canadá.

Galahad – Cavaleiro em busca do Santo Graal; ele é apenas um dos três cavaleiros que o encontraram.

Himmler, Heinrich – Chefe das SS, fez com que uma fortaleza do século XVII, na Westfália, se transformasse num castelo do Graal do século XX.

Isaac, Salomão Ben – Também conhecido como "rabino Rashi", relatou a Hugo de Champagne a tradição judaica que se referia, de forma genérica, à localização da perdida Arca da Aliança.

Ixchel – A Senhora Branca dos maias, cujo crânio de cristal tem sido associado ao Santo Graal.

Josefo, Flávio – Historiador judeu do século II, que traz informações importantes acerca do Primeiro Templo de Jerusalém.

Josué – Comandante israelita que atacou as muralhas de Jericó com a Arca da Aliança.

Khamenteru, Ramose – Originalmente Irsa Beya (também conhecido como Irsu ou Iarsu Beja), um sírio que foi galgando postos até se tornar primeiro vizir, tornando-se indispensável para as autoridades egípcias. Com a expulsão temporária destas do Delta do Nilo por invasores estrangeiros, penetrou na Grande Pirâmide para remover a pedra de poder, com a qual fugiu para o deserto oriental acompanhado por seus seguidores, que o chamavam de Moisés.

La Dauversière, Jérôme Le Royer de – Concebeu a recriação na Nova França do Primeiro Templo da Arca.

Leukippe – Segundo Platão, a Égua Branca da pré-civilizada Atlântida, um tema que se prolonga até a Senhora Branca do Santo Graal.

Lohengrin – O Cavaleiro do Cisne do Santo Graal, filho de Parzifal e ancestral mítico de Godofredo de Bulhões.

Loyola, Íñigo López de – Inácio de Loyola, transformado pela grande proximidade com a Arca durante uma estada prolongada na abadia Montserrat, na Espanha.

Matua, Hotu – Na tradição polinésia, o sobrevivente da enchente que desembarcou com família e seguidores na Ilha de Páscoa levando o Umbigo de Luz.

Melquisedeque – No *Gênesis*, o filho adotivo de Noé, Shem, que recebeu os sacramentos de um culto secreto antediluviano praticado no Monte Moriá, em Jerusalém, local onde se encontrava o santo dos santos da Arca.

Menelik – Filho do rei Salomão e da rainha de Sabá, que supostamente se evadiu com a Arca para a Etiópia, onde se acredita estar ainda hoje.

Merenptah – Faraó do Êxodo.

Meryey – Rei líbio, invadiu o oeste do Egito de comum acordo com os Povos do Mar que atacavam do norte.

Miglos, Arnaud de – Aprisionado pela Inquisição por um suposto conhecimento do paradeiro da Arca.

Mirepoix, Peter Roger de – O último comandante de Montségur.

Molay, Jacques de – Último grão-mestre dos Cavaleiros Templários, queimado na fogueira.

Mulek – Príncipe israelita que teria escapado da conquista babilônica de Jerusalém e ido para a América do Norte com a Arca da Aliança.

Nabucodonosor II – O conquistador babilônico de Jerusalém em 587 a.C.

Olier, Jean-Jacques – Força propulsora por trás da transferência da Arca para o Canadá.

Pacha, William – O cacique e pajé cherokee do século XX declarou que a Arca da Aliança esteve no Meio-Oeste americano pelo menos até 1973.

Péreille, Ramon de – Defensor dos cátaros, restaurador de Montségur.

Platão – O clássico filósofo grego cujo relato sobre a Atlântida é o primeiro do gênero.

Plessis, Armand Jean du, cardeal de Richelieu – Tentou impedir que a Arca fosse contrabandeada da França.

Poussin, Nicolas – Importante pintor, de meados do século XVII, de telas sugerindo a remoção clandestina da Arca da França para o Canadá.

Rahn, Otto Wilhelm – Importante perito no Graal da década de 1930, descobridor da Pedra de Welwelsburg.

Roerich, Nikolay Konstantinovich – Artista russo do início do século XX, descobridor da Pedra Chintamani.

São Bernardo – Originalmente Bernard de Fontaine e Bernard de Clairvaux, fundou a Ordem dos Cavaleiros Templários juntamente com Balduíno II e Hugo de Champagne, tendo ocultado temporariamente a Arca da Aliança em sua abadia cisterciense.

Scharfenberg, Albrecht von – Escritor alemão de fins do século XIII, autor de *O Jovem Titurel*, retratando o primeiro rei do Graal.

Sinclair, Henry – O conde de Orkney, que teria patrocinado a remoção da Arca, feita pelos templários, da Capela Rosslyn na Escócia para a Ilha Oak, junto à costa da Nova Escócia, em 1398.

Soubirous, Bernarde-Marie – Santa Bernadette, que avistou a Senhora Branca nas vizinhanças da última localização conhecida da Arca.

Taut – O antigo deus egípcio da civilização, o grego Thot ou Hermes, que trouxe as Tábuas de Esmeralda de sua terra natal submersa no distante oeste; construtor mítico da Grande Pirâmide.

Troyes, Chrétien de – Autor do primeiro romance do Graal, em cerca de 1190.

Urbano II – O papa que inaugurou a primeira cruzada, em 1095.

Uzás – Um servo judeu morto pela Arca da Aliança.

Ventadour, Henri de Levis de – Fundou a Compagnie du Saint-Sacrament, uma sociedade secreta para a transferência da Arca para a Nova França.

Wolak, Ralph – Achou que seu radar de penetração no solo poderia ter localizado a Arca da Aliança, em 2004.

Zedequias – Último rei judeu de Jerusalém antes da conquista babilônica, em 589 a.C.

GLOSSÁRIO

Albigenses – Nome aplicado, principalmente pelos inimigos, aos cátaros, pois a cidade francesa de Albi foi um dos primeiros redutos cátaros.

Amarna – Nome árabe, pós-dinástico, para as ruínas de Akhetaton, Horizonte do Sol, a capital da revolução herética de Amenhotep IV.

Aron ha-Berit – A Arca da Aliança hebraica.

Árvore Asert – O equivalente egípcio do arbusto ardente bíblico na Grande Pirâmide.

Árvore da Vida – Análoga à coluna vertebral humana enlaçada com a energia serpentina de poder espiritual, associada no mito com o centro sagrado, o axis mundi, o Umbigo do Mundo, e identificada com locais específicos: Lemúria, Atlântida, Gizé, Creta, Delfos, Troia, Roma, Cuzco, Jerusalém e assim por diante, onde tal iluminação interna é alcançada.

Axis mundi – O Eixo do Mundo, o centro do ser em volta do qual o universo parece girar.

Baraita – Antiga coleção de tradições hebraicas orais descrevendo a Arca da Aliança como um dispositivo elétrico.

Ben-Ben – Também conhecida como Pedra Bennu ou Pedra Fênix, é a Pedra do Destino dentro do sarcófago da Câmara do Rei na Grande Pirâmide.

Bons hommes – Os "homens bons", nome pelo qual os cátaros eram geralmente conhecidos.

Capela de Bon-Secours – Uma recriação em Montreal, no século XVII, do santo dos santos (o Debir) do Primeiro Templo de Salomão, onde a Arca da Aliança era guardada. A Capela de Bon-Secours foi mais tarde rebatizada de Notre-Dame-de-Bon-Secours.

Chwarna – Na antiga Pérsia, uma joia mágica praticamente idêntica ao Graal.

Cometa Encke – Cometa periódico que passou próximo da Terra por volta de 3100 a.C., 1628 a.C. e 1198 a.C., correspondendo, respectivamente, ao repentino surgimento da civilização no Vale do Nilo, à chegada dos hicsos ao Delta do Nilo e à destruição final da Atlântida.

Compagnie du Saint-Sacrament – Sociedade secreta criada para estabelecer a "Nova Jerusalém" no Canadá, tendo a Arca da Aliança como peça central.

Consolamentum – Cerimônia cátara na qual os Crentes eram elevados a Perfeitos.

Coricancha – Também conhecida como a Inticancha dos incas, "o Cercado de Ouro", rodeando o Lugar Santo (santo dos santos), a Huacapata, onde uma pedra sagrada, a Paypicala, era venerada.

Credentes – "Crentes" no catarismo, os partidários leigos.

Croix pattée – A cruz vermelha característica dos templários era também encontrada nas cavernas cátaras dos Pireneus e entre as insígnias da Ordem do Santo Sepulcro de Godofredo de Bulhões.

Debir – O santo dos santos no Primeiro Templo de Salomão, onde a Arca da Aliança era guardada.

Éfode – Traje externo protetor usado pelo sumo sacerdote levita, o Cohen Gadol, quando na presença da Arca da Aliança.

Ehecailacacozcatl – Joia do Vento Asteca, símbolo do poder místico da Serpente Emplumada.

Endura – No catarismo, a recusa em prolongar a vida quando a morte se aproxima e um meio de escapar das amarras da reencarnação.

Fayra – A Pedra de Fogo sagrada dos habitantes originais das Ilhas Canárias, os guanches.

Fayracan – Sumo sacerdote guanche, a única pessoa autorizada a servir à Pedra Fayra, assim como o sumo sacerdote levita era o único servidor da Arca da Aliança.

Frères casaliers – "Irmãos rurais", cátaros que prestavam serviços na Ordem dos Cavaleiros Templários, cumprindo tarefas não militares. Eram também conhecidos como frères de métiers, "irmãos de serviço".

Giron-Gagal – A pedra-cristal de poder dos maias quiches levada pelos U Mamae, os "feiticeiros" de Patulan-Pa-Civan, para Yucatán antes de sua terra natal do outro lado do mar ser destruída por uma catástrofe natural.

Gruppenführersaal – A "Sala dos Generais" na Torre Norte do Castelo do Graal de Heinrich Himmler, onde a Pedra de Welwelsburg foi mantida.

Heka Khasewet – "Chefes de Terras Estrangeiras", melhor lembrados hoje como hicsos, uma coleção de diferentes povos semitas impelidos em massa, por condições de seca, de suas terras natais palestinas para o leste do Delta do Nilo em cerca de 1625 a.C.

Kaname-ishi – Pedra-chave japonesa que se dizia evitar terremotos.

La Milice du Christ – Os "Pobres Cavaleiros de Cristo", a Ordem dos Cavaleiros Templários.

Lachine – Propriedade de Sieur de La Salle em Montreal.

Lapis Exilis – "A Pedra do Exílio", o Santo Graal em *Parzifal* de Wolfram von Eschenbach.

Levitas – Uma espécie de família do Graal hebraica, membros tribais que eram os únicos que tinham acesso à Arca da Aliança.

Lia Fáil – A Pedra do Destino levada pelos Tuatha de Danaan para a Irlanda ante a destruição final da Atlântida.

Louro – O emblema dos cátaros, igualmente associado à antiga pítia grega e a aparições da Senhora Branca nos Pireneus.

Maniqueísmo – Dualismo persa do século III cujos aderentes encaravam a existência como uma luta entre pares de opostos, especialmente entre luz e trevas, espírito e matéria.

Manisola – A mais sagrada cerimônia dos cátaros, em que os Perfeitos eram irradiados com a aura do Santo Graal.

Merovíngios – Uma tribo franca que constituiu a primeira dinastia da Europa após o colapso da civilização clássica em fins do século V.

Monte Moriá – Em Jerusalém; seu cume é o Monte do Templo, local do Templo de Salomão.

Monte Parnaso – Sobre o Golfo de Corinto, lugar onde se encontrava o ônfalos grego (essas pedras de poder são geralmente encontradas no topo de montanhas sagradas, sismicamente ativas: a Monsalvat do Santo Graal, o Monte Sinai da Arca da Aliança, a Montségur dos cátaros, a Montanha da Espada no Japão, a Montreal dos ville-maries, o Hawlopo dos índios mojaves no topo do Monte Avikome, a Ben-Ben na Grande Pirâmide e assim por diante).

Monte Tsurugi – Montanha da Espada no Japão, suposta localização da Arca da Aliança.

Montserrat – Abadia espanhola para onde a Arca da Aliança foi levada pelos cátaros após a queda de Montségur.

Mu – Também conhecida como Lemúria (Roma), Hiranyapura (Índia), Helani, Kahiki (Havaí), Hiva (Ilha de Páscoa) e assim por diante; Terra Natal submersa da humanidade, de onde se originou a cristalografia geometafísica.

Munsalvaesche – Monte da Salvação, também conhecido como Salvas ou Montsalvatch, um jogo de palavras com Montségur, o castelo do Graal dos cátaros.

Ônfalos – A pedra do umbigo grega no centro de Delfos.

Ordem do Santo Sepulcro – Sociedade semissecreta fundada por Godofredo de Bulhões após a conquista de Jerusalém para recolocar no poder sua linhagem merovíngia e, mais tarde, promover a descoberta e reativação da Arca da Aliança.

Pedra Chintamani – O Trapezoedro Brilhante, um cristal asiático, a joia que concede todos os Desejos, associada a enchentes e a um reino submerso.

Pedra Mani – O Santo Graal e Arca da Aliança dos cátaros.

Perfeita – Uma mulher cátara.

Perfeito – Um sacerdote cátaro.

Perfeitos – O clero cátaro.

Piezeletricidade – A transformação de tensão mecânica em energia elétrica, como ocorre quando um cristal de quartzo é submetido a pressão física.

Pohaku-o-Kane – A Pedra havaiana de Kane, o cristal sagrado da inundada Kahiki; em outras palavras, de Mu ou Lemúria.

Propiciatório – Um acessório tipo travessa no topo da Arca da Aliança, diretamente entre as representações de dois querubins, onde Deus aparecia como fogo ou como luz brilhante. O propiciatório era o equivalente ao Santo Graal, que vem da velha palavra francesa *grazala* para bandeja ou travessa.

Ressonadores de Heimholtz – Esferas de variados tamanhos para determinar a frequência específica em que cada uma ressoa. Seu objetivo na Grande Pirâmide era organizar a energia vibratória, convertendo e concentrando as vibrações no som transportado pelo ar.

Sarpay – Versão inca da pítia grega, era a sacerdotisa virgem que experimentava um estado alterado de consciência ao executar uma cerimônia com um cristal antediluviano, o Paypicala, no Cercado de Ouro dos incas em Cuzco, literalmente, o Umbigo do Mundo.

Seborga – Um monastério do norte da Itália para onde os templários levaram a Arca da Aliança logo após sua descoberta.

Shekhinah – Na cabala hebraica, a materialização de energia espiritual no mundo físico associada com a Arca da Aliança.

Shugs – Uma energia psicoespiritual que atravessa a Pedra Chintamani.

Societas Presbyterorum a S. Sulpitio – A Sociedade de São Sulpício, organização semissecreta com o objetivo de recrutar e treinar homens para trabalho missionário na Nova Jerusalém.

Te-pito-te-Kura – Umbigo de Luz, uma pedra de poder resgatada da Hiva (Lemúria) submersa e levada para a Ilha de Páscoa, que derivou seu nome, Te-pito-te-Henua, o Umbigo do Mundo, do objeto sagrado.

Transformador do Mundo – Um cristal profético pertencente ao progenitor inca, Pachacutec.

Tuaoi – Descrita por Edgar Cayce como a Pedra de Fogo, um cristal de poder projetado na Atlântida.

Umbilicus Urbis Romae – O Umbigo de Roma, pedra sagrada de Troia, o Palladium; anteriormente, o Umbilicus Mundus, Umbigo do Mundo, guardado atrás do Templo de Saturno em Roma.

Urna – Pedra preciosa verde da testa do deus hindu Shiva, associada à percepção espiritual do chakra da testa e ao Santo Graal da Europa Ocidental.

Ville-Marie – A Casa de Maria, nome original da Nova Jerusalém em Montreal. Os primeiros colonos eram conhecidos como ville-maries ou montrealistas.

Yonaguni – Junto às costas desta ilha do extremo sul do Japão, foi descoberto um grande centro cerimonial, 30 metros abaixo da superfície do Oceano Pacífico.

NOTAS

Introdução
1. Pinkham, *Guardians*, 57

Capítulo 1
1. Charpentier, *The Mysteries*, 12

Capítulo 2
1. Kimura, *Diving Survey Report*
2. Ibid.
3. Heyerdahl, "Reports"
4. Brown, *The Riddle*
5. Beckwith, *Kumulipo*
6. Alexander, *North American*
7. Ibid.
8. Lanning, Edward, *Peru*, Pt. I, Cap. 87
9. Brundage, *Aztec Myth*, 11
10. Lanning, Edward, *Peru*, Pt. I, Cap. 100
11. Bierhorst, *Mythology*
12. Andersen, *Myths*
13. Davis, Frederick, *Myths*
14. Roerich, *Shambhala*
15. Ibid.
16. Ibid.
17. Ibid.
18. Ibid.
19. Ibid.
20. Ibid.
21. Ibid.
22. Roerich, *Heart*
23. Decter, *Messenger*

Capítulo 3
1. Braghine, *Shadow*
2. Taylor, *Plato's*, 2, 108
3. Ibid., 2, 24
4. Ibid., 2, 25
5. Ibid.
6. Ann, *Goddesses*
7. Fragione, *De immenso*, volume I, 5
8. Cook, Roger, *Tree*, 9
9. Greier, *Odyssey*, Capítulo XVIII
10. Myhill, *Canary*, 27
11. Markham, *Guanches*, 133
12. Schliemann, *Ilios*
13. Nuttall, *Fundamental*, 496
14. Ibid.
15. Vincent, *Mahabharata*
16. Ibid., 137
17. Le Plongeon, *Sacred*, 53
18. Nuttall, *Fundamental*, xii, 53
19. Blackett, *Lost History*, 193
20. Galde, *Crystal*, 10, 11
21. Brundage, *Aztec*, 5
22. Horcasitas, *Book of the Gods*, 474
23. Taylor, *Plato's*, 4. 6,7
24. Ibid., 22
25. Bailey, *Natural Catastrophes*, 212
26. Ibid., 177
27. Ibid., 179

28. Taylor, *Plato's*, 2, 24

Capítulo 4

1. Petrie, *Pyramids*, 131
2. Fix, *Pyramid*, 128
3. Braghine, *Shadow*, 237, 238
4. Tompkins, *Secrets*, 43
5. Farrell, *Giza*, 62
6. Lemesurier, *Decoding*, 22
7. Seis, *Great*, 149
8. Braghine, *Shadow*, 41
9. Hapgood, *Maps*, 79
10. Tedlock, *Popol*, 99

Capítulo 5

1. Tompkins, *Secrets*, 137
2. Ibid., 138
3. Ammianus, *Roman*, 162
4. Jackson, *Building*, 24, 25
5. Crowley, *My Life*, 102
6. Houseman, "Pyramid", 70, 72
7. Corliss, *Lightning*, 186
8. Budge, *Book of the Dead*, 235
9. Devereux, "Fault", 89
10. Devereux, *Earth Lights*, 23
11. Malkowsky, *Egypt*, 123
12. Bauval, *Orion*, 235
13. Farrell, *Giza*, 75
14. Pinkham, *Guardians*, 58
15. Dunn, *Giza*, 134
16. Ibid., 23
17. O'Hara, *Earth*, 49
18. Ellis, *Thoth*, 98
19. Nelson, *Life*
20. Tunstall, "Pyramid", 6
21. Radka, *Electric*, 145
22. Turner, *Ute*
23. Farrell, *Giza*, 88
24. Ibid., 83
25. Collins, *Gods*
26. Bauval, *Orion*, 101
27. Taylor, *Plato's*, 2, 22
28. Clark, R. T. Rundle, *Myth*, 132
29. Gardiner, Gnosis, 86
30. Budge, *Book of the Dead*, 248
31. Farrell, *Giza*, 72
32. Cayce, *Atlantis, The Edgar Cayce Readings*, 877-26 M.46 5/23/38
33. Ibid., 218
34. Ibid., 440-5 M.23 12/20/33
35. Ibid., 519-1 M.39 2/20/34
36. Ibid., 263-4 F.23 3/6/35
37. Ibid., 2072-10 F.32 7/22/42
38. Ibid., 440-5 M.23 12/20/33
39. Charpentier, *Mysteries*, 44
40. Ellis, *Thoth*, 173
41. Nuttall, *Fundamental*, 521
42. Ibid.

Capítulo 6

1. Devereaux, *Shamanism*, 209
2. Devereaux, *Earth Lights*, 47
3. Hunt, *Shamanism*, 23
4. Buckalew, "Negative", 22
5. Fornof, "Stress", 43
6. www.electrostaticsolutions.com
7. Ivanhoe, "Geometric", 32
8. Dusch, "Baraboo", 28

Capítulo 7

1. Caroli, Kenneth
2. Ibid.

Capítulo 8

1. Christy-Vitale, *Watermark*, 101
2. MacPherson, *Known Plays*, 194
3. Edwards, A.E., *Complete Works*, 138
4. Mercatante, *Who's Who*, 143, 144
5. Ellis, *Tempest*, 114
6. Osman, *Moses*, 128
7. Ibid., 130
8. Redford, Donald B., *Akhenaten*, 235
9. Osman, *Moses*, 131
10. Mercatante, *Who's Who*, 18
11. Lauton, *Giza*, 160
12. Fornof, "Stress", 4
13. Lauton, *Giza*, 160
14. Aldred, *Akhenaten, King of Egypt*, 104
15. Schulman, "Military", 52
16. Aldred, *Akhenaten and Nefertiti*, 142
17. Budge, *Dwellers*, 235
18. Weigall, *Life*, 105
19. Mercatante, *Who's Who*, 196
20. Brier, *Murder*, 193

21. Greier, *Odyssey*
22. Edwards, *Complete Works*, 122
23. Wadell, *Manetho's*, 76
24. Murnane, *Le Papyrus*, 89
25. Ibid., 90
26. Childress, "Great Pyramid", 18, 21
27. Traver, *From Polis*, 73
28. Aldred, *Tutankhamun's*, 186
29. Malamat, *History*, 43
30. De Moor, *Rise of Yahwism*, 102
31. Fisher, *Tacitus'*, lib. v, c.2
32. Justinus, *Epitoma*, lib. XXXVI, c.2
33. *Saint Joseph Edition, Exodus*, Capítulo III, 21, 22
34. Ibid., Capítulo XII, 36

Capítulo 9

1. Dunn, *Giza*, 173
2. Bailey, *Natural*
3. Lindy, *Geology*, 44
4. Joseph, *Destruction*, 122
5. Bailey, *Natural*, 156
6. Schachermeyr, *Griechische*, 112
7. Budge, *Ancient Egyptian Amulets*, 218
8. Ibid., 226
9. Ibid., 227
10. Ibid., 227
11. Ibid., 312
12. Ibid., 183
13. Ibid., 157
14. *Saint Joseph Edition, Exodus*, Capítulo 10: 22, 23
15. Bailey, *Natural*, 347
16. Childress, "Great Pyramid", 21
17. Ibid., 15
18. Ibid., 25, 10
19. Ibid., 22
20. Ibid., 21
21. Ellis, *Solomon*, 141
22. Edwards, *Complete Works*, 138
23. *Saint Joseph Edition, Exodus* 24: 12
24. Ibid., 24:15
25. Ibid., 24:18
26. Ellis, *Solomon*, 172
27. Ibid., 148
28. *Saint Joseph Edition, Exodus* 3:1
29. Ibid., 3: 2, 3
30. Ellis, *Solomon*, 161
31. Budge, *Ancient Egyptian Amulets*, 42
32. *Saint Joseph Edition, Exodus* 19: 12,13
33. Ellis, *Solomon*, 157
34. Budge, *Ancient Egyptian Amulets*, 42
35. *Saint Joseph Edition, Exodus* 12: 36
36. Ibid.,14:21,22; 24
37. Cavendish, *Genesis*, 130
38. Fillon, "Science", 66
39. *Saint Joseph Edition, Exodus* 20:3
40. Ibid., 32:26, 27; 28
41. Radka, *Electric*, 123
42. *Saint Joseph Edition*, Kings 8:8
43. Ibid., 8:9
44. *Saint Joseph Edition, Exodus* 16: 34
45. Ibid., *Numbers* 17:25
46. Ibid., *Hebrews* 9:4
47. Hancock, *Sign*, 8
48. Ellis, *Solomon*, 196
49. Ibid., 6
50. *Saint Joseph Edition, Joshua* 6:24
51. Ibid., *Samuel* 4:7
52. Ibid., *Joshua* 3:14-17; 4:18
53. Frydman, "Geotechnical"
54. Ibid.
55. *Saint Joseph Edition, Leviticus* 9:22-10:7
56. Ibid., *Kings* 26:3
57. Ibid., *Samuel* 4:2
58. Ibid., 4:10,11
59. Ibid., 4:18
60. Ibid., 5:3,4
61. Ibid., 6:4
62. Ibid., 6-19
63. Ibid., 7:1
64. *Saint Joseph Edition, Chronicles* 13: 11
65. Ibid., *Samuel* 7:1, 2
66. Department, "Research"
67. Floderus, "Occupational", 2
68. Rao, "Regulation", 2
69. *Saint Joseph Edition, Samuel* 6:1-11
70. Ibid., *Chronicles* 13:1-13

71. Cayce, *Atlantis, the Edgar Cayce Readings*, 2072-10 F.32 7/22/42
72. *Saint Joseph Edition, Chronicles* 21:25
73. Ibid., *Samuel* 24:24, 25
74. Ibid., *Genesis* 14:18
75. Bernier, *Templars'*, 199
76. *Saint Joseph Edition, Book of Enoch*, 7:71-73
77. Ibid., *Deuteronomy* 17:8
78. Matthews, *Grail*, 31
79. Halley, *Halley's*, 159
80. Hasel, *Biblical*, 4
81. Bailey, *Natural*, 285
82. Sora, *Lost Treasure*, 122
83. Frydman, "Geotechnical", 5
84. *Saint Joseph Edition, Kings* 19:11
85. Edey, *Sea Traders*, 122a
86. Mercatante, *Who's Who*, 87, 88
87. Bernier, *Templars'*, 200
88. Michell, *View*, 79
89. *Saint Joseph Edition, Kings* 1:4, 29-31
90. Ibid., *2 Kings* 25:1
91. Ibid., *2 Kings* 25:3; *Lamentations* 4:4, 5, 10
92. Ibid., *Jeremiah* 52:16
93. Ibid., *2 Kings* 25:22, 24; *Jeremiah* 40:1, 2, 5, 6
94. King, *Legends*
95. *Saint Joseph Edition, Jeremiah* 3:16
96. Ibid., *Revelations* 11:19
97. Ibid., *Maccabees*, 2:4-10
98. Ibid., *Deuteronomy* 34:1
99. Charles, *Apocalypse*, Capítulo 6, 10
100. Sora, *Lost Treasure*, 124

Capítulo 10

1. Gibbon, *Decline*, vol. I, 274
2. Prawer, *Crusader's*, 36
3. Addison, *History*, 2
4. Prawer, *Crusader's*, 36
5. Pinkham, *Guardians*, 132
6. Markale, *Montségur*, 277
7. Wallace-Murphy, *Rosslyn*, 64
8. Baigent, *Holy Blood*, 268
9. Bernier, *Templars'*, 54
10. Addison, *History*, 38
11. Charpentier, *Mysteries*, 49
12. Ralls, *Templars*, 33
13. Charpentier, *Mysteries*, 49
14. *Saint Joseph Edition, Maccabees* 2:4-10
15. Ibid., *Deuteronomy* 34:1
16. Ibid., *Maccabees* 2:4-10
17. Sora, *Lost Treasure*, 169
18. Charpentier, *Mysteries*, 50
19. Ralls, *Templars*, 31
20. Baigent, *Holy Blood*, 87
21. Prawer, *Crusader's*, 269
22. Charpentier, *Mysteries*, 49
23. Kenyon, J. Douglas, "Templar", 11
24. Ralls, *Templars*, 32
25. Prawer, *Crusader's*
26. Addison, *History*, 12
27. Charpentier, *Mysteries*, 69
28. Ibid., 13, 37, 72
29. Ibid., 161, 162
30. Ibid., 29
31. Mann, *Knights*, 259
32. Markale, *Montségur*, 110
33. Ibid., 148
34. Douzet, *Wanderings*, 69
35. Fines, *Who's Who*, 37, 38
36. Ibid., 41
37. Lambert, *Cathars*, 67
38. Shea, *Perfect*, 55
39. Lambert, *Cathars*, 144
40. Ibid.
41. Ashbridge, *First Crusade*, 32
42. Lambert, *Cathars*, 87
43. Ashbridge, *First Crusade*, 98
44. Markale, *Montségur*, 89
45. Douzet, *Wanderings*, 69
46. Ibid., 227
47. Fanthorpe, *Mysteries*, 178

Capítulo 11

1. Staines, *Complete*, 33
2. Mustard, *Parzifal*, Livro V, 235
3. Ibid., Livro IX, 495
4. Ibid., Livro IX, 471
5. Ibid., Livro IX, 493
6. Ibid., Livro XV, 778
7. Ibid., Livro IX, 474
8. Ibid., Livro IX, 470

9. Markale, *Grail*, 137
10. Matthews, *Grail*, 21
11. Ibid., 22
12. Passage, *Titurel*, 144
13. Markale, *Grail*, 275
14. Mustard, *Parzifal*, Livro IX, 471
15. Rahn, *Crusade*, 153
16. Passage, *Titurel*, H-309, 1
17. Bryant, Nigel, *Merlin*, 79
18. Markale, *Grail*, 158, 276
19. Mustard, *Parzifal*, Livro IX, 473
20. Ibid., 471
21. Ibid., Livro XV, 737
22. Ibid., 495
23. Ibid., Livro IX, 468
24. Ibid., xlii
25. Ibid., Livro IX, 469, 471
26. Pinkham, *Guardians*, 46
27. Matthews, *Grail*, 124
28. Mustard, *Parzifal,* Livro IX, 470
29. Passage, *Titurel*, 50
30. Markale, *Grail*, 134
31. Ibid., 128
32. Tribbe, *Holy Grail*, 79, 98
33. Hoyle, *Delphi*, 44
34. Matthews, *Grail*, 16
35. Ibid., 15
36. Nuttall, *Fundamental*, 469
37. Kearsley, *Mayan*
38. Blackett, *Lost History*, 235
39. Hoyle, *Delphi*
40. Matthews, *Grail*, Volume IX, 493
41. Mustard, *Parzifal*, Capítulo V, 121
42. Taylor, *Plato's*, 171
43. Mustard, *Parzifal*
44. Taylor, *Plato's*, 198, 211, 319
45. Rahn, *Crusade*, 157
46. Mustard, *Parzifal*, 453, 454
47. Markale, *Grail*, 138

Capítulo 12

1. Phillips, *Templars*, 182, h,i
2. Markale, *Montségur*, 65, 66
3. Childress, "Great Pyramid", 30
4. Charpentier, *Mysteries*, 64
5. Cook, Stephen, *Heinrich*, 23
6. Mustard, *Parzifal*, 191
7. Cook, Stephen, *Heinrich*, 199
8. Ibid.
9. Rahn, *Crusade*, 13
10. Ibid., 91, 148
11. Cook, Stephen, *Heinrich*, 46
12. Fitzgerald, *Bernadette*, 253
13. Markale, *Grail*, 229, 230
14. Mustard, *Parzifal*, Livro V, 235

Capítulo 13

1. Wallace-Murphy, *Rosslyn*, 22
2. Mann, *Knights*, xi, xii
3. Thompson, *American*, 319
4. Mallery, *Rediscovery*, 122
5. Mann, *Knights*, 19
6. Wallace-Murphy, *Rosslyn*, 1
7. Sora, *Lost Treasure*, 125, 126
8. *Saint Joseph Edition*, 2 Kings 25:1-7; 2 Chronicles 36:12; Jeremiah 32: 4,5; 34:2, 3; 39:1-7; 52:4-11; Ezekiel 12:12
9. Kingsborough, *Antiquities*, vol. viii, 250
10. Thompson, *American*, 2
11. Edwards, A.E., *Complete Works*, 178

Capítulo 14

1. Markale, *Grail*, 271
2. Douzet, *Wanderings*, 65
3. Bernier, *Templars'*, 281
4. Ibid.
5. Ibid., 26
6. Ibid., 28
7. Ibid., 223
8. Ibid., 160, 280
9. Ibid., 160
10. Ibid., 25
11. Mann, *Knights*, 90
12. Baigent, *Holy Blood*, 44, 45, 178
13. Bernier, *Templars'*, 296
14. Ibid., 34
15. Ibid., 210
16. Ibid., 21
17. Ibid., 131
18. Ibid., 75
19. Ibid.
20. Ibid., 31
21. Beaudoin, *Family*, 6
22. Deal, "Mystic", 14

BIBLIOGRAFIA

Addison, Charles G., *The History of the Knights Templars*, Adventures Unlimited Press, Kempton, Illinois, 2001.

Aldred, Cyril, *Akhenaten and Nefertiti*, Brooklyn Museum, Nova York, 1973.

____, *Akhenaten, King of Egypt*, Thames & Hudson, Londres, 1988.

____, *Tutankhamun's Egypt*, Scribner's, Nova York, 1972.

Alexander, William, *North American Mythology*, Harcourt Brace, Nova York, 1935.

American Journal of Forensic Medicine and Pathology, The.

www.amjforensicmedicine.com

Ammianus, Marcellinus, *Roman History*, Bohn, Londres, 1862.

Andersen, Johannes C., *Myths and Legends of the Polynesians*, Harrap, Londres, 1928.

Andressohn, John C., *The Ancestry and Life of Godfrey of Bouillon*, Indiana University Publications, Social Science Series, nº 5, Indiana University, Bloomington, 1947.

Ann, Martha, e Dorothy Myers Imel, *Goddesses in World Mythology*, Oxford University Press, Nova York, 1993.

Asbridge, Thomas, *The First Crusade, A New History*, Oxford University Press, Londres, 2004.

Baigent, Michael, Richard Leigh e Henry Lincoln, *Holy Blood, Holy Grail*, Bantam Doubleday Dell Publishing Group, Inc., Nova York, 1983.

Bailey, Mark E., Michael Baillie, Lars Franzen, Thomas B. Larsson, Bruce W. Masse, Trevor Palmer, Benny Peiser e Duncan Steel, *Natural Catastrophes During Bronze Age Civilizations: Archaeological, Geological, Astronomical and Cultural Perspectives*, Archaeo Press, Oxford, Inglaterra, 1998.

Ballinger, Bill S., *Lost City of Stone, The Story of Nan Madol*, Simon and Schuster, Nova York, 1978.

Barber, Malcolm, *The New Knighthood: A History of the Order of the Temple*, Cambridge University Press, Cambridge, Reino Unido, 1994.

Bauval, Robert, e Adrian Gilbert, *The Orion Mystery, Unlocking the Secret of the Pyramids*, Crown Publishers, Nova York, 1994.

Beaudoin, Kenneth Lawrence, *The Family of Napoleon Beaudoin of Cadillac, Michigan, With a Brief Account of the Beaudoin Family on the North American Continent Since 1667: 282 Years of Continued Residence*, publicação particular, 1949.

Beckerath, Jürgen von, *Chronologie des Pharaonischen Ägypten*, Philip von Zabern, Mainz, 1997.

Beckwith, Martha W., *The Kumulipo, A Hawaiian Creation Chant*, Chicago University Press, Chicago, 1951.

Ben-Dov, M., *In the Shadow of the Temple, The Discovery of Ancient Jerusalem*, Keter Publishing House, Jerusalém, 1982.

Bernbaum, Edwin, *The Way to Shambhala: A Search for the Mythical Kingdom Beyond the Himalayas*, Creuzer Press, Londres, 2001.

Bernier, Francine, *The Templars' Legacy in Montréal, the New Jerusalem*, Adventures Unlimited Press, Kempton, Illinois, 2001.

Bierhorst, John, *The Mythology of South America*, William Morrow and Company, Inc., Nova York, 1982.

Blackett, W. S., *The Lost History of America*, Truebner, Londres, 1883.

Blashfield, Jean F., *Cartier: Jacques Cartier in Search of the Northwest Passage*, Compass Point Books, Nova York, 2001.

Bonwick, James, *Irish Druids and the Old Irish Religions*, Dorset Press, Londres, 1986.

Bourn, G. P. F. Van Den, *The Duties of the Vizier*, Kegan Paul, Londres, 1988.

Boylan, Patrick, *Thoth, the Hermes of Egypt*, Oxford University Press, Londres, 1922.

Braghine, Alexander, *The Shadow of Atlantis*, Adventures Unlimited Press, Kempton, Illinois, 1997.

Breasted, James Henry, *Ancient Records of Egypt*, Histories & Mysteries of Man, Ltd., Londres 1988, 204.

_____, *A History of Egypt*, Scribner's & Sons, Nova York, 1909.

Brier, Bob, Ph.D., *The Murder of Tutankhamun*, Berkley Books, Nova York, 1999.

Brown, John MacMillan, *The Riddle of the Pacific*, Adventures Unlimited Press, Kempton, Illinois, 2003.

Brundage, Henry, *Aztec Myth and Symbol*, Nova York: Doubleday, 1960.

Brunton, Paul, *A Search in Secret Egypt*, Hall House, Londres, 1936.

Bryant, Alice, e Phillis Galde, *The Message of the Crystal Skull*, Llewellyn Publications, Woodbury, Minn., 1989.

Bryant, Nigel, trad., *Merlin and the Grail: Joseph of Arimathea, Merlin, Perceval: The Trilogy of Arthurian Prose Romances Attributed to Robert de Boron*, D. S. Brewer, Nova York, 2005.

Buckalew, L.W., e A. Rizzuto, "Negative Air Ion Effects on Human Performance and Physiological Condition", *Aviation, Space and Environmental Medicine,* 55, Parte 8, 731-734, agosto 1984.

_____, "Subjective Response to Negative Air Ion Exposure", *Aviation, Space and Environmental Medicine*, 53, (8)822-3, agosto 1982.

Budge, E. A. Wallis, *Ancient Egyptian Amulets and Talismans*, University Books, Nova York, 1968.

_____, *Dwellers on the Nile*, Dover Publications, Inc., Nova York, 1967.

_____, *Osiris and the Egyptian Resurrection*, Dover Publications, Inc., Nova York, 1966.

_____, *The Book of the Dead*, Dover Books, Boston, 1966.

_____, *The Gods of the Egyptians*, Dover Publications, Inc., Nova York, 1965.

Burland, C. A., e Werner Forman, *Feathered Serpent and Smoking Mirror*, G. P. Putnam & Sons, Nova York, 1975.

Burland, C. A., *The Gods of Mexico*, Eyre & Spottiswoode, Londres, 1970.

Butzer, Karl W., *Early Hydraulic Civilization in Egypt, A Study of Cultural Ecology*, University of Chicago Press, Chicago, 1976.

Cameron, Norman, trad., *The Gods of the Greeks*, Grove Press, Nova York, 1960.

Camp, L. Sprague de, *The Ancient Engineers*, Ballantine Books, Nova York, 1960.

Caroli, Kenneth, Personal Correspondence, 1989 a 2006.

Carter, Howard, e A.C. Mace, *The Discovery of the Tomb of Tutankhamun*, Dover Publications, Inc., Nova York, 1967.

Cavendish, Marshall, *Genesis and Exodus*, Marshall Cavendish, Nova York, 1961.

Cayce, Edgar, *Atlantis and Lemuria*, A.R.E. Press, Virginia Beach, Va., 2001.

_____, *Atlantis, The Edgar Cayce Readings*, vol. 22, compilado pelo Readings Research Department, Association for Research and Enlightenment, Inc., Virginia Beach, Va., 1987.

Charles, R. H., *The Apocalypse of Baruch*, Destiny Publishers, Boston, 1988.

Charpentier, Louis, *The Mysteries of Chartres Cathedral*, Thorsons Publishing Group, Limited, Londres, 1988.

Childress, David Hatcher, "The Great Pyramid and the Ark of the Covenant", *World Explorer*, vol. 2, nº 2.

_____, "The Kamanawa Wall", *World Explorer*, vol. 1, nº 8, p. 19, 1996.

_____, *Ancient Tonga and the Lost City of Mu'a*, Adventures Unlimited Press, Kempton, Illinois, 1996.

Christie, Anthony, *Chinese Mythology*, Peter Bedrick Books, Nova York, 1977.

Christy-Vitale, Joseph. *Watermark*, Paraview Pocket Books, Nova York, 2004.

Churchward, James, *The Lost Continent of Mu*, BE, Books, Albuquerque, N. Mex., 1987.

Clark, R.T. Rundle, *Myth and Symbol in Ancient Egypt*, Thames & Hudson, Londres, 1959.

Clark, Rosemary, *The Sacred Tradition in Ancient Egypt*, Llewellyn Publications, Woodbury, Minn., 2001.

Clayton, Peter A., *Chronicles of the Pharaohs*, Thames & Hudson, Londres, 1995.

Clemente, Adriano, e Andrew Lukianowicz, trad., *Narrations, Symbolic Languages and the Boen Tradition in Ancient Tibet*, Library of Tibetan Works and Archives, Nova York, 1988.

Clube, Victor, and William Napier, *The Cosmic Winter*, Basil Blackwell, Inc., Oxford, 1990.

Collins, Andrew, *Gods of Eden*, Bear and Company, Rochester, Vt., 2002.

"Color and Its Relation to the Aura", *The Aura and What it Means to You, A Compilation from Many Authorities*, Health Research, Mokelumne Hill, Calif., 1955.

Cook, Roger, *The Tree of Life, Symbol of The Centre*, Thames and Hudson, Londres, 1984.

Cook, Stephen, and Stuart Russell, *Heinrich Himmler's Camelot, The Welwelsburg Ideological Center of the SS, 1934-1945*, Kressmann-Backmeyer Publishing, LLC, Andrews, N.C., 1999.

Cooper, J.C., *An Illustrated Encyclopedia of Traditional Symbols*, Thames and Hudson, Londres, 1978.

Corliss, William R., *Ancient Structures*, The Sourcebook Project, Glen Arm, Md., 2001.

_____, *Lightning, Nocturnal Lights and Related Electromagnetic Phenomena*, Sourcebook Project, Glen Arm, Md., 1984.

Cox, Isaac J., *Journeys of La Salle*, Ams Pr. Inc., Nova York, 1922.

Crowley, Aleister, *My Life*, Diabolic Press, Ltd., Londres, 1939.

Cunningham, Scott, *Hawaiian Religion and Magic*, Llewellyn Publications, Woodbury, Minn., 1994.

Davidson, Richard, *The Book of Enoch*, Grosset and Dunlap, Nova York, 1969.

Davis, Ester Payne, "The Strange Lat'te Stones of Guam", *World Explorer*, vol. 1, n° 2, 1992.

Davis, Frederick H., *Myths and Legends of Japan*, Graham Brash Publishing Company, Cingapura, 1989.

De Moor, Johannes C., The Rise of Yahwism, *The Roots of Israelite Monotheism, Second and Revised Edition*, Peeters Publishers, Nova York, 1997.

Deal, David Allen, "The 'Mystic Symbol' Demystified", *Ancient American*, vol. 1, n° 5, março/abril, 1994.

Decter, Jacqueline, Ph.D., *Messenger of Beauty, The Life and Visionary Art of Nicolas Roerich*, Park Street Press, Rochester, Vt., 1997.

Department of Environmental Sciences, University of Kuopio, Finlândia, "Research on cancer-related biological effects of electromagnetic fields (EMF), *www.swan.ac.uk / cget /ejgt / Ghentsummary.doc*

Devereaux, Paul, "The Fault of the Earth", *Mysteries of Mind, Space & Time*, vol. VII, 822-825, H.S. Stuttman, Inc., New Haven, Conn., 1992.

_____, *Earth Lights Revelation*, Blandford Press, Londres, 1989.

_____, *Earth Memory*, Llewellyn Publications, Woodbury Minn., 1992.

_____, *Shamanism and the Mystery Lines*, Quantum Books, Ltd., Londres, 2001.

Dorson, Richard M., *Folk Legends of Japan*, Charles E. Tuttle, Rutland, Vt., 1962.

Douzet, André, *The Wanderings of the Grail*, Adventures Unlimited Press, Kempton, Illinois, 2006.

Driscoll, Robert, *Technology in the Ancient World*, McVey Publishing Company, San Francisco, 1981.

Dunn, Christopher, *The Giza Power Plant, Technologies of Ancient Egypt*, Bear and Company Publishing, Rochester, Vt., 1998.

Dusch, Christopher T. J., "The Baraboo Hills Astrolabe: An Ancient Electronic Technology", *Ancient American*, outubro/novembro, 2001.

Edey, Maitland A., *The Sea Traders*, Time-Life Books, Nova York, 1974.

Edgerton, W. F., e J. Wilson, *Historical Records of Ramses III, the Text of Medinet Habu*, University of Chicago Press, Chicago, 1964.

Edwards, A. E., trad., *The Complete Works of Flavius Josephus*, Esterville House, Ltd., Londres, 1938.

Edwards, I. E. S., *The Pyramids of Egypt*, Penguin Books, Londres, 1986.

Ether, Frederick, *Philo Judaeus*, Macmillan, Nova York, 1970.

Electrostatic Solutions, Ltd.*www.electrostaticsolutions.com*

Ellis, Ralph, *Jesus, Last of the Pharaohs*, Adventures Unlimited Press, Kempton, Illinois, 2001.

_____, *Solomon, Falcon of Sheba*, Adventures Unlimited Press, Kempton, Illinois, 2002.

_____, *Tempest and Exodus*, Adventures Unlimited Press, Kempton, Illinois, 2000.

_____, *Thoth, Architect of the Universe*, Adventures Unlimited Press, Kempton, Illinois, 2001.

Emerson, Nathaniel B., *Unwritten Literature of Hawaii*, Smithsonian Institute, Washington, D.C., 1909.

Emery, W. B., *Archaic Egypt*, Penguin Books, Londres, 1971.

Erman, Adolf, *Life in Ancient Egypt*, Dover Publications, Inc., Nova York, 1966.

Evans, Humphrey, *The Mystery of the Pyramids*, Thomas Y. Crowell, Nova York, 1979.

Fanthorpe, Lionel, e Patricia Fanthorpe, *Mysteries of Templar Treasure and the Holy Grail*, Red Wheel/Weiser, LLC, Newburyport, Mass., 2004.

Farrell, Joseph P., *The Giza Death Star, The Paleophysics of the Great Pyramid and the Military Complex at Giza*, Adventures Unlimited Press, Kempton, Illinois, 2001.

Feinstein, Clarence, org. *Encyclopaedia Judaica*, MacMillan Co., Nova York, 1971.

Filby, F. A., *The Flood Reconsidered*, Pickering Press, Ltd., Londres, 1970.

Fillon, Mike, "Science Solves the Ancient Mysteries of the Bible", *Popular Mechanics*, dezembro, 1996.

Fines, John, *Who's Who in the Middle Ages*, Barnes and Noble Books, Nova York, 1995.

Fisher, C.D., trad. *Tacitus's Historiae I-V*, Oxford University Press, Nova York, 1922.

Fitzgerald, Edward, trad., *Bernadette and Lourdes*, Farrar, Nova York, 1954.

Fix, William F., *Pyramid Odyssey*, Mayflower Books, Nova York, 1978.

Floderus, Birgitta, "Occupational exposures to high frequency electromagnetic fields in the intermediate range (>300 Hz-10MHz)". *cat.inist.fr / ?aModele=afficheN&cpsidt= 1402 4983*

Fornof, K.T. e G.O.Gilbert, "Stress and Physiological, Behavioral and Performance Patterns of Children under varied Air Ion Levels", *International Journal of Biometeoro*, 32, 260-270, 1988.

Fragione, Ezio, trad. *De immenso innumerabili*, Pickwick Publishers, Ltd., Londres, 1952.

Frydman, Sam, "Geotechnical Problems in the Holyland – Then and Now". Technion Israel Institute of Technology, Haifa, Israel.

Fulcanelli, *Le Mystère des Cathedrales*, Pauvert, Paris, 1964.

Galde, Phyllis, *Crystal Healing, the Next Step*, Llewellyn Publications, Woodbury, Minn., 1988.

Gambier, J. W., *The History of the Discovery and Conquest of the Canary Islands*, Antiquary, Londres, 1894.

Gardiner, Philip, *Gnosis: The Secret of Solomon's Temple Revealed*, New Pages Books, Franklin Lakes, N.J., 2006.

Garvin, Richard, *The Crystal Skull*, Doubleday and Co., Nova York, 1971.

Gaskell, G. A., *Dictionary of All Scriptures and Myths*, Avenel Books, Nova York, 1981.

Gasten, Theodore H., *Myth, Legend and Custom in the Old Testament*, Harper & Row, Nova York, 1969.

Gerhard, L., trad., *Parallax*, Bartleby House, Ltd., Londres, 1950.

Gibbon, Edward, sir, *The Decline and Fall of the Roman Empire*, Crownstall Publishers, Londres, 1955.

Görg, Manfred, "Israel in Hieroglyphen", *Biblische Notizen: Beiträge zur exegetischen Diskussion*, Munique, 2002.

Grant, Michael, *The Roman Emperors*, Barnes and Noble Books, Nova York, 1985.

Graves, Robert, e Raphael Patai, *Hebrew Myths, the Book of Genesis*, Greenwich House, Nova York, 1964.

_____, *The Greek Myths*, vols. I & II, Penguin Books, Londres, 1984.

_____, *The White Goddess*, Creative Age Press, Nova York, 1948.

Greier, Florian, trad. *Odyssey*, Regnery Press, Chicago,1965.

Grossman, Cathy Lynn, "Americans' image of God varies", *USA Today*, 11 de setembro de 2006.

Guttenberg, B., e C. Richter, *Seismicity of the Earth and Associated Phenomena*, Princeton University Press, Princeton, 1954.

Halley, Henry H., *Halley's Bible Handbook*, Regnery, Chicago, 1959.

Hancock, Wolfram von Graham, *The Sign and the Seal*, Touchstone, Nova York, 1993.

Hapgood, Charles, dr., *The Maps of the Ancient Sea-Kings*, Chilton Books, Nova York, 1966.

Hasel, Gerhard F., *Biblical Chronologies*, Haversack Press, Haversack, Md., 1981.

Hawkins, L.H., "Biological Significance of Air Ions", Proc. IEE Colloquium on ions in the atmosphere, natural e man made, Londres, 1985.

Hesiod, *The Works and Days, Theogony, The Shield of Heracles*, The University of Michigan Press, Ann Arbor, 1968.

Heyerdahl, Thor, dr., "Reports of the Norwegian Archaeological Expedition to Easter Island and the East Pacific, volumes 1 e 2". Rand McNally and Company, Chicago, 1965.

Hooten, Ernest, *The Ancient Inhabitants of the Canary Islands*, Harvard University Press, Cambridge, Mass., 1915.

Hope, Murray, *Atlantis*, Western Tradition Books, Nova York, 1970.

Horcasitas, Fernando, e Doris Heyden, *Book of the Gods and the Rites of the Ancient Calendar*, University of Oklahoma Press, Norman, Okla., 1971.

Houseman, Robert, "Pyramid Energies", *Fate*, setembro de 1995.

Hoyle, Peter, *Delphi*, Cassell, Londres, 1967.

Hunt, Norman Bancroft, *Shamanism in North America*, Firefly Books, Nova York, 2003.

Inbar, O., A. Rotstein, R. Dlin, R. Dotan e F. G. Sulman, "The effect of Negative air Ions on Various Physiological Functions during Work in a Hot Environment", *Int. J Biometeor*, 26 (2), 153-163, 1982.

Ions, Veronica, *Egyptian Mythology*, Hamlyn, Londres, 1968.

Ivanhoe, Lytton Francis, "Geometric analysis of seismic fault evidence", AAPG Bulletin, maio de 1955; 39, 753-761, *www.aapgbull. geoscienceworld.org*

Jackson, Kevin, e Jonathan Stamp, *Building the Great Pyramid*, Firefly Books, Nova York, 2003.

Jones, Katherine, trad., *Moses and Monotheism*, Vintage Books, Nova York, 1967.

Joseph, Frank, *Survivors of Atlantis*, Inner Traditions Press, Inc., Rochester, Vt., 2004.

_____, *The Atlantis Encyclopedia*, New Page Books, Franklin Lakes, N.J., 2005.

_____, *The Destruction of Atlantis*, Inner Traditions Press, Inc., Rochester, Vt., 2001.

_____, *The Lost Civilization of Lemuria*, Bear and Company, Rochester, Vt., 2006.

_____, *The Lost Treasure of King Juba*, Bear and Company, Rochester, Vt., 2003.

Justinus, M. Junianus, *Epitoma Historiarum Philippicarum: Livros VII a XII, Excerpta De Historia Hacedonia*, Ares Publishers, Nova York, 1995.

Kearsley, G. R., *Mayan Genesis, South Asian Myths, Migrations and Iconography in Mesoamerica*, Yelsraek Publishing, Londres, 2001.

Keller, Werner, *The Bible as History*, Hodder & Stoughton, Londres, 1970.

Kellogg, E.W., "Air Ions: Their Possible Biological Significance and Effects", *Journal of Bioelectricity*, 3 (1&2), 119-136, 1984.

Kennedy, Gordon, *Nordic Antiquities in the Tropical Atlantic*, Nivaria Press, Ojai, Calif., 1998.

Kenyon, Douglas, "Great Pyramid Shaft to be Revisited", *Atlantis Rising*, janeiro/fevereiro 2006, nº 55, p. 11.

Kenyon, J. Douglas, "Templar Artifact Found", *Atlantis Rising*, janeiro/fevereiro 2006, nº 55, p. 11.

Kenyon, Kathleen, *Digging Up Jerusalem*, Ernest Benn, Ltd. Publishers, Londres, 1974.

Kimura, Masaaki, *Diving Survey Report for Submarine Ruins off Yonaguni, Japan*, University of the Ryukyus Press, Okinawa, 2002.

King, Leonard, *Legendes of Babylon and Egypt in Relation to Hebrew Tradition*, Oxford University Press, Londres, 1918.

Kingsborough, Edward King, *Antiquities of Mexico*, University Microfilms International, Nova York, 1978.

Kitchen, Kenneth Anderson, "The Physical Text of Merenptah's Victory Hymn (The 'Israel Stela')". *Journal of the Society for the Study of Egyptian Antiquities*, 24, 71-76, 1994.

Kornblueh, I. H., "Aeroionotherapy of Burns in Bioclimatology, Biometeorology and Aeroionotherapy", Gualtierotti, *et. al.*, Carlo Erba Foundation, Milão, 1968.

_____, G. M. Piersol e F. P. Speicher, "Relief from Pollinosis in Negatively Ionised Rooms", *American Journal of Physical Medicine*, 37, 18-27, 1958.

Kreuger, A.P., e E.J. Reed, "Biological Impact of Small Air Ions", *Science*, 193, 1209-13, 1976.

Kronkheit, C. A., *A Dictionary of Ancient Egyptian Terms*, University of Chicago Press, Chicago, 1929.

Kunkel, Edward, *Pharaoh's Pump*, publicação particular, 1962.

Lambert, Malcolm, *The Cathars*, Blackwell, Nova York, 1998.

Lanning, Edward P., *Peru Before the Incas*, Prentice-Hall, Inc., Upper Saddle River, N. J., 1967.

Lansing, Carol, *Power and Purity: Cathar Heresy in Medieval Italy*, Oxford University Press, Londres, 1998.

Lauton, Ian, e Chris Ogilvie-Herald, *Giza, the Truth*, Invisible Cities Press, Montpelier, Vt., 2001.

Le Plongeon, Augustus, dr., *Sacred Mysteries Among the Mays and Quiches 11,500 Years Ago*, Macoy, Nova York, 1886.

Lemesurier, Peter, *Decoding the Great Pyramid*, Element Books, Boston, Mass., 1999.

Leonard, R. Cedric, *The Quest for Atlantis*, Manor Books, Nova York, 1979.

LePage, Victoria, *Shambhala, The Fascinating Truth Behind the Myth of Sangr-la*, Quest Books, Chicago, 1996.

Lichtheim, Miriam, *Ancient Egyptian Literature, A Book of Readings, volume 2: The New Kingdom*, University of California Press, Berkeley, Calif., 1976.

Lindsay, Jack, trad., *The Golden Ass*, Indiana University Press, Bloomington, Ind., 1962.

Lindy, James, *Geology versus History*, Ascension Press, Chicago, 1954.

MacCana, Prosinas, *Celtic Mythology*, Hamlyn, Londres, 1970.

Mace, Arthur C., Bulletin of the Metropolitan Museum of Art, The Egyptian Exhibition, 1922-1923, nº 112, vol. 19, 1925.

MacPherson, Andrew, trad., *The Known Plays of Euripides*, Cambridge University Press, Cambridge, Reino Unido, 1922.

MacQueen, J. G., org., *Ancient Near Eastern Texts: The Hittites and Their Contemporaries in Asia Minor*, Richter Publishers, Ltd., Londres, 1975.

Malamat, Abraham, *History of Biblical Israel: Major Problems and Minor Issues*, Brill Academic Publishers, Nova York, 2004.

Malkowsky, Edward, *Egypt Before the Pharaohs*, Bear and Company, Rochester, Vt., 2006.

Mallery, Arlington, e Mary Roberts Harrison, *The Rediscovery of Lost America*, E. P. Dutton, Nova York, 1979.

Mann, William F., *The Knights Templar in the New World*, Destiny Books, Rochester, 2004.

Markale, Jean, *Montségur and the Mystery of the Cathars*, Inner Traditions, Rochester, Vt., 1999.

_____, *The Grail*, Inner Traditions, Rochester, Vt., 1999.

Markham, Clements, Sir, trad. *The Guanches of Tenerife*, Longmans Publishers, Londres, 1891.

Martin, Sean, *The Knights Templar: The History & Myths of the Legendary Military Order*, Macmillan, Nova York, 2005.

Matthews, John, *The Grail, Quest for the Eternal*, Thames and Hudson, Ltd., Londres, 1981.

McNally, Kenneth, *Standing Stones and other monuments of Early Ireland*, Appletree, Nova York, 1984.

Mehler, Stephen S., "Was there an Explosion in the Great Pyramid in Antiquity?", *World Explorer*, vol. 3, nº 4, 2003, p. 27.

Mendelsohn, Kurt, *The Riddle of the Pyramids*, Thames & Hudson, Londres, 1974.

Mercatante, Anthony S., *Who's Who in Egyptian Mythology*, Clarkson N. Potter, Inc., Nova York, 1978.

Mercer A.B. Samuel, *Horus, the Royal God of Egypt*, Society of Oriental Research, Cambridge, Reino Unido, 1960.

Michell, Jon, *The View Over Atlantis*, Hoover House, Ltd., Londres, 1987.

Morford, Mark P. O., e Robert J. Lenardon, *Classical Mythology*, Longman, Nova York, 1971.

Morison, Samuel Eliot, *Samuel de Champlain: Father of New France*, Little Brown & Company, Nova York, 1972.

Motet, Pierre, *Lives of the Pharaohs*, World Publishing Company, Nova York, 1968.

Murnane, William J., *Le Papyrus Harris I, The Journal of the American Oriental Society*, American Oriental Society, Nova York, 1999.

_____, *Texts from the Amarna Period in Egypt*, Society of Biblical Literature, Atlanta, Ga., 1995.

_____, *United With Eternity, A Concise Guide to the Monuments of Medinet Habu*, University of Chicago Press, Chicago, 1980.

Mustard, Helen M., e Charles E. Passage, trad. *Parzifal*, Vintage Books, Nova York, 1961.

Myhill, Henry, *The Canary Islands*, Faber and Faber, Londres, 1968.

Naudon, Paul, *The Secret History of Freemasonry*, Bear and Company, Rochester, Vt., 2005.

Nelson, Dee Jay, e David H. Coville, *Life Force in the Great Pyramids*, DeVorss & Co., Camarillo, Calif., 1977.

Nutall, Zelia, *The Fundamental Principles of Old and New World Civilizations, vol. II*, Peabody, Harvard University, Cambridge, Mass., 1900.

O'Brien, Henry, *The Round Towers of Atlantis*, Adventures Unlimited Press, Kempton, Illinois, 2002.

O'Hara, Cally, e Scarlett Hall, *Earth Facts*, DK Publishing, Nova York, 1995.

O'Kelly, Claire, *New Grange*, Houston Printers, Cork, Irlanda, 1973.

O'Kelly, Michael J., *Early Ireland: An Introduction to Irish Prehistory*, Cambridge University Press, Londres, 1989.

O'Riordain, Sean P., *Antiquities of the Irish Countryside*, University Paperbacks, Londres, 1965.

Oppenheimer, Stephen, *Eden in the East, The Drowned Continent of Southeast Asia*, Weidenfeld and Nicolson, Londres, 1999.

Osborne, Harold, *South American Mythology*, Hamlyn, Londres, 1970.

Osman, Ahmed, *Moses and Akhenaton*, Bear and Company, Rochester, Vt., 2002.

Ossendowski, Ferdinand, *Beast, Men and Gods*, Hollreiser, Ltd., Londres, 1922.

Partner, Peter, *The Knights Templar and their Myth*, Destiny Books, Rochester, Vt., 1990.

Passage, Charles E., trad., *Titurel*, Frederick Unger Publishing Co., Nova York, 1984.

Petrakos, Basil, *Delphi*, Clio Editions, Atenas 1977.

Petrie, W. M. Flinders, *A History of Egypt, Vols. I, II e III*, Charles Scribner's Sons, Nova York, 1905.

_____, *The Pyramids and Temples of Giza*, Field & Tuer, Londres, 1883.

Phillips, Graham, *Atlantis and the Ten Plagues of Egypt*, Bear and Company, Rochester, Vt., 2003.

_____, *The Chalice of the Magdalen*, Bear and Company, Rochester, Vt., 2004.

_____, *The Templars and the Ark of the Covenant*, Bear and Company, Rochester, Vt., 2004.

Picknett, Lynn, e Clive Prince, *The Sion Revelation, the Truth About the Guardians of Christ's Sacred Bloodline*, Simon & Schuster, Londres, 2006.

Pinkham, Mark Amaru, *Guardians of the Holy Grail*, Adventures Unlimited Press, Kempton, Illinois, 2004.

Powell, T. G. E., *The Celts*, Praeger Press, Nova York, 1959.

Prawer, Joshua, *The Crusader's Kingdom*, Phoenix Orion, Londres, 1972.

Pyeritz, Reed E. e Cheryll Gasner, *The Marfan Syndrome*, National Marfan Foundation, Nova York, 1994.

Radka, Larry Brian, *The Electric Mirror on the Pharos Lighthouse and Other Ancient Lighting*, The Einhorn Press, Parkersburg, W. V., 2006.

Rahn, Otto Wilhelm, *Crusade Against the Grail*, Inner Traditions, Rochester, Vt., 2006.

Ralls, Karen, dr., *The Templars and the Grail*, Quest Books, Wheaton, Illinois, 2003.

Rao, Sharmila, e Ann S. Henderson, "Regulation of c-fos is affected by electromagnetic fields", www3interscience.wiley.com/cgi-bin/abstract/68550/

Ratcliffe, J. A., *Physics of the Upper Atmosphere*, Henry Regnery Press, Chicago, 1960.

_____, *Sun, Earth and Radio*, Macmillan, Nova York, 1970.

Redford, Donald B., *Akhenaten: The Heretic King*, Princeton University Press, Princeton, N. J., 1984.

Redford, Donald Bruce, org., *The Oxford Encyclopedia of Ancient Egypt, Vol. 2*, Oxford University Press e The American University in Cairo Press, Nova York, 2001.

Renfrew, Alfred M., *The Flood*, Concordia Publishing, St. Louis, Mo., 1951.

Roerich, Nicholas, *Heart of Asia, Memoirs from the Himalayas*, Inner Traditions, Rochester, Vt., 1990.

_____, *Shambhala, In Search of the New Era*, Inner Traditions, Rochester, Vt., 1990.

Rona, P., "Plate Tectonics and Mineral Resources", *Scientific American*, julho, 1973, 86-95.

Roscher, Wilhelm Heinrich, *Omphalos*, G. Teubner Verlag, Leipzig, 1913.

Rosenberg, Alfred, *The Myth of the 20th Century*, Noontide Press, Newport Beach, Calif., 1995.

Rother, Herman, *Ancient Egyptian Medical Science*, Regnery, Chicago, 1977.

Rufus, Anneli S., e Kristan Lawson, *Goddess Sites: Europe*, Harper, São Francisco, 1990.

Runciman, Steven, *The Medieval Manichee: A Study of the Christian Dualist Heresy*, Cambridge University Press, Londres, 1982.

Rutherford, Alfred, dr., *Journal of Pyramidology*, Vol. 1, nº 3, junho, 1970.

Saint Joseph Edition of the New American Bible, Catholic Book Publishing Co., Nova York, 1968.

Salafi, Abraham, *Islamic Light in the Dark Ages*, Revere Press, Nova York, 1986.

Sanders, N. K., *The Sea Peoples, Warriors of the Ancient Mediterranean*, Thames & Hudson, Londres, 1973.

Sanderson, Stuart, *Babylon*, Praeger Press, Nova York, 1958.

Schachermeyer, Franz, *Griechische Fruehgeschichte*, Oesterreicher Akademie der Wissenschaft, Viena, 1984.

Schaden, Otto, *Clearance of the Tomb of King Ay*, W.V., JARCE 21, 1984, pp. 39-64.

Schliemann, Heinrich, *Ilios*, Arno Press, Nova York, 1976.

Schul, Bill, e Ed Pettit, *The Secret Power of Pyramids*, Fawcett Publications, Greenwich, Conn., 1975.

Schulman, Alan R., "Military Background of the Armana Period", *Journal of the American Research Center in Egypt*, vol. 3, 1964, 67.

Scott, Walter, Sir, *Hermetica: The Ancient Greek and Latin Writings which contain Religious or Philosophic Teachings Ascribed to Hermes Trismegistus*, Shambhala Publications, Colorado, 1982.

Seis, J. A., *The Great Pyramid, A Miracle in Stone*, Steiner Publications, Nova York, 1973.

Sharkey, John, *Celtic Mysteries, the Ancient Religion*, Thames and Hudson, Londres, 1970.

Shea, Stephen, *The Perfect Heresy*, Profile Books, Nova York, 2000.

Shinbutsu, Celine, "The Basic Facts of Submarine Ruins off Yonaguni, Japan", *in* Diving Survey Report for Submarine Ruins off Yonaguni, Japan; University of the Ryukyus Press, Okinawa, 2002.

Smart, George, *The Knights Templar: Chronology*, Authorhouse, Nova York, 2005.

Sora, Steven, *The Lost Treasure of the Knights Templar*, Destiny Books, Rochester, Vt., 1999.

Staines, David, trad., *The Complete romances of Chrétien de Troyes*, Indiana University Press, Indianápolis, Ind., 1993.

Steinhoff, George, e Kenneth Seele, *When Egypt Ruled the East*, University of Chicago Press, Chicago, 1957.

Stewart, Desmond, *The Pyramids and the Sphinx, Egypt under the Pharaohs*, Newsweek Books, Nova York, 1979.

Streep, Peg. *Sanctuaries of the Goddess*, Little, Brown and Company, Nova York, 1994.

Sulman, F.G., *The Effect of Air Ionisation, Electric Fields, Atmospheric and other Electric Phenomena on Man and Animal*, Charles C. Thomas, Springfield, Illinois, 1980.

Sykes, Edgerton, *Who's Who in Non-Classical Mythology*, Oxford University Press, Nova York, 1993.

Taylor, Thomas, trad., *Plato's Timaeus and Kritias*, Pantheon Press, Inc., Nova York, 1938.

Tedlock, Dennis, trad. *Popol Vuh*, Simon and Schuster, Nova York, 1985.

Telford, Thomas, trad., *The Histories of Herodotus*, Berkshire Press, Ltd., Londres, 1929.

Thompson, Gunnar, Ph.D., *American Discovery, The Real Story*, Argonauts Misty Isles Press, Seattle, Wash., 1994.

Thorpe, Lewis, trad., *The History of the Kings of Britain*, Penguin Books, Londres, 1969.

Tolstoy, Nikolai, *The Quest for Merlin*, Little, Brown and Company, Boston, 1985.

Tomas, Andrew, *Shambhala: Oasis of Light*, Sphere, Nova York, 1977.

Tompkins, Peter, *Secrets of the Great Pyramid*, Harper & Row, Nova York, 1971.

Traver, Andrew G., org., *From Polis to Empire – The Ancient World, c. 800 a.C.-500 d.C., A Biographical Dictionary*, Greenwood Press, Westport, Conn., 2001.

Tribbe, Frank C., *The Holy Grail Mystery Solved*, Galde Press, Inc., Mineápolis, Minn., 2003.

Tunstall, John, "Pyramid Test Goes Awry", *The Times* (Londres), 26 de julho, 1969.

Turner, Carl, *The Ute Indians, Their History and Belief*, Turner Press, Salt Lake City, Utah, 1955.

Twyman, Tracy R., *The Merovingian Mythos*, Dragon Key Press, Portland, Oregon, 2004.

Vincent, dr. Allen, org. *The Mahabharata*, Carlyle House, Ltd., Londres, 1959.

Wadell, W. G., trad. *Manetho's History of Egypt and Other Works*, Loeb Classical Library, nº 350, Nova York, 1940.

Wallace-Murphy, Tim, e Marilyn Hopkins, *Rosslyn, Guardian of the Secrets of the Holy Grail*, Element Books, Boston, 2000.

Waters, Frank, *Book of the Hopi*, Penguin Books, Nova York, 1963.

Weigall, Arthur, *The Life and Times of Akhenaton*, Cooper Square Press, Nova York, 2000.

Westerfield, Rodney, "Why the Great Pyramid could not have possibly been built", *Academic Journal*, vol. 1, nº 3, primavera, 1994.

Williams, Mark R., *In Search of Lemuria*, Golden Era Books, San Mateo, Calif., 2001.

Woodruff, James C., *LaSalle and Michigan's History: About the adventures of René Robert Cavalier, Sieur de LaSalle in and around Michigan 1679-1683*, J. C. Woodruff, East Lansing, Mich., 1999.

Wright, Karen, "Empires in the Dust, Collapse of Bronze Age Cultures in 2000 a.C.", *Discover Magazine*, vol. 12, número 59, março, 1998.

Yaglou, C. P., A. D. Brandt e L. K. C. Benjamin, "Physiological Changes during Exposure to Ionised Air", *Heating, Piping, Air Conditioning*, vol. 5, nº 423, 1933.

____, e L.K.C. Benjamin, "Diurnal and Seasonal Variations in Small Ion Content in Outdoor and Indoor Air", *Heating, Piping, Air Conditioning*, 25 de junho, 1934.

Yoshida, Nobuhiro, correspondência privada, 2006.

impressão acabamento
rua 1822 n° 341
04216-000 são paulo sp
T 55 11 3385 8500
F 55 11 2063 4275
www.loyola.com.br